TRAPAÇA

Luís Costa Pinto

Trapaça

SAGA POLÍTICA NO UNIVERSO PARALELO BRASILEIRO
Vol. 3 | FHC, Epílogo – Lula – Dilma, até a véspera do golpe

GERAÇÃO

Copyright © by Luís Costa Pinto
1ª edição – Julho de 2022

Grafia atualizada segundo o Acordo Ortográfico da Língua Portuguesa
de 1990, que entrou em vigor no Brasil em 2009.

Editor e Publisher
Luiz Fernando Emediato

Diretora Editorial
Fernanda Emediato

Produtora Editorial
Ana Paula Lou

Capa
Raul Fernandes

Diagramação
Alan Maia

Preparação
Nanete Neves

Revisão
Ana Maria Fiorini

**Dados Internacionais de Catalogação na Publicação (CIP)
de acordo com ISBD**

P659t	Pinto, Luís Costa
	Trapaça: saga política no universo paralelo brasileiro vol. 3 – FHC, epílogo – Lula – Dilma, até a véspera do golpe / Luís Costa Pinto. – São Paulo : Geração Editorial, 2022. 392 p. : 15,6cm x 23cm.
	Inclui índice e bibliografia. ISBN: 978-65-5647-072-6
	1. Jornalismo político. 2. Política brasileira. 3. História do Brasil. 4. Fernando Henrique Cardoso. 5. Lula. 6. Dilma. I. Título.

CDD 070.44932
2022-854   CDU 070(81)

Elaborado por Odilio Hilario Moreira Junior - CRB-8/9949

Índices para catálogo sistemático
1. Jornalismo político 070.44932
2. Jornalismo político 070(81)

GERAÇÃO EDITORIAL
Rua João Pereira, 81 – Lapa
CEP: 05074-070 – São Paulo – SP
Telefone: +55 11 3256-4444
E-mail: geracaoeditorial@geracaoeditorial.com.br
www.geracaoeditorial.com.br

Impresso no Brasil
Printed in Brazil

SUMÁRIO

Prólogo *7*
Ossos de um ofício incomum

Capítulo 1

DESENCANTO. E FIM *19*

Capítulo 2

REENCARNAÇÕES *111*

Capítulo 3

ENGENHEIRO DE CIRCOS *161*

Capítulo 4

TEMPOS DE CAÇA *233*

Capítulo 5

PÍNCAROS DA GLÓRIA *295*

Capítulo 6

AS CARTAS DE UM GOLPE *335*

Prólogo
OSSOS DE UM OFÍCIO INCOMUM

O calor úmido, típico dos meses de dezembro no Nordeste do Brasil, não animava a dedicação total ao trabalho. Fora das salas com ar refrigerado, a roupa colava no corpo, ainda que estivesse usando uma camisa de linho cru e uma calça de brim, traje apropriado àquela estação no Nordeste. Fui almoçar no restaurante Leite, em frente à Praça Joaquim Nabuco, no centro do Recife, e voltei andando até o prédio onde ficava a sucursal da revista *Veja* na cidade, na avenida Dantas Barreto. O edifício era próximo à belíssima estação ferroviária central da cidade, que conhecia uma espécie de renascimento depois de ser convertida em terminal de convergência dos ramais do metrô. Entrei na redação suando em bicas. Rizande, a secretária, logo me informou da ligação de Ronaldo Cunha Lima, governador eleito da Paraíba. Retornei.

— Boa tarde e parabéns, governador.

— Costa Pinto, prazer em falar com você.

— Mande ver, meu amigo. Já arrumando a casa aí?

A informalidade decorria do bom relacionamento que construímos ao longo da campanha eleitoral de 1990.

— Sim. Quero te contar uma história macabra. Tenho certeza que valerá uma viagem sua a João Pessoa.

— Que houve? Do que se trata?

— É um caso parecido com o do Cemitério de Perus, em São Paulo.

Não tinha uma boa pauta para oferecer à redação-sede da *Veja*, em São Paulo. Animei-me. No início daquele ano de 1990 haviam sido localizadas duas dezenas de ossadas humanas, cujos corpos foram enterrados como indigentes na necrópole municipal de Perus, bairro da periferia paulistana. Investigava-se, até aquele momento, a possibilidade de as ossadas pertencerem a militantes de organizações de resistência à ditadura militar.

As feridas abertas com a tortura, a morte e as sevícias praticadas por militares, policiais civis e agentes paisanos simpáticos à ditadura instaurada em 1964, e finalmente vencida pela articulação da sociedade civil em 1985, não apenas continuavam abertas — ainda sangravam. Mais de 400 militantes políticos contrários ao regime ditatorial eram considerados oficialmente desaparecidos. Foram assassinados nos porões de um sistema que havia esmagado e asfixiado a claudicante democracia brasileira. Cunha Lima tinha sido um dos perseguidos pelos militares. Eleito em 1966 prefeito de Campina Grande, segunda maior cidade paraibana, foi deposto dois anos depois por força do Ato Institucional número 5. O AI-5 chegou a fechar o Congresso Nacional, além de prender ou cassar políticos dos mais variados matizes.

— Vou amanhã, então. Se a história é boa, quero ouvir — respondi. — Consigo chegar às 7h30 aí. Para onde me dirijo?

— Rapaz, a essa hora você toma café comigo.

Ele conhecia bem a distância entre Recife e João Pessoa. Caso saísse de casa às 6h, estaria com folga na capital paraibana no horário combinado.

— Anote o endereço da casa em que estarei — respondeu o governador eleito.

Se era para ouvir uma boa pauta, e o dia seguinte era terça-feira, valia começar cedo. Caso a história se revelasse ruim, voltaria à capital pernambucana ainda de manhã, a tempo de investir em outra frente. Pedi a Chico, o motorista da sucursal da revista, que passasse às cinco horas da manhã do dia seguinte no meu apartamento no bairro do Torreão, Zona Norte. De lá pegaríamos o fotógrafo, Renato de Sousa, na encruzilhada conhecida por Quatro Cantos, em Olinda. Era caminho.

Ao chegar pouco antes do combinado na casa do governador eleito da Paraíba, fui apresentado a um capitão da Polícia Militar local.

— Esse é de toda confiança minha, e não da turma do Burity — assegurou-me Cunha Lima, tentando conquistar o respeito do jornalista para o soldado dele.

Tarcísio Burity era o governador que terminava o mandato, historicamente ligado à ala de políticos paraibanos que apoiaram o regime militar. Eram adversários figadais.

— Você conhece a família Lundgren, das Casas Pernambucanas? — perguntou-me Cunha Lima.

— Claro.

As Casas Pernambucanas haviam sido fundadas em 1908, no Recife, pelo imigrante sueco Herman Theodor Lundgren. A partir de meados do século XX e até o início do século XXI, converteram-se numa das maiores redes varejistas do país.

— Pois bem: os Lundgren foram os maiores apoiadores e financiadores do Wilson Braga, o candidato do Tarcísio Burity — seguiu Cunha Lima em seu relato, ainda tentando me vender a pauta. — Eles têm uma fazenda às margens da BR-101, em Alhandra, primeiro município da Paraíba quando você cruza a fronteira de Pernambuco.

— Passei por ele agora.

— Isso. Lá tem um cemitério clandestino de presos políticos e há corpos enterrados. Estão bem visíveis, não tinham cuidado com nada. E ali tem uma câmara de tortura também. Eles davam apoio paralelo à ditadura. É igual a Perus, em São Paulo.

Não consegui esconder a incredulidade e perguntei se ele tinha certeza daquela informação.

— Óbvio. Estou mandando um capitão da PM com você. Ele indicará as coisas por lá e dará segurança à sua equipe — respondeu.

— Minha equipe somos eu, o fotógrafo e o motorista.

Engoli umas bolachas com queijo coalho e café preto e segui caminho.

Antes das dez horas da manhã batemos na porteira da fazenda dos Lundgren. O capitão a quem dávamos carona abriu a corrente sem cadeado que fechava a cerca. Entramos e rodamos cerca de um quilômetro até a sede. Era um casarão em estilo colonial eclético, sustentado por colunas ornadas com pedras semelhantes às utilizadas em uma igreja erguida à beira da rodovia. A edificação integrava o conjunto da propriedade rural. Imitava o estilo neoclássico alemão. Eram *Lundgrens*, afinal.

Uma vez mais, o policial militar enviado pelo governador eleito da Paraíba tomou a frente das ações e cortou o caminho de um homem que veio a nosso encontro. Dava sinais de desconfiança. Era o capataz. Depois de falar algo reservado com o PM, chamou-me para conversar.

— O senhor é repórter?

— Sou. Da revista *Veja*. De quem é essa fazenda?

— Família Lundgren.

— Das Casas Pernambucanas?

— Sim. Mas eles não vêm aqui, não, doutor. É muito raro vir alguém.

As frases curtas e o vício de falar olhando os próprios pés denotavam um certo desconforto e a humildade do sujeito à minha frente.

— Tenho notícia de que há alguns corpos enterrados por aqui.

— Sei disso não, senhor. Isso é coisa de político, é?

— Não. O dono da fazenda é político?

— É, não, senhor.Nunca vi ele metido com política não.

— Você trabalha há muito tempo aqui?

— Vai fazer mais de ano. Mês que vem, passou o outro, faz mais de ano.

Enquanto conversávamos, o capitão afastou-se para dar uma volta sozinho em torno da propriedade. Em pouco tempo, regressava excitado.

— Tem coisa ali — anunciou o policial militar. — Uns montinhos no meio da plantação de mandioca. Aquela plantação é de vocês? — perguntou dirigindo-se ao capataz.

— É do pessoal aí. Eles plantam para comer. A fazenda não produz macaxeira, não. É só para comer mesmo, para o dia a dia.

Ignoramos o que dizia o funcionário da propriedade e fomos até o roçado de mandioca — na Paraíba, macaxeira. Meia dúzia de pequenos monturos chamava a atenção. Eu e o fotógrafo nos encaminhamos até um barracão anexo à casa-sede e pegamos por nossa conta duas pás e uma picareta.

— Oxe, para que isso? — quis saber Chico, o motorista.

— Vamos cavar — disse eu. — Você afrouxa a terra com a picareta. Eu e Renato cavamos.

Em menos de cinco minutos de escavações vislumbramos a primeira descoberta: um crânio. Sentindo-me o próprio arqueólogo forense, determinei que tirássemos a terra com cuidado pelas laterais. Logo foi possível visualizar uma ossada completa. Observando-a de cima para baixo, imaginamos que um buraco no osso frontal da testa pudesse ter sido uma bala, ou uma agressão efetuada com força desproporcional. O PM voltou à casa-grande e pouco depois nos trazia uns sacos plásticos, do mesmo tipo que se usa para colocação de lixo.

— Querem pôr a ossada aqui dentro? — sugeriu.

Não pensei duas vezes. Mais de trinta anos depois, ainda me surpreendo perguntando-me como pude fazer tudo aquilo sem pensar duas vezes naquele momento. Estava embriagado pela possibilidade de ter um furo jornalístico monumental nas mãos — literalmente.

No calor impetuoso e incendiário de meus 22 anos, pus a ossada no saco.

— Ali deve ter outra. É um montinho igual — disse o capitão da PM; àquela altura, já se cria autoconvertido em uma espécie de diretor de operações da reportagem.

Debruçamo-nos sobre o novo monturo e cavamos. Sem demora, surgiu outra ossada. Primeiro, um braço com alguns dedos. Escavando mais, avistamos um crânio. Em seguida, um corpo completo.

— Vamos recolher em outro saco, precisamos levar isso para análise da Polícia Técnica de João Pessoa ou do Recife — decretei.

Encontrava-me entre o êxtase e a irresponsabilidade.

Guardamos a segunda ossada. Chico bateu em meu ombro. Indicava com a mão outro pequeno monte escondido por caules de mandioca. Nem precisamos trocar palavras: cavamos. Em poucos minutos, mais uma ossada. Repetimos o procedimento efetuado com as duas primeiras valas, abrimos um terceiro saco de restos mortais. Só então fui tomado por uma baita dúvida ética.

— Cadê o capitão?

— Na casa da fazenda — respondeu Renato, o fotógrafo.

Fui até a casa-grande. O policial me recebeu com uma nova história.

— Dizem que dentro dessa cisterna, na verdade, há um porão com uma sala de torturas. Era aí que eles torturavam os presos — contou-me apontando para uma grande laje retangular, cimentada, construída ao lado do casario. Uma tampa improvisada por uma chapa de ferro fechada por dois imensos cadeados antigos era a única entrada possível. Parecia ser o que era: uma cisterna. Mas, e se não fosse?

— Tem a chave disso aí? — perguntei ao capataz.

— Só com os donos. Pode abrir, não. A ordem é essa.

— Olha só: encontramos três corpos ali, enterrados no meio da plantação de mandioca.

— Sei de nada — respondeu o empregado da fazenda. Estava, ao mesmo tempo, assustado e desconfiado.

— Tem alguém aqui na fazenda que seja mais antigo no emprego do que você?

— Hoje é dia de feira. Tem gente, não. Todo mundo foi para Alhandra, a cidade lá em frente.

— Vou também — anunciei. — Renato, fica aí com o capitão. Vou lá com o Chico, não precisa vocês irem.

Começava a suspeitar de uma imensa armação. Tudo parecia fácil demais. Chegando na cidadezinha da Zona da Mata paraibana, um lugarejo escondido no meio de um canavial, procurei o prefeito. Não estava. Encontrava-se numa agenda, fora do gabinete, mas logo regressaria. Ao menos foi o que me garantiu a secretária, uma senhora já passada dos sessenta anos, coque no topo da cabeça, semelhante ao que a minha avó paterna usava. Ela me deu confiança para seguir fazendo perguntas.

— Posso sentar e esperar? — pedi licença.

— À vontade.

Aceitei a água e o café oferecidos, e também umas lascas de rapadura servidas como bombom.

— Dizem que os Lundgren fazem muito bem à cidade, são benfeitores. É isso mesmo? — testei, tentando engatar uma conversa.

— Olha, eu mesma, de minha parte, não sei disso não. Moro aqui desde que nasci. Nunca vi Lundgren pela cidade, não. Até já fui em missa na igreja deles, que é muito bonita. O senhor conhece?

— A da estrada? Vi, sim.

— Pois é, dizem que é deles. Nem sei se é. Tem padre e tudo. Parece que fizeram porque uma parte da fazenda pegou as terras do antigo cemitério de um povoado que tinha ali.

Escutei aquilo enquanto tomava o café morno e ralo num gole só.

— Como é que é? Tinha um cemitério ali?

— Tinha, e a cerca da fazenda, depois de uma disputa com a Prefeitura, ficou para cá do cemitério. Do lado de dentro. Tiveram até que transferir uns corpos, mas outros não. Então parte da fazenda está onde era o cemitério.

A conversa, tão acidental quanto providencial, explicava muita coisa.

— O prefeito é gente antiga da cidade?

— Vixe, antiquíssimo. Ele conta melhor essa história.

Assim que o político chegou em seu gabinete, entrei para o despacho. Nunca o termo "despacho" me parecera tão adequado. Escutei com atenção toda a história da disputa de terras entre o município e os proprietários da fazenda que levava o nome dos Lundgren naquele momento. Na transferência da necrópole para outro ponto de Alhandra, ossadas antigas colocadas em covas rasas haviam sido abandonadas numa área que se convertera na plantação de mandioca.

Eram mortos não reclamados, indigentes, famílias já extintas por motivos diversos. Eu havia profanado um cemitério.

Despedi-me do alcaide e da secretária que lembrava a minha avó e entrei no carro de reportagem. Incrédulo, espantado com o que fizera, olhei de soslaio os três sacos de lixo contendo as ossadas. Eu e Chico os colocamos na plataforma que fechava o compartimento do porta-malas do Gol da reportagem, por cima dos alto-falantes. Comentei com o motorista:

— Meu caro, estamos com os corpos de três pessoas para devolver às sepulturas. Violamos as covas de uns pobres diabos.

Contei toda a história que me fora narrada pelo prefeito. O motorista empalideceu, arregalou os olhos, engoliu em seco. Era um profissional experiente. Trabalhara para meia dúzia de outros chefes de sucursal da revista *Veja*, no Recife, até a minha chegada.

— Nunca vi disso. Era um cemitério?

Seguimos calados até a fazenda. Quando chegamos, o policial militar ofertado pelo governador eleito da Paraíba recepcionou-me com uma notícia: se eu desejasse, podíamos arrombar o cadeado da cisterna e verificar a existência, ou não, da tal "câmara de torturas".

— Esquece isso. Esquece! — estava irritado. — Nós profanamos um cemitério. Um cemitério!

Renato de Sousa, o fotógrafo, era irritadiço; às vezes, meio violento. Quis engrossar com o PM em protesto contra o abuso que, afinal, ajudáramos a perpetrar. Com jeito, enquadrei-o. Debati com ele o que faríamos. Decidimos dar um troco à altura. Sem detalhar o que faríamos, pedimos ao PM que entrasse no carro e seguimos de volta a João Pessoa com as ossadas. Entardecia quando chegamos. Dirigimo-nos direto para o escritório político de Cunha Lima. Saltei com os sacos de lixo na mão direita e fazendo gestos com a mão esquerda. Deixava clara a minha insatisfação. Não me fiz anunciar pela secretária do antigo comitê de campanha. Entrei às pressas, quase correndo. Ronaldo Cunha Lima conversava, sorridente e piadista, com um assessor.

— E aí? Boa a história? Encontrou algum corpo? — inquiriu-me, olhos arregalados, sem desconfiar do que se passara no destino para onde ele me havia metido.

— Aqui estão, governador: três ossadas — pus os sacos em cima da escrivaninha dele, derrubando uma xícara de café. — Mas não são presos políticos. São gente simples. Talvez indigentes. Eu violei as sepulturas.

— Como assim? O que houve? Aquela fazenda era um centro de tortura, igual a Perus...

— Governador, olhe só, não sei qual o problema do senhor com os Lundgren e se eles apoiaram a ditadura ou não apoiaram a ditadura. O que sei: a fazenda está, hoje, numa área aonde havia um cemitério. A plantação de mandioca está no meio das covas rasas. Eu desenterrei três cadáveres que nem sabem da eleição ocorrida este ano na Paraíba. Os ossos estão aí. Não voltarei para enterrar de novo. Até logo. Estou voltando para o Recife.

Virei as costas, abri a porta e saí sem outras despedidas.

Depois daquele dia, só fui reencontrar Cunha Lima em abril de 1991. Tinha ido a João Pessoa fazer uma reportagem sobre os memorandos oficiais redigidos em verso pelo mandatário paraibano, de resto um poeta popular de razoável sucesso que arriscava bons sonetos. Escorregou, porém, como roteirista de *thriller* policial. Vencido o mau passo, tornou-se boa fonte.

* * *

Em 1993 saí de Brasília, aonde fora morar, para entrevistar Ronaldo Cunha Lima, que deveria estar na prisão.

No começo da tarde de 5 de novembro daquele ano, cego pela fúria, ele deixou o gabinete do Palácio da Redenção disposto a lavar com sangue a honra familiar. Num programa de TV local, Tarcísio Burity, sem mandato, acusara Cássio Cunha Lima, primogênito do governador, de corrupção em atos cometidos na Superintendência de Desenvolvimento do Nordeste.

Cássio era o superintendente da Sudene, nomeado pelo então presidente Itamar Franco. Cunha Lima encontrou Burity almoçando no restaurante Gulliver, na beira-mar de João Pessoa, e atirou três vezes nele, à queima-roupa. Uma das balas entrou e saiu pelas bochechas do desafeto e antecessor no governo do estado. Burity não morreu, passou uma semana em coma. Morreu dez anos depois.

Cunha Lima conseguiu se safar da cadeia graças à proverbial lentidão dos meandros jurídicos brasileiros. Morreu em julho de 2012 sem jamais ter sido julgado pela tentativa de homicídio. No limbo, se ele existe, talvez tenha prestado contas aos donos das ossadas profanadas em Alhandra. De minha parte, sigo em dívida com eles.

* * *

Entrelaçadas, aparentemente desconexas entre si, as novelas que ora seguem ajudam a compreender a história recente do Brasil e de como se desenhou a tragédia na política nacional.

O país da esperança ascendente, no qual vivemos de janeiro de 1985 até pouco antes da metade de 2016, converteu-se no epicentro de um furacão de ódio que está a devastar o futuro de uma nação irremediavelmente fraturada.

Os cadáveres políticos brasileiros seguem clamando por exumação e os demônios permanecem assustando nossa normalidade democrática, impedindo o funcionamento regular do Estado de Direito. Rogam por exorcismo.

Novelas, gênero literário discursivo tão aberto quanto imperfeito, que não prescindem da concatenação de fatos entrelaçados: foi por meio delas, algumas se distanciando do jornalismo e tangenciando o realismo fantástico, que decidi narrar a terceira parte desta saga política chamada **Trapaça**.

A história política do Brasil contemporâneo parece se desenvolver, de fato, numa espécie de universo paralelo nacional.

No Brasil, realidade e ficção muitas vezes se confundem.
Vivemos num país onde, não raro,
a mentira é mais verossímil que a verdade.
E onde a verdade, quase sempre, tem de se esforçar para ser crível.
Nossos dramas políticos sugerem narrativas ficcionais.
Aqui nem tudo é verdade,
mas tudo pode ter sido verdade.

CAPÍTULO 1

DESENCANTO.
E FIM

— *Teje* preso! — esbravejou a senadora alagoana Heloísa Helena em meio ao tumulto criado na Sala 2 das Comissões Temáticas do Senado Federal, na Ala Senador Nilo Coelho. Ali funcionava a Comissão Parlamentar de Inquérito que investigava eventual auxílio irregular do Banco Central a instituições que integravam o Sistema Financeiro Nacional. Mais especificamente, a ajuda do BC aos bancos Marka e FonteCindam.

O senador baiano Antônio Carlos Magalhães saltou de uma cadeira na primeira fila do pequeno plenário. Com passadas largas, alcançou a Mesa Diretora dos trabalhos, arrancou o microfone das mãos do colega maranhense Bello Parga, presidente da CPI, e se dirigiu ao depoente Francisco Lopes, ex-presidente do Banco Central, demitido havia menos de dois meses.

ACM encarou Lopes no fundo dos olhos. Estrategicamente dócil, usou o apelido carinhoso pelo qual o antagonista se tornara conhecido dentro e fora dos meios acadêmicos desde os anos 1980.

— Senhor Chico Lopes, vossa excelência precisa decidir se quer mesmo tumultuar o processo. Será um desserviço ao país, ao Governo Federal e a vossa excelência também. O Senado não sairá desmoralizado disso — esbravejou ao final, arquivando a docilidade inicial.

O político baiano ocupava a presidência da Casa Legislativa. Fitava ora o depoente, ora as câmeras de TV. Havia coreografado milimetricamente aquela vingança.

Quatro anos antes, Chico Lopes ocupava o posto de diretor de Política Monetária do Banco Central. Fernando Henrique Cardoso estava no início de seu primeiro mandato. Perfilando entre os economistas que se intitulavam desenvolvimentistas, tornou-se um crítico ácido da sobrevalorização do real ante o dólar norte-americano. Não admitia auxílio estatal a instituições financeiras insolventes. Na divisão das panelinhas temático-biográficas da gestão FHC, passou a integrar o grupo de assessores que gravitavam em torno das opiniões do então ministro do Planejamento, José Serra. Assim, identificou-se de imediato com a turma que defendeu a intervenção no Banco Econômico.

Fundado em Salvador havia 161 anos, o insolvente Econômico foi liquidado sob alguns protestos e muitas chantagens políticas de Antônio Carlos Magalhães e de seus seguidores em 1995. Serra, Lopes e outros auxiliares do Governo Federal se recusaram a manter indefinidamente as recorrentes concessões de empréstimos financeiros do BC ao banco baiano (*Trapaça — Saga Política no Universo Paralelo Brasileiro*, volume 2, descreve em detalhes como tudo isso ocorreu).

Frio, como sói acontecer aos melhores profissionais do ramo, ACM contemplava o corpo agonizante da vítima de sua vendeta, expondo o sarcástico e proverbial sorriso sibilino que lhe era particularmente prazeroso. Quando o fazia, mostrava os dois incisivos frontais ligeiramente separados por uma fenda. Exibindo-os, adquiria imediatamente um ar de justiceiro cruel e incapaz de discernir entre a justiça e o justiçamento. Tinha prazer incomum em fazer os outros sofrerem.

Da abertura entre os dentes do presidente do Congresso, de quando em vez, era até possível ver veneno a escorrer — ou, ao menos, imaginar tal cena de forma consistente.

— Devolvo a palavra ao senador Bello Parga, presidente desta Comissão de Inquérito. Ele sabe o que fazer — disse ACM, encerrando a participação no quiproquó.

— O depoente está preso. Ele será escoltado pelos agentes da Polícia Federal até a sala da segurança desta Casa Legislativa, onde será lavrado o ato de prisão e se fará exame de corpo de delito — decretou o senador pelo Maranhão.

Bello Parga agradeceu com um olhar matreiro o poder momentâneo que lhe fora conferido pelo colega baiano. Ato contínuo, um mal-estar repentino tomou conta de seu corpo. Uma dor intensa transitava do antebraço esquerdo até seu peito. Estava enfartando. Com a ajuda de assessores e do líder do governo no Congresso, o senador José Roberto Arruda, o parlamentar do Maranhão que presidia a CPI se dirigiu diretamente para o Serviço Médico do Congresso Nacional. Um infarto agudo do miocárdio havia sido diagnosticado a tempo.

O estupor tomou conta do plenário da Sala 2. A sensação atingiu desde os repórteres que estavam na Ala Nilo Coelho do Senado até quem assistia a distância ao surpreendente desfecho de um caso que ninguém conseguia explicar razoavelmente como se desenvolvera até chegar àquele clímax inédito.

Cuidando da edição de Política e de Macroeconomia da revista *Época*, eu seguia com os olhos grudados numa das TVs da redação em São Paulo. Mantinha-me em linha com Guilherme Barros, o chefe de nossa sucursal no Rio de Janeiro, que fora a Brasília cobrir aqueles eventos. Economia era a praia em que Guilherme se sentia mais à vontade. Ele havia me antecipado, minutos antes, o possível desenrolar do caso. Déramos a notícia em primeira mão, à frente da concorrência, no serviço *on-line* da publicação na Internet.

Identifiquei um rosto impávido, sereno, por trás dos advogados Luís Guilherme Vieira e José Gerardo Grossi. Os dois defensores de Lopes atendiam o cliente como podiam, mas perdiam por nocaute a batalha contra o mar de microfones de TVs e de gravadores estendidos até seus queixos pelos repórteres das rádios. Cenas de jornalismo explícito, como chamávamos. Com o rosto inclinado para baixo, via-o fotografar com a retina, um a um, os antigos colegas e suas atuações desde a trincheira da imprensa, onde estivera até poucos anos atrás. Divisei o personagem: era o jornalista Mário Rosa. Liguei para o celular de Guilherme.

— Camarada, é o Mário quem está aí com o Chico Lopes?

— Que Mário?

— Mário Rosa. Ele está trabalhando com o Chico Lopes?

— Sim, sim. É assessor de imprensa.

— Assessor de imprensa? Não, Guilherme: gestor de crise. Gestor de crise! Ao menos, foi isso que ele me disse que era — fiz questão de pontuar minha voz com um quê de ironia. — Está inventando uma nova profissão, ou trazendo isso para o Brasil, sei lá. Depois temos de falar com ele.

Eu e Rosa trabalháramos juntos na revista *Veja* durante a cobertura da CPI do PC. No transcurso da campanha eleitoral de 1994, em razão de algumas divergências com a direção da revista, ele pediu demissão da publicação da Editora Abril.

— Claro! Lulinha, tenho de correr aqui. Rapaz, o Chico foi preso...

— Vai sair logo, calma. E a Heloísa Helena, hein?

— "*Teje* preso!", muito bom. É a versão dos políticos que se acham investigadores para o nosso clássico "parem as máquinas! *Stop the presses!*".

Rimos e desligamos.

* * *

Havia menos de quatro meses, o presidente Fernando Henrique Cardoso assumira o segundo mandato para o qual fora reeleito no primeiro turno, em 4 de outubro de 1998. A vitória nas urnas, com 53% dos votos válidos, ocorreu no momento em que os mercados financeiros internacionais estavam em pânico. Em meados de agosto a economia russa entrara em espiral declinante. O preço do barril de petróleo perdera 50% de seu valor da noite para o dia, derrubando a cotação das empresas de óleo e gás da Rússia. O mundo assistia apreensivo à crise russa como se visse ali uma sequência da Crise Asiática de 1997. Um ano antes de chegar a Moscou, a tempestade dos mercados financeiros havia arrasado as economias da Tailândia, da Indonésia, da Coreia do Sul, das Filipinas e até de Hong Kong, cuja bolsa conservava ainda salutar independência das congêneres chinesas. Entre os acadêmicos, economistas-chefe de instituições financeiras e órgãos de cooperação e de regulação internacionais, tinha-se a certeza de que o próximo país a quebrar seria o Brasil.

Dentro da sua equipe de governo, em Brasília, FHC arbitrava uma disputa entre grupos. Um deles se autodenominava "os desenvolvimentistas" e era liderado pelo ministro das Comunicações, Luiz Carlos Mendonça de Barros. Seus antagonistas e desafetos, também detentores de uma alcunha particular autodefinida, eram os "monetaristas". Este último alinhava-se com o ministro da Fazenda, Pedro Malan. O então presidente do Banco Central, Gustavo Franco, era o cérebro deles.

Fernando Henrique pretendia criar um tal Ministério da Produção, cujo rascunho jamais sairia do papel, e entregá-lo a Mendonça de Barros — ou seja, aos "desenvolvimentistas". O presidente da República via-se obrigado a lidar com a fadiga de Malan, que fora presidente do BC durante a elaboração do Plano Real e sobrevivera às duas trocas de ministros da Fazenda em meio à formulação do plano econômico, e sabia das demandas pessoais de Franco, capazes de obrigá-lo a deixar o time que o elaborou.

O Fundo Monetário Internacional pressionava por soluções profiláticas destinadas a afastar riscos de um contágio por efeito dominó da crise financeira russa, já configurada no horizonte como uma angustiante tempestade internacional. O temor de o epicentro do fenômeno esperado para devastar os mercados estar se deslocando para o Brasil não era mera aposta: era certeza.

No início do mês de setembro, ainda ocupando a cadeira de secretário de Política Econômica do Banco Central, Lopes deixou escapar numa entrevista coletiva que "*os burocratas de Washington estão excitados para fecharmos um acordo com o Fundo*".

Os tais burocratas de Washington eram Michel Camdessus, diretor-geral do Fundo Monetário Internacional, e Teresa Ter-Minassiam, chefe do Departamento de Hemisfério Ocidental do FMI, encarregada das negociações com os brasileiros. Fora dos círculos governistas locais, somados aos da capital americana, até então se tratava do eventual retorno do Brasil ao FMI como boato destinado a desmoralizar Fernando Henrique. Ao cometer a inconfidência, Chico Lopes converteu automaticamente o boato em fato. Iniciou-se a partir dali a temporada de especulações mais intensas sobre a saúde financeira do Tesouro brasileiro e do real como moeda.

No dia 10 de setembro de 1998, menos de um mês antes de os brasileiros irem às urnas no pleito inaugural do instituto da reeleição na história política brasileira, durante uma conversa tensa, Pedro Malan informou ao presidente da República a necessidade de uma vitória no primeiro turno.

— Por quê? — quis saber FHC.

— Porque teremos de aumentar juros, desvalorizar a moeda e fazer um acordo com o FMI — respondeu o ministro.

Malan preparava o espírito do chefe para receber com naturalidade o resultado de uma reunião do Comitê de Política Monetária (Copom) do BC que ocorreria no início daquela noite. Na pauta, um pacote tão indigesto quanto necessário de medidas econômicas e o debate sobre assinar logo, ou não, um acordo com o Fundo Monetário Internacional. Ao assiná-lo, o governo brasileiro ganharia um tutor para a sua política econômica e FHC perderia o núcleo central do discurso de campanha: a recuperação da moeda, da credibilidade externa e da esperança dos brasileiros. Ter de volta um Produto Interno Bruto ascendente, com crescimento constante e sustentável, era a meta e o eixo em torno do qual giravam todos os discursos eleitorais.

O candidato do Partido dos Trabalhadores, Luiz Inácio Lula da Silva, estava isolado em segundo lugar, no patamar de 25% das intenções de voto. Ciro Gomes, que disputava a sua primeira eleição presidencial, atingira os 7%. Ciro concorria pelo Partido Popular e Socialista (PPS), sigla que sucedera ao Partido Comunista Brasileiro. A apreciação artificial do câmbio brasileiro segurava a inflação. Juntas, as duas coisas rendiam intenções de votos e garantiam o *recall* do discurso de 1994, quando Fernando Henrique Cardoso vencera a eleição sobre Lula exibindo nos palanques a credencial de "Pai do Real".

A reunião se revelou mais complexa que o esperado e entrou pela madrugada do dia 11 de setembro. A taxa de juro básica da economia foi fixada em 49,75%. A ata firmada pelos presentes deixava margem para subir ainda mais. E subiria, nas semanas seguintes.

"Foi uma reunião fatídica", definiu-a Chico Lopes numa entrevista ao jornal *Valor Econômico* em 29 de junho de 2005.

Dias antes, a autoridade monetária nacional precisou liquidar reservas internacionais para segurar a cotação do dólar no mercado interno. Em uma única sexta-feira, torrara US$ 2,6 bilhões em leilões da Mesa de Câmbio do BC nos quais o Estado enfrentava especuladores. Na segunda-feira seguinte, mais US$ 1 bilhão se foi. Rapidamente, as reservas brasileiras se esvaíam.

Lopes estimava que, a seguir naquele ritmo, o estoque de reservas internacionais do BC estaria zerado antes do fim do mês de setembro. Tecnicamente, o Brasil estava quebrado. O economista norte-americano Paul Krugman, prêmio Nobel de Economia, não escondia essa avaliação de ninguém. Para ele, éramos a bola da vez e estávamos quicando desgovernados no cenário internacional.

Gustavo Franco, àquele momento presidente do Banco Central, forçou a discussão de controle cambial na reunião do Copom que varara a madrugada do dia 11 de setembro 1998.

— Estamos aqui para aumentar juros. Integrantes da área externa do BC disseram que banqueiros estão ligando para eles, dizendo que aumentar juros nesse momento é suicídio — cobrou Chico Lopes, aparteando a fala do chefe por quem nutria indisfarçável desprezo.

Em breve, Lopes sucederia a Franco na cadeira de presidente do Banco Central. Naquele momento, nem ele mesmo sabia da promoção que teria. Mas seria por um período anormalmente curto. Chico Lopes terminaria defenestrado no início desastroso do segundo mandato de Fernando Henrique.

Franco e Lopes eram as personalidades mais geniosas sentadas à mesa naquela reunião do Copom. Sequer procuravam esconder as divergências. Gustavo Franco queria endurecer as normas de flutuação da taxa de câmbio. Chico Lopes nunca deixou de sublinhar a preferência pela adoção de uma banda de flutuação. Exposições duríssimas de um contra o outro foram feitas na sala fechada do comitê. Havia uma dúzia de pessoas presentes.

— Isso é uma reunião para discutir juros, não para debater política cambial, decretou Lopes no final. — Sou contra controle cambial e, se for para fazer esse controle, temos de falar com o presidente, disse ele a fim de encerrar o bate-boca.

Transtornado com o embate no Copom, Chico Lopes pediu uma reunião no dia seguinte com o ministro da Casa Civil, Clóvis Carvalho. Levou junto o amigo José Roberto Mendonça de Barros, secretário de Política Econômica do Ministério da Fazenda e irmão do ministro das Comunicações, Luiz Carlos Mendonça de Barros.

Carvalho detinha vasta carteira de crédito ante Fernando Henrique. O presidente da República confiara a ele as chaves do Palácio do Planalto enquanto cumpria sua agenda de campanha à reeleição. Repetia, assim, a estratégia bem-sucedida adotada durante a formulação do Plano Real, quando Clóvis Carvalho chefiara o gabinete do ministro da Fazenda e fora ao mesmo tempo bedel e contemporizador dos espíritos difíceis e geniais da equipe de formuladores econômicos. Arquivando divergências abissais, eles conseguiram arquitetar de forma precisa e pragmática o fim da inflação brasileira e restaurar o valor da moeda local.

Lopes disse ao chefe da Casa Civil que acreditava estar sendo urdida uma estratégia de controle cambial para o Brasil da qual ele não só discordava como avaliava ser a antessala de um desastre.

—Tem de deixar o câmbio flutuar — firmou posição.

Clóvis Carvalho ficou de avisar Fernando Henrique dos detalhes da reunião do Copom, dos temores do futuro presidente do Banco Central, e se comprometeu a agendar um debate maior em torno do valor do real, em São Paulo, incorporando ao grupo de economistas da Fazenda e do Banco Central o ministro das Comunicações.

Luiz Carlos Mendonça de Barros, titular da pasta das Comunicações, deveria ser nomeado Ministro da Produção no eventual (e, para eles, até ali, quase certo) segundo mandato de FHC. Estava acordado, ainda, entre os fernandistas, que André Lara Resende, um dos principais formuladores dos planos Cruzado, de 1986, e Real, de 1994, também seria chamado a integrar o governo reeleito.

O presidente Fernando Henrique Cardoso registrou (páginas 692/694 — registros que se iniciam a 9 de setembro de 1998) a agonia desta forma no volume 2 (1997-1998) do seu *Diários da Presidência*:

> *Há um pânico sem base na realidade, todo mundo sabe disso, eu pelo menos sei, mas criou-se essa onda, em parte por causa do próprio governo, que ficou no nhe-nhe--nhem de que temos um problema fiscal grave. Temos um problema cambial sério e o problema da taxa de juros, que acompanha isso, leva ao nosso endividamento. Essa é a armadilha que precisamos desarmar, só que não podemos desarmá-la neste momento de crise mundial.*

> *O Serra [José Serra, então ministro da Saúde] me telefonou ontem para dizer que ele não concorda com os cortes na Saúde, porque ele terá que cortar dinheiro dos hospitais. Disse que não vai criar nenhum caso, mas que a partir de 4 de outubro estará fora do governo. Fiquei indignado: 'Serra, o Brasil está desmoronando e você está pensando no seu orçamento? E o orçamento geral? Aliás, nós preservamos Saúde e Educação. Será que você não percebe que há sinais de crise e que não é o momento para isso?'*

> *Olha, mesmo que ele não venha a cumprir essa 'ameaça' — entre aspas — me deixou realmente... não sei se furioso ou extremamente desgostoso e amargo. Serra põe o problema dele à frente de qualquer coisa. Ontem não era dia para dar uma notícia dessas pelo telefone, não era o dia para ter uma reação. No fundo, é a mesma história de sempre, a desavença dele com a equipe econômica.*

> *(...)*

> *Enquanto isso, as eleições vão mornas, continua tudo igual, ontem cheguei a 50% e a uma diferença de 16 pontos, somados, para todos os demais. É até perigoso estar hoje num patamar tão elevado assim. É preciso ver como a gente leva isso até o dia 4 de outubro, dia das eleições. Vou*

ter que tomar medidas de mais profundidade na política econômica. Claro, já estou inclinado nessa direção, mas não é assim, no calor da crise, nem com ameaças de demissão.

(...)

Hoje é dia 11, sexta-feira, são onze e meia da manhã. Ontem foi uma quinta-feira cinzenta, se não negra. As bolsas despencaram novamente, pressão sobre o real, sobre o câmbio, vendas maciças de dólares. Nos Estados Unidos, más notícias. Na Rússia ganhou Primakov como primeiro-ministro, mas a coisa também está difícil.

(...)

Há tensão o tempo todo. Decisões precisam ser tomadas. Chamei o Beto Mendonça [José Roberto Mendonça de Barros] *e disse que não queria nenhuma decisão sem o meu conhecimento. Eles estavam muito aflitos. Falei com o André Lara* [Resende] *e com o ministro Mendonça de Barros* [Luiz Carlos, irmão de José Roberto] *pelo telefone. Eles acham que temos que entrar no chamado plano B, ou seja, tomar alguma medida de centralização de câmbio. O que não se pode é deixar o câmbio flutuando, porque seria uma catástrofe para o país, com risco, inclusive, de inflação.*"

* * *

Anos depois daquelas anotações do presidente da República, Chico Lopes revelou numa entrevista ao jornal *Valor Econômico* que Fernando Henrique o chamara para dizer quais medidas decidira tomar: rechaçou o pedido de demissão de Pedro Malan, ministro da Fazenda. Comunicou-o ainda que trocaria Gustavo Franco por ele, Lopes, na presidência do Banco Central. Ou seja, o núcleo desenvolvimentista daria as cartas no segundo mandato, garroteando os monetaristas. O volume 2 de *Trapaça — Saga Política no Universo Paralelo Brasileiro* narra como e por que isso não aconteceu.

Luiz Carlos Mendonça de Barros pediu demissão do Governo. Junto com ele saíram dois diretores do Banco Nacional de

Desenvolvimento Econômico e Social e um diretor do Banco do Brasil. Foram abatidos pelo vazamento de gravações telefônicas clandestinas revelando favorecimentos irregulares do governo a grupos econômicos privados durante a privatização das empresas estatais de telecomunicações. Cancelou-se a ideia de criação do Ministério da Produção. Em paralelo, FHC toureou as especulações em torno de um dossiê com falsas acusações de que ele e outros caciques do PSDB mantinham contas bancárias irregulares no exterior. Logo depois, estourou o escândalo do favorecimento ilícito aos bancos Marka e FonteCindam para evitar a quebra das instituições durante a criação do sistema de bandas cambiais dentro das quais a taxa de câmbio flutuaria.

Em breve síntese, em que consistia o escândalo Marka e FonteCindam:

- Em 13 de janeiro de 1999, o presidente Fernando Henrique Cardoso demitiu Gustavo Franco da presidência do Banco Central e nomeou Chico Lopes para o cargo.

- Lopes pôs fim à chamada centralização cambial instituída por Franco e adotou o sistema de "bandas diagonais endógenas" para fixar o valor do câmbio da moeda brasileira em relação ao dólar norte-americano. Ataques especulativos contra o real fizeram o país perder, em média, US$ 1 bilhão por dia em reservas internacionais nos dez primeiros dias úteis de janeiro daquele ano.

- Em 24 horas, o real perdeu 9% de seu valor. Em 48 horas, a desvalorização acumulada passava dos 20%. Os bancos Marka e FonteCindam se encontravam numa situação que, no mercado, chama-se "vendidos em dólar": haviam atrelado muitos títulos à moeda norte-americana porque tinham certeza de que não haveria tal desvalorização. Só o Marka de Salvatore

Cacciola tinha vinte vezes seu patrimônio em empréstimos que não conseguiria honrar.

- Quando a cotação do dólar atingiu R$ 1,36, tanto o banco de Cacciola quanto o FonteCindam receberam linhas de créditos especiais do BC, com o dólar cotado a R$ 1,275, para que honrassem suas posições. Ainda assim, as instituições ficaram a descoberto e tiveram de aceitar a intervenção administrativa da autoridade monetária.

- Entre operadores do sistema financeiro, dizia-se que os dois bancos obtinham informações privilegiadas saídas da presidência do Banco Central, por isso insistiram em suas posições "vendidas em dólar". O irmão de um sócio de Chico Lopes na consultoria MacroMétrica esteve com ele e com Cacciola, em Brasília, um dia antes da instituição do regime de bandas cambiais. Durante a execução de um mandado de busca e apreensão na casa de Lopes, no Rio de Janeiro, foi encontrado um bilhete manuscrito em que o então presidente do Banco Central pedia ao sócio, Luiz Bragança, para entregar à sua mulher o saldo de US$ 1,3 milhão que ele teria em uma conta no exterior não declarada à Receita Federal.

- Nunca foi encontrada conta em nome de Lopes ou a favor de sua mulher no exterior. O bilhete seria o rascunho de um acerto entre sócios da MacroMétrica, jamais registrado como contrato.

* * *

Consegui falar ao telefone com José Gerardo Grossi, um dos advogados de Chico Lopes, por volta das vinte horas daquela segunda-feira confusa, 26 de abril de 1999. Tanto ele quanto eu nos preparávamos para assistir ao *Jornal Nacional* da TV Globo.

O melhor termômetro para medir uma crise de imagem era a forma como a notícia saía no *JN*. Essa escala de medida terminou relativizada com o advento das redes sociais e os "tribunais de exceção" da Internet, mas naquele momento histórico a perversa teia de assassinos de reputação das redes ainda não existia.

— Salve, doutor Grossi! — saudei o advogado que, desde a CPI dos Anões do Orçamento, em 1993, transformei em boa fonte de informações e alguém a quem devotava carinho especial.

— Lulinha, faltou você nesse novo circo armado no Congresso. Por onde você anda?

— Em São Paulo, Grossi. Mas assisti a tudo. Que houve? Inimaginável, um ex-presidente do Banco Central sair preso do Senado. Como pôde?

— Uma loucura. Pagamos trezentos reais de fiança, e ele vai dormir em liberdade. Demos entrada num *habeas corpus* no Supremo Tribunal Federal e estou aguardando o despacho do ministro Sepúlveda Pertence. Na verdade, Chico Lopes foi a bucha de canhão usada por Antônio Carlos Magalhães para atingir o presidente Fernando Henrique e se vingar por causa da liquidação do Banco Econômico.

— Imaginava isso.

A partir dali, Grossi passou a narrar o drama pessoal do ex-presidente do Banco Central.

Com pós-graduação em Harvard, tendo integrado as equipes de formuladores dos planos Cruzado, em 1986, e Real, entre 1993 e 1994, Lopes sempre fora um dos mais requisitados especialistas brasileiros quando se fazia necessário ouvir opiniões bem assentadas sobre a conjuntura nacional. Seu depoimento à CPI do Sistema Financeiro deveria ter ocorrido uma semana antes, no dia 19 de abril, mas foi adiado na última hora em razão do grave estado de terror psicológico que paralisara o economista.

Hospedado no hotel Kubitscheck Plaza, Chico Lopes até vestiu o terno para comparecer ao primeiro depoimento marcado no Senado. Contudo, um golpe emocional o travou antes que pudesse cruzar o pórtico da suíte que ocupava. Foi amparado pela sobriedade terna do advogado, um mineiro de almanaque, daqueles treinados para ouvir generosamente todos os dramas de qualquer pessoa que o procurasse. Grossi tinha a proverbial capacidade de dar sempre os melhores conselhos. Segundo ele, recomendara ao cliente que telefonasse para o melhor amigo que tinha na cidade. Era um diretor do BC, ainda na ativa. Lopes ligou para o parceiro e abriu o coração.

— Isso só vai se resolver com a minha morte. Só vencerei isso morto. Não tenho condições de enfrentar os senadores — confessou Lopes ao colega.

Sem sequer consultar o cliente, José Gerardo Grossi telefonou para alguns bons interlocutores que conservava no Senado, entre eles um antigo parceiro de pensão em Belo Horizonte, José Alencar, líder do Partido Liberal (PL). Os dois haviam dividido o quarto e a mesa de estudos no Ensino Colegial (atual Ensino Médio). O advogado pediu a Alencar que mediasse uma conversa com ACM para adiar o depoimento. Adiamento concedido, Lopes encheu os olhos d'água ao abraçar Grossi e deixou escapar mais uma frase enigmática que deu certeza ao advogado do acerto de procedimento.

— Doutor Grossi, o guerreiro, quando desembainha a espada, é para sujá-la de sangue. Nem que seja com o dele próprio.

* * *

Em junho de 2017, o Tribunal Regional Federal da 1ª Região, em Brasília, absolveu Chico Lopes e ex-diretores do Banco Central de todas as acusações imputadas a eles no escândalo que se tornou conhecido como Marka/FonteCindam.

Os controladores das duas instituições não receberam absolvição. Ao contrário, foram condenados por gestão temerária e fraude. Salvatore Cacciola, um ítalo-brasileiro que era o presidente do Conselho do Banco Marka, fugiu do país antes de receber uma das sentenças. Com dupla cidadania, refugiou-se na Itália. Em setembro de 2007, contudo, numa rápida visita a Mônaco, terminou sendo reconhecido por brasileiros que estavam no principado. Foi denunciado e preso pela Interpol. Extraditado para o Brasil em 2008, cumpriu pena em regime fechado até agosto de 2011, quando recebeu a progressão para o regime aberto.

* * *

A pauta voltou a esfriar, o Brasil parecia uma nação modorrenta e normal. Não se podia considerar "noticiário de política" a descoberta de um crime bárbaro cometido por um deputado federal do Acre.

Hildebrando Paschoal, um policial militar aposentado que havia sido eleito um dos representantes acreanos na Câmara em 1998, esquartejara um desafeto com uma motosserra. Ele era parlamentar do chamado baixo clero do Congresso. O olhar frio, a fronte lombrosiana grosseiramente desenhada numa face calva coberta por uma pele áspera e bexiguenta, além do porte de 1,90 metro, faziam Paschoal impor medo aos interlocutores. A execução do adversário, esquartejado ainda vivo, ação levada a cabo com requintes de crueldade tendo como ferramenta do crime uma motosserra, tinha sido gravada.

Devidamente registrados por um dos participantes da bárbara sessão de tortura e sevícias, os diálogos mantidos pelo ex-PM enquanto cortava os ossos de sua vítima sob um fundo sonoro de gritos de pavor foram enviados a algumas redações. Eu os ouvi. Em choque, pela primeira vez na vida, tive medo de encarar um entrevistado. Cancelei a hora marcada com Hildebrando Paschoal, que terminaria cassado em tempo recorde e preso. Ainda em 1999, foi condenado a 83 anos de prisão. Em 2017, progrediu para o regime semiaberto e em 2019, depois de serem descobertas inúmeras ameaças de morte feitas por ele ou por familiares dele a juízes e desembargadores, o ex-deputado voltou para o regime fechado numa penitenciária federal de Rio Branco.

* * *

Havia uma trégua evidente nas redações brasileiras em relação a temas políticos ou apurações de atos de corrupção cometidos por agentes públicos no curso dos governos do PSDB. Em parte, isso se devia a acomodação nossa, dos jornalistas, e também à condescendência das cúpulas dos veículos de imprensa da mídia tradicional. Por quê? Talvez porque, tendo origem política em movimentos de combate à ditadura e de defesa de algumas das teses mais caras à sociedade civil, os integrantes das equipes socialdemocratas possuíam pontos de intersecção ideológica conosco. Isso não é uma explicação completa. Contudo, é uma especulação válida.

Dias antes de ser assassinado, em 1996 (no volume 2 de *Trapaça*, essa história é narrada em detalhes), Paulo César Farias, o PC, tesoureiro oficioso da campanha presidencial de Fernando Collor em 1989, chamara a minha atenção para as similaridades e as diferenças entre os presidentes Fernando Henrique e Fernando Collor. Segundo ele, FHC havia feito um pacto com o mesmo "centro político" que assegurara os cinco anos de mandato para José Sarney, independente do desastre econômico experimentado com a falência do Plano Cruzado. A habilidade para se equilibrar no fio da navalha durante conflitos éticos e o compromisso genuíno com a transição da ditadura para a democracia eram os pilares de sustentação de Sarney. No caso de Fernando Henrique, os créditos advinham do Plano Real, elaborado sob a liderança dele. Para o ex-tesoureiro de Collor e estopim de sua cassação em 1992, o primeiro presidente brasileiro a sofrer *impeachment* não teve nem habilidade, nem paciência para construir pontes pragmáticas com os personagens pérfidos do centro político. Quanto a nós, jornalistas, apelava PC, cutucando uma ferida aberta em meu próprio orgulho profissional: àquela altura do enredo, poderíamos ter sido mais críticos e mais atentos ao que ocorria — ou, por outra, tínhamos obrigação de ter sido menos ingênuos e menos cínicos no curso dos governos FHC.

A Procuradoria Geral da República estava sob controle do pernambucano Geraldo Brindeiro desde junho de 1995 e com ele ficaria até junho de 2003. Primo do vice-presidente Marco Maciel, Brindeiro não submetera seu nome ao escrutínio dos procuradores federais. Listas tríplices resultantes dos nomes preferidos pela corporação, que tinham por objetivo orientar a definição do nome com maior liderança dentro do Ministério Público Federal, só se tornaram hábito tradicional durante os mandatos dos presidentes Lula e Dilma Rousseff. Apenas os mandatários petistas escolheram os nomes com mais votos dentre os procuradores federais. Tendo ascendido ao cargo por escolha pessoal de Fernando Henrique, o procurador-geral Geraldo Brindeiro engavetou sem quaisquer procedimentos 242 pedidos de inquérito contra políticos e arquivou outros 217 depois de ensaios preliminares de apuração. Só deu seguimento a 60 pedidos de investigação no curso dos oito anos de mandato à frente da PGR. Em razão disso, ganhou o apelido jocoso de "engavetador-geral".

* * *

Em março de 1995, antes de Fernando Henrique completar seu terceiro mês na Presidência da República, ocorreu uma reunião no gabinete presidencial do terceiro andar do Palácio do Planalto. O tema era a sucessão do procurador-geral Aristides Junqueira Alvarenga, que estava no cargo desde os tempos de Collor e fora um dos algozes do mandatário deposto. Estavam na sala, além do anfitrião, o vice-presidente, Marco Maciel; os ministros da Casa Civil, Clóvis Carvalho, e da Justiça, Nelson Jobim; o governador do Ceará, Tasso Jereissati; e o senador baiano Antônio Carlos Magalhães.

— Há candidatos à vaga? — perguntou Fernando Henrique. — Soube que um primo do Tasso quer ser procurador-geral.

O presidente se referia ao subprocurador-geral Álvaro Ribeiro Costa, primo de Jereissati.

— Não pedirei por ele. É um homem de honra, é correto, é próximo a mim. Ele não pediu minha ajuda nesse processo. E, se pedisse, é o tipo de pessoa que não se sentiria preso a um favor feito. Vocês compreendem? — disse Tasso Jereissati, usando de forma direta os códigos de operação de poder que todos ali compreendiam facilmente.

Fernando Henrique certificou-se com o governador cearense da inexistência de conflitos familiares caso Álvaro Ribeiro Costa fosse preterido. Tendo recebido sinal verde, reafirmou a inexistência de nomes preferenciais para o cargo. Nelson Jobim pôs à mesa o histórico de Geraldo Brindeiro. Só no final da apresentação que fez dele, citou o parentesco com Marco Maciel, presente à reunião.

— Marco, que acha? — perguntou FHC.

— O Geraldo é uma pessoa preparada, meu primo, mas isso não abrilhanta o currículo dele. Ao contrário, talvez dificulte. Presidente, o senhor nomearia um primo do seu vice para um cargo dessa envergadura?

Marco Maciel, que me narrou aquela conversa enquanto ainda era vice-presidente da República, esgrimia a inferência com a arte dos duelistas medievais tendo floretes à mão.

— Por que não? — respondeu Fernando Henrique.

— Porque eu não me sentiria autorizado a tocar em nenhum tema com ele, caso necessário, para pedir por quaisquer pessoas. Mas também acho que isso será desnecessário, pois o Geraldo saberá contornar desconfortos sem precisar que falemos com ele.

Maciel descrevera uma personalidade de Geraldo Brindeiro diametralmente oposta à de Álvaro Ribeiro Costa. Aquilo agradara à sala silenciosa.

— Nelson, converse com o Geraldo Brindeiro. Depois cuidamos da parte oficial da indicação — determinou o presidente ao seu ministro da Justiça.

Em 29 de outubro de 2021, Brindeiro morreu em Brasília em razão de problemas decorrentes do coronavírus.

* * *

Dentro da redação de *Época*, vivíamos um período conturbado. A revista rapidamente ultrapassou *IstoÉ*, publicação semanal da Editora Três, em número de exemplares vendidos em bancas e também em assinantes. Contudo, não ameaçava o poderio de *Veja*, e havia pressões da família Marinho para que melhorássemos o desempenho comercial. Em agosto de 1998, José Roberto Nassar, diretor da publicação, foi instruído por João Roberto Marinho a contratar o jornalista Augusto Nunes como colunista. Assimilar Nunes, um profissional com fama de encrenqueiro e arrogante, e torná-lo digerível por uma equipe que se revelava unida e disposta a compartilhar desafios se revelaria mais difícil do que a capacidade de engolir sapos do homem que tinha concebido *Época*.

Quando Nassar me comunicou que Nunes teria de ser absorvido no dia a dia da revista, alertei-o para uma provável queda de braço entre eles. Outros editores fizeram o mesmo. Pouco versado na operação de poder, o diretor da publicação das Organizações Globo desdenhou de nosso temor, dizendo que Augusto Nunes era uma alma penada das redações, malquisto em todas, e que os irmãos Marinho, controladores de *Época*, haviam lhe dado a mão por indulgência.

Vendendo simpatia e esquadrinhando o terreno para determinar como sua presença seria admitida ou repelida pelo grupo originalmente formado por Nassar, Augusto resignou-se a ocupar uma baia no fundo da redação. Acomodou-se num beco ermo do amplo salão, entre as editorias de Arte e de Fotografia. Distribuía sorrisos sem parcimônia, contava piadas de tios ranhetas em almoços dominicais e articulava nos bastidores. Determinado a converter o petista Luiz Inácio Lula da Silva em sua fonte, pediu-me para abrir caminho para ele na assessoria do líder sindical que disputava sua terceira eleição presidencial e tinha a perspectiva de colher a terceira derrota. Nunes e Lula se conheciam, mas, ao longo da carreira do jornalista, ocorreram episódios em que a confiança da fonte no repórter fora quebrada.

Disposto a ser amigo do novo colunista da revista, telefonei para o próprio candidato do PT à Presidência e pedi que deixasse Augusto ter acesso aos palanques de uma caravana que ele faria. Ouvi de Lula o relato das deslealdades das quais considerava ter sido vítima, mas foi dada a garantia de que o jornalista seria bem recebido na cobertura e os dois conversariam a sós em alguns momentos. Sei que Augusto Nunes anotou meu gesto. À maneira dele, pretendia retribuí-lo depois.

* * *

O clima político seguia conflagrado dentro da redação de *Época*. Transcorrido pouco menos de um ano desde o lançamento da revista, maior e mais evidente ato da família Marinho para pôr os pés em São Paulo, onde estava a sede da Editora Globo, e passar a existir num ramo de negócios no qual não atuava — o mercado revisteiro —, os resultados financeiros patinavam.

Tínhamos a exata noção de nosso tamanho e de nossa irrelevância no conjunto de empresas jornalísticas do clã fluminense. O orçamento destinado a investimentos em reportagens sofria cortes trimestrais. Promoções de jornalistas e aumentos salariais foram revogados. O semblante de Nassar, diretor de redação, ao regressar das reuniões de terça-feira do Conselho Editorial das Organizações Globo parecia mais transtornado a cada semana. Os filhos de Roberto Marinho, que àquela altura tocavam sozinhos e coesos os negócios familiares e conservavam acesa a presença do pai quase centenário, mesmo que o patriarca tivesse se retirado havia uma década da rotina empresarial, pareciam se arrepender do passo dado rumo às terras paulistas.

À medida que o revés e o arrependimento dos donos se tornaram perceptíveis no ar sempre malcheiroso do prédio da editora às margens do rio Pinheiros, no bairro do Jaguaré, o ambiente entre os jornalistas foi contaminado. No plano pessoal, se conservava uma cordial disputa por espaço com a editora de "Sociedade", Laura Greenhalgh, não consegui calibrar o tom e a intensidade das desavenças com José Casado, diretor da sucursal de Brasília.

Eu e Casado disputávamos palmo a palmo a precedência pelo ângulo de visão e pela abordagem que a revista teria na cobertura política e macroeconômica. Como eu estava na sede, tinha acesso irrestrito ao espelho da publicação (o rascunho daquilo que será editado) e às suas sucessivas modificações, e porta aberta para a sala de José Roberto Nassar, jamais deixaria de usar e ostentar tais diferenciais competitivos a meu favor.

Mexia e alterava linhas de condução dos textos chegados de Brasília — afinal, era prerrogativa do editor fazê-lo. Conquistara do comando de *Época* a confiança para agir daquela forma sem que fosse necessário consultá-los. Até que, certa vez, reescrevi de maneira abusiva e desnecessária um trecho de texto do repórter especial Ricardo Amaral, vinculado ao escritório brasiliense e aliado interno de Casado.

Amaral sempre fora um dos mais respeitados repórteres de política da cena nacional. Quando fui morar em Brasília, em 1991, já figurava entre os melhores textos da capital. Em 1992, quando eu estava em *Veja*, ele quase conseguiu interceptar e tirar de minhas mãos o furo da entrevista de Pedro Collor que deu início ao processo cujo ápice foi o *impeachment* de Fernando Collor (no volume 1 de *Trapaça* essa passagem é descrita em detalhes).

Ao perceber a opção editorial que eu dera à reportagem enviada por ele e executada pela pena premiada de Ricardo Amaral, José Casado não perdeu tempo em me enviar um duro *e-mail*, com cópia para Nassar, cobrando o mau resultado de minhas mexidas. Dobrei a aposta e fui mais duro ainda, mal-educado até. A tréplica dele veio uma oitava acima do aceitável e já nos chamávamos, um ao outro, de "caro filho da puta". Literalmente. Tiros eram cuspidos de parte a parte.

Bem em consonância com seu perfil bonachão e apaziguador, Nassar não lia, ou fingia não ler, e não respondia. Quando a troca de mensagens passou dos limites do razoável, imprimi tudo e fui à sala do diretor de redação. Entreguei-lhe, impressa, a coleção de impropérios com um pedido feito em tom impositivo:

— Leia. Esta é a troca de mensagens de seu editor de Política e Macroeconomia com o seu chefe de sucursal de Brasília. Tenho vergonha disso. Mas, com o Casado, não dá mais.

José Roberto Nassar olhou-me por sobre os óculos de lentes grossas, recostou-se na cadeira, cofiou o bigode grisalho de manchas amareladas pela nicotina, e me perguntou:

— O que você quer que eu faça?

Não esperei dois segundos.

— Que tire o Casado de Brasília.

Ele me apontou a porta de saída da sala da diretoria de redação. Eu me arrependi da presteza com que pedira a cabeça de alguém que fora meu amigo em outros tempos. Lembrei-me, ainda, da rasteira profissional recebida quando chefiava a sucursal de *Veja*, em Brasília, e não conseguira remontar a equipe de jornalistas com um determinado nome definido por mim. Saí da sala de Nassar. Horas depois Nassar me chamou de volta.

— Vou tirar o Casado de Brasília — comunicou.

— Olha, não precisa... — tentei um recuo no avanço agressivo que dera.

— Não é porque você pediu, ou só porque você pediu — cortou-me o diretor. — Ele também não está feliz lá. Deixou a casa montada aqui em São Paulo e foi para Brasília. Ele sai de lá, mas não sai da revista. Será repórter especial aqui. Escolha alguém para lá. Alguém afinado com você.

— Ok. Tenho um nome. Vou consultá-lo.

— Defina. A partir de segunda-feira Brasília é problema seu. Só não sei quando isso será feito.

Deixei a sala de Nassar com um plano na cabeça e consegui fazê-lo vingar. Mandaria para a sucursal de Brasília Eumano Silva, um velho amigo e aliado em outras coberturas. Vencera uma batalha. Entretanto, a conflagração de *Época* era total, o terreno estava minado. Era uma guerra de guerrilhas.

* * *

Augusto Nunes era um hábil manipulador das trincheiras internas das redações desde seus tempos em *Veja*. Ali, na última metade dos anos 1980, perdeu a disputa interna para Elio Gaspari e jamais virou diretor-adjunto de redação na Editora Abril, cargo que o projetaria para tentar ascender à direção da principal revista do grupo quando o então diretor José Roberto Guzzo resolvesse se afastar do maior e mais respeitado veículo impresso do país (o que ocorreu em 1990).

Na *Veja*, Nunes foi derrotado nas batalhas internas da Editora Abril porque abusou da autoconfiança e dos ardis ao usar a empáfia e a arrogância para subjugar e vencer os adversários. Perdeu e deixou a publicação. Em *Época*, bancou o humilde e venceu. A postura adotada na Editora Globo revelava ter aprendido com outras quedas sofridas em publicações como *O Estado de S. Paulo* e *Zero Hora*, cujas redações chefiara e das quais saíra deixando para trás um rol de desafetos.

A humildade estudada se ancorava na certeza que lhe fora dada por Marcos Dvoskin, diretor-geral do braço revisteiro da família Marinho, recém-empossado no cargo. Dvoskin fora cunhado de Nelson Sirotsky, *publisher* do jornal gaúcho *Zero Hora*, e em Porto Alegre se convertera em companheiro de farras de Nunes. O executivo gaúcho desembarcou em São Paulo depois de uma separação tumultuada da irmã de Sirotsky e logo recebeu o cargo nas Organizações Globo.

Tudo parecia um acerto entre os clãs Marinho, do Rio de Janeiro, e Sirotsky, do Rio Grande do Sul, para apaziguar os ânimos de Dvoskin, um homem de modos toscos no trato pessoal que contrastavam com uma esquisitice marcante: talvez a fim de atenuar a rudeza de sua incapacidade para o diálogo e para ouvir a equipe das publicações que comandava, criava quatro periquitos soltos em sua ampla sala de diretor-geral da Editora Globo. Os pássaros tinham a liberdade para voar nos limites do escritório do executivo, inclusive enquanto recebia visitas. Não era incomum que interlocutores deixassem a sala de Dvoskin sujos de pequenas marcas de fezes de periquitos na roupa ou, às vezes, até nos cabelos.

Na quarta-feira 12 de maio de 1999, dando vezo a um comportamento incomumente afável, andar elétrico, olhar fixo no olho de cada um que encontrava pela frente na redação de *Época*, Nunes disparou a dar ordens a todos que encontrava pela frente e chamou os editores à sua sala.

— Vou assumir a direção da revista. Vamos à guerra. Você vem comigo? — perguntou-me sem dar espaço para ponderações.

— Como assim? E Nassar?

— Infelizmente, terá de sair. Marcos Dvoskin está falando com ele agora. José Maria também. Já saem hoje. Roberto Benevides, Jorge Meditsch e Nélson Letaif, vou estudar os casos até segunda-feira.

No começo da conversa, com a edição da semana já enviada à gráfica, Augusto Nunes me comunicava que o diretor de redação de *Época*, José Roberto Nassar, e seu adjunto, José Maria Rodrigues, estavam sendo demitidos. E que os três editores-executivos teriam seus casos analisados. O quinteto havia formado aquela equipe, negociado o projeto editorial com o comando da família Marinho e com a revista alemã *Focus*, de quem havíamos comprado o projeto gráfico e editorial de *Época*. Mais que isso, os cinco profissionais que estavam sendo dispensados quase ao mesmo tempo da Editora Globo nos permitiram estruturar uma publicação que começava a dar certo e a colher os furos impostos à concorrência fazendo uso de uma receita incomum no Brasil: *Época* era governada por uma espécie de "República de Editores" na qual o comando e as decisões de publicação eram compartilhados entre a cúpula da redação e um núcleo ampliado das editorias e repórteres especiais, além dos comandos das sucursais de Brasília e do Rio. Se em *Veja* as determinações eram verticais e o diretor de redação portava-se como "Poder Executivo" e "Poder Moderador" ao mesmo tempo, a nossa revista se assemelhava a uma República Parlamentarista.

— Serei demitido? — quis saber. E prossegui numa curiosidade egoísta quase torpe: — Ou alguém de minha equipe?

— Não. Ao contrário. Você e Laura serão meus pilares daqui para a frente — respondeu Nunes, referindo-se a Laura Greenhalgh, editora de "Sociedade" (que eu dizia ser "a parte fria da revista", o que a irritava). — Não posso prescindir de você, nem de ninguém de sua equipe.

Dito aquilo, rascunhou algo num pedaço de papel, uma tripa de um envelope pardo que rasgara sobre a mesa.

— Tome — deu-me o manuscrito.

"Luís Costa Pinto, você será o primeiro diretor de redação de uma revista semanal de informação brasileira a assumir o cargo com menos de trinta e seis anos", estava escrito numa caligrafia claudicante e

quase infantil. Satisfeito, dobrei o manuscrito com cumplicidade e o pus no bolso da camisa.

Mentalmente, amarrei os maus bofes e retraí os engulhos depois de escutar do novo diretor de redação de *Época* o pedido para que disseminasse moderadamente a informação na equipe.

Sentia-me covarde e infantilmente ambicioso. A sensação perdurou por anos quando o episódio vinha à memória. Às vésperas de completar 32 anos, acalentava a esperança de ver Augusto Nunes apenas transitoriamente no cargo. Ele escrevia bem. Porém, não tinha qualquer compromisso com a informação. Possuía agenda ideológica própria: a sua.

Mal sentara na cadeira usurpada de Nassar e Augusto passou a sonhar suceder a Evandro Carlos de Andrade no posto de principal conselheiro editorial da família Marinho. Caso sobrevivesse à passagem dele pelo comando de Época, que especulei seria breve, calculei, estaria eu mesmo na linha sucessória. Era o que pensava.

Saí da sala de Nunes e chamei Fábio Altman, repórter especial, para um café. Eu havia levado Fábio de *Veja* para lá, tínhamos uma parceria editorial desde 1992, no início da cobertura do caso PC Farias (em *Trapaça, volume 1*, narro o começo dessa relação profissional e de amizade duradoura).

— Augusto deu o golpe. Nassar está sendo demitido agora; Zé Maria também — anunciei, como quem noticia uma conspiração.

— Já sabemos. A notícia se espalhou enquanto você estava trancado na sala dele.

Nas boas redações, a primazia do furo até para as fofocas comezinhas e os bastidores internos era disputada segundo a segundo. E a tapas.

— Vai ser um período conturbado — anteviu Fábio. — Tínhamos liberdade e podíamos exercitar a ousadia com Nassar.

— Sim. Augusto vai querer fazer a revista da cabeça dele, tentando provar toda semana para Roberto Civita que ele devia ter sido a opção a Guzzo na *Veja*, ao mesmo tempo que tentará toda terça-feira, nas reuniões do Conselho Editorial no Rio, provar aos irmãos Marinho que ele merece driblar Merval Pereira e assumir o lugar de Evandro quando ele se aposentar.

Dias depois, tricotando e fofocando com Laura Greenhalgh no café da redação, escutei dela promessa semelhante à que fora feita a mim.

— Lula, ele teve o desplante de me dizer *"Laura, você vai ser a primeira mulher a dirigir a redação de uma revista semanal de informações no Brasil"*. Imagina, quer me comprar com balela — desdenhou.

Laura fingia não acreditar. Contudo, torcia para que fosse verdade a promessa de Augusto. Sondava-me para saber se eu recebera sinal semelhante. Sorri e calei. Mudei de assunto. Era o "dividir para governar" sendo posto em prática.

Desde seus primeiros dias no comando editorial de *Época*, Augusto Nunes tratou de mudar quase tudo, na redação. Começou mexendo na sala que herdara do diretor anterior. Nassar despachava dentro de um espaço envidraçado podendo ver e ser visto por todos os editores e repórteres. Nunes pôs venezianas microperfuradas e películas espelhadas nas vitrines de forma que ele pudesse enxergar o amplo salão em que ficavam as baias da equipe, mas que ninguém pudesse vê-lo. Também levou para seu "aquário" de trabalho uma cadeira de balanço que herdara da avó. Mandou buscá-la em Taquaritinga, cidade onde nasceu. Dizia aquilo a quem perguntava a origem da cadeira, e a quem não perguntava também. Como tinha o hábito de só deixar a redação junto com os primeiros raios de sol, a cadeira de balanço embalaria alguns cochilos durante o expediente.

— Passarei mais tempo aqui do que em casa — alfinetou.

Não era verdade. Augusto Nunes sempre gostou da disputa pelo poder; jamais foi um amigo especial do trabalho ou da notícia — tampouco da verdade. Queria, entretanto, que fosse disseminada a impressão de sua onipresença. Era adepto da imposição da autoridade pelo terror, à guisa de virtudes.

Ao retornar do Rio, numa terça-feira à noite, chamou-me à sua sala. Fechou as venezianas enquanto eu entrava. Estava especialmente agitado, com os olhos azul-piscina particularmente vidrados em mim. Punha o dedo indicador à frente dos lábios como a me pedir silêncio ou cumplicidade. Não entendi bem.

— Vamos demitir o Franklin — anunciou.

Franklin Martins, jornalista, ex-diretor da sucursal de *O Globo* em Brasília que me tirou de *Veja* e me levou para o jornal carioca, conservava uma coluna semanal em *Época*, por insistência minha, mesmo tendo sido demitido do jornal por Merval Pereira.

— "Vamos" quem? — perguntei. — A coluna do Franklin é a melhor da revista. Por que demiti-lo?

— Merval pediu. Franklin é *old school*.

— Discordo.

— Está decidido. E você comunica isso a ele. Até já adiantei que precisaríamos fazer isso.

— Eu? Augusto, o Franklin é meu amigo. Foi meu chefe em *O Globo*.

— Prepare-se: um dia você vai sentar nesta minha cadeira — disse, apontando para o próprio colo. — E se quiser ser um bom diretor de redação terá de separar amizade de pragmatismo.

— Prefiro que você fale com Franklin. Não saberei explicar o porquê de ele ter perdido a coluna.

— Fala você. E na edição desta semana já publicamos o novo colunista. Ligue para o Franklin amanhã.

— Quem é o novo colunista?

— Um filósofo... Olavo de Carvalho. Foi o João Roberto Marinho quem me passou o nome. Entendeu agora?

— Olavo o quê?

— Olavo de Carvalho. É um cara de ideias antagônicas às do Franklin. Escreve bem. Você vai gostar.

Sentia-me derrotado, usado, covarde. No fim da manhã seguinte telefonei para Franklin Martins e comuniquei-o do fim de sua coluna na revista. Ele me tranquilizou dizendo saber que aquela não era uma decisão minha.

Na quinta-feira à tarde recebi, por *e-mail*, a primeira coluna do até ali desconhecido Olavo de Carvalho. *Época* passou a publicá-lo em textos intercalados com Marcos Sá Correa, este, sim, dono de uma biografia portentosa — mas que não excluiria Franklin.

Já em 2000, portanto, dezoito anos antes de se tornar o preceptor da mixórdia de ignorâncias, calhordices, ódios e violências que marcaram a escalada do bolsonarismo até a Presidência da República, o destino me fez cruzar caminhos com as ideias rastaqueras e o estilo grotesco do influenciador mais eficaz da extrema direita brasileira.

Li com atenção e curiosidade o primeiro texto de Olavo de Carvalho que me caiu em mãos. Incrédulo, reli. Era chulo, abjeto e reacionário. Decidi apelar por uma revisão na decisão de publicar aquela porcaria que me fora enviada por *e-mail*. Antes de falar com Augusto Nunes, procurei convencer Ariovaldo Bonas, o lugar-tenente dele, um jornalista do interior de São Paulo promovido a redator-chefe na configuração augustina da redação da revista das Organizações Globo.

— Bonas, você leu essa coluna do tal Olavo de Carvalho?

— Não. Mas gostei — respondeu-me o redator-chefe de *Época*, sem deixar margem a dúvidas se era, ou não, um capacho do chefe.

— É uma merda. Não vou pôr essa merda no meu espaço.

— Vai. Pense duas vezes.

— Penso dois segundos para dizer que esse amontoado de estultices não vale estar na revista.

Ele tomou a página impressa contendo o texto de minhas mãos e entrou direto na sala de Augusto Nunes. As venezianas estavam fechadas. Em dois minutos retornou até onde eu estava.

— Publique.

— Não edito essa porcaria.

— Então dê a alguém para editar. Mas ponha na revista

Designei um assistente e disse a ele que toda semana lhe caberia a missão de cobrar, receber, ler e editar a coluna de Olavo de Carvalho. A partir dali eu nunca mais leria outro texto do "filósofo" de araque. Varei a madrugada na redação. Augusto também. Por volta das cinco horas da manhã ele me chamou para um café e anunciou:

— O Casado sai de Brasília, como você queria, e será editor de Economia, inclusive de Macroeconomia. Essa parte da revista deixa de estar sob seu comando.

Era uma retaliação evidente. Ele curtia a vingança.

— Por que?

— Porque eu quero. A organização da revista será melhor assim.

* * *

Sob o comando da dupla Dvoskin e Nunes, a Editora Globo, e a *Época* em particular, passaram a flertar com um universo que eu julgava arquivado da rotina dos grandes veículos de comunicação: a negociação de espaços e da linha editorial no varejo, a venda da presença de determinados assuntos na revista ou o silêncio sobre temas determinados. Num cálculo especulativo, diria que os dois obtiveram uma taxa de sucesso inferior a 10% daquilo que tentaram fazer. Entretanto, com eles, a marreta havia saído do arquivo dos processos editoriais do passado e se reinstalara como objeto de trabalho de determinados integrantes antiéticos da Editora Globo — sobretudo da área comercial.

Aos trancos e barrancos, fomos levando a publicação com a dignidade possível.

No início de dezembro de 2000, ao chegar à redação, notei duas caixas retangulares, fininhas, sobre a minha mesa. Uma estava colada à outra. Eram caixas de gravatas de seda. Sobre a primeira delas, um cartão em meu nome. Começavam a ser entregues os brindes de Natal. Não via problema algum em aceitar lembranças de algumas fontes. Gestos às vezes excessivamente pragmáticos e audaciosos, como presentes caros e constrangedores, podiam ser passíveis de devolução dependendo do valor. Abri a caixa que estava sobre a mesa: uma gravata de grife francesa, nada que eu não pudesse comprar a qualquer momento, não era o caso de devolver. Dentro dela, outro bilhete manuscrito por um empresário que figurou em reportagens de política do lado dos investigados — mas, no início das apurações, a pauta continha um potencial explosivo à imagem dele muito maior do que a edição final. No curso das apurações, as acusações foram sendo desidratadas por explicações jurídicas plausíveis, e, fazendo uso de critérios meramente jornalísticos, esse empresário determinado passou de protagonista central do escândalo noticiado a ator coadjuvante. Era do jogo.

Percebi, então, que um segundo cartão — endereçado a um executivo da área comercial de toda a editora — colara-se ao fundo da caixa com a gravata que deveria ser minha. Por descuido, o mensageiro deixara, portanto, tudo sobre a minha mesa. Quando descolei a segunda caixa de gravatas, que devia ter sido entregue ao subordinado direto de Marcos Dvoskin, ela se abriu. Caíram sobre a minha mesa o regalo e US$ 1.500,00 em notas de cem da moeda norte-americana. Além disso, um bilhete igualmente manuscrito e destinado ao gerente de uma das áreas comerciais. O empresário escrevia para agradecer o empenho do gerente comercial por defendê-lo de mim.

Um repórter que conversava comigo testemunhou tudo. Ficou atônito ao ver os dólares se espalharem sobre a minha mesa. Mostrei para ele que não era nada para mim, juntei as notas de volta para a caixa, peguei o repórter pelo braço e fomos até o quinto andar do prédio da Editora, onde ficava o departamento comercial. Entramos como dois foguetes na sala do executivo e jogamos a gravata e os dólares sobre a mesa dele. Dei o bilhete para ele.

— Isso é corrupção — cobrei.

— De jeito nenhum. Estou viajando de férias, sou amigo dele, comprei dólares dele, paguei com um depósito e ele aproveitou para me entregar.

— Vá se ferrar. Não sou imbecil. Você vendeu a edição, teve sorte porque a apuração não provava nada contra ele, fingiu que entregou a mercadoria e ele pagou.

— Delírio seu. Vai fazer o quê? Denunciar isso? Para quem? Dvoskin? Augusto? — desafiou-me. — Eles vão rir de você. Vou te ferrar — gritou, acentuando o pronome mal colocado.

Saí da sala do executivo comercial, liguei para o empresário — um nordestino que tinha escritório num casarão da avenida Brasil e passava a semana em São Paulo. Fui até ele. Levei a gravata que deveria ser minha — estava decidido a devolvê-la. Foi o que fiz.

— Venderam o tom da reportagem para você, não é?

— De jeito nenhum. Sossegue, Lulinha. Nosso amigo comprou dólares, eu tinha em casa, aproveitei a lembrancinha de Natal e mandei para ele.

— Mentira. Está aqui a minha gravata... e você foi trouxa. Pagou por algo que seu amigo, não "meu", jamais poderia vender.

— Nunca faria isso.

— Fez.

Fui embora, contei a Augusto Nunes o que ocorrera, ele disse que tomaria "as devidas providências". Nada mudou na Editora Globo com o passar dos dias. O gerente de área comercial terminou, na verdade, promovido a diretor. Dentro da ótica aética específica da empresa, naquele momento, certamente ele tinha méritos ante seus chefes.

Transcorreram quase vinte anos sem que eu reencontrasse o empresário nordestino. Em 2019, ele voltou a me procurar em Brasília, para onde retornei em 2001. Já não estava mais em redações e trabalhava, fazia já algum tempo, em gestão de crises empresariais. O empresário quis me contratar — e o fez. Relembrei-o do ocorrido com o suborno editorial em Época. Sorrindo entre os dentes, ele me confirmou: de fato, comprara por US$ 1.500,00 a amenização do tom da reportagem que a minha equipe apurara e investigara e que eu editei sem quaisquer interferências comerciais.

— Venderam um terreno na Lua para você, e você pagou — provoquei-o.

— Estava até barato e tinha vista para o mar, o Mar da Tranquilidade. Não doeu no meu bolso — redarguiu o empresário.

Ali, naquele momento, sorrimos juntos. Segurei o rancor de quem confirmava ter sido usado no passado que já parecia remoto de uma encarnação profissional em redações da mídia tradicional.

* * *

À luz das duas décadas inaugurais do século XXI, parece jamais ter havido período tão longo de tranquilidade no noticiário político brasileiro como o verificado entre os meses de abril de 1999 e março de 2000. A turbulência vivida na seara econômica não contaminava a outra ala nobre da imprensa, a editoria de Política, devidamente isolada da paisagem geral por recomendação e dedicação dos donos das publicações da mídia convencional. Veículos digitais alternativos eram incipientes e ainda inexpressivos. Durante quase um ano, o único veio de águas sujas capaz de turvar aquele ambiente foi a descoberta de fraudes na construção da sede do Tribunal Regional do Trabalho do estado de São Paulo.

Uma quadrilha liderada pelo juiz Nicolau dos Santos Neto e pelo empresário e senador brasiliense Luiz Estevão de Oliveira, diziam as acusações depois confirmadas em parte pelas sentenças judiciais que puseram os dois na cadeia, desviara algo em torno de US$ 50 milhões das verbas destinadas no Orçamento da União para o TRT paulista. Nicolau perdeu a toga e amargou alguns anos de cana. Estevão teve cassado o mandato de senador pelo Distrito Federal, mas demorou quase duas décadas para começar a cumprir as penas às quais fora condenado em razão de recursos protelatórios na Justiça.

Um grupo de procuradores do Ministério Público Federal baseado em Brasília, liderado por um ex-seminarista chamado Luiz Francisco de Souza, tentava unir fios desencapados do escândalo do TRT paulista com pontas não isoladas do gabinete presidencial. A estratégia de ação era já o embrião do modelo de "Força Tarefa" que ganharia empuxo e vida própria vinte anos depois, em Curitiba, na Operação Lava Jato (*o tema será abordado mais adiante, no curso dessa saga política no universo paralelo brasileiro*).

Magro além do razoável, precocemente calvo, portador de uma miopia que o obrigava a usar óculos com lentes grossas e grandes, sempre com aros um número além do seu rosto triangular e ossudo; mal diagramado, com um nada sutil desvio na coluna vertebral que o fazia andar torto, Luiz Francisco era um azougue em quaisquer agendas de investigação que pudessem tocar o Palácio do Planalto.

Ao vazar para a revista *Veja* um relatório preliminar de apurações, carente de provas e com excesso de suposições, conseguiu que a publicação da Editora Abril levasse às bancas e aos seus assinantes (àquela altura, mais de um milhão), uma capa com a chamada "Dudu e Lalau".

"Dudu" era o secretário-geral de Fernando Henrique Cardoso na Presidência da República, Eduardo Jorge Caldas Pereira, funcionário de carreira do Senado Federal. Tendo chefiado o gabinete de FHC em seus tempos de senador, migrou com ele para o outro lado da Praça dos Três Poderes por ter conquistado a confiança irrestrita do chefe e da primeira-dama, Ruth Cardoso.

"Lalau" era um apelido maldoso dado por jornalistas ao ex-juiz Nicolau dos Santos Neto. No Nordeste e no Rio de Janeiro, a expressão "lalau" também é usada para designar "ladrão", "pessoa ardilosa".

E era ardilosa a construção temática do elo entre os dois que eclodira em *Veja*. O procurador Luiz Francisco tentou emplacar o tema também em *Época*. Recusamos a pauta por absoluta falta de provas. Na segunda-feira em que a revista da Abril trazia a conexão sem nexo entre Eduardo Jorge e o juiz ladrão Nicolau dos Santos Neto, Mário Rosa telefonou-me cedo, antes da reunião de pauta.

— Posso ir à redação, amanhã, com Dudu? — perguntou.

— Que Dudu? — quis saber.

— O que a *Veja* diz que é amigo do Lalau.

Rimos os dois.

— Pode. Só para você saber: tentaram plantar isso lá na revista. Não deixamos. Não tinha nexo — acalmei-o.

— É um escândalo. Não tem prova de nada, e não existe relação entre eles. Mas você conhece o Eduardo Jorge. Ele está arrasado. Ele quer contar a história dele. Quer desabafar. E quer ouvir isso que você me diz de alguém que não seja eu. Você fala isso para ele?

— Falo.

No dia seguinte, abatido e com andar claudicante, sempre cabisbaixo, Eduardo Jorge Caldas Pereira irrompeu na redação de *Época* sem a autoconfiança que o cargo no gabinete presidencial lhe conferira nos primeiros anos de mandato de Fernando Henrique. Por quase três horas, narrou sua história pessoal. Negou relações com o ex-juiz investigado e preso por corrupção. Ouviu da direção da revista da Editora Globo que o caso era de fato estranho e não entraríamos em dossiês de procuradores. Ele agradeceu. Mário, idem.

— Nesse meu novo ramo de negócio, gestão de crise, a gente tem de ser meio psicólogo também. Obrigado. Você não tem noção do bem que fez a esse homem pelo simples fato de ouvi-lo — disse-me Mário Rosa, que estava definitivamente decidido a migrar para a nova profissão que abraçara.

Exceto esse caso de "Dudu" e "Lalau", nem *Época* nem *Veja*, as duas principais revistas semanais de informações daquele momento no país, nem mesmo as primeiras páginas dos quatro grandes jornais brasileiros, exibiam manchetes ou chamadas dignas de nota ou de receberem a atenção geradora de crises ancestrais entre políticos.

> *Entre 2007 e 2008 a revista* Veja, *o jornal* Folha de S. Paulo *e procuradores do Ministério Público Federal foram condenados a publicar retratações públicas das acusações feitas a Eduardo Jorge Caldas Pereira em razão de terem-no associado a Nicolau dos Santos Neto. Além disso, indenizações pecuniárias também foram pagas pelos veículos de imprensa ao ex-secretário-geral da Presidência da República.*

*   *   *

No início de julho de 1999, os dois maiores fabricantes brasileiros de cerveja, Brahma e Antarctica, fundiram-se sob a liderança do empresário e banqueiro de investimentos Jorge Paulo Lemann. Com ajuda estratégica do Banco Nacional de Desenvolvimento Econômico e Social e as bênçãos do presidente Fernando Henrique Cardoso, surgia da união a AmBev (Cervejaria das Américas), líder do mercado cervejeiro latino-americano, responsável por mais de 70% da produção da bebida no Brasil e com fábricas em outros três países sul-americanos. Uma operação executiva até então sofisticada para o Brasil fora montada a fim de realizar fusão sem que houvesse vazamentos. A troca de ações entre as empresas terminou sendo antecipada em alguns dias porque foram constatados movimentos atípicos na Bolsa de Valores, com valorização dos papéis da Brahma em mais de 8% num único dia.

Antes do vazamento generalizado da fusão da Brahma com a Antarctica, o jornalista Guilherme Barros, chefe da sucursal de *Época* no Rio de Janeiro, telefonou-me com o ar de mistério que gostava de fazer quando tinha um furo nas mãos.

— Lembra quem me passou a informação original dos grampos telefônicos durante a privatização do BNDES? E que só você acreditou em mim, e nós demos um dos maiores furos da revista nessa curta história dela?

— Claro. Sua fonte que joga tênis.

— E que me diz que gosta de jogar comigo, e de vencer toda semana, porque não faz nada sem foco em ser competitivo.

— Sim. O Jorge Paulo...

— Pois é. Não posso falar com ele. Não fala o nome dele! Ele não pode ser a minha fonte nesse caso. De jeito nenhum. Mas eu soube que o Mário Rosa está trabalhando para a turma que faz a união dos cervejeiros. Há um acordo de confidencialidade de todos os que trabalham na operação, mas de repente o Mário Rosa quebra essa para você. Em nome da amizade.

— O Mário? Nesse mundo também?

— Sim. Liga para ele. Podemos dar o furo de Economia & Negócios do ano.

Liguei em seguida para Mário Rosa. Ele permanecia célere e determinado na perseguição do objetivo que se impôs: tornar-se uma grife nacional de gestão de crise.

Havíamos nos dispersado. Àquela altura, Mario Sergio Conti, que foi o diretor de redação de *Veja* por todo o período da agonia de Fernando Collor de Mello, o primeiro presidente a sofrer *impeachment* na história, anunciara a saída da redação da revista. Durante um período sabático, escreveria um livro sobre o jornalismo e a política. A obra se converteu rapidamente num clássico e também em *best-seller*.

Em *Notícias do Planalto*, Conti narra alguns dos bastidores da Era Collor e da relação do poder com os veículos de comunicação. Ex-chefe meu e de Rosa, Mario Sergio dava visibilidade à dispersão do grupo que atuou de forma coesa na revista da Editora Abril durante o melhor e mais glorioso período da publicação. Mário Rosa tratava de aplainar o terreno hostil, muitas vezes pedregoso, que jornalistas encontram do lado de fora das redações.

— Dom Mário, por onde andas? És neste momento o homem oculto por trás de qual futura personalidade perseguida?

Não fui direto na pergunta sobre a fusão das duas maiores indústrias cervejeiras nacionais porque Guilherme Barros adverti-ra-me sobre o acordo de confidencialidade.

— Nhô Costa Pinto... há quanto tempo...

Em razão de meu bisavô materno ter sido um próspero senhor de engenho na Zona da Mata Norte de Pernambuco, um coronel daqueles de descrição antológica, udenista ferrenho, alguns amigos me zoavam como "nhô Costa Pinto". A corruptela era uma forma popular e abreviada de falar "senhor", de "senhor de engenho".

— Estou na vida, trabalhando nuns projetos novos — respondeu Mário Rosa.

— Eu sei. Você está no grupo que estrutura a fusão de Brahma e Antarctica, não é?

Houve um átimo de silêncio do outro lado da linha. Depois Mário respondeu:

— Pelo que soube, todos os envolvidos nesse processo têm de assinar um acordo no qual se comprometem a não falar nada sobre o caso. Há interesses pesados, questões de Bolsa de Valores e risco de processos na Comissão de Valores Mobiliários em relação a isso.

— Eu sei. Mas podemos falar em *off*?

— Se eu estivesse nesse caso, nem sequer confirmaria que estou. Vou desligar.

— Mário??

Desligou.

Dois dias depois, coordenadas por Jorge Paulo Lemann, e sem que houvesse furo jornalístico de ninguém, Brahma e Antarctica anunciaram a troca de ações entre seus controladores. Em sucinto comunicado ao mercado, as duas grandes indústrias confirmaram os boatos crescentes.

Por trás da cortina do teatro da divulgação montado por eles, *spin doctors* faziam um *road show* argumentativo pelas redações. Mário Rosa era um desses "especialistas que tentam criar uma luz favorável aos fatos", na tradução do termo britânico para significado assemelhado no português.

Na verdade, a Brahma adquiriu a Antarctica. Mas idiossincrasias e veleidades das famílias controladoras não podiam deixar o fato ser divulgado com essa conotação derrogatória para qualquer uma das duas marcas centrais. Em 2004, a belga Interbrew terminou adquirindo a AmBev num processo de troca de ações semelhante ao ocorrido entre Brahma e Antarctica. Daquela e de outras fusões subsequentes, surgiu a megacorporação que hoje se chama AB InBev, líder do mercado mundial de cervejas e responsável por quase 25% de toda a produção da bebida. Lemann e seus sócios na 3G Capital mantiveram maior controle sobre a AB InBev do que os ex-controladores da Antarctica com a fatia que lhes caberia nesse latifúndio cervejeiro planetário.

Quase ao mesmo tempo que Guilherme Barros me dizia, do Rio, que Lemann daria uma entrevista exclusiva para ele junto com Marcel Telles, o homem que presidiria o novo conglomerado, Rosa me ligava em outra linha.

— Lulinha, é verdade — disse ele, à guisa do proverbial "alô".

— O que é "verdade"?

— Brahma e Antarctica estão em processo de fusão.

— Ahn?!? Ô, Mário, porra, eu tenho cara de torcida do Flamengo? Ou do Corinthians? Isso aí é notícia velha.

— Eu não podia te falar. Agora, talvez possa contar uns bastidores...

— Dispenso. Vamos beber em outras fontes. Obrigado.

— Mas...

— Mário, a gente vai falar com Jorge Paulo Lemann e com Marcel Telles. Obrigado — era a minha vez de espezinhá-lo usando o poder que achava que tinha: o da edição de uma mísera reportagem.

— Se precisar, pode ligar.

— Se precisar, ligo. Mas creio que não precisarei. Obrigado por nem sequer se dispor a conversar.

Desliguei. Fazia o gênero duro para ser didático, mas precisei dele para refinar apurações antes de fechar. Voltei a ligar, fizemos as pazes, chamei-o para tomar uma sopa no restaurante da Editora Globo. Nos meses de inverno pedíamos para a gerente do estabelecimento ter sempre sopa — virávamos duas noites por semana, e o frio úmido e fétido que fazia no Jaguaré, onde ficava a redação de *Época*, quase às margens do rio Pinheiros e numa avenida que dava acesso a Osasco, nas franjas de São Paulo, recomendava sopas no inverno. Mário foi, e pôs no currículo a participação luxuosa naquele processo de fusão empresarial, a maior que o país assistira até ali. Voltamos às boas.

* * *

Se o caso do deputado da motosserra mobilizara Brasília, em São Paulo registrou-se a primeira ocorrência de um atirador de massas agindo no país, à semelhança de casos tão bárbaros quanto similares e sazonais ocorridos nos Estados Unidos.

Em 3 de novembro de 1999, o estudante de Medicina da Santa Casa de Misericórdia Matheus da Costa Meira entrou atirando numa das salas de exibição do Morumbi Shopping. O filme em tela era *Clube da Luta*, com Brad Pitt. Meira saiu da sala de exibição nos primeiros minutos do filme, foi ao banheiro e retornou com uma submetralhadora 9 milímetros em punho. Deu rajadas a esmo. Três pessoas morreram na hora, outras seis ficaram feridas. Seguranças do centro comercial imobilizaram o atirador e o entregaram à polícia. Era o começo da noite da quarta-feira 3 de novembro de 1999. Estávamos todos na redação de *Época* quando a repórter Patrícia Cerqueira chegou delicadamente junto de mim e esperou que desligasse o telefone.

— Chefinho, acho que temos um problema — disse-me.

A forma carinhosa de tratamento era natural e se conservara entre nós todos, na redação da revista, apesar dos arranca-rabos naturais dos fechamentos e dos meus arroubos às vezes coléricos dos quais hoje me arrependo imensamente.

— Diga, dona Patrícia.

— Acabam de me ligar lá do *Estadão*. Houve um tiroteio no Morumbi Shopping. Parece que há vítimas.

O marido dela era editor da primeira página de *O Estado de S. Paulo*.

— O quê? Sabe de algo mais?

— Não. Mas rádios e TVs estão indo para lá.

Pedi que ligassem na redação da Rede Globo. Era verdade: um atirador entrara numa sala de cinema durante a exibição de *Clube da Luta* e disparara rajadas de metralhadora. A Globo contabilizava dois mortos. Mais à frente seriam três.

— Laura! — gritei, chamando para perto de mim a editora de Comportamento, Laura Greenhalgh, que sempre disputava comigo aquele tipo de reportagem. Por outras fontes, ela soubera do ocorrido e também me procurava na redação.

— Laura, vamos dar isso aqui comigo, em Brasil, porque fechamos depois. Claro.

A editora de Comportamento não gostou, franziu o cenho, cerrou o semblante. Nada que um *cappuccino* em meio a um papo trivial na madrugada não resolvesse.

— O que você quer?

— Gente. Repórteres. Força de trabalho.

Em menos de dez minutos montamos um esquadrão de cinco duplas compostas de repórteres e fotógrafos para irem ao shopping onde ocorrera o tiroteio, à delegacia à qual fora levado o atirador e a qualquer outro lugar onde fosse preciso. Ao longo da madrugada, depois de sabermos que Matheus da Costa Meira era estudante de Medicina, uma equipe amanheceu na Santa Casa de Misericórdia para falar com colegas de turma, professores e funcionários da instituição. A correspondente em Salvador, Luciana Pinsky, localizara a família do atirador. Em doze horas de trabalho, descontado o fato de não termos dormido, tínhamos um bom painel de apuração para um perfil do atirador e das vítimas fatais. Com nova virada de noite, num trabalho solidário e integrado, produzimos em *Época* uma reportagem que mergulhava fundo nos delírios e recalques do estudante de Medicina. A falta de destreza para lidar com dilemas e frustrações levaram-no ao ato trágico.

Condenado a 30 anos de prisão, Matheus da Costa Meira teve a pena agravada por assassinar um colega de cela. Foi transferido para um manicômio judicial na Bahia, estado onde mora sua família.

* * *

Entorpecida por um Ministério Público que não estimulava ações efetivas de combate à corrupção, e mergulhada numa crise de autoridade desde a eclosão do escândalo do Dossiê Cayman, em novembro de 1998 (em *Trapaça — Saga Política no Universo Paralelo Brasileiro, volume 2*, narra-se o caso), a Polícia Federal ainda não tinha sido convertida em órgão de Estado. Tamanho *upgrade* institucional só ocorreria com o fim do mandato de Fernando Henrique, quando anticorpos da corporação começaram a traçar linhas de distanciamento entre os ocupantes transitórios do Palácio do Planalto e delegados ou agentes federais que se criam acima de quaisquer graus de autoridade.

Os vazamentos de dados parciais de investigações, que se tornariam corriqueiros e estavam destinados a atingir alvos políticos dos agentes de Estado que controlam a instituição, muitas vezes sem objetivos confessáveis ou republicanos, também não haviam adquirido a dinâmica de parque de diversões de repórteres dos mais diversos diapasões ideológicos, como o país passou a testemunhar sobretudo entre 2005 e 2016.

Nas redações, estávamos impelidos a buscar malfeitos em paragens diferentes de Brasília. Foi assim que os holofotes se voltaram para a Prefeitura de São Paulo, levados até lá pela primeira-dama, Nicéa Pitta.

Em processo de separação litigiosa do prefeito Celso Pitta, em março de 2000, a mulher do então prefeito paulistano procurou a Rede Globo e concedeu uma entrevista demolidora. Segundo ela, Pitta desviava para contas no exterior — em nome dele e do ex-prefeito Paulo Maluf — percentuais de todos os contratos públicos municipais. Além disso, o apoio dos vereadores aos projetos do prefeito era comprado com parte desse caixa de desvios. O gestor da compra de apoio na Câmara de Vereadores da capital paulista era o presidente da Casa, o vereador Armando Mellão, aliado tanto de Pitta quanto de Maluf.

No plano local de São Paulo, as revelações de Nicéa Pitta tiveram impacto semelhante às denúncias de Pedro Collor contra Fernando Collor e PC Farias em 1992 (enredo completo no volume 1 de *Trapaça — Saga Política no Universo Paralelo Brasileiro*), ou do técnico da Comissão de Orçamento do Congresso Nacional, José Carlos Alves dos Santos, contra o deputado João Alves, presidente da Comissão, e os parlamentares que se tornaram conhecidos como "Anões do Orçamento" (capítulo "O Processo Implacável", no volume 2 de *Trapaça*).

Grandes coberturas do cotidiano da política aguçavam também guerras internas dentro dos veículos de comunicação. Como em qualquer corporação, redações são ambientes propícios a disputas por espaço e à luta pela sobrevivência de grupos e camarilhas que se formam em torno do poder de decisão sobre o que será publicado ou o que irá ao ar. O mergulho de Celso Pitta ao encontro de seu inferno particular com a ex-mulher Nicéa encontrou na redação de *Época* o desencontro interno propício a um golpe pelo controle da revista da Editora Globo.

— Almoça comigo? — convidou-me Augusto Nunes, numa atitude incomum para alguém tão cioso de seu "lugar de fala" dentro da redação e da geopolítica do poder. Para Nunes, quem fosse visto perto demais dele, e por mais tempo que os outros, estaria ungido como seu sucessor. Ele esperou o fim do telejornal das treze horas da Rede Globo para me fazer o convite.

Todo o jornalismo da emissora estava voltado para repercutir a entrevista de Nicéa Pitta. O prefeito de São Paulo esteve longe de responder à altura as acusações da ex-mulher. Aceitei o chamado de Nunes, que quis comer fora do perímetro da redação. Aliás, anotei mentalmente o fato incomum de o polêmico jornalista ter chegado ao trabalho antes das três da tarde. Fomos a um restaurante japonês localizado na avenida Leopoldina, famoso por se abastecer diretamente nas melhores bancas do Ceagesp. Havia uma mesa reservada para nós numa área mais erma do salão.

— Quero colaborar com sua editoria para fazermos a melhor cobertura dessas denúncias contra o Pitta — disse-me Nunes. E continuou: — É prioridade para a direção das Organizações Globo a derrubada do prefeito. É furo deles. Quem se destacar na cobertura estará sendo visto pelo Rio.

A Editora Globo, que publicava *Época* e outros títulos como *Globo Rural*, *Marie Claire* e os quadrinhos da *Turma da Mônica*, tinha sede em São Paulo. Contudo, as ordens superiores chegavam diretamente do Rio de Janeiro, onde estava o *board* das Organizações Globo.

— O que você quer exatamente, Augusto? — perguntei. — Você é o chefe, você manda.

— Ajudar você. Vou editar o material junto com você, ensinar como se faz. Deixe-me entrar em algumas apurações.

— Deixar eu deixo, claro. Mas o que você quer com isso?

— Lula, as redações sempre mudam. Há ciclos em tudo. Viramos o ano 2000 e não houve *bug* do milênio (*especulava-se, por todo o segundo semestre de 1999, que ao haver a virada de ano os sistemas informatizados não reconheceriam o "ano 00" e a memória das máquinas se apagaria*).

— O que o *bug* tem a ver com isso?

— É evidente que *Época* está em crise, está dentro de uma crise de comando lá no Rio. E vamos ficar juntos. A equipe da revista é melhor que a direção dela. Você sabe o que é notícia, o que é esquentar uma edição. Poucos ali sabem fazer isso.

— Claro que quero sua ajuda. Por onde começamos?

— Eu me dou bem com o Paulo Maluf e com parte do pessoal dele. Posso ter bastidores de lá.

— Ótimo.

A partir dali, fomos acertando as pontas e fazendo um mapa de apuração. A chave era levar o presidente da Câmara de Vereadores,

Armando Mellão, a revelar o *modus operandi* de compra de apoio para Pitta e, dessa forma, confirmar as denúncias da ex-primeira--dama paulistana.

Para mim, Mellão era um ilustre "Zé Ninguém". Afinal, a minha carreira tangenciara as querelas políticas municipais de São Paulo — que, de resto, eram exatamente iguais e tão mesquinhas quanto as querelas municipais de Santos, de Campinas, do Recife ou de Goiânia. Havia despachado um repórter, Ronald Freitas, para que ouvisse Mellão. Pedi a Milton Abruccio, subeditor que dividia comigo o fechamento da seção de Política, que auxiliasse Ronald na empreitada.

O presidente da Câmara de Vereadores paulistana se recusava a falar com eles. Quando retornei do almoço com Augusto Nunes havia um recado com a secretária: Mário Rosa, o jornalista que migrara para a gestão de crises, pedia retorno. Estava hospedado num hotel da região dos Jardins. Liguei em seguida.

— Amigo, Ronald e Milton querem falar com o Mellão — disse Mário, antes mesmo de explicar por que fazia as vezes de porta-voz do presidente da Câmara de Vereadores.

— Sei disso. Você está trabalhando com ele?

— Lulinha: *hay crisis? Estoy dentro*!

Rimos.

— Mário, sem sacanagem: põe o Mellão com eles.

— Não sei. O presidente da Câmara de Vereadores de São Paulo, apesar de estar no posto em que está, não tem o hábito de falar com jornalistas. Ninguém cobria direito a Câmara. De repente, ele se vê tendo de falar com repórteres que querem comer o fígado dele...

— Ele foi descrito pela mulher do prefeito como o maquinista do trem pagador de propinas...

— Ex-mulher do prefeito. Mulher, não. Magoada como toda ex-mulher, louca por fechar um bom acordo de separação e não ficar desamparada na velhice.

— Põe o Mellão para falar com eles, vai.

— Ele fala, mas você terá de ir junto.

— Por que, Mário?

— Porque uma coisa é o presidente da Câmara dos Vereadores falar com um repórter e com um subeditor que têm ganas de beber o sangue dele. Outra coisa, é falar com o editor que vai fechar tudo e com quem pode fechar pactos de *off*.

— O que os meninos fecharem, eu cumpro.

— Ou você vai, ou Mellão não fala com *Época*.

— Ok, eu vou. Mas Ronald e Milton vão também.

— Certo. No Rodeio, lá na Haddock Lobo, às oito da noite.

— Fechado. E eu? Levo a carteira ou ele vai batê-la?

— Bater o quê?

— Levo a minha carteira, ou o presidente da Câmara vai roubá-la durante o jantar?

— Se quiser, leve. Mas feche o botão do bolso interno do paletó. Quem sabe...?

Rimos mais uma vez e desligamos

Às vinte horas chegamos juntos ao Rodeio, eu, Milton Abruccio e Ronald Freitas. O vereador Armando Mellão já nos esperava destrinchando umas costeletas de cordeiro, junto com Mário, nas mesas reservadas aos clientes em espera na entrada do restaurante. O presidente da Câmara não conhecia nenhum de nós e o gestor de crise nos apresentou. Deixou-me por último.

— Presidente, esse é o Luís Costa Pinto, o editor. Disse a ele que a conversa só se daria com a presença dele, pois o que fosse acertado entre nós e ele teria de ser mantido.

— Claro, Mário — respondeu Mellão.

— Mas daí ele me fez uma pergunta, presidente: quis saber se podia trazer a carteira para o jantar, ou se o senhor a bateria enquanto conversávamos.

Mário não mentira, mas me espicaçara diante da fonte. Gelei e ruboresci. Armando Mellão pigarreou e sorriu amarelo. Ao responder, deu-me a certeza de serem verdadeiras todas as acusações de Nicéa Pitta.

— De jeito nenhum, rapaz. Pode sentar à vontade e em segurança, eu não faço essas coisas, não. Não vou bater sua carteira, não.

Esperei um murro e ele não veio. Aquilo consolidou minha certeza: era comportamento típico de um ladrão, ainda que não fosse. A noite só acabou perto das duas horas da manhã seguinte. Estávamos encharcados de vinho e tínhamos uma reportagem para escrever. Ao negar cinicamente todas as acusações, sem apresentar prova alguma que rebatesse as acusações que lhe eram imputadas e sem firmeza para defender o próprio caráter, Mellão seria alçado à condição de ator coadjuvante dos desvios do prefeito Pitta.

Dias depois, com a reportagem de *Época* nas ruas, Mário Rosa ligou para cobrar o tom ácido do texto.

— A revista só não escreveu, com todas as letras, que o Mellão é ladrão — falava de forma incisiva e arrogante ao telefone.

— Graças à nossa elegância e refinamento, não dissemos isso — respondi.

— Como assim? Tem provas? — àquele momento, meu interlocutor já gritava.

— Você sabe, Mário, que ninguém honesto escuta impassível o próprio assessor fazer a brincadeira escrota da carteira. E ainda suportar a minha presença e dividir vinho comigo.

Não ouvi resposta, apenas o telefone fazer um ruído grosseiro ao bater no gancho do outro lado da linha.

* * *

Enredado na teia de denúncias que afloraram com as entrevistas que sua ex-mulher, Nicéa, não cessava de conceder à imprensa, o então prefeito de São Paulo, Celso Pitta, foi afastado da Prefeitura por ordem judicial em março de 2000. O vice-prefeito, Régis de Oliveira, assumiu o posto por dezoito dias, certo de que um processo de *impeachment* seria instaurado na Câmara dos Vereadores e Pitta terminaria cassado. Tal esperança se revelou vã. Armando Mellão, o presidente da Câmara descrito pela ex-primeira-dama como operador do esquema financeiro que irrigava a fidelidade dos vereadores à base do prefeito afastado, seguiu na ativa. O *impeachment* não passou e a liminar judicial que ordenava o afastamento de Celso Pitta caducou. Desacreditado, politicamente frágil, ele voltou à cadeira de prefeito, encerrou o mandato em 1º de janeiro de 2001 e morreu oito anos depois no mais completo ostracismo político.

* * *

A disputa pela sucessão de Antônio Carlos Magalhães na presidência da Mesa Diretora do Senado Federal marcou a reabertura da temporada de escândalos políticos em Brasília e no Brasil. A popularidade do presidente Fernando Henrique Cardoso seguia declinante. Desde a maxidesvalorização do real promovida em janeiro de 1999, em que pese a paulatina recuperação da divisa brasileira frente ao dólar norte-americano, o governo do PSDB jamais restaurara os bons índices de aprovação popular experimentados no primeiro mandato dele, entre 1995 e 1998.

Crises financeiras internacionais na Rússia e na Ásia abalavam a credibilidade internacional do país. O Brasil tinha voltado a recorrer ao Fundo Monetário Internacional para fechar suas contas com o aval do governo dos Estados Unidos. ACM não desejava ter como sucessor em sua cadeira de comando no Senado o paraense Jader Barbalho, do PMDB, adversário figadal. Tentou forçar o presidente da República a conspirar dentro da base governista a fim de bloquear a vitória de Barbalho, de resto consolidada entre os senadores.

Malsucedido em seu objetivo, o senador baiano partiu para uma estratégia camicase de amarrar bombas de efeito moral contra o PMDB ao próprio corpo e soltá-las no plenário do Congresso e por meio de uma denúncia ao Ministério Público Federal. Antônio Carlos foi até o procurador Luiz Francisco de Souza e falou informalmente sobre a existência de várias acusações contra o governo — sobretudo contra Jader Barbalho e suas relações de negócios na Superintendência de Desenvolvimento da Amazônia e no Banco da Amazônia. Também especulou em torno de relações corruptas do então deputado Michel Temer (PMDB-SP), presidente da Câmara dos Deputados, no Porto de Santos, e no Departamento Nacional de Estradas de Rodagem e na Petrobras.

Sem avisar ACM, contando com a ajuda de outro procurador, Guilherme Schelb, o autointitulado "inimigo número 1 do governo", Luiz Francisco de Souza, gravou a conversa com o senador baiano e entregou cópia da gravação para a revista *IstoÉ*. Foi um estampido político em Brasília.

As acusações gravadas do já ex-presidente do Senado, sem provas, dinamitaram as pontes que poderiam reconduzi-lo à proa do eixo político. A revista da Editora Três, uma espécie de terceira via do mercado editorial, dava provas de que ainda estava viva na cena jornalística. Tomamos um furo pela retaguarda. Precisávamos nos recuperar. Eu conhecia muito bem a relação de amizade — ou mais que isso — que Augusto Nunes mantinha com Antônio Carlos. Elas suplantavam todos os limites de um convívio entre repórter e fonte de informações. A capital da República era um campo minado de notícias e de boatos.

No fim da tarde da quinta-feira 22 de fevereiro, Eumano Silva, o jornalista que eu me empenhara em levar ao comando da sucursal brasiliense da revista, telefonou-me dizendo que ACM ia passar o Carnaval em Miami. O político baiano assegurou que daria uma entrevista exclusiva a ele no domingo. Mas impôs uma condição: só falaria fora do Brasil, dali a alguns dias. O senador não tinha concedido entrevista a ninguém desde a divulgação das gravações pela *IstoÉ*.

— Tens visto americano? — perguntei.

— Tenho.

— Então, vai. Pode ir. Manda emitir a passagem e fica no mesmo hotel dele.

— Não é melhor perguntar ao Augusto? — ponderou Eumano.

— Não. Eu comunico a ele que você embarcou. Vamos criar o fato consumado. É capaz de ele atrapalhar a notícia.

No dia seguinte, quando Eumano já estava embarcando para os Estados Unidos, uma sexta-feira pré-carnavalesca, entrei na sala de Nunes e anunciei a viagem e o acerto com Antônio Carlos.

— O senador não me falou nada dessa entrevista. Quem combinou? — quis saber.

— Eumano — respondi.

— O que ACM pode falar que não falou ainda? — insistiu o diretor de redação, dando sinais de que desejava pôr panos mornos nas desavenças entre o político baiano e o Governo Federal.

— Tudo — devolvi. — Ele promete fazer acusações que chegam no Planalto.

Com um sinal, Nunes indicou que a conversa se encerrara. Deixei-o só e remoendo a tentativa de descobrir o que eu faria.

No domingo de Carnaval, o senador baiano recebeu Eumano para uma longa conversa seguida de entrevista gravada. Com Salvador e Brasília a distância, falou com tranquilidade incomum para um político acostumado a usar a retórica e a verve como armas na rinha da disputa por espaços e influência em governos.

À noite, o chefe da sucursal de Brasília me telefonou para dar retorno sobre a entrevista. "Ótima", classificou. Ele embarcaria de volta ao Brasil na madrugada seguinte. Só voltaríamos a trabalhar na redação na Quarta-feira de Cinzas à tarde, já para iniciar o processo de fechamento da edição de *Época* que começaria a circular no primeiro sábado de março. Eu tinha pressa e não podia correr o risco de deixar o cronograma correr frouxo: às onze da noite da sexta-feira, dali a dois dias, embarcaria de férias num voo da KLM para Amsterdã e de lá seguiria para Praga, na República Tcheca. Deixei para falar com Augusto apenas quando o encontrasse na redação, o que só ocorreu na noite de quarta-feira.

— Tenho dúvidas sobre pôr a entrevista do Antônio Carlos no espelho da revista — disse-me, antes mesmo de um cumprimento de boa noite.

— Por quê? Está ótima. Você nem a leu.

— Está pronta? Quero ler.

— Eumano não mandou ainda. Só deve fazer isso nesta madrugada ou amanhã cedo. Vou fechar e te mando.

— Ok. Mande cedo.

A entrevista chegou às minhas mãos na quinta-feira, logo nas primeiras horas do dia. Diagramei-a com esmero em cinco páginas, com uma foto aberta. Na divisão de espaços da Editora Globo, aquele latifúndio quase obrigaria a uma chamada na capa. Eu e

Eumano combinamos que íamos esquentar um pouco o tom da abertura, ao descrever os desdobramentos possíveis do que dizia ACM, para já trabalhar uma repercussão politizada das denúncias do ex-presidente do Senado. Eis a seguir edição que fizemos (*que terminou sendo a versão publicada, contra a vontade de Augusto Nunes e passando por cima da autoridade dele como diretor de redação. Depois da republicação da entrevista, narro como tudo se deu*):

Tiros contra FH

ACM diz que apurar os negócios de Ricardo Sérgio de Oliveira, ex-diretor do Banco do Brasil, é a rota para desvendar a corrupção no governo

O senador baiano Antonio Carlos Magalhães chega a Brasília nesta semana pronto para uma nova fase na carreira política. Maior estrela do PFL, ACM está fora do governo do presidente Fernando Henrique Cardoso desde 23 de fevereiro. A causa do rompimento foi a demissão dos ministros das Minas e Energia, Rodolpho Tourinho, e da Previdência Social, Waldeck Ornélas. Os dois pertencem ao clã político de Antonio Carlos. Aliado de praticamente todos os governos federais desde 1964 — a exceção foi Itamar Franco, que governou de outubro de 1992 a dezembro de 1994 —, juntou-se a Fernando Henrique já na primeira campanha presidencial, há sete anos.

No domingo de Carnaval, Antonio Carlos descansava num hotel cinco-estrelas em Miami, nos Estados Unidos. Recebeu ÉPOCA para uma entrevista exclusiva. A conversa de 80 minutos foi especialmente reveladora: ACM resolveu contar vários segredos, alguns com alto teor de combustão. Detalhista impiedoso, descreveu o presidente como um homem fraco, vulnerável ao sentimento da inveja e indulgente demais com práticas condenáveis rotineiras em

*setores do PMDB. O senador de 73 anos forneceu pistas
para desvendar alguns mistérios federais. Esbanjando bom
humor, estalou a língua com frequência — esse cacoete
costuma preceder comentários ferinos. "Quando mostrei o
Dossiê Cayman ao presidente, ele me disse que precisava
demitir o Ricardo Sérgio", revelou. Assim, introduziu em
cena Ricardo Sérgio de Oliveira, ex-diretor de relações
internacionais do Banco do Brasil, indicado pelo ministro
da Saúde, José Serra. Amigos de ACM dizem que, se houver
investigações, ele vai colaborar.*

*O ministro da Saúde também foi acusado de benefi-
ciar-se do uso de verbas publicitárias controladas pelo
ministro-chefe da Secretaria de Comunicação de Governo,
Andrea Matarazzo. O dinheiro contribuiria para consolidar a candidatura a presidente da República em 2002.*

*A entrevista, realizada no restaurante do hotel com
vista para o Atlântico, foi interrompida uma única vez,
para que o senador pedisse à garçonete água mineral com
gelo. "Mineral water and ice", ordenou ACM com acentua-
do sotaque baiano. Surpreendentemente anônimo, Antonio
Carlos pôde caminhar pelas dependências do hotel como
um cidadão comum. Numa cena rara, faltava o séquito
que o acompanha pelos corredores do Congresso ou nas
ruas de Salvador. Com a verve habitual, ACM disse que
o presidente tentou sabotar as Comissões Parlamentares
de Inquérito (CPIs) que desvendaram a corrupção no
Judiciário e no sistema financeiro. "Ele tem horror a que
se façam Comissões Parlamentares de Inquérito", acredita.*

*A gravidade das declarações feitas por ACM é compará-
vel à das acusações formuladas contra o então presidente
Fernando Collor, em maio de 1992, por seu irmão Pedro
Collor. "Esta entrevista fornecerá o roteiro para uma
CPI apurar todo o governo do Fernando", dizia Pedro,
transformado no estopim do impeachment de Collor. A
demissão dos ministros leais a ACM foi uma reação do*

presidente a um depoimento do senador ao Ministério Público, em 19 de fevereiro, repleto de acusações ao governo e divulgado pela revista IstoÉ. Antonio Carlos passou a atacar o Planalto porque não teve o apoio de FH para impedir a chegada do paraense Jader Barbalho à presidência do Senado. Jader foi o escolhido para assumir o cargo ocupado durante quatro anos pelo senador baiano. Com isso, provocou a maior derrota política sofrida por ACM em quase cinquenta anos de combates.

Entrevista

ÉPOCA: *O senhor apoiou o presidente Fernando Henrique Cardoso desde 1994. Virou oposicionista?*
Antonio Carlos Magalhães: *Sou um parlamentar independente. Naquilo que o governo achar que é bom para o Brasil e eu concordar, estarei ao lado do governo. Se achar que é ruim para o Brasil, não tenho obrigação — nem o PFL tem — de concordar com o governo.*
ÉPOCA: *Quando o senhor começou a perceber os sinais de corrupção que agora denuncia?*
ACM: *Depois da morte do Luís Eduardo (ex-presidente da Câmara, o deputado Luís Eduardo Magalhães era filho de ACM e morreu em abril de 1998, vítima de enfarte). Mandei uma carta ao presidente em fevereiro de 1999. Ele tinha firmado compromisso para fazer o senador José Fogaça (PMDB-RS) líder do governo no Senado. Depois recuou, por imposição do próprio PMDB. Naquela ocasião, mostrei a ele quanto estava errado e que essas coisas não podiam continuar.*
ÉPOCA: *Qual é o significado desse recuo em relação a Fogaça?*
ACM: *O veto do Jader Barbalho. Como o presidente havia me pedido para comunicar ao Fogaça que ele seria o líder, disse-lhe que devia uma satisfação ao senador. Ele deve*

ter dado esta satisfação pelo telefone, não sei... Esta carta eu tenho e posso imprimir quando for conveniente. Em novembro de 1999 fiz outra carta sobre corrupção no Ministério dos Transportes. Ele não respondeu. Chamou--me ao Palácio da Alvorada para dar satisfações.

ÉPOCA: *Que tipo de satisfação?*

ACM: *Explicou as dificuldades que tinha com isso. Na ocasião, citou nomes de alguns peemedebistas que não mereciam a confiança dele — não mereciam confiança do ponto de vista moral. Recordo-me que citou os nomes de Jader Barbalho, Geddel Vieira Lima e Michel Temer (ex-presidente da Câmara).*

ÉPOCA: *O que ele disse especificamente a respeito de cada um?*

ACM: *Com o seu espírito de pilhéria, ele disse que tinham pensado que era dele mesmo — FH — um automóvel BMW estacionado na porta do Alvorada. Depois, descobriram que o carro era do Geddel. Quanto ao Temer, FH passou a falar do Porto de Santos. Para minha surpresa na ocasião, falou também da Petrobrás. Do Jader, falou determinadas coisas da Sudam (Superintendência do Desenvolvimento da Amazônia) e do DNER (Departamento Nacional de Estradas de Rodagem).*

ÉPOCA: *O que ele comentou sobre a Petrobrás?*

ACM: *Disse que o Jader exigia uma diretoria na Petrobrás, e ele acabou conseguindo-a. Nomeou esse Delcídio (referência a Delcídio Gomez, ex-ministro das Minas e Energia de Itamar Franco, ex-diretor da estatal Eletrosul e diretor da área de gás e energia da Petrobrás), que ainda hoje está lá. Fiz uma carta ao ministro Rodolpho Tourinho, das Minas e Energia, protestando. Disse que nenhum partido estava fazendo indicações para cargos na Petrobrás, só o PMDB, e que isso não era correto. O ministro levou a carta ao presidente Fernando Henrique, mas ele não se mostrou sensível a este assunto.*

ÉPOCA: *Por que até hoje não apareceu nada contra o deputado Michel Temer?*

ACM: *Porque nunca foi feita uma investigação verdadeira no Porto de Santos. No Porto da Bahia é a mesma coisa. O pai do Geddel (Afrísio Vieira Lima, ex-deputado federal e atual presidente da Companhia de Docas da Bahia) é quem toma conta. Os escândalos do DNER também estão por toda parte. No Piauí, em Santa Catarina, no Rio Grande do Sul e no Paraná. Fernando Henrique diz que mandou apurar, mas será possível que só agora, porque eu reclamei? E ainda querem me crucificar? O presidente concorda, tanto que vai acabar com a Sudam. Se me perguntam quais são os laranjas da Sudam, digo que tenho o nome deles todos. Vaqueiros e motoristas estão tomando dinheiro, tudo isso foi encoberto por causa da eleição de Jader Barbalho. Quem mandou encobrir? Só pode ter sido o presidente da República.*

ÉPOCA: *Se o presidente fazia restrições morais, o que ele alegava para continuar a apoiá-los?*

ACM: *O problema de Fernando Henrique é sempre preferir o apoio da base aliada ao da população. Ele tem horror a que se façam Comissões Parlamentares de Inquérito. Por isso, queria manter a base aliada unida. Achava que as CPIs poderiam prejudicar a política econômica do governo. Ele diz que tem horror a corrupção, mas veja quanto tempo leva para tomar providências. Agora mesmo, tomou providências no DNER e vai acabar com a Sudam. Botou, de quebra, a Sudene, para diminuir o impacto da roubalheira na Sudam. Quantos laranjas existem na Sudam a serviço do Jader Barbalho? Eu já denunciei mais de vinte e cinco. Nada aconteceu. Não adianta ter uma boa economia se os aspectos sociais e morais não são resguardados.*

ÉPOCA: *De que forma o presidente agia contra as CPIs?*

ACM: *Quando fiz a CPI do Judiciário, ele era favorável. Até porque tiraria o foco do governo. Ele próprio me disse* *isso. Imediatamente, o Jader criou a CPI dos Bancos para chantageá-lo. Ele curvou-se à chantagem e queria que as duas CPIs naufragassem. A dos bancos ele conseguiu enfraquecer, pelo menos em parte. Na CPI do Judiciário, o presidente não conseguiu agir porque o relator, Paulo Souto (PFL-BA), foi muito competente, e meu apoio foi fundamental para que ela funcionasse. Muitos senadores, inclusive Roberto Freire (PPS-PE), que nunca está ao lado das boas causas, está sempre do lado do Palácio do Planalto e diz que é oposição, fizeram um discurso violentíssimo contra a CPI do Judiciário. Graças ao Paulo Souto e a mim, hoje o Lalau (o juiz Nicolau dos Santos Neto) está preso.*

***ÉPOCA:** Insisto: o que o presidente fez contra as CPIs?*

***ACM:** Ele quis sabotá-las. Mas as provas ficaram tão evidentes que ninguém mais no Brasil queria acabar a CPI depois de ver o rombo do Fórum Trabalhista de São Paulo. Por Fernando Henrique, a CPI não teria ido longe. Ele não gosta de onda, mas não é assim que se governa. No momento em que querem me cassar, tenho a impressão de que o Lalau vai ser solto e o Luiz Estevão (ex-senador do PMDB do Distrito Federal, cassado em junho de 2000) vai voltar para o Senado. Eles querem me tornar o alvo preferencial. Eu sorrio muito com essa história da minha cassação. Seria a cassação do honesto que luta contra o ladrão, de quem denuncia quem quer encobrir as denúncias.*

Como de hábito, Nunes chegou no fim da tarde de quinta-feira na redação. O processo editorial das revistas brasileiras, em razão de uma rotina imposta em *Veja* por Mino Carta quando criou a revista da Abril junto com Victor Civita, em 1968, estabelecia uma espécie de afunilamento gradual na leitura dos textos. Não era diferente ali. Tínhamos herdado a chamada cultura abriliana. Como os cadernos de assuntos políticos, reportagens nacionais e macroeconomia eram os últimos a serem despachados para a gráfica, o diretor de redação começou a ler e a mexer no miolo mais frio da próxima edição de *Época*. Aguardei com tranquilidade a minha vez de brigar pelas decisões editoriais que tomara.

Por volta das 23 horas, contabilizei duas idas de Augusto Nunes ao banheiro masculino. Era desagradável, mas não era mero exercício matemático para vadios simulando produtividade. Ficava atento àquelas visitas ao WC a fim de monitorar o grau de sobriedade e de responsabilidade do diretor de redação para com as funções dele.

Em geral, num fechamento, Augusto ia ao sanitário quatro vezes. Costumava usar o mictório em apenas uma delas. Nas demais, trancava-se num cubículo e passava ali de quatro a cinco minutos. Saía de lá sempre com um brilho nos olhos; um brilho esfuziante que esmaecia o azul outrora vivaz de sua íria. Nas redações por onde passara, sabia-se que a frequência de tais visitas aos banheiros, nas madrugadas, haviam sido responsáveis por abreviar-lhe a carreira nos cargos de direção.

Decidi resignar-me e esperar.

Certa vez, ao me ver filmá-lo com os olhos, com ar de reprovação no rosto, num dos regressos à sua sala para dar sequência ao fechamento da publicação, Augusto Nunes me chamou. Do nada, engatou uma conversa nervosamente surpreendente.

— Sabe que a gente podia fazer, na próxima semana, uma reportagem especial sobre uso de drogas e autocontrole?

Observei-o espantado. Não fosse por nada, aquele era o tipo de assunto que não me dizia respeito.

— Área da Laura Greenhalgh. Não é minha — respondi.

— Pode ser sua. Precisamos encontrar personagens que fazem pacto com a droga. Que olham a droga e dizem: você não vai me dominar. São esses sujeitos que têm controle sobre a droga. Você não acha?

— Augusto, não sei. Fui um péssimo fumante de maconha. E não experimentei mais nada. Aliás, gosto mesmo é de ter controle absoluto sobre tudo.

— Vamos falar disso depois. Volta para o fechamento — dispensou-me.

Passava da meia-noite quando eu o vi pôr na tela a entrevista de ACM. Pelo batuque do teclado, mexeu sem dó no texto que Eumano enviara e eu havia editado. Não me consultou nem uma vez sequer. Tampouco telefonou para a sucursal de Brasília.

Por volta das três horas da manhã da sexta-feira percebi que o texto diagramado fora despachado para a pasta da gráfica em nosso sistema automatizado. Eu viajaria de férias às onze da noite seguinte; estava no Jaguaré; tinha de ir para casa, em Higienópolis, terminar de organizar as coisas para a viagem, despedir-me de nossa filha, pegar Patrícia e ir para Guarulhos. Não tinha acesso à pasta virtual dele. Devido às idiossincrasias da hierarquia na redação, também não podia ver como ficara o texto depois da reedição do diretor.

Nunes se demorou por mais uma hora na redação. Eu simulava produtividade enquanto o aguardava ir embora. Sem me dizer nada sobre alterações feitas na entrevista de ACM, às quatro horas da manhã deu um adeus coletivo às escassas almas penadas que seguiam por ali. Esperei vinte minutos e liguei para a gráfica. Sem autorização alguma para entrar na pasta eletrônica do diretor, sabia os caminhos que me dariam acesso físico à versão fechada por ele.

— Oi. Aqui é o Lula, editor de Política — anunciei para quem atendeu do outro lado, sugerindo uma carteirada auricular, sem me importar se o interlocutor sabia ou não quem eu era na hierarquia da revista. E segui, mentindo: — O Augusto baixou há pouco mais de uma hora uma entrevista. Tem cinco páginas, em "Brasil". Não fechem agora. Preciso mexer. Enviem esse arquivo para a minha mesa eletrônica.

A turma da gráfica seguiu as instruções. Do título que eu dera — "Tiros em FH" — até a última linha, o diretor de redação mudara quase tudo. E todas as mudanças desidratavam a força das denúncias de Antônio Carlos Magalhães, protegiam o presidente Fernando Henrique Cardoso de eventuais acusações de prevaricação que estavam nas entrelinhas sibilantes do que o senador baiano dissera a Eumano. Enfim, o que era uma ótima reportagem, destinada a repercutir, convertera-se em um nada editorial.

Joguei fora tudo aquilo, no lixo eletrônico, e restaurei a versão que eu mandara para a mesa eletrônica de Augusto Nunes antes de ele operar o brutal assassinato jornalístico que pretendera cometer em nome da amizade e da pulsão de proteção ao governo que desejava preservar.

— Acabei de retornar a entrevista da editoria de "Brasil" — anunciei para a gráfica depois de mandar o arquivo restaurado com o texto "Tiros em FH". — Podem rodar. Ordens do Augusto.

Eu tinha pleno controle das rotinas habituais dentro da redação. Sabia que Augusto, quando saía perto do sol nascer, demorava a chegar em casa e dormir — muitas vezes, parava em algum lugar boêmio e notívago para comer. Em razão daquele desregramento, dormia até as três horas da tarde de sexta. Como ele morava nos Jardins, não conseguia chegar antes das cinco horas da tarde no Jaguaré, bairro onde ficava o prédio da Editora, nas franjas de Osasco. O caderno em que estava a entrevista — o antepenúltimo da revista no fluxograma de impressão — seria rodado às quatro da tarde. Depois de impresso, só um louco ou uma emergência radical o jogaria fora: desprezá-lo representava dinheiro, custo operacional.

Telefonei para minha casa, anunciei que só chegaria de uma vez, por volta das cinco e meia da tarde, tomaria um banho, pegaria as malas, me despediria de nossa filha e me dirigiria ao aeroporto.

Às três e meia, com o lugar-tenente de Nunes, Ariovaldo Bonas, de volta à redação, disse a ele que varara a madrugada e que estava tudo certo por lá. Que ele podia mandar rodar o penúltimo caderno. Bonas mandou — e, indireta e inocentemente, foi meu cúmplice no drible dado no diretor de redação. Com a ordem de "imprima--se" dada por Ariovaldo Bonas, toquei a minha agenda particular.

No começo da noite do sábado em Amsterdã, antes de ir encontrar um primo que saíra da Alemanha para lá a fim de me rever, telefonei para Fábio Altman. Queria saber qual fora a reação de Augusto Nunes ao descobrir que, em nome da notícia, eu restaurara a entrevista original de Eumano para as páginas de *Época* e não tomara conhecimento da edição feita por ele.

— Meu, você não tem noção do quão puto ele ficou quando pegou as primeiras cópias da gráfica nas mãos — contou-me Fábio, aos risos, em seu paulistês de morador de Perdizes. — Achei que ele ia enfartar. Ele foi ficando vermelho, as veias do pescoço saltaram, a orelha ficou uma brasa, a primeira pessoa com quem ele esculhambou foi o Bonas.

Eu mesmo comecei a rir. Mas sabia que não tinha volta.

— E aí?

— Ele perguntou se a página do editorial estava aberta. Estava. Escreveu um texto que te esculhamba, mas sem ir direto contra você, para não passar recibo. Duro, complicado isso.

— Foda-se. Não volto para a revista enquanto Augusto estiver lá.

— Ele disse que foi a maior traição que já viu numa redação.

— Que nada! Ele fez coisas piores por onde passou. Tem até B.O. da passagem dele em Porto Alegre, *Zero Hora*.

Só depois da prazerosa narração de Fábio sobre a irritação de Augusto começavam as férias de 2001. Eu estava certo de que teria de procurar novo emprego quando regressasse a São Paulo. Entretanto, não tinha sequer um quê de arrependimento. Era primavera na Europa. As primeiras tulipas desabrochavam nos canteiros e jardineiras da capital holandesa. Sentamos num bar, pedimos uma cerveja e brindamos a rasteira dada em Augusto Nunes.

Cerca de dez dias depois, acessei a Internet a partir de um café em Praga e li sobre a morte de Mário Covas. Tinha uma relação especial de repórter e fonte com ele. Acompanhei de perto o surgimento e o tratamento do câncer. Segui próximo quando recebeu a notícia da metástase, semanas após ser reeleito governador. Resolvi ligar novamente para Altman. Ele me atualizou do clima político brasileiro e disse que a irritação de Nunes comigo arrefecera.

— A minha com ele, não — respondi.

— Pense direito. Ele não vai te demitir. E em breve ele cai.

Desliguei sem ser conclusivo. Estava envenenado pelo orgulho. Se fosse mais experiente e mais hábil, teria sabido deglutir aquele sapo. Desembarcamos em São Paulo no dia 31 de março, um sábado. Na segunda-feira seguinte deveria retomar o trabalho em *Época*. Deixei de ir à reunião de pauta. No começo da tarde, entrei sem bater à porta da sala de Augusto Nunes.

— Temos de conversar. Ou não? — indaguei.

— O que você fez foi o ato mais desleal que se pode fazer numa redação — cobrou-me.

— Não foi — rebati. — Ato desleal, numa redação, é sonegar notícia, é deixar de dar informação ao leitor.

— Você sabotou a revista.

— Errado: eu sabotei você — subi o tom e sublinhei a tônica no pronome de tratamento. Era um diálogo ríspido. Ele começou a apresentar placas vermelhas no pescoço. — Não reconheço sua autoridade.

— Eu posso te demitir.

— Jamais imaginei que trabalharia de novo com você aqui dentro. Demita. Mas libere o que eu tenho preso no Fundo de Garantia. Desde a *Veja* não retiro o FGTS. E considere o aviso prévio trabalhado — fazia minhas exigências. — Para desconsiderar qualquer possibilidade de eu fazer um escarcéu, porque você sabe que tenho como fazer isso, pague todos os meus direitos trabalhistas. E mande o RH fazer os cálculos e arredondamentos para cima.

— Será assim. Pode ir. Saia hoje. Agora. Não quero ver você na redação até o fim da tarde — pediu Augusto Nunes, baixando a guarda, mas gesticulando como se fosse o vencedor.

O diretor de redação manteve a porta da sala aberta. Para quem nos via, sem ouvir exatamente o que era dito lá dentro, valeria aquele gestual. Ele criaria a versão de vitorioso.

Do lado de fora do aquário da direção da revista, alguns amigos da equipe da *Época* acompanhavam o diálogo. Quando deixei a sala, desceram comigo até o café da Editora. Contei como se dera a troca de rudezas e me despedi. Estava fora da revista, três anos e meio depois de ter me integrado ao pequeno grupo que a concebeu e criou.

Voltei para casa sentindo-me derrotado. No caminho, parei no pequeno café pertencente ao jornalista Marco Antônio Rezende, ex-correspondente de *Veja* em Roma, que ficava na praça dos Omaguás, em Pinheiros, ao lado de uma megaloja da Fnac. Havia um quê de europeu naquele ambiente. Depois de dois cafés, segui para casa.

Achava Augusto medíocre, profissionalmente aético. Subi ao apartamento em que morava, no 15º andar de um prédio com um jardim agradável na avenida Higienópolis, quase esquina com a rua Rio de Janeiro. Servi-me de uma dose de uísque e esperei Patrícia retornar da *Saúde!*, revista da Editora Abril onde era redatora-chefe, para discutir com ela os rumos possíveis de minha vida profissional. Antes que ela chegasse, telefonei para a redação da *Folha de S. Paulo*. Quando saí de lá, em janeiro de 1998, para integrar o grupo de criação de *Época*, Otávio Frias Filho, o diretor de redação, dissera-me para ligar sem pestanejar se tudo desse errado. Ele atendeu logo.

— Tomo a liberdade de ligar porque deu errado, Otávio: sucumbi ao Augusto.

Objetivo, incapaz de fazer chistes desavisadamente, o herdeiro da *Folha* me pediu para explicar o que ocorrera. Contei tudo, inclusive e sobretudo a sabotagem de entrevista, em detalhes sórdidos.

— Você agiu a favor da notícia, sim. Li a entrevista do Antônio Carlos para o Eumano. Estava ótima — pontuou. Surpreso, achei que pararia ali. Ele seguiu. — Mas Augusto não podia aceitar o que você fez.

— Sei disso.

— Portas abertas para você aqui. Mesmo cargo, repórter especial, e mesmo salário. Tudo igual. Aguardamos você.

Agradeci muito e desliguei rápido. Tinha, portanto, algo em mãos. Evitaria, assim, encarar a minha mulher como um derrotado e desempregado. Contudo, não estava feliz. Nas curtas passagens que tive pela *Folha de S. Paulo* — três meses no Recife, antes de concluir o curso de Jornalismo na UFPE e ir para a *Veja*; e cinco meses em São Paulo, entre sair de *O Globo* e aceitar o desafio de *Época* —, achara excessivamente caro o pedágio que pagávamos ao "modelo Folha", a seus ritos e a seus rituais.

Mônica Bergamo, amiga de muitos anos, colunista da *Folha*, telefonou e perguntou se podia fazer uma ponte entre mim e Ricardo Noblat, diretor de redação do *Correio Braziliense*, jornal que vivia um hiato de independência editorial. André Petry, jornalista que ficou em meu lugar na sucursal de *Veja* e aceitara o convite para ser o editor-executivo do *Correio*, faria o caminho inverso: tivera novo convite para voltar à revista. O cargo de editor-executivo estava vago. O projeto de Noblat — fazer do diário brasiliense uma espécie de *Washington Post* brasileiro — era ambicioso e inovador. Disse que sim.

O diretor do *Correio* me ligou antes que Patrícia chegasse em casa. Nós nos conhecíamos superficialmente. Ele me ofereceu um salário excelente — melhor que o da *Época*, que deixara, e que o da *Folha*, cujas portas estavam abertas. Além disso, vendeu-me a ideia de total liberdade para montar e remontar a equipe, abrir e fechar o jornal e comando total sobre a pauta. Na teoria, irrecusável. Na prática, a mercadoria vendida só seria entregue no varejo do dia a dia, nunca no atacado, como foi ofertada. Fiquei de ir a Brasília dali a dois dias.

Quando Patrícia chegou do trabalho, pouco depois, expus o transcurso do dia agitado. Enquanto descrevia para ela a conversa com Augusto Nunes, fui sendo tomado por uma ira e uma decepção profundas — sempre acreditei no projeto da *Época*. Falava apertando uma vela decorativa, colorida, nas mãos. Era um objeto de quase meio quilo de peso. Num acesso de irritação, arremessei-a contra a parede e soltei um grito catártico de raiva.

— Então, você está entre ficar aqui em São Paulo e voltar para a *Folha*, fazer o que já fez, ou aceitar o desafio do Noblat e voltar para Brasília porque quer comandar um jornal — sintetizou ela.

— Sim. O que acha de voltar para Brasília? — quis saber, já deixando claro para que lado pendia. Enquanto falava, observava a transformação da vela. Tinha o formato de uma enorme gota d'água moldada em parafina. Convertera-se num disco amorfo pregado na parede.

— Enlouqueceu? — perguntou Pat, indignada.

— Não! Tive duas úlceras perfuradas aos dezesseis anos. Rancor: foi essa a causa delas. Estou evitando guardar a minha raiva.

— Estou muito bem na *Saúde*! Saí da cobertura de política. Tenho uma carreira que pode ser promissora na Editora Abril. Não teria isso em Brasília. Vai lá, conversa com Ricardo Noblat, vê se é isso tudo mesmo que ele oferece e decida você. Se for o caso, não precisamos mudar todos, necessariamente, de uma vez.

Decidi-me pelo *Correio Braziliense*. Negociei duas passagens mensais de ida e volta para São Paulo às expensas do jornal. Noblat também se comprometeu a me reembolsar uma viagem por mês a Recife, onde moravam meus dois filhos do primeiro casamento. Além disso, não trabalharia às segundas-feiras de manhã, quando viajasse. No único fim de semana que ficasse em Brasília, daria plantão. Esse sistema improvisado duraria um ano, por acerto contratual. Em tese, aos 33 anos, eu suportaria o rojão. Na prática, eu estava certo quando dizia — já aos 24, 25 anos — que a profissão de jornalista era muito parecida com a de jogador de futebol. A partir dos 34, 35 anos, estropiado pela rotina, ninguém conservava a sanidade dentro de uma redação.

Ricardo Noblat e Augusto Nunes haviam trabalhado juntos na *Veja*, em São Paulo, no fim dos anos 1970. Um via o outro como adversário interno na escalada para o topo da redação da revista, posto ao qual nem um, nem outro ascendeu. Tornaram-se inimigos. Brigaram, inclusive com troca de sopapos, diversas vezes. Ao descrever o estopim para a minha saída de *Época* para o diretor do *Correio Braziliense*, reforçamos os laços de cumplicidade.

> *Em julho de 2001, abreviando em oito meses o prazo de adaptação que nos concedêramos, Patrícia aceitou — não sem relutar muito — largar a carreira que se consolidava na revista* Saúde! *e voltar com a nossa filha, Júlia, para Brasília. O casamento haveria de pagar um preço alto por aquela turbulência. Mas, ao fim, resistiu. Ela, contudo, manteve a decisão de jamais voltar ao* hard news *e se*

*reinventou como uma das profissionais mais requisitadas
na área de consultoria sobre temas como infância, adolescência, direitos das crianças e adolescentes, combate à
violência contra mulheres. Tempos depois, ressurgiria numa
terceira encarnação profissional como uma bem-sucedida
professora de ioga que mescla o ensinamento dos ásanas
à filosofia fascinante do hinduísmo e do budismo. Essa,
contudo, é a parte derradeira desta saga e voltarei ao tema
mais à frente — em outro volume.*

* * *

Nunca havia trabalhado tanto quanto no período em que fui
editor-executivo do *Correio Braziliense*. As promessas e os compromissos pecuniários de Noblat foram todos cumpridos. Porém, aquela
era a parte do não problema de regressar a Brasília.

O diretor exercia o poder na redação como um déspota esclarecido e, abaixo de si, dividia a equipe para governar como uma
espécie de árbitro de desavenças. Montou um grupo de repórteres
especiais que deviam lealdade exclusiva a ele — e que, muitas vezes,
reuniam-se para tocar pautas secretas para o restante da redação.
Inclusive para mim. Outro núcleo era integrado por jornalistas que
não podiam ser mexidos ou pautados pelos editores que tocavam as
editorias. Em geral, eram profissionais da velha guarda e integravam
uma panelinha de amigos pessoais dos condôminos.

O Correio Braziliense *era um dos veículos que pertencia
aos Diários Associados, conglomerado empresarial formado
pelo jornalista e empresário Assis Chateaubriand entre os
anos 1950 e 1960. Em crise com seus herdeiros diretos e
sem confiar neles, Chateaubriand montou uma geringonça
corporativa denominada Condomínio Associado, nomeou
seus treze melhores amigos "condôminos" e entregou a eles
a gestão de todas as suas empresas — jornais, rádios, TVs,
revistas. Em 2001, no* Correio, *ainda havia remanescentes*

do Condomínio original e repórteres que haviam se tornado amigos do próprio Chateaubriand ainda em vida.

O jornal fazia oposição implacável ao governador do Distrito Federal, Joaquim Roriz, um populista de direita que iniciara sua longeva trajetória como governador biônico nomeado antes da promulgação da Constituição de 1988. Os constituintes deram independência política ao Distrito Federal. Roriz, então, elegera--se para outros três mandatos não sucessivos. As administrações dele eram um passeio por denúncias de corrupção, muitas delas comprovadas. Goiano de Luziânia, assistiu à construção de Brasília nos anos 1950. Dizia-se que sua família detinha terras onde fora traçada a moderna capital brasileira. Era um coronel do cerrado. Representava tudo o que sempre abominei, toda a ausência de espírito público que sempre combati na ação política. Entretanto, o que Ricardo Noblat fazia a partir de seu posto na direção-geral do principal jornal da capital da República não era jornalismo: era campanha de oposição.

Em razão daquele despautério, o *Correio* enfrentava um boicote igualmente não republicano na distribuição de publicidade pública pelo governo local. O governador do Distrito Federal ainda se empenhava para que empresas e empresários locais copiassem as diretrizes de asfixia econômica do jornal. A espiral de insanidades estava colapsando a tesouraria da empresa. Certo dia, decidi me dedicar a contar as referências negativas a Joaquim Roriz numa edição de uma quarta-feira qualquer de agosto de 2001: 57. Excetuado o caderno de anúncios classificados, o jornal tinha 68 páginas editoriais e cinquenta referências negativas ao governador espalhadas da primeira página — a capa da publicação — à última, um texto da editoria de "Esportes". Entrei na redação e convoquei os editores para uma reunião, junto com os repórteres especiais.

— Caros, talvez nenhum de vocês tenha tantas críticas ou tanto desprezo por Roriz quanto eu — disse ao abrir a pauta. — Mas contei 57 menções negativas a ele e ao governo local, somente na edição de hoje. Em todas as editorias. Isso não é nem inteligente, nem jornalismo: é campanha, e depõe contra nós.

Atirei sem retaguarda e não me precavi contra os *snipers* da tropa de elite do diretor de redação. A partir dali a plantação de fofocas, jogando-nos um contra o outro, seria arada diariamente.

— Temos permissão para isso. Esse é um jornal de oposição. Ou você não sabia disso quando veio para cá? — inquiriu-me um dos fieis cães de guarda de Noblat.

— Venho de revista. Minha trajetória é quase toda em revista. Em revistas, a chefia lê tudo o que sairá. Dá tempo. O processo industrial permite isso. Em jornal, não. Não conseguirei ler tudo o que vai sair no dia seguinte. Preciso confiar em vocês, editores — apelei. E pedi: — Está revogada a permissão para falar mal do governador e do governo sem sentido, sem base, por tudo e sem nexo. Na dúvida, perguntem-me. Isso não é censura, é controle de qualidade.

Ninguém falou mais nada. Encerrei a reunião. Um dos repórteres especiais que fora meu antagonista em *IstoÉ* esperou que todos saíssem da sala e me interpelou:

— Você sabe que essa determinação não será cumprida, não sabe?

— Por quê?

— Porque a última instância aqui é Noblat. Ele manda.

No dia 11 de setembro de 2001, as disputas, dentro e fora da redação, seriam suspensas por alguns meses. Passava das nove horas da manhã, e eu, dando o nó na gravata para me dirigir ao jornal, assistia a um telejornal matinal da GloboNews pelo reflexo do espelho. Vi, confusamente, a imagem de um prédio em chamas. A fumaça saía do meio da fachada envidraçada. Atraído pelo inusitado, virei-me para aguçar o ouvido, aumentar o volume e observar melhor o que ocorria: era o World Trade Center, atingido pelo primeiro dos dois aviões comerciais. Ninguém sabia ainda que se tratava de um avião de passageiros. As informações desencontradas me levaram à CNN americana. Lá, já se especulava a possibilidade de ser um voo comercial. Corri para o carro, sem paletó, sintonizei a rádio CBN e cumpri em menos de dez minutos o trajeto de uns vinte quilômetros que separam a QI 17 do Lago Sul, onde estava, do Setor de Indústrias Gráficas de Brasília, onde ficava a sede do jornal.

Era cedo ainda. Havia não mais que uma dúzia de pessoas na redação. Todos se distribuíam diante dos monitores de TV: um sintonizado na CNN internacional, outro na GloboNews, outro na TV Globo. Estanquei a meio caminho entre eles e pedi que aumentassem o volume de todos os monitores. No caminho até lá, pelo rádio, já ouvira que se tratava de um atentado e que havia mais aeronaves no ar sob o controle de terroristas. Quando fixei o olhar na tela da CNN, assisti à colisão do segundo Boeing contra as Torres Gêmeas do WTC. Ouviram-se gritos na redação. Estávamos atônitos, parvos. Mal deu tempo de compreender o que ocorrera e um âncora da TV falou da possibilidade de um avião ter caído na sede do Pentágono, em Washington. Puxei um telefone numa das baias no meio da redação e disquei para a casa de Ricardo Noblat. Ele era notívago. Nunca ia dormir antes das cinco horas da manhã. Em geral, só pegava no sono às sete, com o sol já alto. Na noite anterior, recebera dois casais para jantar e o convescote tinha ido até o sol nascer. Falara com ele por volta de uma hora, saindo da redação, para dizer que não jantaria lá. Joana, a cozinheira, atendeu a ligação. Estava calma — certamente não assistia a TVs nem ouvia rádio àquela hora.

— Joana, preciso falar com Noblat.

— Doutor Ricardo disse que não chamasse ele antes de uma da tarde. A não ser que o mundo estivesse acabando. Foi a ordem dele.

Falou aquilo e deu uma risadinha.

— Joana, pois abra a porta do quarto dele, leve o telefone, diga que estou na linha e que o mundo está acabando.

Pontuei bem sério, tanto que não houve discussão.

A cozinheira seguiu as instruções e me deixou na linha, escutando o diretor de redação acordar, perguntar quem era e o que queria falar. Joana disse a ele que me advertira da ordem: só acordaria o chefe se o mundo estivesse acabando, e que eu dissera ser o caso, sim, porque o mundo estava acabando.

— Que porra que aconteceu? — perguntou Noblat com voz de sono ainda, mas aflito.

— Terroristas estão atacando os Estados Unidos. Jogaram dois aviões no World Trade Center, atacaram o Pentágono, há outros aviões no ar. São cenas de guerra. Vem para cá.

Fizemos um intervalo de três segundos de silêncio.

— É sério, Lula?

— É sério.

— Chama todo mundo para a redação. Todo mundo. Chego aí em menos de meia hora. Vê quem pode escrever textos nas ruas dos Estados Unidos, de qualquer cidade. Clima. Quero clima. Precisamos ter um analista militar no jornal. Quero fazer a maior edição de nossas vidas — determinou ele.

Às vezes, Noblat era um perfeito cretino. Na maioria do tempo, contudo, comandando uma redação, revelava-se genial. Ele me deu uma descarga de adrenalina extra, com uma dose brutal de racionalidade, que me permitiu organizar as ideias e a tropa para aquela cobertura. O *Correio Braziliense* fez uma edição memorável — e fartamente premiada em todo o mundo, com diversos prêmios jornalísticos, sobre os ataques de 11 de setembro e os 45 dias que se seguiram àquela bestialidade.

* * *

— Quer um tênis? Nike? Ou um uniforme da Seleção? Assinado pelos Ronaldinhos e por seu ídolo Rivaldo?

Era Mário Rosa, postando-se diante da porta de minha sala no *Correio*. Era uma hora inoportuna. Ia fazer a distribuição das páginas para os editores e definir a linha das reportagens. Ele estava nos bastidores dos dois grandes assuntos nacionais que ganharam algum relevo na opinião pública depois de assentada a poeira dos atentados terroristas nos Estados Unidos: a CPI do Futebol, criada para investigar as relações da Confederação Brasileira de Futebol com as empresas que a patrocinavam, e o racionamento de energia elétrica que pegou o governo de calças curtas e revelou assustadora incapacidade de planejamento estatal.

— Acabo de sair de uma reunião do comitê interministerial do racionamento. Tenho novidade. Mas quero mesmo é falar de futebol com você — anunciou, obrigando-me a prestar atenção nele.

— Espera. Deixa eu distribuir o jornal.

Levantei, bati no vidro de meu aquário, provocando um som estrondoso, e gritei "páááginas! Páááginas!". Adorava fazer aquilo. Era como uma reafirmação diária de minha pequena (que reputava enorme) autoridade sobre a equipe. Definia qual o espaço de cada um na edição do dia seguinte, o tom dos textos, a linha dos títulos. Mário aguardou pacientemente. Depois, trancamo-nos na sala.

— Ricardo Teixeira desembarca hoje aqui. No começo da noite. Vai ao Palácio do Planalto e, depois, vai jantar comigo na Casa da CBF no Lago Sul. Quer jantar conosco? Conversa em *off*. Mas para você sentir os bastidores.

— O que eu vou fazer com o presidente da CBF? Mário, ele é investigado. Está um rolo danado no Congresso. Ele é arrogante demais. A CBF é fechada demais.

— Eu gostaria que ele ouvisse mais outras pessoas. Ele fica falando só com a turma do futebol. É ruim. Doutor Ricardo precisa escutar outras opiniões. Vamos.

— Ok, vou. A que horas?

— Para descontrair, você não quer ir pegá-lo no setor de hangares do aeroporto, comigo, e deixá-lo no Planalto? Depois nos encontramos à noite na Casa do Lago Sul, às nove e meia, para jantar?

— Agora?

— Sim. Em 40 minutos você está de volta à redação.

— Vamos.

Seguimos em meu Peugeot Escapade vermelho-Ferrari que, certa vez, no estacionamento de uma academia de Brasília, chamou a atenção de Nélson Piquet. Dono de proverbial mau humor e de arrogância inconteste, Piquet havia estacionado ao lado do meu carro quando me dirigia a ele para sair da academia. O modelo acabara de ser lançado, era um dos primeiros a circular pelas ruas da cidade e, apesar de simples, chamava a atenção pelo design — mais esquisito do que arrojado para os padrões da época. O bicampeão de Fórmula 1 desceu do seu BMW e ficou observando o meu carro, agachou, olhou para baixo do pequeno Peugeot. Eu não resisti. "Quer um igual?", perguntei. Ele sorriu para si e saiu andando na direção contrária à minha.

Mário não fez reparos quando entrou no carro.

O jatinho da CBF pousou no horário. O presidente da Confederação Brasileira de Futebol desceu, despediu-se de dois advogados que haviam voado de carona com ele, e fui apresentado a ele.

— O Lulinha vai nos levar ao Palácio do Planalto, doutor Ricardo. No caminho conversamos de política e o senhor terá oportunidade de circular por Brasília num carro da classe operária, pequeno, e além de tudo vermelho — disse o consultor de crises, sem fazer força para disfarçar o sarcasmo.

— Qual o problema de ser vermelho? — perguntei, quase irritado com a brincadeira.

— Uma vez disse ao Mário que só andava em carros pretos ou prata. E confortáveis — respondeu-me Ricardo Teixeira.

— Pois vai andar no meu. É simples, mas deixará vocês no Palácio.

A blague do consultor teve o condão de destravar a conversa. Cruzamos o Eixão Sul e o Eixo Monumental inteiros falando de política. À noite, quando nos reencontramos na Casa da CBF, um local descrito por depoentes na CPI como "antro de lobistas", parecíamos velhos amigos.

— Sente à mesa. Aqui é cardápio fixo. Uma dose de uísque com azeitonas para beliscar. Feijão, arroz, bife acebolado de jantar. E romeu e julieta e sorvete de flocos de sobremesa. Bem povão — disse-me Teixeira, sob um olhar irônico de Rosa.

— Ainda é a brincadeira da Escapade vermelha?

— Não. É a prova de que eu sou um homem do povo.

Rimos. O jantar terminou às três da manhã. No dia seguinte, recebi na redação uma camisa da Seleção com os autógrafos da maioria dos jogadores que dali a um ano seriam pentacampeões do mundo.

— Jornalismo é rua de mão dupla. Ele precisava ouvir o que ouviu, de alguém que não fosse eu, e de forma bem destravada — respondeu Mário.

Administrar relacionamento de homens vaidosos ou poderosos era uma arte. E, ao abraçar o ramo da consultoria de crises, Rosa revelava-se um craque.

* * *

O estrondoso sucesso da nossa cobertura do 11 de Setembro nos Estados Unidos e do recrudescimento das ações militares americanas, também do reflexo daquilo nos direitos civis, ampliou o prestígio nacional do *Correio Braziliense*. Entretanto, nossos problemas de caixa se agravaram. Não havia trégua na guerra particular entre Noblat e Roriz. No fim de novembro fizemos uma grande reunião de executivos do jornal para planejar 2002, ano de eleição presidencial. Paulo Cabral, presidente do *Correio* e de todo o Condomínio Associado, um dos remanescentes vivos dos treze condôminos originais designados por Assis Chateaubriand, revelou-nos um horizonte turvo.

Dois dias depois da reunião com a Junta Orçamentária do *Correio*, como chamávamos os executivos que tinham tesouras no lugar de dedos nas mãos, o governador do Ceará, Tasso Jereissati chamou-me para almoçar. Ele estava em Brasília. Era dono de um apartamento duplex no Hotel Bonaparte, no Setor Hoteleiro Sul, e marcamos ali. Tasso queria discrição na conversa. Desde 1990, quando o conheci, mantivemos uma relação de confiança mútua profunda. Sempre o achei um empresário com inegável espírito público e uma das conversas mais agradáveis e inteligentes da política brasileira. Ele me pediu para dizer como via o desempenho do governo Fernando Henrique, cuja popularidade estava em baixa e passava pela crise do racionamento de energia elétrica. Fui objetivo, falei o que pensava e fiz duras críticas. Além de ser do mesmo PSDB do presidente, legenda que presidira, Tasso Jereissati era amigo de FHC.

— Você acha que temos chances de vencer? — interrompeu-me.

— Governo com máquina na mão é sempre forte — respondi. — Mas o candidato de vocês vai ser o Serra. Gosto do Serra, mas talvez seja um dos seis jornalistas de Brasília que gostam do

Serra — respondi, fazendo minhas ponderações sobre o ministro da Saúde, José Serra.

— E se eu fosse o candidato? O PT vem com Lula. Você acha que eu tenho chances?

— Opa. Aí é diferente. Você é ao mesmo tempo a avenida Paulista e o Nordeste. Tem três governos excelentes para exibir no Ceará. Mas você venceria o Serra dentro do PSDB?

— Vamos fazer uma prévia. Vou enfrentar o Serra. Vou precisar ter um controle muito forte sobre a área de comunicação. Os jornalistas não gostam do Serra. Os donos dos jornais, que é o que conta, gostam.

— Gostam de você também.

— Você largaria tudo, no jornalismo, e viria fazer a minha campanha?

— Sem dúvida. Nunca aceitei fazer isso porque não tinha garantia de receber o que combinasse. Mas, de você, sei que jamais tomaria cano.

— Jamais. Esse é um compromisso meu e a relação será comigo. Então está topado?

— Prego batido, ponta virada. Qual o *timing* disso? Preciso saber para me preparar, pedir demissão etc.

— E avisar ao seu sogro, Paes de Andrade, que vai fazer campanha para mim, o adversário dele no Ceará — Tasso fez a provocação e caiu na gargalhada.

Rimos juntos. Na semana seguinte ele voltaria a Brasília para comunicar a candidatura ao presidente, formalizar a participação nas prévias partidárias do PSDB que estavam programadas para ocorrer em março. Combinamos que só depois da formalização eu pediria demissão do *Correio Braziliense*. Acertamos nova reunião para a manhã da terça-feira seguinte.

No dia e hora combinados, estava de volta ao Hotel Bonaparte. Anunciei na recepção que subiria ao apartamento do governador Tasso Jereissati. Caminhava em direção ao elevador quando o recepcionista pediu que esperasse. Havia uma determinação para avisar ao governador do Ceará quando eu chegasse. Interfonei. Ele atendeu com voz sonolenta. Estranhei. Passava das 8h30. Ele me mandou subir, disse que a porta do quarto estaria entreaberta e tomaria um banho rápido.

O apartamento era um duplex. Na parte de baixo havia uma pequena sala com minúscula cozinha americana, dois sofás, uma mesa de reunião para seis pessoas e uma varanda. A suíte ficava em cima. Entrei pela porta entreaberta, como fora instruído. Estranhei os sinais evidentes de uma longa reunião ali: uma garrafa de uísque e duas de vinho, vazias. Alguns amendoins e castanhas ainda nos pratos. Guimbas de ao menos uma carteira de cigarro em dois cinzeiros. Restos de sanduíches frios em pratos sobre a mesa.

— Nizan e Lavareda saíram daqui umas seis horas da manhã — antecipou-se Tasso ao perceber meu semblante de incompreensão com aqueles restos de uma longa reunião ou de uma pequena farra.

Referia-se ao publicitário Nizan Guanaes e ao cientista político Antônio Lavareda. A dupla já estava contratada pelo PSDB para estruturar a campanha presidencial do partido. Tinham a chancela de Fernando Henrique Cardoso para definir o melhor nome para defender os dois mandatos do presidente social-democrata, o legado da sigla e tentar vencer o pleito. O cearense fitou-me no fundo do olho, evitando rodeios:

— Não vou mais disputar. Não haverá prévias. Serra será o candidato.

— Por quê? Você tem chances amplas — intervi, apelando.

Largar a redação do carro-chefe dos Diários Associados, que fazia água por todos os lados e estava à deriva rumo ao naufrágio financeiro, a fim de pilotar a área de comunicação de uma candidatura presidencial como a de Tasso Jereissati, não soaria como fracasso pessoal nem mesmo em caso de derrota nas urnas.

— Presidência da República é destino. Ninguém se torna presidente da República porque tem uma vontade pessoal muito forte. Ou há uma união em torno de meu nome, e disputo pelo nosso campo como resultado dessa união, ou não entro na guerra — explicou Tasso, dando vazão a seu lado místico, sensitivo. — Não vou incendiar o partido para disputar contra o Serra, e ele fará tudo para ganhar isso. Nizan e Lavareda acham que o nome dele é o melhor, para o momento.

— Não é! — interrompi, uma oitava acima do tom.

— Está decidido. Vou sair para o Senado pelo Ceará. Mas não vou me empenhar pelo Serra. Ele que una a nossa turma. O Lula é muito forte.

— Discordo. Mas ok. Vida que segue — disse.

— Estou muito chateado. Vou jantar com o Fernando Henrique, no Alvorada. De lá, volto para Fortaleza.

Despedimo-nos. A véspera de Natal era dali a menos de uma semana. No dia 25 de dezembro eu iria para o Rio, com Patrícia e meus três filhos. Ficaríamos lá até 6 de janeiro.

No dia 2 de janeiro estava na praia, na altura do Posto 9, em Ipanema, com a minha mulher, os filhos e alguns amigos, quando uma voz típica do Salão Verde do Congresso Nacional chamou-me pelo nome.

— Luís Costa Pinto... você também vem à praia? Achei que só ficasse nos salões Verde e Azul do Congresso Nacional.

Virei-me para saber quem era o dono da voz.

— José Aníbal?! Você por aqui?

Deputado por São Paulo, José Aníbal era o presidente do PSDB. Fôramos quase vizinhos na capital paulista — ele morava na rua Maranhão, a duas quadras de minha casa na avenida Higienópolis. Costumávamos tomar café nas padarias do bairro e conversar sobre a cena brasiliense. Dividimos uma cerveja na areia, mas ele estava indo embora para casa — tinha um apartamento na rua Barão da Torre — e eu ainda ficaria por mais tempo. Convidou-me a ir tomar um café em seu apartamento carioca na tarde seguinte. Aceitei.

Foi uma conversa muito interessante com José Aníbal. Ele integrava o grupo político de Mário Covas no PSDB. Quando o conheci — durante a CPI do PC, em 1992, nem sequer tinha mandato, Covas nos apresentara em seu gabinete do Senado —, José Serra me advertiu: "tome cuidado com Aníbal. Sou adversário dele", disse. Eu me espantei com a gratuidade da advertência. Perguntei a Covas sobre os problemas que os dois tinham entre si. O senador riu. "Infantilidade", decretou.

Naquela tarde carioca, José Aníbal contou-me uma história deliciosa que até então passava ao largo da imprensa. Era um furo, e uma grande fofoca: ele estivera no jantar ao qual Tasso Jereissati fora convidado, no Palácio da Alvorada, logo depois de ter sido convencido a abrir mão da disputa interna no partido para que José Serra fosse lançado candidato à Presidência em 2002 o mais cedo possível. Almir Gabriel, governador do Pará e também integrante do PSDB, estava lá. Aloysio Nunes Ferreira, ministro da Justiça, idem.

— Quase acontece uma tragédia naquele jantar — narrou despretensiosamente.

Fiz um semblante de desinformado. Ele prosseguiu.

— Você conhece o Tasso, né? — perguntou. Sinalizei com a cabeça que sim. E Aníbal: — Tasso é visceral, é sanguíneo, às vezes até colérico. Ele não tinha dormido na véspera. Nizan e Lavareda tinham ido ao hotel dele, de madrugada, pôr o guizo no pescoço do cearense e dizer que o Serra seria o candidato.

— Estive com ele logo depois da saída de Nizan e Lavareda. Estava bastante contrariado.

— Mais que isso. Estava puto. Até porque em 1994 ele podia ter sido o candidato no lugar do Fernando Henrique. Mas nós, de São Paulo, atropelamos. Agora, de novo.

A partir dali, esforçando-se por imitar as vozes dos protagonistas, o presidente do PSDB contou que ele, Tasso, o presidente Fernando Henrique, o senador Antônio Carlos Magalhães e o governador Almir Gabriel bebiam uísque e beliscavam uns nacos de queijo parmesão italiano na noite de 19 de dezembro no Palácio da Alvorada. Os demais consolavam o cearense, que já se dizia conformado com a saída de cena nas prévias peessedebistas.

Entretanto, a chegada do ministro Aloysio Nunes Ferreira à sala de jantar do Alvorada mudou o roteiro do espetáculo. Aloysio era uma espécie de faz-tudo e limpa-trilhos de Serra no partido. De acordo com José Aníbal, ao vislumbrar o ministro da Justiça chegando ao Palácio que funcionava como residência de FHC, Tasso se levantou e interpelou-o:

— Safado. Moleque. Você é um sem-vergonha — teria dito o governador do Ceará para Nunes Ferreira.

O presidente da República interveio, levantou e perguntou o que estava havendo.

— Este safado diz que não toma partido na disputa interna do PSDB, na minha briga com o Serra, mas passa o dia todo no Planalto plantando notinhas em colunas de jornal a favor dele e contra mim — cobrou Tasso.

Dono de um humor mal calibrado, bruto até, Aloysio Nunes Ferreira deixou-se cegar pela raiva, partiu para cima do antagonista e, aos gritos, dizia, segundo José Aníbal:

— Você me respeite! Eu tenho história. Não vou ouvir suas grosserias.

Àquela altura, ACM e Almir Gabriel haviam se levantado para segurar Tasso; o próprio José Aníbal segurara o ministro da Justiça e Fernando Henrique interpôs-se entre os dois pedindo calma. A discussão seguiu acalorada, de acordo com a descrição que me estava sendo feita.

Friamente, fingi apenas me divertir enquanto escutava aquela fofoca sensacional. Ainda tinha mais três dias de férias no Rio, antes de voltar a Brasília e reassumir meu posto no *Correio Braziliense*. Aquela história, uma vez emergindo, poria a nu o estado de espírito e os nervos do núcleo central do partido do governo no começo do processo eleitoral de 2002. Precisava segurar a minha ansiedade para não valorizar a mercadoria e impelir José Aníbal a passar aquilo para outro jornalista. Pedir sigilo aguçaria a tentação da fonte em me trair — afinal, ele descobriria o interesse intenso pela informação e, por instinto, terminaria por dar com a língua nos dentes. Tentei uma linha alternativa.

— Daqui do Rio você vai para onde? Volta para São Paulo?

— Paris. Vamos amanhã, logo cedo — respondeu o presidente do PSDB.

"Opa!", pensei: "se ele encontrar algum repórter num café em Paris, será só no dia 6 de janeiro. Dia 7 estarei em Brasília. Vou arriscar e fingir normalidade com a história". Prolonguei o papo até umas cinco e meia da tarde. Saí dali e encontrei Patrícia e os meninos na Pedra do Arpoador. Tínhamos nos programado para aplaudir o pôr do sol.

Tão logo voltei para Brasília, pedi uma conversa com o ministro da Justiça, Aloysio Nunes Ferreira. Sempre nos déramos bem. Excelente conhecedor de vinhos, tornara-se *connaisseur* em Paris, onde se exilou durante a ditadura militar (ele integrou o PCB e foi motorista de Carlos Marighella durante ações da resistência de esquerda no país) e ótimo *chef* de cozinha. Não foram poucas as vezes em que jantamos no apartamento funcional dele, quando era deputado. Marcou de imediato, para o dia 7 mesmo.

— Você brigou com Tasso, ministro? — provoquei ao entrar no gabinete do Ministério da Justiça. Antes mesmo de sentar no sofá de couro vermelho do mobiliário imperial do prédio.

— Já passou. Tasso te contou, é? Já superamos — respondeu, desviando o olhar, com cara de quem não tinha superado nada.

— Só sei a parte dele — blefei, sem dizer que não fora Tasso a fonte da fofoca e apelando para a vaidade dele. Não ia querer sair mal no relato que eu publicasse. — Soube que ele o chamou de safado, moleque e sem-vergonha. E ameaçou bater em você, sendo contido pelo Almir Gabriel.

— Filho da puta! Só contou o lado dele? Ele veio para cima de mim dizendo essas coisas, sim. E que eu ficava plantando notas de jornal. Mas eu que ia acertar um murro na cara dele se o presidente não ficasse entre a gente.

A partir dali, Aloysio Nunes Ferreira me contou a sua versão. A briga sob a ótica dele. Ao fim, pediu:

— Por favor, não publique isso. Será uma vergonha.

— Esqueça, ministro. Vou publicar. Já cheguei aqui sabendo de tudo.

Despedimo-nos. Voltei para a redação do *Correio Braziliense* e liguei para o Palácio do Cambeba, sede do governo cearense nos tempos de Tasso. Não tive dificuldade em ser atendido pelo governador. Usei a mesma estratégia, ao inverso, que usara com o ministro da Justiça.

— E essa briga com o Aloysio, hein, governador? Como foi?

— Por que você está me chamando de "governador"? Sempre chamou de Tasso... foi ele que te contou, né? Deve ter contado só a versão dele. Não publique isso, não. Já passou.

— Não tem jeito. É uma baita história e vou publicar. Se você não me der a sua versão, sai só a dele.

O governador do Ceará então detalhou o ocorrido, com as palavras dele. Juntando as duas partes, mais a fortuna crítica de José Aníbal, tinha o que queria e publicaria no dia seguinte um divertidíssimo relato dos bastidores palacianos. Enquanto fechava a reportagem para o *Correio*, recebi um telefonema de Ana Tavares, secretária de imprensa da Presidência.

— Lulão, vem confusão amanhã? — perguntou ela, com o carinho profissional que tínhamos um pelo outro. — Só me responda "sim", ou "não", para eu me preparar. De preferência, "não".

— Sim.

Rimos os dois, ao mesmo tempo.

— Foi uma briga feia, mesmo. Um escândalo. Paciência, é notícia — encerrou Ana.

Nos oito anos em que ocupou a Secretaria de Imprensa do Palácio do Planalto, Ana Tavares jamais impediu uma verdade de subir à superfície, por mais incômoda que fosse ao chefe por quem tinha lealdade e admiração.

Em seu *Diários da Presidência, vol. 4, 2001-2002*, o ex-presidente Fernando Henrique Cardoso relata a confusão que a publicação da briga palaciana causou dentro do governo:

> ... *E o Lúcio Alcântara* [então senador pelo PSDB do Ceará], *ao que tudo indica, foi quem passou as informações sobre o encontro infeliz que houve aqui com o Tasso, o Aloysio e nós todos. Teria que ser alguém que ouviu do Tasso, e ligado a ele, porque no jornal só saíram frases do Tasso. O jornal diz que nós dois ficamos calados, e*

é mentira, não ficamos calados. Saiu uma versão ipsis litteris *do que ele deve ter conversado e o Lúcio passou para o repórter Luís Costa Pinto.*

O Serra me telefonou aflito com tudo, falou com o Luís Costa Pinto, de quem é amigo, e foi grosseiro. O jornalista teria confirmado que veio do Tasso, mas duvido que o Costa Pinto tenha dito isso, deve ter dado a entender, acho mais provável que o informante tenha sido o Lúcio Alcântara mesmo, que foi a informação que recebi do Bob [o publicitário Bob Vieira da Costa], *o Secretário de Comunicação. Nem sei se com o conhecimento do Tasso, mas as coisas são assim, são terceiros que passam adiante.*

Lúcio Alcântara, que também era minha fonte, pai de Daniela, uma das melhores amigas de infância de minha mulher, Patrícia, não tinha rigorosamente nada a ver com a história. Mas, para acomodar a versão oficial, passou a ter no relato dado ao presidente da República. No fim de julho de 2021, depois de ler a versão aos fatos que Fernando Henrique dera em seus diários dos tempos da Presidência, Lúcio Alcântara me ligou.

— Alguma vez falamos desse assunto? Eu fui a sua fonte? Já não lembro...

— Nunca, Lúcio. Você nunca foi a minha fonte. Foi o José Aníbal.

— Pois então complete a história, já que o Fernando Henrique preferiu a versão melhor para ele: aquela briga abalou muito o Tasso. Enquanto ele estava no Palácio da Alvorada, eu, a secretária dele e o Assis Machado, que era secretário da Casa Civil do Ceará, esperamos horas a fio num dos hangares do aeroporto de Brasília. Voltaríamos de jatinho, todos juntos, para Fortaleza. Tasso chegou muito abalado, devastado mesmo, e foi levado até lá pelo Antônio Carlos Magalhães. No voo, ele contou toda a história como você publicou. Uns dias depois, ele teve um enfarte. Foi grave. Teve de ir a Boston, nos Estados Unidos, para cuidar da saúde. Aí eu mesmo fui a Brasília ver de que forma o presidente Fernando Henrique podia ajudar a costurar de novo as relações no PSDB. Fui recebido pelo Fernando Henrique no mesmo Alvorada. O presidente nem sabia que o Tasso tinha enfartado. Ficou muito preocupado, tentou contornar a situação, mas não conseguiu: nós, do PSDB do Ceará, não apoiaríamos o Serra.

> *Aquela foi a derradeira grande história que eu publiquei no* Correio Braziliense. *A crise financeira da empresa se agravara. Precisávamos fazer alguns cortes na redação. O projeto de independência editorial de Ricardo Noblat se esvaía. Parte da culpa da ruína financeira da publicação era a cabeça dura do diretor de redação, que insistia em sua cruzada pessoal contra o governador Joaquim Roriz e não soube desmontar o boicote empresarial montado contra a publicação dos Diários Associados.*

* * *

Em abril de 2002 a Polícia Federal deflagrou uma operação ruidosa no Maranhão, estado governado por Roseana Sarney, filha do ex-presidente José Sarney. Filiada ao PFL, partido da base do governo de Fernando Henrique, Roseana era pré-candidata à Presidência da República e obtinha índices de intenções de voto superiores às de Serra no confronto das pesquisas pré-eleitorais contra o petista Lula. Mulher e nordestina, Roseana tinha atributos que superavam os do então ministro da Saúde que pretendia suceder o presidente. Apelidada de Operação Lunus, porque o alvo central era a consultoria Lunus Participações, que tinha como sócio o economista Jorge Murad, marido de Roseana, a ação dos policiais federais apreendeu R$ 1,34 milhão em espécie na sede da empresa. Fartamente exibidas nos telejornais das TVs abertas, as imagens do dinheiro atribuído à pré-campanha ilegal de Roseana fizeram-na derreter politicamente. José Sarney estava convencido de que a operação fora desencadeada por ordens cruzadas do Palácio do Planalto e do Ministério da Saúde. Levaria uma década para perdoar Fernando Henrique e Serra.

No *Correio Braziliense*, decidimos adotar uma linha crítica à Operação Lunus. Não tínhamos provas, mas, sim, convicções, de se tratar de uma vendeta palaciana. Embora fosse ignorada pela maioria dos grandes jornais nacionais, a postura do jornal irritou os procuradores da República. Como a ação dizia respeito a uma candidata de centro-direita malquista pelo governo, o procurador Luiz Francisco de Souza achou por bem imiscuir-se no Caso Lunus e usar-nos para tal. O objetivo era lavar seu prontuário dentro da instituição, usando o prestígio do posicionamento da maior publicação da capital. O procurador combinou com um repórter a publicação de determinada informação que não encontrava respaldo em fatos reais. Uma vez publicada, a notícia falsa seria o gatilho para outra operação. De acordo com o estratagema, as provas perseguidas pelos procuradores envolvidos na ação viriam "*a posteriori*". Identifiquei a técnica do balão de ensaio e derrubei o texto no jornal do dia seguinte. Sob protestos, o repórter foi embora. Por volta de onze e meia da noite, estava só na redação e um ramal da editoria de Política começou a tocar insistentemente. Tendo sido transferida automaticamente para todos os ramais da Política, sem ser atendida, a ligação ficou pulando de editorias no salão de baias vazias. Irritado, puxei-a.

— Alô, pois não? — disse, sem deixar de assinalar que estava enfezado.

— Boa noite, quem fala?

— Luís Costa Pinto.

— Ô, Costa Pinto, aqui é o Luiz Francisco, procurador. Tudo bem?

— Tudo, procurador. Diga.

— Você sabe se vai sair uma matéria, amanhã, dizendo que... — interrompi-o, pois sabia do que se tratava. Era justamente o texto que eu barrara.

— Não vai sair, procurador.

— Mas por quê? Estamos até agora, aqui na PGR, trabalhando no texto das ações que virão decorrentes dessa publicação...

— É por isso que não vai sair, procurador: porque vocês não têm uma investigação. Têm um balão de ensaio e vão usar o jornal para lançar iscas. É por isso...

— Boa noite. Passar bem.

Desligou. Procuradores do Ministério Público Federal começavam a achar que eram deuses e indutores do processo político. A partir dali, tudo só pioraria no futuro.

* * *

Em nossas conversas madrugada adentro, ora em restaurantes, ora na redação do *Correio*, eu disse a Mário Rosa que a situação financeira do jornal estava se complicando. Havia risco de parte dos salários serem suspensos. Eu patrocinara a mudança de Patrícia de volta a Brasília, a contragosto, e tinha três filhos. Estar à deriva num navio belíssimo, mas de casco frágil, fazia-me perder o sono. Em meados de maio, Mário Rosa me ligou, sondando:

— Você faria uma campanha política?

— Depende — respondi. — Depende menos de quem é o candidato, e mais de como serei pago.

— Um candidato do PSDB, a governador.

— De onde?

— Sergipe. Albano Franco, o governador, vai pagar tudo. Recebimento certo — respondeu.

Eu conhecia muito bem Albano. Além de político, era empresário. Sócio de fábricas da Coca-Cola no Nordeste, inclusive no Recife, e dono de uma engarrafadora de água mineral em Garanhuns (PE), fora presidente da Confederação Nacional da Indústria.

— Topo conversar. Quem é o marqueteiro?

— João Santana.

Depois de abandonar as redações, tendo chefiado a revista *IstoÉ* em Brasília durante a CPI do PC e desempenhado papel-chave no comando da sucursal quando os repórteres Augusto Fonseca e Mino Pedrosa revelaram o motorista Eriberto França ao país, o habilidoso Santana abraçara o mundo do marketing político como sócio do publicitário Duda Mendonça.

— Mas João Santana não está com o Duda? E eles não vão fazer a campanha do Lula? — estranhei e perguntei a Rosa.

— Além do que, Mário, cheque com o João se ele tem algo contra mim. Tive um episódio complicado na casa dele, durante a CPI do PC, em 1992...

— Lulinha, isso faz uma década. Uma década.

— João é rancoroso?

— Não.

— Então topo conversar.

— Ok, vou dizer a ele. Mas, uma vez no barco, não pode voltar atrás. João vai pagar tudo, é compromisso dele. Só que você deve ir a Aracaju, ser apresentado formalmente ao Albano, o governador que é o dono da campanha. A partir daí, não pode ter volta. Compromisso feito?

— Feito.

Mário Rosa fez o meio do campo. Eu e João Santana nos falamos por telefone algumas vezes, tomamos um café no *lobby* de um hotel em Brasília, acertamos as bases financeiras e falamos de nossas divergências no caso PC. Jogo zerado, aceitei a oferta e ele me assegurou que pagaria todo o valor combinado — o montante acertado equivalia a um ano de salário como editor-executivo do *Correio Braziliense*, para trabalhar quatro meses. Ficamos de nos encontrar em Sergipe dali a alguns dias.

— A partir de agora não dê para trás. Isso trará imenso prejuízo de credibilidade para mim perante o cliente.

— Não darei.

Desembarquei em Aracaju numa manhã de quarta-feira — pedira folga a Noblat e ele me dera. O conforto financeiro do diretor de redação do *Correio* era um lastro formado em campanhas políticas que ele fez em Angola no início dos anos 1990, servindo ao ditador-presidente José Eduardo dos Santos. Eu fora sincero ao dizer que estava preocupado com o naufrágio do jornal. Isso amoleceu-o. Fui direto para o hotel combinado na capital sergipana. Lá, João Santana e a esposa, Mônica Moura, já me esperavam para irmos ao Palácio do Governo. Revi Albano e ele ratificou a informação que eu dera: conhecêramo-nos quando eu ainda morava no Recife. Albano Franco era um dos melhores amigos de João Carlos Paes

Mendonça, empresário sergipano radicado em Pernambuco e dono da rede de supermercados Bompreço e do *Jornal do Commercio,* no qual eu estagiara. Em alguns eventos empresariais e jornalísticos recifenses, conhecera Albano.

— Vocês avisaram ao Costa Pinto que a campanha tem um teto, não avisaram? — questionou o governador.

— O quê? Não fui avisado de nada — respondi, voltando-me para Santana.

Olhando para baixo, o futuramente vitorioso construtor de campanhas políticas marcantes João Santana não teve coragem de me encarar.

— Não avisamos, governador.

— Do que se trata? — quis saber.

— Nosso objetivo, inclusive o do governador Albano, é eleger o José Eduardo Dutra, do PT, para o governo. Ele vai bancar o Francisco Rollemberg, de um partideco, o PTN, apoiado pelo PSDB, mas, para não atrapalhar o Dutra, o Rollemberg não pode ir além dos 10% dos votos. A meta é não deixar João Alves, do PFL, vencer. Alves é o inimigo de todos nós, juntos.

Ouvi calado. De saída, não me agradava ser laranja de campanha. Mas não contestei nada na hora. Apenas me calei. Emudeci. Despedime formalmente de Albano Franco e retornamos ao hotel. Enchi João Santana e Mônica Moura de perguntas. Eles perceberam que o elã havia se gaseificado em mim. Peguei o longo voo de volta para Brasília, com conexão em Maceió. Cheguei de madrugada. Na manhã seguinte liguei para Santana.

— João, estou fora. Não vou fazer uma campanha para perder.

— Está maluco? Tudo o que eu adverti foi: se embarcarmos para Aracaju, não tem volta. Como vou dizer ao governador que você está fora? Ele gostou de ter você lá.

— João, não vou fazer a primeira campanha de minha vida lá nos cafundós de Aracaju, onde sumirei do mercado, sairei de redações, para perder uma eleição sem nem sequer brigar por ela. Não sei se você me pagará o combinado e tenho uma família para criar. Se for sair do jornalismo para entrar na consultoria, como fez o Mário, não será por essa campanha.

— Até logo.

Fingindo naturalidade, mas irado, João Santana desligou sem dar resposta. Depois, mandou recados por Ricardo Noblat e por Mário Rosa dizendo-se profundamente decepcionado. Pedi que respondessem dizendo que eu era um conservador na vida privada, embora fosse uma alma ostensivamente de esquerda.

O *Correio Braziliense* iniciou o mês de junho de 2002 em situação de insolvência. Não conseguia rolar uma dívida adquirida junto ao BRB, o Banco Regional de Brasília, porque Joaquim Roriz ordenava a imposição de dificuldades ao processo. Paulo Cabral, presidente do jornal e do condomínio dos Diários Associados, mandou que eu fosse à sua sala. Ao chegar lá, encontrei Noblat.

— Meu filho — iniciou doutor Paulo, paternal. Cearense, ele fora prefeito de Fortaleza quando Getúlio Vargas era presidente, em 1952. — O Ricardo Noblat, aqui, me diz que você se dá muito bem com o Tasso Jereissati. É verdade?

— É, sim, doutor Paulo — respondi, procurando pescar o nexo da conversa.

— Ele vai se eleger senador, claro. Estou certo?

— Está. Os eleitores do Ceará saberão fazer dele senador.

— Pois bem, meu filho: o Tasso vai chegar em Brasília para cumprir o primeiro mandato como senador, empresário jovem ainda e bem-sucedido. Ser dono de um jornal como o *Correio Braziliense* será ideal para o projeto político dele, que deve ser maior que o Senado.

— Lula, o que o doutor Paulo está dizendo é: ofereça o *Correio Braziliense* ao Tasso. Ele pode nos salvar. Pode injetar capital aqui dentro.

— Vocês querem que eu vá a Fortaleza e ofereça ao Tasso o controle do jornal?

— Isso. Diga a ele que você tem a minha delegação — respondeu Paulo Cabral.

Não teria dificuldades para empreender a primeira parte da missão — oferecer o *Correio* ao governador do Ceará, um dos homens mais ricos do Nordeste. A segunda parte era um mistério para mim: o que ele responderia e, sobretudo, como responderia?

Marquei de almoçar com Tasso Jereissati na casa dele, uma mansão erguida entre as dunas da capital cearense, dali a dois dias.

Desci em Fortaleza antes do meio-dia e fui direto para a casa de Jereissati. Ele já havia deixado o governo do estado, renunciando para o vice, e estava dedicado à campanha ao Senado. Como era cedo, fui recepcionado na varanda do casarão das Dunas. Antes de ser recebido, brinquei um pouco com dois huskies siberianos da família. Tinham os olhos azuis da cor dos olhos do político e empresário cearense. Nunca perguntei isso a ele, mas não tive dúvida de que a opção por aquela raça se dera em razão da similitude ocular. Dei poucos rodeios em torno do objetivo de minha viagem até ali. Deixei claro que falava em nome de Paulo Cabral, presidente do Condomínio Associado, e falei da oferta do jornal. Entre outras empresas, Tasso era dono da retransmissora Bandeirantes na capital do estado e do SBT na cidade de Sobral. Ele ouviu passivamente a minha oferta. No fim, sorriu e pediu para falar.

— Então o Paulo Cabral me oferece o *Correio Braziliense* e as rádios de Brasília?

— Sim.

— Nenhuma TV? A TV Brasília, dele, lá; ou a TV deles em Belo Horizonte ou Recife, não?

— Não. O jornal. O *Correio*.

— Lula, eu jamais teria um jornal. Sabe por quê? Porque não dá dinheiro. Dá prejuízo. Sou empresário. Sei, mais ou menos, como se lucra e como se quebra. Jornal quebra. TV empata, ou dá lucro — respondeu, também na lata. E passou a contar uma história deliciosa: — Sabe o que Assis Chateaubriand dizia dos Diários Associados? Ele era amigo do meu pai. Meu pai foi senador pelo PTB.

Disse que não sabia. Ele prosseguiu:

— Segundo Chateaubriand, o Condomínio era a reunião de mais de uma dezena de empresas que, sozinhas, davam prejuízo. Mas, unidas, davam lucro. Ou seja, era uma impossibilidade empresarial já na época dele. Imagina hoje.

Rimos. Jereissati continuou.

— Diga ao Paulo Cabral que agradeço a oferta, mas não quero jornal de papel. Se ele quiser fazer negócio em uma TV, qualquer TV, ele me avise. Vamos almoçar?

A minha missão acabara ali. Fora um tiro n'água, o *Correio* seguiria mal das pernas, eu permaneceria inseguro em relação aos meus próprios vencimentos. Sentamos à mesa e por mais duas horas e meia falamos de política, de cenários, do que as urnas de 2002 poderiam trazer para o país. Ao final, Tasso pegou as chaves do carro e anunciou que me daria carona até o aeroporto. Voei de volta para Brasília certo de ter consolidado a relação com ele, mas com o pepino "*Correio Braziliense*" na pasta.

Numa segunda-feira de julho, mais para o fim do mês, o ramal telefônico direto de minha mesa tocou no jornal. Era Tasso.

— Lula, o *Correio* segue mal das pernas?

— Segue.

— Você ia fazer a minha campanha se eu tivesse saído à Presidência, não deu certo. Mas você sairia da redação para fazer uma campanha eleitoral? Do Ciro?

Ciro Gomes, cria política de Tasso Jereissati, disputava em 2002 sua segunda eleição presidencial. Em 1998, ficara em terceiro lugar no pleito vencido em primeiro turno por Fernando Henrique Cardoso. Havia sido a primeira reeleição da história brasileira. Naquele momento, com o candidato governista José Serra patinando na largada, Ciro pretendia voos mais altos. Pesquisas internas das campanhas davam conta da possibilidade de vitória dele ante Lula, do PT, em eventual segundo turno, porque catalisaria os votos do PSDB e de parte da direita. Em 1990, fui apresentado a Ciro por Tasso na reta final da campanha em que um sucedia ao outro no governo cearense. Converti Ciro em minha fonte. Porém, não tinha com ele a relação próxima que desenvolvera com Jereissati.

— Não tenho nenhum problema com Ciro, ao contrário. Mas ele paga a campanha? Ou vou ficar largado na estrada?

— Eu pago. Fique tranquilo que a relação financeira será comigo. A sua. A da campanha, não — assegurou-me Tasso.

— Topo, claro. Só tenho de acertar as pontas com ele.

— Vá para Petrolina, lá na sua terra, Pernambuco, sexta-feira. Ele vai conversar com você lá, na casa do Fernando Bezerra Coelho. Vou acertar para que esse encontro ocorra. E você volta para Brasília já no avião dele.

— Ok. Mas quanto?

— Faça seu preço. Ligue-me hoje à noite. Monte uma equipe.

— E o Egídio? Ele não está já na campanha? — referia-me ao jornalista Egídio Serpa, um experiente profissional do Ceará, irmão da secretária particular de Ciro. Serpa acompanhara o político no governo do estado, no Ministério da Fazenda e na primeira campanha presidencial.

— Esquece o Egídio. Ali é relação particular. Precisamos de uma relação profissional de campanha. Ciro está bem, mas será necessário alguém para segurar o ímpeto dele.

— E eu segurarei?

— Vamos ver. Vá para Petrolina. Converse com ele. Ligue-me mais tarde com o custo disso.

Segui as instruções. À noite, alcancei Tasso Jereissati num hotel, antes de um comício, em Sobral. Acertei com ele que trabalharia de agosto a outubro na campanha, *full time*, e receberia o equivalente a um ano e meio do salário bruto no *Correio Braziliense*. Em três parcelas, sendo a última delas paga na véspera do primeiro turno. Se houvesse segundo turno com Ciro, mais 35% do valor. E ainda teria de contratar, via campanha, dois jornalistas, um fotógrafo e uma secretária para trabalharem comigo. Ele topou sem pestanejar. Asseverou que eu devia ir para Petrolina, conversar com Ciro e acertar os detalhes da minha entrada na equipe de campanha com Lúcio Gomes, irmão mais velho do candidato e tesoureiro do clã.

Na sexta-feira daquela mesma semana saí de Brasília para o sertão pernambucano num voo de madrugada. Pousei em Petrolina às seis da manhã; meu encontro com Ciro e Lúcio Gomes, na casa do então deputado Fernando Bezerra Coelho, seria apenas ao meio-dia. Fui para um hotel na avenida Beira Rio, às margens do São Francisco, e cochilei um pouco. Estava ansioso. Cheguei à casa do herdeiro do clã Coelho na hora estipulada. Tive de esperar uma fila de audiências andar para anunciar-me a Ciro. Eram duas da tarde, e ele estava impaciente.

— Fala, intelectual — provocou.

Quando queria demarcar distância entre nós, falava daquele jeito.

— Jornalista não é intelectual. Só os ingênuos se acham intelectuais, como diz Elio Gaspari — respondi, quebrando a birra do outro.

Ele quase sorriu.

— Tasso te mandou, né?

— Mais ou menos. Tasso pediu que eu viesse aqui e acertasse tudo contigo, menos a parte financeira. Já acertei com ele.

— Então, junte-se a nós. Combine com o Egídio a área de cada um.

— Ciro, cadê a estratégia da campanha?

— A estratégia a gente vê no dia a dia. Fala com o Lúcio. O Walfrido Mares Guia, de Minas Gerais, que você tem de conhecer, e o Marcos Coimbra, falam melhor dessa teoria de estratégia. Vamos caminhar nas ruas, voto está na rua. Vem no voo com a gente, fim da tarde, para Brasília, e conversamos melhor. Está dentro?

— Estou.

— Bem-vindo. Agora, deixa a fila andar porque tem um comício no centro, às quatro. De lá vamos para o aeroporto.

Saí da sala que nos fora designada para conversar e Lúcio Gomes veio ao meu encontro.

— O próximo! — anunciou para a fila de políticos sertanejos que queriam dois minutos de conversa com o candidato. Depois, virou-se para mim: — Está dentro?

— Estou.

A partir dali, numa tarde quente de sexta-feira em Petrolina, antes de completar 35 anos, decretava a minha saída das redações tradicionais. Revelou-se efêmero o que parecia eterno. No planejamento que fiz, seria difícil resgatar o empenho e o entusiasmo para voltar a atuar em reportagens depois do mergulho de cabeça que queria dar nas campanhas políticas. Havia riscos, claro. Mas estava dentro. Demoraria a sair. "Preciso ligar para João Santana", pensei. "Vamos cruzar caminhos por aí, e ele vai me cobrar o caso de Sergipe". Tentei ligar para João três vezes. Não fui atendido. Esqueci a cortesia.

* * *

CAPÍTULO 2

REENCARNAÇÕES

— E aí, intelectual, está dentro? — Ciro tinha voz e semblante de poucos amigos ao se dirigir a mim enquanto afivelávamos os cintos de segurança a bordo do bólido de um Learjet 55.

— Se me chamar de "intelectual" de novo vou te chamar de "tucano" ao longo da campanha — respondi.

— Intelectual é elogio — retrucou sorrindo.

— Tucano também — devolvi, surpreendendo-o. — A única filiação partidária que tive na vida foi ao PSDB. Filiei-me em 1988, quando o partido foi criado.

— Dizer que foi do PSDB é autoxingamento. Não quero nem lembrar que um dia passei por essa usina de neoliberais tresloucados.

— Estou dentro.

— De quê? — perguntou de volta o candidato do PPS.

Ele havia perdido o rumo da conversa.

— Da campanha. Acertei com o Lúcio os detalhes financeiros e da equipe — respondi, olhando para o irmão dele, Lúcio Gomes, por sobre o ombro de Ciro.

Executivo da empresa de telefonia Telemar, controlada por Carlos Jereissati, irmão de Tasso, Lúcio havia recebido da corporação o direito de gozar quatro meses de licença com vencimentos a fim de se dedicar integralmente à coordenação da tesouraria da campanha presidencial. Liberar o ponto e manter o salário do irmão do candidato era mais uma forma de o clã Jereissati contribuir com o projeto de

Ciro. Enquanto o jatinho taxiava na pista do aeroporto de Petrolina para decolar para Brasília, eu era apresentado ao pequeno *entourage* do ex-governador do Ceará e ex-ministro da Fazenda.

— Luíza você já conhece. Está comigo desde a Prefeitura de Fortaleza — disse ele, apontado para a secretária que sentara à minha frente. Cunhada do jornalista Egídio Serpa, porta-voz quando ele foi governador e ministro, era também um filtro para quem quisesse chegar diretamente a ele.

— Conheço demais — sorri, piscando simpaticamente na direção dela. Luíza Serpa, em outras encarnações profissionais, ajudara-me a localizar o chefe nos lugares mais improváveis. — Recorrerei sempre a ela.

— Ali, carregando a minha mala, o mala do Valdir — prosseguiu, olhando na direção de Valdir Fernandes, um faz-tudo que acompanha o clã Ferreira Gomes na política desde que todos eram adolescentes, em Sobral, noroeste do Ceará, quando o pai de Ciro fora prefeito da cidade. — Valdir resolve todos os problemas. E, quando não resolve, leva a culpa.

Ouviu-se uma risada generalizada no avião, que já havia decolado.

— É isso mesmo, chefe! — aquiesceu "o mala".

Pousamos em Brasília por volta das dez horas da noite. No dia seguinte, um sábado, fui à casa de Ricardo Noblat na QL 18 do Lago Sul e comuniquei ao diretor do *Correio Braziliense* que deixaria o jornal na segunda-feira.

— Vai ganhar dinheiro e se divertir — previu, dando-me força para seguir o caminho decidido. — Fiz campanhas políticas em Angola, com a Propeg (*uma agência de publicidade fundada em Salvador em meados dos anos 1960*). Diverti-me, não fiquei rico, mas conquistei minha independência e depois voltei para o jornalismo.

No curso da conversa, Noblat me revelou ter regressado para o Brasil com alguns milhões de dólares de liquidez. Entre três e quatro milhões. Eu perguntei quanto, exatamente. E, fazendo-se de desentendido, ele não respondeu. Quis saber ainda: como conseguira repatriar o dinheiro recebido lá fora como pagamento por seu trabalho? Sempre me diziam que aquela era a parte mais difícil de quem navegava pelas águas turvas nas quais me preparava para içar velas.

— Não vou entrar em detalhes. Mas estamos conversando em meio a parte dessa operação — falou com certo ar de galhofa.

Olhei ao redor, precisei de alguns segundos para compreender o rascunho de piada.

— Sua casa?

Dois dias depois, no início da última semana de julho de 2002, abri a reunião de pauta com os editores do jornal anunciando a minha saída da publicação. Sem me dizer, e tirando-me a precedência de dar a notícia a todos, o diretor de redação havia falado com cada um deles na noite de domingo. Evidentemente, agiu para controlar danos decorrentes do revés, arrefecer o impacto da novidade sobre o grupo e mais uma vez deixar claro quem estava no comando. Não dei bola — não tinha tempo a perder. Desconectei o *chip* de redações.

À tarde, num galpão desativado do mesmo Setor de Indústrias Gráficas onde ficava a sede da publicação, faríamos uma reunião com o núcleo central de coordenação da campanha presidencial de Ciro Gomes. Em tese, aquele comitê executivo seria instalado em Brasília. Na prática, iríamos nos dividir entre a produtora e seus estúdios em São Paulo, e Rio de Janeiro. Era na capital fluminense que morava a atriz Patrícia Pillar, mulher do candidato àquela altura. Ela encerrava um bem-sucedido tratamento contra o câncer, aproximara Ciro de diversos núcleos artísticos e intelectuais e exercia sobre ele um poder singular, o de tranquilizá-lo ante as intempéries naturais de cada novo dia.

Cheguei quase uma hora antes do horário marcado para a reunião. Espantei-me com o improviso espartano da mobília reciclada que mal preenchia o galpão. O local devia estar abandonado havia pelo menos dois anos, a julgar pela sujeira acumulada nos vãos que não possuíam ainda destinação definida. O olhar nervoso com o qual escrutinei detalhadamente o ambiente quase soturno não me animou na largada. Rememorei o diálogo com Tasso Jereissati — "sou eu quem vai te pagar. Fique tranquilo. Você receberá tudo o que for acertado" — e procurei me acalmar. Abria as portas que encontrava em busca de alguém, em alguma sala. Na terceira tentativa deparei--me com Lúcio Gomes, o irmão-tesoureiro de Ciro, sentado atrás de uma escrivaninha velha, e quatro homens em torno dele. Até então, não conhecia pessoalmente nenhum deles, exceto Lúcio. Ao me verem, pararam de falar, entreolharam-se, viraram-se em silêncio para aquele que evidentemente comandava a conversa.

— Entra, Lula. Vou te apresentar logo — antecipou-se o irmão do candidato. — Fiquem tranquilos, é gente nossa: Lula Costa Pinto. Falei dele. Junta-se à campanha a partir de agora.

— Já conversamos ao telefone, mas nunca fomos apresentados pessoalmente — disse um dos homens ao mesmo tempo que se levantava e me estendia a mão para um cumprimento. Com a outra mão, segurava um cachimbo. — Prazer, Torquato Jardim. Advogado. Vou cuidar da área jurídica da campanha.

Elegante, blazer azul, calça cáqui, camisa branca e gravata vermelha, Jardim fora ministro do Tribunal Superior Eleitoral e advogara para o Partido da Frente Liberal. Era um dos advogados mais procurados pelos jornalistas quando se fazia necessário compreender os meandros da legislação eleitoral brasileira. Viria a ser ministro da Justiça quase duas décadas depois daquela conversa, num contexto em que estaríamos em lados opostos da luta política (*num volume derradeiro dessa saga política no universo paralelo brasileiro narrarei a passagem*).

— Walfrido dos Mares Guia — antecipou-se Lúcio Gomes, apresentando-me ao senhor mais simpático e sorridente da sala. — Walfrido é mineiro, empresário, professor de Matemática, e é quem cuida de toda a nossa infraestrutura — prosseguiu. A saudação de Mares Guia foi calorosa.

— Sou do PTB também — antecipou-se ele. — Mas quem manda em mim e viabiliza os recursos é o presidente de meu partido, José Carlos Martinez — completou o professor de Matemática, introduzindo o penúltimo personagem na cena.

Martinez, também empresário, dono da Organização Martinez, do Paraná, deputado federal e especulado como um dos prováveis testas de ferro de Paulo César Farias, o ex-tesoureiro de Fernando Collor, presidia o PTB. Não era um homem dado a dirigir muitas palavras a quem não o conhecia. Abaixou a cabeça e solfejou um "olá" pelo canto da boca.

O último ator coadjuvante aproveitou o caco da cena e falou brincalhão:

— Paulinho. Paulinho da Força. Força Sindical. Sou o candidato a vice-presidente, também do PTB. Agora, trate bem o Martinez, porque se o Tasso vai pagar seu contrato, como o Lúcio falou aqui, quem vai pagar suas viagens pelo Brasil todo e seus hotéis é o nosso partido.

Sorri amarelo, creio. Percebi, sem deixar que me notassem, o momento em que Torquato Jardim fez um meneio com a cabeça e se esquivou para pegar um copo d'água. Walfrido dos Mares Guia, um homem de gestos largos, porém refinados, também não gostou e acompanhou o ex-ministro do TSE no rumo do bebedouro.

— Senhores, o Einhart não vem — desconversou Lúcio Gomes, referindo-se ao cunhado e publicitário responsável pela concepção e edição dos programas de rádio e TV, Einhart Jácome da Paz. Casado com a única irmã dos Ferreira Gomes, Lia, era um sujeito afável com quem já cruzara caminhos em outras apurações. — Seremos só nós. Ele teve de ficar na produtora, em São Paulo, porque está entrevistando alguns candidatos a vagas que estão abertas na equipe dele.

Dirigimo-nos a uma mesa de reuniões. Lúcio sentou numa das cabeceiras. José Carlos Martinez na outra. Aguardei até que os demais escolhessem seus lugares e me acomodei numa das cadeiras que sobraram. O tema central era arrecadação e estrutura.

— O que for dito aqui, morre aqui — pontuou o irmão de Ciro. Olhava diretamente para mim.

— Deixei a encarnação de jornalista do outro lado da rua. Desnecessário isso.

O clima pesou um pouco. Torquato, o advogado, dissipou o ar denso e tenso:

— Lula, somos um conjunto. Lúcio, é claro que ele sabe disso. Senhores, vamos aos assuntos práticos.

Era evidente que havia um problema de fluxo de caixa e outro de autoridade política na condução da campanha. Ciro Gomes disputava a Presidência da República pelo PPS — Partido Popular Socialista, sigla que sucedera ao histórico PCB, Partido Comunista Brasileiro, no campo da centro-esquerda. Ali, não havia nenhum representante da legenda ou ex-comunista arrependido. Não trataríamos de teses de Estado ou programa de governo, temas que, aliás, tinham passado ao largo de todas as conversas mantidas por mim nas 72 horas anteriores. Tratava-se tão somente de planificarmos as informações sobre a tesouraria e tornar mais eficientes os métodos de arrecadação.

— O avião que ficará à disposição do Ciro é meu e está garantido — adiantou-se Martinez. — Há uma manutenção programada para ele em setembro, mas o hangar consegue fazer tudo em dois ou três dias com total segurança.

— E o hotel para a equipe no Rio de Janeiro? — perguntou Lúcio.

— Vamos mudar para o Regent, em Copacabana. A turma agora é maior, lá o candidato fica na casa da patroa, e o Regent é pelo menos 35% mais barato — comunicou o presidente do PTB.

— A estrutura em São Paulo é cara. Não podemos usar nada da Força Sindical... — começou a intervir Paulinho, o candidato a vice.

— De jeito nenhum. Nem pense nisso! — atalhou Torquato Jardim. — Se a Força Sindical, como central sindical, aparecer de alguma forma financiando o Ciro, teremos muitos problemas.

— Nunca pensei nisso. Mas temos tecnologia para arrecadar dinheiro com empresários. A gente sabe como faz isso. E estamos ficando de fora dessas conversas — reclamou Paulinho, que no início dos anos 1990 montou a segunda maior central sindical do país para fazer frente à Central Única dos Trabalhadores, CUT, próxima do PT.

Eu e os demais fazíamos um silêncio situado entre o espanto e a indignação com o rumo que conversa ia tomando. Particularmente, estava um pouco excitado com um primeiro momento de *realpolitik* de campanha passando à minha frente.

— Walfrido, gostaria que houvesse um representante nosso em todas as conversas de arrecadação — pediu o candidato a vice-presidente da chapa.

— "Nosso" quem? A que, especificamente, você se refere? — perguntou Walfrido dos Mares Guia, o mais calejado ali para aquele tipo de conversa.

Dono da rede de colégios Pitágoras, que uma década depois iria se tornar o maior conglomerado de Educação do mundo ao incorporar o Grupo Króton, e de laboratórios de biotecnologia de ponta, o empresário mineiro sabia que em diálogos como aquele nada poderia ficar subentendido. Tudo precisava ser explícito. Afinal, no futuro, alguém poderia contar a história daquela reunião e se fazia necessário conceder autoria às vozes.

— Nosso, da Força Sindical. Nós sabemos o que esses empresários querem escutar. Fazemos um 1º de Maio que é um sucesso, todo ano, em São Paulo, com sorteios imensos. Temos o *know-how* de pôr essa roda para girar — respondeu sem pestanejar ou corar o sindicalista Paulo Pereira da Silva. Era um dublê de político.

Recuperando-se do susto que o paralisou por ao menos cinco segundos, tempo no qual ficamos todos calados, Lúcio Gomes interveio.

— Paulinho, falamos disso nós dois. A sós. Depois da reunião.

A partir dali passamos a discutir pontualmente alguns assuntos inerentes à campanha, a expor determinadas carências em setores específicos, e aproveitei para abrir janelas de relacionamento com os dois personagens que mais me interessavam naquele grupo: Walfrido, de quem fiquei mais próximo, e Torquato, por quem desenvolvi respeito profissional.

Quando decretou encerrada a reunião e antes de convocar Paulinho da Força para um *tête-à-tête*, Lúcio me chamou a um canto.

— O Tasso já mandou a primeira tranche. Vou te passar os dados para você emitir a nota fiscal contra o comitê central da campanha.

Surpreendi-me com a pontualidade obsessiva de meu guardião cearense. O combinado era que receberia um terço do valor no início do contrato — de fato, em torno daquele primeiro dia. Mas jamais imaginei que seria exatamente no primeiro dia. O segundo pagamento seria feito até o feriado de 7 de setembro, e o último, uma semana antes do primeiro turno, que ocorreria no primeiro domingo de outubro.

— Emita a nota fiscal com os dados que vou te entregar, dê-me a nota pessoalmente e o pagamento estará em sua conta amanhã. Depois, por favor, telefone para o governador e diga a ele que tudo ocorreu conforme o combinado. Esse retorno é importante para mim.

Estava claro que teria poucas preocupações em torno das minhas finanças pessoais, embora a campanha passasse por dificuldades desde o início.

Dois dias se passaram até que eu desembarcasse em São Paulo, instalasse acampamento num hotel na região dos Jardins, próximo ao Colégio Dante Alighieri (era possível ouvir o ruído das crianças nos corredores, no intervalo das aulas. E também sofria com o trânsito maçante agravado com o embarque e desembarque de alunos no início e fim dos turnos de aulas) e me apresentasse na produtora de Einhart Jácome da Paz para sentar praça no campo de batalha.

O publicitário havia se casado com Lia Ferreira Gomes depois de ter feito a campanha de Ciro ao governo do Ceará, em 1990. Foi quando conheci toda a família. Era também o meu primeiro ano como jornalista profissional, trabalhando na revista *Veja*, como chefe da sucursal do Recife. Tinha quase todo o Nordeste sob a minha responsabilidade e jurisdição. Divertido, bom papo numa mesa de bar, Einhart manteve-se próximo do PSDB cearense, liderado por Tasso, até o ano 2000. Nas eleições municipais daquele ano, devido a divergências pecuniárias, afastaram-se. Naquele momento, nem sequer se falavam. Durante as tratativas para entrar na campanha, recebi instruções específicas para mediar as relações entre eles.

Quando cheguei à produtora de vídeos que se tornaria a partir dali o lugar em que passaria mais tempo nos dois meses seguintes, havia uma ordem expressa de silêncio.

— O candidato está gravando — avisou-me uma produtora. — E a vedação aqui não é boa, o som vaza para dentro — completou.

Acenei com a cabeça, dando a entender que compreendera, e perguntei por Egídio Serpa, o porta-voz de Ciro desde os tempos do governo do Ceará.

— Ah, então você é o Lula? Ele disse que você viria. Pediu para esperá-lo. Ele ficará lá dentro até o fim da gravação. Já ouvi falar de você. Prazer, Bárbara Maranhão.

— Bárbara Maranhão? Você é do Recife?

O sotaque docemente cantado deixava pouca margem de dúvida.

— Sim. Acho que que temos amigos comuns.

— Provavelmente. E se teu sobrenome Maranhão é pernambucano...

— É.

— Somos parentes. Terceiro ou quarto grau, sei lá. Minha avó materna é Maranhão.

Ela tinha uma pele extremamente branca e um tom de preto profundo no cabelo liso. Se não vestisse uma roupa meio hippie e se acaso não falasse sorrindo, no agosto paulistano ainda frio, passaria por uma jovem das tribos góticas que povoavam alguns locais do centro da cidade. Era bonita.

— Acho que fomos apresentadas pelo Raul Henry, num jantar. Eu namorei ele — prosseguiu a jovem, tentando estabelecer onde fôramos apresentados.

Raul Henry era um jovem político pernambucano que iniciava a carreira àquela altura alavancado por Jarbas Vasconcelos, ex-prefeito do Recife e ex-governador do estado.

— Lembro. Foi sim. No Fundo do Poço — confirmei a lembrança: tínhamos sido apresentados no meio de alguma confraternização em um bar tradicional da capital de Pernambuco.

— Isso. Vou te levar à sala do Egídio, que será também a sua.

Conduzido por ela, fui apresentado ao espaço de dez metros quadrados em que treinaria pelas semanas seguintes a difícil arte de deprimir a autoestima exacerbada. A supervalorização do ego é uma marca (ou diferencial competitivo) de quem nasce no Recife. Entretanto, encontrava-me em meio a uma matilha de ególatras sobralenses. E eles são páreo duro numa Olimpíada de Egolatria. Ter o ego inflado não é uma característica comum a todos os cearenses. Porém, é um traço que parece marcar o DNA da maioria das pessoas nascidas na cidade de Sobral, noroeste do estado. Os

Ferreira Gomes nasceram lá e conservam o comando político local desde meados dos anos 1980.

Decidi explorar a área e fazer um reconhecimento de todo o prédio, um casarão cinquentenário espremido por prédios baixos e sobrados numa rua do coração do bairro do Bom Retiro. Passava pela porta do estúdio quando ela se abriu. O primeiro que vi foi Einhart, que veio ao meu encontro simpático e afetuoso.

— Está aqui há muito tempo?

— Umas duas horas. Já conheci tudo.

— Você fica lá na sala com o Egídio.

Ciro e Patrícia Pillar vinham atrás e me cumprimentaram também. Neutros.

— Egídio é todo seu. Entenda-se com ele — disse-me Ciro, piscando o olho, sorrindo marotamente.

Li como um sinal de que teria problema.

— Luís Costa Pinto — era a voz de Egídio Serpa, cumprimentando-me. Ele se postara em posição de continência, levando a mão direita à testa como se fosse um militar e juntando os pés com uma forte batida de calcanhares. — Sabia que você vinha. Vamos almoçar nós dois?

— Vamos.

Nem subimos à sala que era dele e que dividiríamos. Seguimos para um restaurante de comida caseira que ficava na esquina da rua onde estávamos.

— Para todos os efeitos, a divisão mais simples será assim: eu falo pelo Ciro Gomes; você, pela campanha — alertou-me Egídio, já delimitando o que ele achava serem espaços razoáveis na campanha presidencial. — Eu sou o Ciro, a voz do Ciro é minha. Se eu declarar alguma coisa aos jornais, se eu responder alguma coisa a um colunista, será como se o Ciro respondesse. Eu estou consolidando o programa de governo dele junto com os técnicos. Você cuida das demandas das gravações, de tudo o que o Einhart precisar, das agendas de eventos.

Confirmei, daquela maneira, que teríamos problemas se eu não aceitasse a tal delimitação territorial expressa ali, mesmo que a prática e a rotina a alterassem.

— Ok, topo. Agora... Egídio Serpa! Você é uns vinte anos mais experiente do que eu. Vim parar nessa campanha atendendo a um pedido de nosso amigo e fonte comum, Tasso Jereissati. Não me foda. Não me foda e eu não te foderei.

— Que conversa é essa? Eu sou da paz. Até aqui a gente sempre se deu bem. Agora, eu conheço o Ciro desde quando ele usava cueiros lá em Sobral. Já ouviu essa expressão? "Metido em cueiros"?

— Já — respondi.

Mentia.

Ao sair dali, procurei um dicionário para ver o que significava a expressão "cueiros". O *Grande Dicionário Houaiss* informou que era um pano leve e macio usado para envolver as partes pudicas dos bebês. E a expressão "metido em cueiros" era quase como dizer "usava fraldas".

— Pois bem: deixe os assuntos e as agendas pessoais de Ciro e Patrícia Pillar comigo. Cuida da campanha. E estamos entendidos.

Cedi. Não precisava de nada além daquilo. De fato, eu não tinha como disputar com ele a relação pessoal do casal — nem passava por minha cabeça fazê-lo.

Os ciúmes profissionais de Egídio Serpa para comigo só voltariam a se manifestar na campanha presidencial de 2002 uma única vez. Contarei mais adiante.

Ao longo dos primeiros dias, desde que me instalara no núcleo central da máquina de campanha do presidenciável do PPS, ia mergulhando mais fundo no terreno pantanoso das relações pessoais com Ciro. Tomava o café da manhã e jantava com ele. Sempre, claro, cercado por um ou outro circunstante à mesa. A exceção a essa rotina era quando íamos para o Rio, pois ele ficava na casa de Patrícia Pillar. Dono de um mau humor proverbial nas primeiras horas do dia, o candidato detestava receber más notícias ou informações de reveses de campanha na análise do noticiário diário que tínhamos de fazer. Percebi isso na largada de nossa breve e intensa convivência. Passei a deixar que Egídio iniciasse sempre o balanço matinal. Até que, em um dia de noticiário especialmente cheio de textos e análises contrárias, Ciro explodiu.

— Lá vem você, Egídio! É o arauto da má notícia! Todos os dias, levanto bem-humorado, estou certo de que estamos no rumo, e aí vem sua boca matraqueando revés, um atrás do outro... parece que tem prazer em ler essas porcarias!

Quem estava próximo ficou calado. O experiente jornalista cearense parecia desmontar diante de nós.

— Que é isso, chefe... — balbuciou em meio a uma tentativa de sorriso.

— Chefe nada. Vamos parar com isso. Não quero mais esses retornos. Só quando eu perguntar. Vocês fazem as avaliações entre vocês. Não me venham mais torrar a paciência e tirar o meu bom humor de manhã cedo.

No dia anterior, durante um debate com estudantes no *campus* da Universidade de Brasília, Ciro se recusara a passar o microfone para um estudante negro, Rafael Santos.

— Não dá o microfone para ele — determinou o candidato a um dos mediadores do "Fórum UnB". — Ninguém falou no microfone. Só por que ele é um negro lindo vai falar no microfone? Isso é demagogia, isso é o que discrimina o negro. Só porque é negro, fica com peninha e dá o microfone? — completou.

Um desastre evidente, devidamente registrado por todos os jornalistas que cobriam o evento.

— Ele é direita! Direita disfarçada! — retrucou o estudante.

Era o relato e avaliações sobre as consequências daquele relato que a imprensa trazia. E que Egídio Serpa lera.

Pesquisas internas da campanha executadas pela empresa Vox Populi demonstravam razoável folga de Ciro na vice-liderança da corrida pré-eleitoral. Abríramos, na primeira semana de agosto, mais de dez pontos de frente para José Serra, que vinha em terceiro lugar, e quinze pontos para Anthony Garotinho, o ex-governador do Rio de Janeiro que concorria pelo PSB. Mas estava evidente que algo acontecia além do que era possível capturar naquela explosão.

Os programas de rádio e TV, que reputávamos serem capazes de catapultar em definitivo a candidatura do PPS, começariam dali a uma semana. Havia entre nós plena segurança da linha definida para o início da campanha: construção da imagem de Ciro como um jovem político de 44 anos com uma surpreendentemente vasta experiência política e administrativa — até ali, havia sido já deputado estadual, prefeito de Fortaleza, governador do Ceará e ministro da Fazenda — com sensibilidade social sedimentada no seu olhar para as carências sociais e disposição para ouvir todos os lados a fim de trabalhar em sistema de coalizões.

Depois do entrevero desagradável com Egídio, deixamos o hotel e fomos gravar cenas para a TV na periferia da cidade. Tasso me ligou quando eu estava dentro do carro, dividindo o banco de trás com Ciro e Patrícia Pillar. Conferiu se eu poderia falar com liberdade. Disse que não. Pediu, então, que eu não desse a entender que era ele ao telefone e que ligasse de volta o mais breve possível.

— Marilu me localiza onde eu estiver. Você tem o celular dela? — instruiu-me, certificando-se que eu possuía os contatos da secretária Marilu Távora.

Confirmei que ligaria.

— Quem era? Algum repórter querendo saber nosso roteiro? — perguntou Ciro tão logo desliguei o telefone celular.

— Não, outro assunto. Coisa da produtora — desconversei.

Retornei a ligação para Tasso quando, enfim, chegamos ao *set* de filmagem montado em São Caetano do Sul com a ajuda de uma brigada da Força Sindical. Cumprindo agenda no interior do Ceará, pois tentava se eleger numa das vagas para o Senado, Jereissati mantinha a rotina de conversar longamente com seus interlocutores na cena nacional. Dando poucos rodeios, ele foi direto ao ponto:

— Você acompanhou a última viagem de nosso amigo à Bahia?

— Não.

— Por quê?

— Porque estava em Brasília. Tive de ficar lá. Que houve?

— O que houve, exatamente, não sei. Mas ele fez alguma besteira lá. Besteira grande. E foi gravado. Isso vai estourar no primeiro programa de TV de Serra. Não me contaram o que era. Diga isso ao Einhart. Eu não falo com o Einhart, mas você pode dizer que eu avisei a você. Temos de criar uma vacina contra esse ataque.

— Difícil criar vacina se não sabemos o que vem — ressaltei.

— Claro. O ideal é saber. Você tem espiões do lado de lá?

— Não. Vou tentar ver o que é possível fazer.

De volta à produtora, no início daquela noite, contei o que sabia ao publicitário que comandava o marketing do cunhado. Dizendo ser uma advertência sem relevância, Ciro desdenhou dela. Assegurou não ter feito nada errado.

— Numa entrevista à Rádio Metrópoles, do Mário Kertész, fui enfático com um ouvinte, só isso — garantiu. — Tudo dentro do jogo.

O aviso de Tasso fora em vão. Tocamos a agenda e o planejamento traçados, por teimosia e arrogância. Bailaríamos na curva.

No dia 17 de agosto, o instituto DataFolha divulgou uma pesquisa de intenções de voto que foi recebida por nós, no comitê do PPS, a brindes de champanhe: Lula, do PT, tinha 38% das intenções de voto. Ciro, 27%. José Serra e Garotinho surgiam embolados e enrolados com 13% e 12%, respectivamente. Era o último levantamento antes do início da propaganda no rádio e na TV, o chamado "horário eleitoral obrigatório".

Voamos para Fortaleza, base eleitoral de Ciro, porque ele faria um grande comício no Conjunto Ceará, um imenso bairro popular da capital do estado, para marcar o início das propagandas políticas no rádio e na TV. A aposta era alta na eficácia da estratégia traçada. Quando os programas eleitorais foram ao ar, estávamos em cima do palanque. Pouco depois de nove horas da noite, quando conferi meu celular, havia mais de uma dezena de chamadas do telefone da secretária de Tasso. Ele não fora conosco ao evento, pois concorria pelo PSDB e não dava apoio público e explícito à sua cria política. Retornei.

— Doutor Tasso quer que você venha para cá agora — avisou Marilu, a secretária, antes mesmo de passar a ligação ao chefe dela.

— O que houve?

— Ele vai lhe dizer.

Sempre direto, o ex-governador quis saber se eu assistira aos programas políticos daquela noite. Disse que não, que veria as gravações.

— Venha ao meu escritório. Tenho gravado. Será um problema. Se puder, traga o Ciro.

Sem conseguir tirar o candidato a presidente de cima do palanque, fui sozinho. Antes de falar qualquer coisa, Tasso pôs a gravação do programa de José Serra para rodar num aparelho de videocassete. Utilizando dois minutos do final de seu tempo, lançando mão do recurso que nós chamamos nas campanhas de "ataque anônimo", mudando a caracterização das letras, a estética dos filmes e até o narrador, a fim de confundir os leigos e parecer que campanha negativa não era parte da estratégia do adversário que pretendia herdar o apoio do detratado, o PSDB levou ao ar a gravação com trechos de áudio e vídeo do momento mais acalorado da entrevista de Ciro Gomes à Rádio Metrópoles de Salvador. Tendo Antônio Carlos Magalhães a seu lado, no filminho de ataque, o presidenciável do PPS parecia descontrolado ao responder a um ouvinte. Entrevistado antes, ACM fora duramente atacado no programa.

Outro ouvinte entrou no ar e disse que Ciro andava em péssimas companhias na Bahia. "Ouvindo suas respostas, parece que você não conhece o Brasil", continuou o ouvinte. "Parece que quer presidir a Suíça." O cearense ficou espoleta e perdeu o controle. Olhando para Antônio Carlos, que aquiescia com a cabeça, e sem segurar um riso irônico, respondeu com grosseria: "A Suíça não tem presidente, mas primeiro-ministro. São esses petistas furibundos! É para você largar de ser burro!".

Além de a resposta estar tecnicamente errada — a Suíça tem um governo colegiado e é presidida pelo período de um ano por um dos sete integrantes do Conselho Federal que se revezam no cargo durante os quatro anos de mandato de cada composição do Conselho —, o ouvinte detratado era negro. Em seguida à gravação, entrava no ar uma vinheta dizendo "Ciro agride todo mundo". Depois dela, pequenos trechos de falas do candidato do PPS imprecando contra tudo e todos como uma metralhadora giratória. "Tenho nojo do PFL", dizia numa lembrança indigesta. "Brizola é a fina flor do atraso", afirmava em outra. "O Fleury (*então governador de São Paulo*) é um aborto da natureza", finalizava o programa tucano. Para encerrar, estourava na tela a dúvida em letras garrafais: "Ciro: mudança ou problema?". O eleitor que dirimisse a dúvida. E em seguida, naquele primeiro dia, quando a audiência seria necessariamente alta, entrava na sequência justamente o nosso programa.

Pedi para a fita rodar três vezes.

— Um desastre. O que fazer? — perguntei a Tasso.

— Difícil. Eu avisei. Vocês não fizeram nada. Essa imagem de desequilíbrio vai dificultar as coisas, até porque o nosso amigo é grosseiro com as pessoas mesmo — anteviu ele.

Estava certo.

Sem vacina, o vírus inoculado pela equipe de marketing eleitoral do PSDB adoeceu nossa base eleitoral em escalada surpreendente.

— Foi o Antônio Carlos Magalhães quem nos traiu. Ele diz que me apoia. Mentira. Cumpre o papel de estar junto para me destruir — justificou Ciro na reunião de avaliação de impacto que fizemos de madrugada no escritório da *holding* de Tasso, para onde correu depois de saber do estrago promovido pelo bombardeio sofrido na TV. Parecia tentar convencer a si mesmo para diminuir o peso dos próprios erros.

— Antônio Carlos é um homem leal. Não faria isso — contestou Jereissati.

Dezoito anos depois, um publicitário que trabalhava para o Governo Federal à época confessou-me a verdadeira história daquela gravação que começou a desmontar a candidatura Ciro Gomes em 2002. Pesquisas internas do PT, analisadas com rara precisão pelo publicitário João Santana, indicavam que Lula teria muita dificuldade de vencer o candidato do PPS num eventual segundo turno. De fato, no último DataFolha antes do início da propaganda eleitoral, os dois surgiam em empate técnico em ensaios de segundo turno. Os ouvintes que fustigaram ACM na entrevista a Mário Kertész e depois provocaram Ciro haviam sido selecionados e pautados por petistas baianos.

A gravação dentro do estúdio da Rádio Metrópoles foi feita por uma pessoa do PT que se misturou aos técnicos da emissora. Um dirigente nacional do Partido dos Trabalhadores entregou a gravação ao publicitário tucano em Brasília sob o argumento de que a campanha de Lula não bateria diretamente em Ciro Gomes, mas que o PSDB podia usar a gravação se quisesse acelerar a estratégia de desconstrução do adversário do PPS.

A peça de ataque da campanha de José Serra a Ciro foi preparada previamente e submetida à avaliação de eleitores em rodadas de pesquisas qualitativas. Eleitores indecisos que tendiam a cravar o nome de Ciro nas urnas porque o achavam confiável revelaram-se decepcionados com o destempero emocional do postulante à Presidência. Foram realizadas cinco rodadas de pesquisas qualitativas em todo o país para avaliar a eficácia da ação. Serra aprovou o uso da gravação no primeiro dia como uma espécie de cartão de visitas do tom que adotaria na campanha e da altura do sarrafo que o cearense deveria saltar para se interpor à escalada que empreenderia para ir ao segundo turno com Lula.

*   *   *

No dia seguinte à estreia do horário eleitoral no rádio e TV, 21 de agosto, permanecemos em Fortaleza para um evento de campanha que havia sido mascarado de festa esportiva. Ricardo Teixeira, presidente da Confederação Brasileira de Futebol, era amigo de adolescência de Tasso Jereissati. Os dois estudaram juntos no Colégio Santo Inácio, no Rio de Janeiro. A Seleção Brasileira pentacampeã do Mundo na Copa de 2002 no Japão programou para a capital cearense sua primeira partida em solo nacional depois do título. Com influência de Tasso, que articulou para que fosse um evento no qual Ciro circularia no meio da arquibancada e testaria sua popularidade, Teixeira aproveitou uma "data Fifa" e ordenou a convocação de todos os jogadores titulares. O adversário era o Paraguai. Na produtora dos programas de nosso candidato estávamos em *frisson*: Ciro Gomes seria chamado a dar o pontapé inicial do jogo. Havia pouco mais de um mês, aquele time bordara a quinta estrela sobre o pavilhão da CBF na camisa amarela do selecionado.

Em clima de festa, a cúpula da campanha e os cartolas da Confederação, fomos todos convidados a almoçar na casa de Jereissati no bairro das Dunas. A conversa estava agradabilíssima até que o advogado do PSDB no Ceará, Djalma Pinto, chamou o anfitrião num canto da sala.

— Doutor Tasso, o estádio Castelão é um prédio público, o senhor está lembrado?

— Claro, nê, Djalma. Por quê? — quis saber o ex-governador, àquela altura candidato imbatível ao Senado.

— Se é prédio público, não pode ter nenhum evento de campanha. Se o Ciro der o pontapé inicial na partida e aquilo virar um filme de campanha, mesmo informal, podem pedir a impugnação da candidatura dele. E se o senhor estiver lá, a sua também.

Tasso enrubesceu e me chamou para junto de si. Também convocou Ciro, Lúcio, o irmão dele e Ricardo Teixeira.

— Lula, telefona agora para o Torquato Jardim e verifica se é isso mesmo — pediu-me.

Localizei rapidamente o coordenador de nossa área jurídica de campanha. No ato, o ex-ministro do Tribunal Superior Eleitoral disse que a informação do advogado cearense estava correta e mandou que eu informasse aquilo tanto a Ciro quanto a Einhart.

— Sem pontapé inicial — decretou Ciro.

Planos mudados de última hora, ainda assim seria, em tese, um bom evento. Um candidato a presidente da República pajeando a Seleção no "jogo das faixas" de pentacampeão mundial. Já à mesa, contudo, fiz uma brincadeira despretensiosa que terminou por se revelar profética.

— Doutor Ricardo — provoquei, dirigindo-me ao presidente da CBF da forma como ele gostava de ser chamado. — Combinamos com o juiz o resultado do jogo? Ele sabe que teremos um presidenciável no estádio e que o Brasil não pode perder?

Sem me levar a sério, Tasso fez pouco caso de minha preocupação.

— Perder para o Paraguai? E no primeiro jogo depois de vencermos a Copa do Mundo invictos, derrotando a Alemanha por 2 a 0? Você está doido, Lula.

Não estava.

Os jogadores brasileiros desembarcaram em Fortaleza irritados com a convocação extemporânea e sabiam que havia política naquela agenda esportiva. Fizeram corpo mole. O primeiro tempo terminou em empate. Aos doze minutos do segundo tempo o volante Cuevas abriu o placar para os visitantes. Foi um gol solitário. Brasil 0, Paraguai 1. Deixamos o Castelão constrangidos, pela porta dos fundos. Depois da derrota, o técnico Luiz Felipe Scolari considerou encerrado o ciclo dele no selecionado brasileiro (*voltaria a liderar a Seleção na Copa de 2014; a marca foi muito mais desastrosa: Brasil 1, Alemanha 7, na semifinal da Copa do Mundo*).

Não esperamos o amanhecer do dia 22 no Ceará. Embarcamos para São Paulo de madrugada. Voamos emudecidos pelo revés em campo.

* * *

Dez dias depois do início do horário eleitoral no rádio e na TV, com a desconstrução de Ciro revelando-se rápida e eficaz, o *DataFolha* traria números muito duros para todos nós. Lula seguia no mesmo patamar, com 37% das intenções de voto. Ciro caíra sete pontos e registrava 20%. Serra, por sua vez, subira sete pontos e estava com 19% das intenções de voto. Anthony Garotinho encerrava o quarteto que era para ser levado a sério na disputa com 10%. Análises internas dos levantamentos encomendados ao Vox Populi mostravam que a sangria era maior entre eleitores negros. Além de uma evidente descortesia cometida por alguém que almejava a Presidência da República, o destempero cometido no programa de Kertész soara racista.

— O veneno foi inoculado. Temos de buscar um antídoto — determinou Einhart.

Foi decidido que Ciro gravaria todo um programa tendo por cenário a igreja de Nossa Senhora do Rosário dos Pretos, localizada no centro de São Paulo. Os roteiristas da produtora criaram um texto que tinha a força de um pedido de desculpas, sem que fosse exatamente aquilo. Corremos para gravar em sigilo para reverter o cenário adverso. O candidato foi posicionado no altar do templo, e as câmaras, posicionadas na direção da nave central. Iniciada a gravação, *flashes* espocaram.

— Fotógrafos! Jornalistas! Quem vazou a nossa vinda para cá? — perguntou Egídio Serpa olhando para mim.

De tão ostensiva, a encarada do porta-voz carecia de quaisquer explicações para deixar claro que, na cabeça dele, somente eu poderia ter levado a imprensa até lá. De longe, identifiquei um dos fotógrafos.

— Um deles é o Juca Varela, da *Folha de S. Paulo* — eu disse.

— Vá lá e os expulse daqui — ordenou Ciro dirigindo-se a mim.

— Jamais. Não vou. Você está ficando maluco? Isso aqui é uma igreja. Não compramos o horário, não é nossa propriedade. Não posso tirá-los daqui — argumentei.

Tenho uma atração atávica por contestar ordens. Detesto agir sob determinação de terceiros. Quando não admiro minimamente o emissor das ordens, ou nas vezes em que elas parecem irracionais desde a origem, não faço o que determinam. Era o caso. Se sou cobrado, tendo a ser grosseiro na exposição de motivos — e isso é um defeito.

— Tira! Estou mandando — engrossou Ciro, alterando a voz além do que seria prudente.

— Não tiro! — respondi duas oitavas acima do razoável. Dei um passo hostil na direção daquele a quem deveria ver como "chefe". Einhart percebeu a delicadeza do momento e anteviu um desfecho incontornável que seria ter a notícia de uma briga física entre um candidato a presidente da República e um de seus assessores de campanha. Com os braços esticados, colocou-se entre nós dois e gritou:

— Parem! Estão loucos?

Respiramos fundo. Percebi que fora longe demais. Ciro virou as costas para mim e começou a soltar imprecações a meu respeito para um amigo de infância, Oman Carneiro, que nos acompanhava.

Sem dizer o que faria, caminhei até onde estavam os fotógrafos. Expliquei o que estávamos tentando fazer, disse a eles que podiam usar como quisessem a foto da gravação e pedi que saíssem o mais breve possível para que pudéssemos gravar o texto. Ou seja, costurei um pacto sem precisar expulsar ninguém. Aceitara.

Trato cumprido, gravamos a passagem determinada.

Os dias difíceis tinham começado — e ficariam instalados entre nós até o fim da campanha.

Irritada com o que considerava equívocos de edição dos programas de TV, Patrícia Pillar decidira regressar ao Rio por alguns dias. Einhart, por sua vez, reclamara comigo de algumas madrugadas que passou em claro reeditando trechos específicos dos filmes que tinham de ser enviados à Justiça Eleitoral no prazo determinado pela lei.

— Ela acha que, por ser atriz, por ser estrela da Globo, também vai saber fazer edição de programa de campanha. Um erro. Um erro trabalhar em família! — desabafou.

Da igreja de Nossa Senhora do Rosário dos Pretos emendamos num comício em Barueri, município da Grande São Paulo, organizado pelo prefeito local, Rubens Furlan, e pela Força Sindical. Havia grande expectativa embaixo do palco do comício para quem desejasse ter acesso à parte superior. Em 2002, ainda era permitida a apresentação de atrações artísticas e musicais em eventos políticos. O fato de bandas sertanejas estarem se apresentando explicava aquele clima. Quando fui subir, testemunhei o espancamento de dois jovens por seguranças de candidatos estaduais do PTB. Tentei interceder para evitar as agressões. Um capitão da Polícia Militar do Ceará cedido à nossa estrutura de campanha segurou-me.

— Está louco? Quer apanhar também? Sobe e finge que não viu nada.

Subi. Mas não dava para fingir aquilo que o PM me pedia. Passei todo o comício calado, olhando em torno, sem gostar do que via. O *entourage* da campanha, exceto o núcleo que se localizava na produtora, era esquisito. Havia muito arrivismo e pouca inteligência na maioria deles. Acho que Ciro percebeu isso também. Estava cansado, sorumbático, e parecia irado quando desceu do palanque. Entramos numa picape e seguimos na direção do hotel. Passava das onze horas da noite. Havia mais gente no carro. Reclamei dos auxiliares de palanque designados pelo PTB, dos métodos deles e relatei as agressões. Ninguém contestou. Disse que não iria mais a eventos como aquele, em São Paulo, se houvesse petebistas na organização. Nenhum deles retrucou.

— Quem tem o telefone da Bárbara, a produtora? — perguntou Ciro, em voz alta, dentro do carro. — Preciso falar com ela ainda hoje.

Entreolhamo-nos todos. Por alguns segundos ninguém falou nada.

— Você tem, Valdir? — insistiu ele, dirigindo-se ao faz-tudo de seu núcleo familiar.

— Não. Lula é quem tem. Virou o melhor amigo dela — respondeu Valdir, dirigindo o olhar para mim.

— Me dá — pediu o candidato.

— Não dou — devolvi na lata.

Novo silêncio no carro.

— Ciro, não tem sentido você pedir o telefone de alguém como ela, a essa hora, porque não tem nada para discutir com uma produtora de madrugada justo quando está só. Vamos chegar mais de meia-noite no hotel. Tudo o que você pediria a ela a essa hora, pode pedir amanhã de manhã. Vai por mim: é melhor.

Um olhar de incredulidade me fuzilou. Ele insistiu uma última vez. Neguei de novo. Disse que Einhart ou Lia, a irmã dele, mulher do publicitário e administradora da equipe, também tinham o número. Se queria muito, pedisse a eles. Não pediu.

Ninguém trocou mais palavra alguma dentro da picape que nos conduzia de volta à capital paulista. Ao chegarmos ao hotel, cada um de nós tomou o rumo do próprio apartamento. A euforia inicial tinha dado lugar, definitivamente, a um anticlímax evidente.

O ritmo da campanha eleitoral se tornou alucinante. Redatores entravam e saíam da equipe em ciclos de 24 a 48 horas. Os adversários passaram a provocar Ciro em todas as aparições públicas: sabiam que o pavio curto o faria estourar a qualquer momento, mais de uma vez por dia. Reforçavam, assim, a imagem de alguém perturbado e sem inteligência emocional para conduzir o Estado caso vencesse. Numa viagem ao interior do Nordeste percebi que havia um método nas perguntas inteligentes, mas claramente destinadas a irritá-lo, feitas pelos radialistas locais em cada cidadezinha pelas quais passávamos. Na cidade do Crato, no Ceará, puxei um deles, meu conhecido, e perguntei o porquê da agressividade nas entrevistas.

— Estou trabalhando para o Donizete, não para você — ouvi de volta.

Era uma informação preciosa. O jornalista Donizete Arruda, cearense de Sobral, tinha passado a infância como *sparring* dos episódios de *bullying* que os irmãos Ferreira Gomes faziam nos rolezinhos arruaceiros depois do horário escolar quando eram adolescentes. Guardou deles profunda mágoa. Mas Arruda se converteu também num radialista de grande audiência em todo o Ceará com programas policialescos e, em paralelo, montou uma empresa para promover a detração de adversários políticos. Eu o conhecia dos tempos em que ele tinha um programa de cunho denuncista nas TVs de Tasso Jereissati. Liguei para ele.

— Pô, Donizete... você manda repórter pautado só para bater no meu candidato? Isso não é jornalismo, isso é coisa de quem tem agenda própria.

— Costa Pinto, você não conhece o Ciro como eu. Tenho agenda própria e conta bancária. Quem me paga é a campanha do Serra. Me paga para fazer o que eu adoro: tirar os Ferreira Gomes do sério.

Ele disse aquilo e desligou às gargalhadas. Corri para apartar um bate-boca entre Valdir Fernandes, de nosso grupo, e o radialista enviado por Donizete.

Havia duas semanas que não passava em minha casa, em Brasília. Faria aniversário, 34 anos, dali a quatro dias. Decidi não o comemorar em casa. Mergulhei, junto com todo o resto, na busca alucinada por um caminho que nos resgatasse das armadilhas dos adversários. Tentei criar temas para a nossa agenda diária a fim de ver se os repórteres que cobriam o candidato se circunscreveriam àqueles temas. Em vão, pois sempre conseguiam tirá-lo do sério com microfones e câmaras ligados. Exausto, decidi passar um fim de semana em Brasília.

A sexta-feira 30 de agosto seria integralmente dedicada a gravações na produtora. Tínhamos de inventar algum evento para que Ciro gravasse uma breve entrevista que sairia no *Jornal Nacional* — a cobertura dos telejornais era preciosa para nós, em tese. Na prática, funcionava como eco a multiplicar os erros estratégicos de nossa campanha — forcei uma ida do candidato a um evento de mulheres trabalhadoras na indústria têxtil, ao lado da produtora. No fim da tarde, seria dada uma coletiva temática destinada a passar nossas ideias do programa de governo para catapultar a microeconomia. Voaria às cinco da tarde. Acompanhei a agenda e algumas gravações, conversei com os repórteres que estavam na recepção da produtora, organizei a sala da entrevista coletiva e pedi a Egídio para conduzi-la. Trocávamos farpas, mas éramos amigos. No intervalo entre gravações, despedi-me de Ciro e de Patrícia Pillar no camarim do casal.

— Está tudo pronto lá embaixo. Não deixe passar das cinco e meia sem dar a coletiva, pois não podemos perder os telejornais da Band e do SBT que são mais cedo — pedi, enquanto reforçava a linha do que devia falar.

— Vai tranquilo. Descanse. Até segunda — despediu-se a atriz. O companheiro dela sorria com um aceno.

Fui. Comecei a relaxar ainda no avião. Dormi o voo inteiro. Pousei em Brasília e segui para o apartamento onde morava, na

Superquadra 202 Norte. Júlia, a única filha que morava conosco, estava brincando com amigas sob os pilotis do bloco. Tinha seis anos. Quando me viu, correu para um abraço saudoso. Patrícia, que manteve a decisão de não voltar a trabalhar em redações tradicionais, também chegara da Agência de Notícias dos Direitos da Infância. Era uma organização não governamental onde coordenava publicações e iniciava uma guinada profissional que terminaria por fazê-la bastante feliz — para surpresa dela mesma. Dediquei-me a trabalhar a reconexão com elas, a contar novidades, e nem mesmo telefonei para Egídio Serpa a fim de conferir como correra a entrevista. "*No news, good news*", acreditei. A regra de autoajuda parecia confortável e adequada para o momento.

Na hora exata da contagem regressiva para o *JN* da Rede Globo, que naquela época era antecedido por uma vinheta de cinco segundos, entrei na sala de TV e sentei confortavelmente no sofá. Os apresentadores William Bonner e Fátima Bernardes liam as manchetes da escalada — a síntese das principais reportagens que seriam apresentadas — e nada parecia fora do lugar. Até que Bernardes olha para a câmara, que foca nela, e lê a última frase do *teleprompter*: "... e o candidato Ciro Gomes diz que o papel de sua mulher, a atriz Patrícia Pillar, na campanha, é dormir com ele. Daqui a pouco, no *Jornal Nacional*".

Enquanto escutava a vinheta sonora da atração global senti um frio na barriga, um calor seco na boca, o coração acelerar. Era o bom e velho jato de adrenalina a percorrer meu corpo. Liguei para o celular de Ciro. Não atendeu. Liguei para o de Einhart. Não atendeu. Liguei para o de Egídio Serpa. Nada. Tentei Patrícia Pillar. Atendeu.

— Patrícia? É o Lula.

— Eu sei — a voz já anunciava uma tormenta.

— O que houve? Como foi a entrevista?

Ciro pegou o telefone das mãos dela e ele mesmo decidiu me responder.

— A entrevista foi boa. Ótima. Não tem nada disso que o *Jornal Nacional* anunciou. Fiz uma brincadeira. Brinquei com a minha mulher. Pronto. Não posso, não? Vou ter de explicar até o que é brincadeira para esses jornalistas?

— Ciro, o que você disse?

— Assista na TV e me diga. Assista. Depois falamos.

Somente no terceiro bloco de reportagens o *JN* pôs a coletiva do ex-governador cearense e ex-ministro da Fazenda.

"Candidato, qual o papel da Patrícia Pillar em sua campanha", perguntou um dos vinte jornalistas presentes à coletiva. A pergunta não saía do nada. Integrante do elenco de primeira grandeza da Rede Globo, tendo vencido um câncer de mama havia pouco tempo, Patrícia às vezes se convertia em atração maior do que o próprio postulante à Presidência da República em nossos eventos de campanha.

"A minha companheira tem um dos papéis mais importantes, que é dormir comigo", respondeu candidamente Ciro, olhando para a mulher e rindo para ela com o jeitão bem característico dele: segurando o lábio inferior, expandindo o superior e deixando os caninos se projetarem para fora da moldura antes que os outros dentes o façam. "Dormir comigo é um papel fundamental", ainda asseverou, sem perceber que lhe faltava o talento nato de piadista, diferencial competitivo de muitos cearenses.

A meia dúzia de fotógrafos presentes se voltou para Patrícia Pillar e passou a fotografar todas as reações dela. Os repórteres se entreolharam. Ciro percebeu a gafe e tentou consertar.

"Evidentemente, estou brincando", começou. Era patético. "Essa minha companheira tem uma longa tradição de manejar assuntos sociais. Tem muita inteligência. Tem muita sensibilidade", prosseguiu, sem encarar nenhum dos repórteres. Parecia pedir clemência. E ainda concluiu: "Tenho imensa satisfação de poder contar com as opiniões dela e com a militância dela, que tem sido muito generosa".

O desastre estava feito. Meu celular tocou em paralelo à última frase de Ciro falando do papel de Patrícia Pillar em sua campanha. Era o empresário Walfrido dos Mares Guia quem ligava, de Belo Horizonte. Ele estava ao lado do cientista político Marcos Coimbra, do Vox Populi, que conduzira grupos de pesquisa qualitativa para testar ataques e defesas de nosso discurso de campanha. Pegos no contrapé, assim como eu, os dois estavam perplexos.

— Lula, que maluquice foi essa? Ciro está se boicotando? Ele quer desistir? — perguntou Walfrido.

— Não tenho a menor ideia. Vim a Brasília pela primeira vez em quase um mês, para ficar um fim de semana em casa. Deixei uma entrevista coletiva engatilhada. Deu nisso.

— Foi um desastre. O Coimbra está aqui comigo e diz que a reversão tem de ser imediata. Ele tem de pedir perdão, publicamente, olhando para a Patrícia. E na Globo, no mesmo espaço.

— Claro. A agenda de campanha é aí em Belo Horizonte, amanhã de manhã, antes do almoço. Vocês me ajudam a falar com ele?

— Venha para cá — pediu Walfrido.

— Acabei de chegar em Brasília.

— Pegue o primeiro voo para cá. Vamos receber Ciro e Patrícia, juntos, amanhã de manhã. Vou mandar a minha secretária emitir a passagem. Tem um voo daí para cá às cinco horas da manhã.

Desliguei o telefone e disquei para Marilu Távora, a secretária de Tasso. Alcancei-a num hotel em Juazeiro do Norte, interior do Ceará. Jereissati faria um comício lá.

— Rapaz, o que foi aquilo? Quando ouvi, chorei — disse Marilu. — Chorei de raiva. Doutor Tasso quase enfartou. Ele assistiu ao *Jornal Nacional* e se trancou no quarto.

— Preciso falar com ele.

Jereissati atendeu com um tom de indignação na voz.

— Que desastre foi esse? Acabou, Lula. Acabou. Ninguém consegue fazer o Ciro parar a língua dentro da boca. Dessa vez, não tem saída.

— Coimbra mandou Ciro fazer uma retratação pública amanhã. Se você conseguir ligar para o João Roberto (falava de João Roberto Marinho, vice-presidente das Organizações Globo naquele tempo) e pedir trégua e o mesmo espaço no *JN* de amanhã...

— Posso pedir. Mas ele tem de pedir desculpa de forma direta, forte. Ele tem de passar o dia paparicando Patrícia.

— Prometo que fará isso. Por favor, tente o João Roberto.

— Ok, mas... acabou. Esqueça.

Desliguei. Perplexa, como mulher, como cearense, e como alguém que acompanhava os inúteis esforços de contenção dos ímpetos de Ciro Gomes, Patrícia, a minha esposa, nem sequer questionou a viagem que faria em seguida. Ela inferira, pelos telefonemas, que eu teria de partir no meio da madrugada para Belo Horizonte.

— Ele vai relutar em pedir desculpas. Que doidice dele. Eu conheço o Ciro. Ele vai fazer uma coisa bem mais ou menos e não vai contornar nada. Não vai adiantar. Vai que o rolo é teu — despachou-me sorrindo, ressaltando toda a incredulidade que a consumia.

Walfrido foi ao meu encontro, pessoalmente, no aeroporto da capital mineira. De lá, seguimos para a área de hangares da Pampulha. Ciro e Patrícia Pillar chegariam no jatinho da campanha. Logo que pousaram, fizemos uma reunião de estratégia. Walfrido foi muito duro e direto ao dizer que a única saída era o candidato externar sua vergonha sem ressalvas.

— Não vou fazer isso — negou Ciro. — Estão exagerando essa repercussão, a Globo fez uma edição para me quebrar, e o sentido de tudo era uma brincadeira.

— Você vai fazer. Ou faz, ou em uma semana vai estar atrás de Garotinho — argumentou o empresário Mares Guia. — E trouxe comigo um buquê enorme. Nós vamos para o Mercado Municipal de Belo Horizonte. Vamos caminhar lá. Hoje é sábado, estará cheio. Vai ter uma moça com o buquê logo que a gente entrar. Você pega as flores e entrega para Patrícia. E nessa hora, fala com os jornalistas. Tudo como se fosse espontâneo.

Envergonhado, amuado, o candidato nem autorizava nem desautorizava a tentativa de contornar a situação. Passamos a trabalhar tópicos daquilo que ele devia dizer. Walfrido monitorava seu pessoal no mercado — eles avisariam quando o quórum dos consumidores contumazes dos sábados belo-horizontinos assegurasse plateia para a retratação de Ciro Gomes. O Mercado Municipal de BH é um lindo prédio secular repleto de galpões e lojinhas que vendem os melhores queijos, embutidos, ervas, cachaças, cervejas artesanais, cafés, doces, laticínios e muitos itens mais dos produtores do interior do estado. Minas é o melhor *terroir* gastronômico do Brasil.

O humor do casal estava azedo naquela manhã. Ainda assim, o roteiro traçado foi cumprido. Havia bastante gente e cartazes de apoio ao presidenciável do PPS. Duas duplas de mulheres, estrategicamente selecionadas pela assessoria de Walfrido, cumprimentaram Patrícia e abraçaram Ciro. Diziam entender tudo como piada. A imprensa registrava. Ao dobrar no corredor previamente determinado, Ciro enxergou a florista plantada ali pela produção da campanha. Tirou uma cédula do bolso, pagou o buquê de flores do campo e o deu à esposa.

Fotos!

Uma jornalista abordou a atriz e perguntou sobre a desastrosa entrevista do dia anterior.

— Meu marido é maravilhoso — começou ela. — Se tivessem o marido que eu tenho, não saíam falando o que falam dele. Ele é um homem verdadeiro, não é um homem empacotado para venda, para uso externo — prosseguiu. Foi além. — É uma pessoa linda, um homem honesto, trabalhador, que tem um passado limpo. Temos uma relação verdadeira e honesta.

Estava tudo ótimo e dentro do roteiro. Entretanto, ela atravessara o samba e se antecipara a ele, falando antes de Ciro. O ideal era o contrário, ou o jogo combinado seria evidente.

— Eu pedi mil desculpas a ela, ontem à noite. Pedi desculpas, claro — cortou Ciro. — Mas que ela esteja vendo de perto o que é a imundície política do Brasil. Somos um casal bastante feliz, dá para notar, não é? — perguntou aos repórteres. Recebeu sorrisos de volta. Animou-se: — Esta é uma mulher de extremo valor que Deus me deu de presente. Sou uma pessoa que fala o que pensa, não um almofadinha da política.

O episódio estava contornado, não vencido.

Quatro dias depois das declarações estapafúrdias sobre o papel de Patrícia Pillar, Ciro Gomes havia perdido seis pontos percentuais de intenções de votos entre eleitoras mulheres em todo o Brasil

— caindo de 25% para 19%. José Serra, por sua vez, ganhara os mesmos seis pontos e passara de 15% para 21%. A partir dali e por mais um mês a campanha do candidato do PPS viveu de grandes desencontros e, para mim, pelo menos um grande encontro.

No dia 2 de outubro, última quarta-feira antes do primeiro turno da eleição, tínhamos entregado os pontos. Não havia mais chance de qualquer virada de última hora contra José Serra, do PSDB, capaz de forçar um segundo turno entre Ciro e Lula, do PT. O petista venceria quaisquer adversários nos ensaios de segundo turno. A meta de todos passou a ser, portanto, sair com honrosos 12% a 15% dos votos e ficar em terceiro lugar na disputa. No dia seguinte ocorreria o último debate ente os quatro candidatos mais bem posicionados — pela ordem, Lula, Serra, Ciro e Garotinho — na TV Globo. Sem agenda eficaz de campanha, Ciro ficou no Rio. Estava um pouco deprimido. Tomei café no hotel, na avenida Atlântica, e fui encontrá-lo na casa de Patrícia Pillar. Esperei bastante, cerca de uma hora e meia, até ser recebido. O candidato estava numa sessão de relaxamento.

— Tem compromisso para o almoço? — perguntou quando me viu.

— Não — respondi. — Mas agora que batem onze horas. Quer almoçar já?

— Venha almoçar comigo e com o Brizola.

Imaginei que seria um compromisso político. Fizemos o tempo passar ligando para alguns colunistas e editores de jornais, finalizando os tópicos centrais do debate do dia seguinte. Antes de uma da tarde saímos em direção a Copacabana, onde morava o ex-governador do Rio de Janeiro e do Rio Grande do Sul. Ao chegar ao prédio dele, numa esquina da Atlântica, estranhei a ausência de outras pessoas ou lideranças políticas. Tocamos a campainha. Pouco menos de um minuto depois, de calça jeans e calçando meias sem sapatos, camisa quadriculada em tons de azul, uma faca na mão e um pano de prato sobre o ombro, o engenheiro Leonel Brizola abriu a porta.

— Entrem. Estou só, folga da moça que me ajuda — convidou.

— Seremos só nós três. Vamos comer na cozinha mesmo. Estou terminando de cozinhar... rabada com agrião. Gostam?

Respondemos automaticamente que sim. E, mesmo que não gostássemos, as respostas não seriam diferentes. Ciro ficou conversando algo em torno de culinária e de cozinhas regionais. Eu aproveitei para observar ao redor. Não tinha dúvida do privilégio absoluto que era estar ali, na casa dele, no outono de um dos maiores políticos da história brasileira, salgando as feridas de uma campanha eleitoral em que amadurecia na derrota.

Brizola pôs uma garrafa de um vinho uruguaio sobre a mesa retangular da pequena copa e nos avisou que era um Tannat. Mas, se quiséssemos, mudaríamos a uva. Não ousaríamos, claro. O velho lobo de tantas crises e tantas eleições não admitiu ajuda. Enquanto provava o caldo da rabada para saber se deveria colocar mais pimenta, ou não, reservava os maços de agrião. Avisou que o acompanhamento seria apenas pão.

— Meus amigos — começou a palestrar com o timbre gauchesco que se converteu em sua marca característica. — E não é que o sapo barbudo vai vencer? — disse aquilo e sorriu, referindo-se à piada que soltara em 1989, quando disputou palmo a palmo contra Lula a passagem ao segundo turno para enfrentar Collor. — Teremos um governo do PT, mas não será um governo de esquerda exatamente como pensamos que podia ser, ousado; também não será um desastre como nossos adversários torcem, acusando-o de atrapalhado. Lula não tem nada de comunista, de extremista. Vai engolir a todos. Fique próximo dele, Ciro. Seja o primeiro a dar apoio incondicional a ele para o segundo turno — aconselhou.

— Não sei se é o melhor para mim, governador. Estou muito machucado pelo tanto que apanhei — respondeu o cearense.

— Esqueça isso. Vocês têm a mesma raiz, são do mesmo solo. Cresceram no mesmo terreno. Durante muito tempo insisti no erro de exigir posicionamentos do Jango que ele não podia assumir. Ficamos afastados por causa disso. Nossos adversários são as elites, o atraso, o Brasil conservador e arcaico defendido pela mídia, sobretudo pela Rede Globo. Se você tivesse chegado até aqui com chances de derrotar Lula, a Globo estaria com você como apoia Serra. Não fique atrás de Garotinho, e esse é o seu desafio. Cuidado com o Garotinho. Ele vai terminar inventando alguma história para dizer que você desistirá no último dia para apoiá-lo.

— Sem chance! — protestou Ciro.

— Sei disso. Mas ele dirá. O objetivo é desgastar você. Dou um conselho: seja o primeiro dos vencidos a apoiar Lula. Isso será muito importante na sua trajetória para o futuro. E você pode ser a voz ponderada alertando-o contra a Globo.

Eu acompanhava a conversa enquanto destrinchava os ossinhos do rabo do boi, separando carne e gordura e reservando o resto. O agrião fora posto na panela no momento exato — nem antes da hora, o que o deixaria amargo e excessivamente murcho, nem depois, evitando que ficasse excessivamente crocante e travoso. Havia xícaras com as quais podíamos beber apenas o caldo formado durante o lento cozimento do prato principal.

— É para sentir o sabor exato do cozido. Os estancieiros uruguaios fazem assim. E, no frio, ajuda a aquecer — explicou Brizola. Desde então, adotei como hábito pessoal beber caldos durante almoços ou jantares com carnes ensopadas ou mesmo com feijão. Comida tem de reconfortar, não só alimentar — ainda ensinou.

Servi-me de mais uma taça de vinho. Esvaziei a primeira garrafa. O ex-governador perguntou se Ciro mudaria a uva. Negativa aceita, ele me pediu para abrir uma segunda garrafa do ótimo Tannat do Uruguai. Apurei o ouvido.

— Cuide para não errar mais em declarações sobre a Patrícia Pillar. No dia seguinte, é ela quem estará com você. O resto, some: só perseguem o poder. Não se intimide com essas pancadas. Elas são feitas para intimidá-lo — seguiu aconselhando Brizola.

— Sei disso, governador. Foi uma grande trapaça que fizeram comigo.

— Ciro, Ciro: se não há trapaça, não há política. A história da humanidade e a vida de cada um de nós é uma coleção de trapaças. O segredo é a forma como as superamos e quão vivos estaremos para contar a nossa versão.

Seguiram-se digressões sobre o caráter de Anthony Garotinho, sobre o erro que Brizola admitia ter cometido ao se conservar distante de Miguel Arraes, ex-governador de Pernambuco deposto e perseguido pela ditadura militar, exilado entre 1964 e 1979.

— Juntos, teríamos vencido o Fernando Collor em 1989, e o Lula e o PT teriam amadurecido melhor — disse ele. Ainda lamentou a forma como Ciro fora triturado no *Jornal Nacional* depois da declaração sobre Patrícia Pillar.

— Até ali, a Globo tinha dúvidas sobre a viabilidade de apoiar Serra ou você. Naquele episódio, emboscaram-no na esquina e atiraram. Só tinham uma forma de fazer o serviço: bem-feito. Destruíram você, para evitar riscos de uma volta por cima.

Ciro Gomes encheu os olhos d'água e mudou de assunto. Servi três xícaras de café que Brizola tinha acabado de coar. Olhei o relógio redondo, azul, sobre o portal da copa. Faltavam cinco minutos para três horas. Chegara a nossa hora. Teríamos de fazer, ainda, um *media training* para o debate do dia seguinte.

— Estarei sempre aqui. Tenha-me como um amigo — disse o ex-governador gaúcho e fluminense, tocando carinhosamente as costas de Ciro e conduzindo-o até a porta.

Na manhã do debate, ainda tomava café da manhã quando o publicitário Duda Mendonça, chefe da equipe de marketing do petista Lula, alcançou-me pelo celular. Quando atendi, quem falou comigo foi Zilmar Fernandes, sócia dele.

— Lulinha, aqui é a Zilmar Fernandes, sócia do Duda. Trabalho com ele... — começou ela, ensaiando uma voz melosa. Mas era sempre direta, como viria descobrir depois. O pragmatismo era a principal característica dela. — Quem me deu seu telefone foi o Mário Rosa. Somos amigos. Foi ele quem disse que eu podia te chamar assim.

— Sei disso. O Mário trabalhou com vocês na Argentina.

— Isso. O Duda está aqui do meu lado. Ele quer dar uma palavrinha. Você pode?

— Claro.

Ato contínuo, a voz arrastada, meio rouca e sem deixar de ser singularmente nervosa, a voz de Duda, me cumprimentava e ia direto ao assunto.

— Rapaz, não vou ficar de lero-lero contigo, não. Mário diz que você é ponta firme. Seguinte: o Serra vai partir para cima da gente esta noite, na Globo. Precisamos estar unidos. Tanto Ciro correndo em defesa de Lula quanto Lula em defesa de Ciro. Vamos chegar na Globo uma hora e meia antes do início do debate. Podemos nos reunir lá e combinar uma estratégia? Você fala com Einhart sobre isso? Ciro atende a esse pedido de Lula?

— Duda, vou falar por mim: se Lula for atacado de forma flagrante como em 1989, não tenha dúvidas de que Ciro vai defendê-lo. Pode contar com ele. Vamos nos reunir lá, sim. Devemos chegar entre uma hora e meia e duas horas antes.

Desliguei e comuniquei a Einhart que havia recebido aquele telefonema. Ele acabara de descer do quarto para tomar café conosco. Seguimos para a casa de Ciro.

— Não vou defender Lula de graça. Se houver sacanagem no ataque, claro que eu defendo. Mas, se for ataque ideológico, só defendo se estiver convencido de que não virá nada abaixo da linha da cintura contra mim.

O candidato estava tenso. O deputado Roberto Jefferson, do PTB, que o apoiava, telefonara logo cedo para saber se eram verdadeiros os boatos da renúncia dele, na última hora, a fim de apoiar Garotinho. Walfrido dos Mares Guia, de Belo Horizonte, também o procurara a fim de checar o mesmo boato. O jornalista Gerson Camarotti, do jornal *O Globo*, idem.

— Lula, lembra o que Brizola avisou que aconteceria? Está acontecendo. E justo hoje, para me desestabilizar. Prepare uma nota, com Egídio Serpa, negando o óbvio. Sejam duros. E manda Egídio soltar. Todo mundo sabe que ele fala por mim.

Tendo sido o criador político de Anthony Garotinho, Leonel Brizola conhecia todas as artimanhas de sua criatura. À medida que a tarde avançava, ainda mais tenso Ciro ficava.

No debate, quem ia confrontá-lo, na verdade, eram os próprios erros cometidos no curso da campanha. Ele abrira o mês de agosto como o único candidato capaz de vencer Lula no segundo turno e em segundo lugar na corrida das intenções de voto no primeiro turno. Era conhecido apenas por metade do eleitorado, e quem o conhecia tendia a confiar nele. Os eleitores o definiam como jovem, ousado, destemido, bonito e experiente pelos cargos que ocupara — governador de estado e ministro da Fazenda. Aos 44 anos, não era pouco. Todo aquele ativo fora incinerado em dois meses. No dia 3 de outubro, Ciro Gomes era um homem titubeante, frágil, tendo de gastar energia para desmentir boatos de renúncia.

O debate da TV Globo estava marcado para começar às 21h50. Às sete e meia, chegamos ao Projac, a central de estúdios e produções da emissora nos confins da Barra da Tijuca. José Roberto Marinho nos recebeu. Estava acompanhado de Heraldo Pereira, repórter da sucursal de Brasília e meu amigo. Depois, Merval Pereira juntou-se ao grupo.

Lula foi recebido por Roberto Irineu Marinho, à época presidente das Organizações Globo; Serra, por João Roberto Marinho, vice-presidente que coordenava a linha editorial do grupo. O fato de o terceiro irmão nos ter recebido, justamente o herdeiro que se imiscuía menos no dia a dia das empresas, era já um recado e uma medida da opção deles.

Enquanto nos conduziam ao camarim designado para Ciro, um emissário do PT alcançou-nos no corredor. Disse que Duda nos aguardava para a reunião, numa sala de espera contígua ao camarim de Lula, em vinte minutos. Na hora marcada, eu e Einhart estávamos lá.

— Amigos — disse Duda, abrindo a conversa com o plural arrastado. — Se houver um ataque direto de Serra ao nosso candidato, ou ao de vocês, vamos combinar que os dois se olham e piscam o olho para indicar que um sairá em defesa do outro?

Concordamos que sim. Havia o compromisso de Ciro de que faria aquilo. Duda Mendonça prosseguiu.

— O maior flanco de Serra é se alguém bater na Verônica, a filha dele. Isso o descontrola — prosseguiu o publicitário baiano. — Temos evidências de negócios esquisitos feitos por ela. É uma menina, e está rica. Tem também um primo deles, um tal de Gregório Preciado. Não precisa nem fundamentar as perguntas. Ele vai ficar transtornado.

Einhart tomou a frente da conversa.

— Passe-nos o que têm. Mas não tenho no ombro as divisões necessárias para garantir que nosso candidato fará as perguntas — pontuou Einhart Jácome com rara franqueza.

O deputado federal Luiz Gushiken entrou na sala de repente. Estava magérrimo e quase irreconhecível. Até poucos anos antes, era um homem rechonchudo e bonachão. Um câncer intestinal atalhou sua vida. O novo *shape* e um jeito de falar mais compassado, em razão da doença, contribuíam para a fama de guru adquirida por ele na campanha petista. Cordial, Gushiken nos abraçou e disse o havia ensaiado dizer, pegando em nossos braços e mirando o fundo de nossos olhos:

— Vamos nos ajudar hoje. O inimigo é comum. Precisamos de vocês no segundo turno — falou isso para nós dois e, matreiramente, voltou-se para mim: — Lulinha, a partir de 2 de janeiro me procure lá no Palácio do Planalto. Estarei lá!

Rimos todos. Pegamos o roteiro de perguntas, conferimos, estava ok. A missão passava a ser convencer Ciro a fazer aquelas intervenções. Regressando ao camarim de nosso candidato, recebemos de volta o silêncio dele e um olhar de certo desprezo por termos ido ao encontro de Duda enquanto ele se maquiava e relaxava.

Acendeu a luz vermelha que havia ali dentro: significava que em oito minutos a telenovela das nove acabaria. Devíamos caminhar para o estúdio. O camarim que nos fora designado situava-se no mesmo corredor daquele em que fora acomodado José Serra. Quando passamos pela porta dele, o próprio Serra saiu e estendeu a mão para nos cumprimentar, um a um. Ciro e Patrícia foram os primeiros. Trocaram apertos de mão. Einhart e Egídio, idem. Eu recebi um abraço constrangido que lembrava os tempos da ótima fonte que ele foi e do repórter dedicado que eu acredito ter sido. Serra então estendeu a mão para Lia, mulher de Einhart, irmã de Ciro. Não houve cortesia. Por constrangedores dez ou doze segundos a mão do candidato do PSDB ficou a balançar no ar. Concentramos os olhares nela. Lia não recuou. Serra puxou o braço. Por um átimo, tive pena do candidato tucano.

Tendo sido vencido por Lula, por pontos e não por nocaute, o último debate do primeiro turno em 2002 foi morno. Ainda assim, apagou de vez a chama de Ciro Gomes. Ele não foi alvo de ninguém, posto revelar-se inútil atacá-lo. Tampouco foi necessário lançar mão da linha de defesa de Lula articulada por Duda Mendonça. Terceirizando o ataque destinado a desmoralizar o petista, o candidato do PSDB combinara com Anthony Garotinho, do PSB, que ele armaria a cilada retórica contra Lula.

— Lula, eu vou acabar com a Cide. Você sabe que a Cide entrou em vigor este ano... — iniciou Garotinho, ex-governador do Rio, radialista de profissão, usando apenas a sigla para se referir à Contribuição sobre Intervenção do Domínio Econômico, uma taxa criada para reduzir impostos na comercialização de combustíveis, financiar o vale-gás (*auxílio de R$ 15 para que brasileiros de baixa renda comprassem gás de cozinha*) e pagar a recuperação de rodovias. — Seguiu o socialista: — Ela é uma contribuição para financiar também obras em rodovias. E você? Vai acabar com ela?

Foi o único momento em que Lula se enrolou. Estava evidente que ele não sabia o que era a Cide. O objetivo de Garotinho e de Serra, padrinho daquela pergunta, era evidenciar o despreparo do petista para governar. Lula foi genérico ao dizer que qualquer que fosse a intervenção do governo, seria impossível crescer sem investir em infraestrutura. Enrolou um pouco. Na réplica, Garotinho exigiu precisão. As regras do debate permitiam que o mediador interviesse para puxar uma resposta direta. William Bonner, apresentador da Globo, fez isso:

— Candidato, o senhor vai ou não vai acabar com a Cide?

O petista se esquivou de forma até certo ponto inteligente, encerrando o assunto:

— Não é bravata. Quem vencer vai pegar o país com R$ 7 bilhões para investimentos em infraestrutura e precisando de R$ 10 bilhões para fazer o que precisa ser feito para garantir o fornecimento de gás e de energia.

O tópico foi considerado o mais quente da noite. Logo, as chamas tinham temperaturas amenas.

Na saída do estúdio, as perguntas feitas a Ciro Gomes pelos jornalistas versavam sobre sua eventual renúncia para apoiar Garotinho. O vírus se disseminara durante o debate.

— Sou candidato e vou continuar. Muitos boatos falando de minha renúncia querem me quebrar, me conter. Vou continuar — respondeu ele.

Da Barra da Tijuca à Lagoa Rodrigo de Freitas, onde ficava o apartamento de Patrícia Pillar, Ciro não deu uma palavra. No meio do caminho, Tasso Jereissati telefonou para mim. Queria saber o que eu achara do debate.

— Morno — respondi.

— Também achei. Para o nosso amigo, indiferente. Está com cara de Lula.

— Concordo.

Tinha de ser lacônico para não dar a Ciro a curiosidade de interferir na conversa e sofrer ainda mais.

— Vem cá: recebeu a última parcela?

— Não.

— Mas eu paguei. Está com o pessoal do Einhart. Cobre deles.

Ciro e Patrícia subiram sozinhos para casa. Não havia o que celebrar. Liguei para o publicitário e perguntei se podíamos jantar juntos. Ele aceitou. Precisava marcar homem a homem o que me era devido: o pagamento.

— Einhart, o Tasso me disse que mandou a última parcela do meu contrato para vocês — afirmei antes mesmo de sentar à mesa.

— Está em São Paulo, com o contador.

— Você pede para ele transferir?

— Não dá. É físico. *Cash*.

— *Cash*? Mas é uma grana! — protestei. — Como vou levar isso para Brasília?

— O acordo nosso é pagar. O dinheiro está lá, na produtora do Bom Retiro. Vai lá e pega.

Jantei, comprei uma passagem no primeiro voo para São Paulo, na manhã seguinte, e fui cuidar da vida. Cheguei à produtora, apresentei-me ao contador, ele abriu o cofre e me deu o valor devido em reais em notas de R$ 20 e R$ 50. Havia um contrato e eu estava com o talão de notas fiscais de minha pequena empresa de consultoria em mãos. Como trabalhara na função de *office boy* na empresa de meu pai, na adolescência, era bastante familiarizado com a emissão de notas. Emiti o documento fiscal no ato para um contador surpreso — na nossa área, antes da praga das terceirizações em redações, eram escassos os jornalistas que sabiam lidar com notas fiscais — e pedi a grana. Era a conversão, ao câmbio do dia, de US$ 65 mil. Meti tudo em dois sacos — um de plástico, outro de papel pardo — e numa mochila. Em seguida, rumei para a agência do Unibanco na praça Buenos Aires, em Higienópolis. Costumava usá-la quando morei em São Paulo.

— Quero falar com o gerente — pedi.

Perguntaram-me o assunto. Disse, com deságio, do que se tratava. O gerente chegou rápido, estranhando o motivo do depósito.

— Em geral, as pessoas tentam levar isso direto. Sem passar pela conta — sugeriu.

— Mas eu me sinto mais seguro depositando no banco. O dinheiro tem origem, olhe aqui, prestei um serviço — apresentei a nota fiscal. Ressaltei que os valores batiam. Dei o nome do gerente de minha conta em Brasília e pedi que ligassem para ele.

Circuito fechado, depositei o dinheiro e voei para casa. Combinei que só encontraria Ciro em Fortaleza, no começo da tarde de domingo, dia da eleição. Votaria em Brasília quando as urnas abrissem e pegaria um voo no meio da manhã para o Ceará. Nossas últimas projeções colocavam o cearense em quarto lugar. Não havia chance mínima de vitória. Conservei, no curso da campanha, por mais dura que tivesse sido, os laços de amizade histórica com todo o *entourage* do PT.

Votei em Lula e segui para Fortaleza.

Quando encontrei Ciro, por volta de duas horas da tarde do dia da eleição, o clima na casa dele era de funeral. Íamos circular por algumas zonas eleitorais de Fortaleza. Programamos cinco visitas. Ao sair da terceira, ele acusou o golpe e voltou para o apartamento na Praia do Meirelles. Todos os irmãos o acompanhavam. Patrícia Pillar, Egídio e Luíza Serpa; eu e os amigos de infância em Sobral, Valdir Fernandes e Oman Carneiro.

— Luíza, tem Lexotan em casa? — quis saber o candidato, referindo-se ao medicamento ansiolítico.

— Tem, doutor Ciro — respondeu a secretária.

— Uísque eu sei que tem — seguiu ele.

— Tem — confirmou a secretária, mesmo sendo desnecessário fazê-lo.

— Senhores, vou tomar alguns lexotans, uns uísques, e vou apagar. Preciso dormir. Dona Patrícia, a senhora sobe comigo? — brincou com a mulher, quase suplicando compaixão.

— Claro — respondeu Patrícia Pillar. — E acho que seus irmãos também.

Subiram todos. Quem não era Ferreira Gomes estava dispensado. Fui andando até o apartamento do meu sogro, que ficava ali perto, na Praia de Iracema. O agoniante aprendizado com a derrota estava chegando ao fim. Contudo, ainda teria um ato derradeiro.

As pesquisas de boca de urna apontavam segundo turno entre Lula, do PT, e José Serra, do PSDB, com larga vantagem para o petista. Anthony Garotinho passara Ciro, em terceiro. E, com 10% das intenções de voto na boca de urna, percentual que seria confirmado na apuração, Ciro Gomes em quarto. Quando a vinheta do *Jornal Nacional* começou a tocar na TV, meu celular tocou. Era Duda Mendonça.

— Lulinha, estou com o José Dirceu do meu lado. Ele acha que seria ótimo, para todos, se Ciro for o primeiro dos derrotados a apoiar Lula.

Era o mesmo cálculo político de Leonel Brizola sendo confirmado na prática.

— Não estou com ele. Ele apagou. Dificilmente fará isso — respondi.

Dirceu tomou o telefone das mãos do publicitário.

— Insista com ele. É um fato de campanha — pediu.

— Dê-me quinze minutos. Vou à casa dele andando.

Era uma caminhada rápida. Anunciei-me na portaria. De início, não pude subir. Lúcio e Cid Gomes, irmãos de Ciro, desceram. Expus a ideia. Negaram. Depois, aceitaram acordar o candidato e expor a proposta. A missão de bater à porta foi dada a mim. Com a face transtornada das ressacas mal curadas, Ciro atendeu. Disse o previsível e combinado.

— Não. Jamais! O derrotado sou eu. Ele que me ligue. Se ligar, atendo. Retornei a ligação para José Dirceu, já com atraso.

— Esquece, Lulinha. Você conhece o Lula. Ele é o vitorioso. Na cabeça dele, Ciro é quem deve ligar.

Do outro lado da linha, Ricardo Kotscho, jornalista brilhante com quem eu trabalhara na revista *Época*, assessor de imprensa de Lula, a tudo escutava e teve uma ideia salomônica.

— Zé — disse para José Dirceu —, vai no Lula com esse celular e diz que o Ciro ligou para ele. O Lulinha vai no Ciro e diz o contrário. A gente está aqui a um passo de cada um deles. É só mentir um pouquinho. Deus perdoa a mentira do bem.

Rimos e fizemos assim. Voltei a bater na porta do quarto de Ciro.

— É o Lula. Ele ligou. Quer falar com você — proclamei, estendendo meu celular. E fazendo também um seguro a meu favor: — Talvez ainda seja o José Dirceu na linha, ele que ligou a pedido do Lula.

Ciro pegou o celular de minhas mãos

— Alô? Lula? ... ô, meu presidente. Parabéns pelo desempenho. Foi uma campanha dura. Vocês foram leais. O Serra, não — é óbvio que não sabia o que Lula falava do outro lado. Evidentemente, depreendi que Dirceu passara a ligação tempestivamente.

— Claro que você tem o meu apoio — prosseguiu Ciro. Vou me engajar. Sim. Então, terça-feira já gravo um depoimento. Ok, Einhart combina com Duda. Pode contar.

Desligou e virou para todos:

— Satisfeitos? Podem vazar...

Telefonei para Kotscho e combinamos os termos do vazamento. Ato contínuo, liguei para Josias de Souza, secretário de redação da *Folha de S. Paulo*, e dei a ele o furo que estaria na primeira página do dia seguinte: Ciro Gomes foi o primeiro a declarar apoio a Lula no segundo turno. Se levasse com ele metade dos seus eleitores e o petista conservasse todos os seus, seria o suficiente para a primeira vitória do petista sobre um tucano em eleições presidenciais.

Na manhã da segunda-feira pós-eleição, tendo ficado em Fortaleza, fui encontrar Tasso Jereissati. O candidato do PSDB ao governo cearense, Lúcio Alcântara, não vencera em primeiro turno. Foi para um surpreendente segundo turno contra um adversário do PT, José Airton. Tasso queria que eu ficasse pelas três semanas seguintes no Ceará e me incorporasse à campanha de Lúcio.

— Por três semanas, pago 40% do que acertamos para a campanha do Ciro. E você sabe que recebe — propôs.

— Não precisa nem dizer. Aceito. Fechado.

— Pode emitir a nota e mandar via Byron Queiroz — disse, referindo-se a um primo da mulher dele, Renata Queiroz Jereissati. Byron era o coordenador financeiro da campanha de Lúcio.

Tasso então pediu que eu sentasse na cadeira diante da escrivaninha dele, fez uma impostação solene na voz, e me provocou:

— Doutor Lula, tendo convivido esse tempo todo com o Ciro, bem próximo, como você o define? Ciro é o homem mais inteligente que você já conheceu? Ou é o homem mais mentiroso que você já viu?

Encarei Tasso em silêncio, surpreso com a pergunta. Ganhei meio minuto para pensar. Ele fez um gesto com as mãos para que eu respondesse rápido. Aquiesci:

— Olha, Tasso, é o mentiroso mais inteligente eu já conheci em toda a minha vida.

Soltamos uma risada forte, abrimos duas latas de Coca-Cola Zero e fomos ao encontro de Lúcio Alcântara.

— Vira a página Ciro — determinou Tasso.

Não precisou falar a segunda vez.

* * *

Lúcio Alcântara, do PSDB, obteve 49,79% dos votos válidos no primeiro turno para governador do Ceará em 2002. Com escassos três mil votos a mais, não teria ocorrido o segundo turno que ele precisou disputar contra José Airton Cirilo, do PT, ex-prefeito de Icapuí, cidadezinha litorânea no leste cearense, uma das primeiras administrações municipais petistas. Em 1986, a cidade foi desmembrada de Aracati, e Airton se tornou o primeiro prefeito icapuiense. Com 928 mil votos, apenas 28% do total de eleitores naquele ano, passou para o segundo turno com o senador Alcântara, apoiado por Tasso. A missão que me fora dada — ir buscar a diferença exígua de votos em três semanas — parecia fácil. Longe disso, contudo. Havia uma evidente fadiga dos eleitores cearenses com as administrações do PSDB — Tasso, eleito pelo PMDB em 1986 fora substituído por Ciro Gomes, já no PSDB, em 1990; Ciro, por Tasso em 1994, reeleito em 1998. A dinastia tucana estava ameaçada por aquele returno inédito em pleitos no estado.

Toda a oposição ao PSDB se uniu em torno de Cirilo, inclusive o PMDB, que teve como candidato o ex-senador Sérgio Machado. Amigo e padrinho do único filho homem de Tasso Jereissati, os dois romperam relações num longo processo de divórcio político iniciado doze anos antes, quando Jereissati escolheu Ciro como seu sucessor. Colando diretamente o marketing de campanha em Lula — carros de som tocavam 24 horas por dia, sete dias por semana, um *jingle* cujo refrão era "Lula-lá, José Airton cá" — e, reproduzindo em escala estadual o enfrentamento PT x PSDB, a disputa se revelaria dificílima para Alcântara. O candidato petista havia tido uma construção eficaz de imagem ao longo do primeiro turno. Mas tinha um flanco: morava numa casa plantada num amplo terreno da região metropolitana de Fortaleza, embora exagerasse no discurso de ricos contra pobres para marcar Alcântara, um médico de classe média e parlamentar excepcional, como representante do poder econômico no Ceará.

Impus-me vencer aquela campanha. Os tucanos cearenses, inspirados por Tasso, foram os primeiros no país a fazer com que pesquisas qualitativas e quantitativas repetidas à exaustão definissem as linhas, os discursos e as estratégias da campanha. O sociólogo pernambucano Antônio Lavareda, a quem eu conhecera ainda como aluno da UFPE, era uma espécie de bruxo do PSDB naqueles tempos. Junto com o jornalista Ivan Maurício, que se mudara de Olinda para Fortaleza a fim de coordenar toda a área de inteligência estratégica da empresa de Lavareda, diagnostiquei a partir das pesquisas o maior buraco aberto na zaga de José Airton: a vida pessoal dele e, dentro dela, especificamente a questão patrimonial. Sem mandato desde 1996, tendo sido derrotado para o governo do Ceará já em 1998, como Cirilo vivia? E como tinha obtido a posse daquela casa que, embora não fosse nenhuma mansão, estava além do estoicismo espartano pregado por ele e cobrado de "doutor Lúcio"? Passamos, também, a evidenciar a formação em Medicina de nosso candidato.

— A revista *IstoÉ* pode ajudar vocês nessa campanha — disse-me o radialista Donizete Arruda, o mesmo que fora pago pela campanha de José Serra para desestabilizar emocionalmente Ciro Gomes nos comícios pelo Nordeste. Ele fora ao meu encontro como contato comercial da Editora Três, que publicava *IstoÉ*, para dizer aquilo.

— Como?

— Podemos fabricar uma reportagem de capa, uma capa que só circulará no Ceará. É só você dizer o tema — propôs Donizete.

— José Airton vive falando para todo mundo que é "um homem pobre do interior do Ceará". Tem uma coisa mal explicada na vida dele, que não foi explorada no primeiro turno, que é a casa dele — respondi, deixando as ideias subirem à superfície.

— Eu conheço. Tem nada demais, só um terreno grande e um muro alto — seguiu o radialista cearense.

— Ok, mas, bem fotografada, bem produzida, dependendo do ângulo, podemos dizer que é uma mansão?

— Com boa vontade, sim.

— Topo uma capa de *IstoÉ*: "A mansão de José Airton". Faria barulho aqui — tornei claro o que pensava.

— Mino Pedrosa cuida disso para você.

— Mino? Ele está na área comercial agora? — quis saber, irônico. Afinal, o fotojornalista Mino Pedrosa fora responsável, em 1992, em *IstoÉ*, pelo furo de reportagem com o motorista Eriberto França, trabalho que se contrapôs à entrevista "Pedro Collor Conta Tudo" feita por mim e publicada em *Veja*, naquele ano, dando início ao processo de *impeachment* do então presidente Fernando Collor.

— Não exatamente. Mas ele tem feito projetos especiais direto com o Caco Alzugaray. Você só vai ter de pôr o candidato e o Byron Queiroz para falar com eles e acertarem a vida como ela é — detalhou Donizete, referindo-se ao filho do fundador da Editora Três e a Byron Queiroz, o tesoureiro informal da campanha tucana no Ceará.

— Ponho.

Saí dali e discuti com o comando da campanha a possibilidade de alugar um ultraleve com um fotógrafo para realizar fotografias aéreas da casa do candidato petista. Os *drones*, que baratearam e facilitaram tarefas como aquela, ainda não tinham sido inventados. Ultraleves, traquitanas fora de uso hoje em dia, eram uma espécie de asa-delta motorizada. Havia verba para o sobrevoo. Providenciamos uma busca em cartórios de imóveis para traçar o histórico da propriedade, levanta-mos o valor de compra e venda pelos registros legais, conseguimos inclusive fotografias internas da casa e tínhamos em mãos material suficiente para sustentar a capa publicitária — a ser publicada como material editorial — sobre a tal "mansão" de José Airton.

Mino Pedrosa desembarcou em Fortaleza numa quarta-feira de manhã cedo. A janela de tempo para tomarmos uma decisão colegiada da equipe de campanha — aceitar ou não aceitar a propos-ta de capa de *IstoÉ* e usá-la para alavancar a campanha de Lúcio Alcântara para potencializar nossa estratégia — era extremamente exígua: até o fim daquela tarde, a tempo de ter a revista impressa em São Paulo no sábado de manhã, colocá-la nas bancas do Ceará no domingo e transformar a "reportagem" em tema do debate que teríamos no jornal *O Povo* na segunda-feira seguinte. Pedrosa foi levado ao meu encontro por Donizete Arruda.

— O que é preciso fazer para conseguir essa capa? — indaguei.

— O Lúcio vai ganhar? — perguntou ele, em resposta.

— Vai. Pode ser com algum sofrimento, mas ganha.

— Então, de imediato, não tem impacto algum na campanha. O PSDB do Ceará é um cliente confiável, não é?

— Sim. Claro.

— É simples: preciso falar com ele e ter o Tasso Jereissati como fiador dessa operação. Será da seguinte forma: a Editora Três publica diversos livros cujos direitos autorais são de domínio público. O estado tem muitas bibliotecas públicas que precisam desse acervo. Não precisamos esperar nem a troca de governador para oferecer novas coleções aos usuários das bibliotecas.

— Entendi.

— Quer saber o custo da operação?

— Não. Vou te conduzir à pessoa que será capaz de bater o martelo com você.

Saí do hotel onde fui tomar um café com Pedrosa e Arruda e dirigi-me com os dois ao comitê central da campanha. Quem deveria autorizar, ou não, a continuidade da operação estava lá. Em menos de uma hora tínhamos tudo decidido, e foi dado o "publique-se" para o material.

No fim de semana, a capa da *IstoÉ* com a conversão da confortável casa de José Airton Cirilo em "mansão" pelo olhar bem remunerado da revista começou a fazer estrago contra o petista no eleitorado indeciso. Conforme pretendido, virou tema do debate no jornal. O candidato do PT não soube como responder às questões que lhe foram feitas sobre o descompasso entre o discurso dele e o fato de "morar tão bem". Filmes de um minuto e versões condensadas de trinta segundos passaram a ser usadas à exaustão no horário gratuito da TV. Escudando-se, alegadamente, em "material jornalístico" da revista, não deu margem à concessão de direito de resposta. Nos grupos de pesquisas qualitativa, o estrago à imagem de Cirilo era evidente e crescente. Outras pautas derrogatórias a ele, sobretudo a repetida lembrança de sua inexperiência administrativa para conduzir a máquina do estado, muito mais complexa do que a do município de Icapuí com seus doze mil habitantes àquela altura, também funcionaram.

Ao cabo da campanha de segundo turno, a vitória. Lúcio Alcântara acrescentara 140.524 votos ao total de 1.625.202 eleitores que o haviam sufragado no primeiro turno e contabilizou precisos

50,04% dos votos válidos para governador. Apesar de todo o intenso ataque sofrido, José Airton quase dobrou a votação entre os dois turnos, saltando de 924.690 na primeira rodada para 1.762.679 no segundo turno. Escassos e preciosíssimos 3.047 votos deram a vitória ao PSDB naquele pleito estadual de 2002 no Ceará e fizeram-me encerrar o primeiro ciclo de trabalho como consultor de marketing político com uma vitória inesperadamente apertada depois da esperada derrota na disputa presidencial.

* * *

CAPÍTULO 3

ENGENHEIRO DE CIRCOS

Ao encerrar as campanhas de 2002 eu havia conquistado uma façanha pessoal jamais obtida em meus dezesseis anos em redações, catorze deles como profissional. Tinha guardado dinheiro suficiente para sobreviver por até dezoito meses com o padrão de gastos pessoais e familiares daquele momento, sem avançar sobre o saldo acumulado no Fundo de Garantia do Tempo de Serviço — o FGTS velho de guerra.

A constatação matemática, para alguém que até ali fora um assalariado acostumado às redes de proteção lançadas pelas corporações nas quais trabalhara, não era desprezível e abria novas possibilidades profissionais. Passei a driblar convites para voltar às redações e a focar na possibilidade de me dedicar a um empreendimento próprio. Queria montar uma consultoria de comunicação no estilo *boutique*, exatamente no formato desenvolvido pelo jornalista Mário Rosa. Estabeleci uma rotina de conversas com ele a fim de escrutinar os prós e os contras caso resolvesse trilhar o caminho que já percorrera.

Tão logo retornei de Fortaleza para Brasília, liguei para Ricardo Kotscho, jornalista que assessorou Lula, do PT, na campanha presidencial e candidato evidente ao posto de secretário de imprensa do governo que se instalaria no Palácio do Planalto no dia 1º de janeiro de 2003. Tendo feito campanha para um adversário do petista, mesmo estabelecendo diálogo fluido com eles, precisava me reconectar com o sistema solar em torno do qual todo o mundo político passaria a gravitar.

Kotscho marcou no ato uma conversa minha com o presidente eleito. Pediu que eu estivesse em São Paulo no dia seguinte. Fui. Cheguei quase duas horas mais cedo ao prédio em que o Partido dos Trabalhadores reunia na capital paulista a equipe de transição para o governo. O objetivo era cumprimentar um a um, tomar os cafés necessários, dedicando a atenção necessária a cada interlocutor dali. Quem estivesse na transição paulista certamente iria para Brasília. Vivia-se a época da apresentação de credenciais. O futuro Secretário de Imprensa estava reunido com Eugênio Bucci, jornalista que ocuparia a presidência da Radiobrás, a empresa estatal de comunicação. Conheci Bucci nos tempos em que fui da revisa *Veja*. Ele integrava a Editora Abril. Foi uma conversa afável, extremamente estimulante. A certa altura, José Carlos Espinosa, assessor da presidência do PT, entrou na sala e interrompeu a conversa com uma cobrança.

— Lulinha, não falei que eu ia tomar chá das cinco com você, no Planalto, pagando a conta? — disse ele.

— Falou, *Espina*. Mas em 1994 — contestei, explicando aos demais do que se tratava.

— A culpa foi do Real... agora é o Lulinha Paz e Amor.

— Vou tomar café com você no Planalto, mas aviso logo: eu levo o pó. Você já tomou o café do gabinete presidencial?

— Não. Nunca.

— É uma porcaria. Água suja. Compram o pó por licitação, compra anual, estocam o pó de café por um ano... claro que estraga. E ainda ficam guardando o café naquelas caldeiras de padaria ruim do centro de São Paulo, o café fica escaldando, amargo.

— Tu és jornalista ou barista?

Caímos na gargalhada. Estávamos no corredor de acesso às salas usadas pelo "governo de transição". Abriu-se a porta do escritório em que Lula despachava. Segurando a maçaneta com uma das mãos, com a outra o presidente eleito saudou, quase gritando:

— Lulinha! Entre aqui. Há quanto tempo, filho da... epa! Desculpe... agora sou "presidente eleito do Brasil" e tenho de manter a liturgia do cargo — falou cheio de ironia, fazendo o possível para que escutássemos as aspas em "presidente eleito".

Aqueles dias que antecediam a mudança para Brasília eram uma festa. Entrei. Recebi um abraço que rememorava as horas difíceis que passáramos em 1994, na campanha perdida para Fernando Henrique Cardoso e para o Real. Não tinha ido até ali para pedir nada. Não havia agenda para a conversa. Queria, pela primeira vez na vida, partilhar a ansiedade de um presidente eleito antes mesmo de ser abduzido pelos becos e buracos negros do poder. É neles que se encontram as traições, as perfídias, as dissimulações. Ali, os fracos começam a conhecer o descaminho. Não era o caso.

Relembramos coberturas, rasteiras e erros políticos das jornadas eleitorais perdidas por ele; Lula me perguntou do convívio com Ciro. Contei-lhe a definição à qual havia chegado, em conversa com Tasso Jereissati: "o mentiroso mais inteligente com quem cruzara caminho". Rimos juntos. Encerramos a conversa relembrando um porre de uísque que eu e o jornalista Guilherme Evelin, que me sucedeu na revista *Época*, tomamos com Lula e o petista mineiro Luiz Dulci num restaurante do bairro Ipiranga. Uma semana antes de me mudar de volta para Brasília, por deferência a Guilherme, amigo de longa data, promovi uma cerimônia informal de passagem de fonte para ele. Marcamos o jantar e chegamos cedo. Quando Lula e Dulci chegaram, já havíamos bebido mais de meio litro de uísque. Três garrafas depois, e com os petistas nos obrigando a deixar nossos carros lá e tomar táxis, voltamos trôpegos para casa.

— Lulinha, não terei tempo de ir atrás de você em Brasília. Terei muito por fazer. Mas, se precisar de mim, procure-me. Se tiver dificuldade, marca com o Dulci, ou com o Gilberto Carvalho. Você sabe o caminho — estabeleceu Lula.

Já estava diante de mim outro personagem. Era um político mais maduro. O tempo e as intempéries intangíveis o amadureceriam ainda mais. Absurdamente mais.

Três dias depois de minha conversa com Lula em São Paulo recebi uma sondagem de Mário Rosa, o homem que "inventara" a profissão de "consultor artesanal de comunicação", cujo modelo eu estava me decidindo a seguir.

— O Duda Mendonça está precisando de um trabalho pontual, rápido e bem-feito sobre birôs de mídia. É remunerado. Você aceita fazer?

— Aceito. Mas que *cazzo* é birô de mídia?

— Então estude o assunto e a Zilmar, sócia do Duda, vai te ligar e marcar uma reunião entre vocês.

Conversão para a língua portuguesa da expressão "Media Bureau", usada de maneira franca e corrente em todo o mundo, o birô de mídia é uma espécie de empresa que atua no mercado publicitário e de comunicação sem ser agência de propaganda ou veículo. Em geral, são corporações que têm sócios ou investidores oriundos do mercado financeiro. Essas empresas, ou "birôs", compram espaços publicitários antecipados diretamente dos veículos de comunicação, pagando preços de atacado — ou seja, mais baratos, com deságio. Depois, revendem os espaços às agências de publicidade, no varejo, cobrando preços muito mais altos. À medida que determinada atração é bem-sucedida ou traça uma curva de alta na audiência, maiores são os ganhos dos birôs de mídia — e eles não revertem em benefício nem das agências de propaganda, nem das empresas de comunicação. O lucro do sobrepreço das operações fica todo para os birôs.

Em menos de doze horas a sócia do publicitário Duda Mendonça ligou e marcamos uma reunião no amplo escritório que a agência baiana, responsável pela campanha vitoriosa de Lula, montou no complexo de prédios Brasil 21, no Setor Hoteleiro Sul de Brasília. Eles se preparavam para anos de dominação no mercado de publicidade oficial. O setor responde por cerca de 35% do mercado publicitário brasileiro que, em 2021, começando uma retomada de negócios depois dos abalos sofridos com a pandemia de Covid-19, girava em torno de R$ 11 bilhões anuais. Sempre fazendo o gênero zen-agitado, atropelando as palavras, Duda saudou-me muito simpático e foi direto ao assunto.

— Mário falou o que eu preciso?

— Mais ou menos — respondi. — Sei que é algo sobre birô de mídia, e que preciso fazer uma extensa pesquisa para mostrar o porquê de não os adotar no Brasil.

— Exato. Isso. O Gushiken, que vai mandar nessa área no novo governo, botou na cabeça que a melhor coisa para o presidente Lula é adotar birôs de mídia — iniciou Duda.

Cortei-o:

— Mas, Duda: pode ser uma grande ideia. Por tudo o que eu vi, pela pesquisa que já fiz, no Japão, nos Estados Unidos e até no Reino Unido, onde o modelo não é tão afinado como nos outros países, os birôs de mídia funcionam muito bem e em harmonia com o mercado publicitário.

— Meu filho, a Rede Globo está sediada em Tóquio? Ou em Nova York? Ou em Londres? Responda aí — provocou, com a proverbial tranquilidade baiana.

— Não.

— Então, meu querido: não existe birô de mídia no Brasil porque a Globo nunca deixou. Estamos *in love* com os Marinho. O presidente é o Lulinha Paz e Amor. A Globo se prepara para cobrir a posse, no dia 1º de janeiro, como quem cobre uma Copa do Mundo. Quem gosta de birô de mídia é o mercado financeiro. Estamos acertados sobre isso? Poderemos ter um estudo seu, sério e independente, cuja conclusão seja essa?

Ante tamanha e inusitada ironia, ri e disse que sim. Ele continuou.

— Pois bem, quero que você me prepare um estudo, como se fosse uma ampla reportagem para uma revista, sobre birôs de mídia e as vantagens do modelo que o Brasil adota hoje. Temos grandes agências de publicidade no país, muitas nacionais, outras mistas, com sócios estrangeiros, e escritórios de grandes agências internacionais, justamente porque o nosso modelo de remuneração de agências é vitorioso. Temos de explicar didaticamente ao Gushiken como é a bonificação por volume de publicidade. Coisa grande, didática e bem ilustrada. Preciso disso em duas semanas — pediu o responsável pelo marketing da campanha do PT em 2002.

No Brasil, são adotados diversos sistemas de remuneração de agências de propaganda. O menos usual é o de birôs de mídia. Mas, na prática, depois de 2014/15, ele terminou se impondo na publicidade de mídia eletrônica — buscadores como Google, redes sociais, plataformas de streaming. Em 2002/03, o sistema amplamente vigente era o de bonificação por volume. Ele consiste em ampliar gradualmente a remuneração do veículo à agência, na forma de comissão, calculada percentualmente de acordo com o volume de investimento publicitário feito pela agência naquele veículo específico. A Rede Globo, campeã absoluta do ranking brasileiro, sempre estimulou a bonificação por volume, popularmente conhecida por BV, e cumpria à risca o calendário de retribuição às agências. Com tal pontualidade, incomum no mercado, criou-se um ciclo de retroalimentação: as empresas publicitárias preferiam a Globo, programando-a. E a Globo retornava parte percentual do investimento para elas, com pontualidade — justificando comercialmente a preferência.

— Ok, consigo fazer — respondi. — Mas isso vai me exigir dedicação exclusiva.

— Não imaginei diferente. Quanto? — quis saber Duda.

— Trinta mil reais. Metade agora, porque aceitei a tarefa. A outra metade quando entregar.

— Acerte isso com a Zilmar. Por mim, fechado.

Tinha certeza de ter pedido bem. A sócia de Duda Mendonça tinha a chave do caixa da empresa e era dura na queda. Fui até ela.

— Vinte e cinco — contrapôs.

— Vinte e oito — leiloei.

— Feito. Martelo batido. Você começa já? Preciso dos dados para o primeiro pagamento e vou te enviar os nossos, para emissão da nota. Mas você tem de ouvir uma pessoa para esse trabalho e ele tem de aparecer muito bem no relatório final.

— Quem?

— O Bob Vieira da Costa, atual secretário de Comunicação do Fernando Henrique. Conhece?

— Bob? Claro. Trabalhou com o Serra no Ministério. Mas por que o Bob?

— Porque o japonês adora o Bob, confia nele e sabe que o Bob entende muito mais do que ele do mercado publicitário. Já conversamos com o Bob. Ele vai chancelar a nossa tese — explicou Zilmar. "Japonês" era o apelido carinhoso do nissei Luiz Gushiken.

Caí em campo. Em duas semanas de trampo, faturaria o equivalente a uma vez e meia meu último salário como editor-executivo do *Correio Braziliense*. Havia um caminho a percorrer no estabelecimento da tal "consultoria de *boutique*" que Mário Rosa estava determinado a me convencer a montar. De quebra, começava a construir pontes com o poder emergente do petismo — e aquilo tinha valor imensurável no mercado que desbravava. Cumpri o prazo, e eles, o compromisso financeiro. Dois dias depois de ter entregue o estudo, Zilmar telefonou.

— O Gushiken adorou o material. E bateu o martelo: sem birô de mídia. Afastou a ideia. Chamou o Bob para mais uma conversa, avisou ao pessoal da Globo que não teria nada isso. Capitalizou politicamente também, claro.

Não fiquei em Brasília para a festa de posse de Lula. Tinha sido um ano conturbado, a mudança de São Paulo para Brasília abrira fissuras no meu relacionamento com Patrícia, porque ela interrompera a carreira dentro da Editora Abril, e permaneci um tempo incomum afastado dos meus filhos em razão das campanhas eleitorais. Decidimos passar quinze dias no Rio de Janeiro. Viajamos logo depois do Natal. A ideia era ficar até 10 de janeiro. O réveillon de 2003 foi especial para nós, em família, e para o país: a posse de Lula foi uma festa popular raras vezes vista, em qualquer momento da história.

* * *

No início da noite de 2 de janeiro meu celular tocou insistentemente enquanto eu tomava um demorado banho depois da praia. Não reconheci o número. No *bbm* do Blackberry, sistema de mensagens instantâneas exclusivo dos aparelhos da empresa, um recado: "Lula, aqui é o Duncan Semple. Lembra de mim? Do Dedoc da Abril. Preciso falar urgente. Liga nesse número". Lembrava do Duncan, como não? Um excelente pesquisador e profissional do Departamento de Documentação da Editora Abril que me salvara em diversas apurações nos tempos da *Veja*. Retornei. Depois das saudações de praxe, ele foi direto ao assunto.

— Meu caro, estou trabalhando na Liderança do PT na Câmara dos Deputados. O João Paulo Cunha, líder da bancada, vai ser candidato à presidência da Câmara. Nunca nenhum petista venceu a disputa para o cargo, e pediram para eu te consultar: você faria a campanha dele?

— Duncan, não conheço o João Paulo. Isso é ideia sua ou dele?

— Minha, dele e de outras pessoas.

— Estou no Rio. Não ia voltar agora. A eleição é dia 1º de fevereiro, não é?

— Isso. Um sábado. Temos um mês para trabalhar. Você consegue estar aqui amanhã? Venha. Não vai se arrepender.

— Amanhã não consigo, pois vim de carro. Mas dia 4 de janeiro, de manhã, estou aí. Pode marcar.

Chamei Patrícia para um café na Confeitaria Colombo do Forte de Copacabana e contei do telefonema e do meu "sim", que interromperia as férias ao menos de metade da família. Acordamos que ela seguiria no Rio com Júlia, nossa caçula, e eu voltaria dirigindo para Brasília no dia seguinte com Rodolfo e Bárbara. Sozinha, ela não conseguiria cuidar de três crianças. Se a minha decisão era pôr de pé uma empresa de consultoria personalizada, não havia oportunidade melhor. No dia seguinte, uma sexta-feira, estávamos na BR-040 antes das sete e meia da manhã. Minha pretensão era chegar na capital antes das nove da noite. Conseguimos, sem maiores atropelos, salvo uma inundação na estrada na altura de Belo Horizonte. No sábado, às onze da manhã, estava no gabinete da Liderança do PT na Câmara, conforme o combinado.

Homem simples, magro, de olhar arredio e humor refinado, gestos humildes, conversa rápida e análises inteligentes, João Paulo Cunha me cativou nas duas horas em que conversamos sozinhos. Expôs o formato da campanha que desejava fazer — viajar todo o Brasil para conversar em cada capital com os deputados eleitos e reeleitos em 2002 que estavam de férias, pois era recesso parlamentar naquele janeiro.

— Sou metalúrgico, não tenho curso superior, minha mãe era empregada doméstica. Serei o primeiro petista a presidir a Câmara e quero que as pessoas votem em mim não porque sou do partido do presidente, mas pelas ideias que eu tenho para esta Casa — disse.

Era um ótimo começo. Nunca havia feito campanha para quem não tivesse o que dizer (*faria uma, no futuro, em 2010, e essa história será contada mais à frente*).

— Você terá adversários?

— O Geddel Vieira Lima, do PMDB, diz que vai ser candidato. Ele tem trânsito na oposição.

— Do Geddel você não perde — respondi. — E dentro do PT, seu nome é unânime?

— Agora, sim. Está unificado. O presidente Lula pacificou a bancada.

— Como vamos viajar o Brasil? Em voo de carreira, em um mês, não conseguiremos — deixei claro.

— O partido vai nos ajudar. Há um núcleo cuidando disso. Teremos um jatinho à disposição.

— Opa! O PT agora está com cara de PSDB — fiz o chiste irresistível.

João Paulo sorriu e seguiu a brincadeira:

— Não foi o PT que mudou. É o poder que é sempre igual; independe do partido.

— Tudo certo, campanha fechada. Vamos montar um núcleo de rádio para você dar entrevistas, vou precisar de alguém para ficar em Brasília me ajudando no contato com a imprensa e viajarei com você. Teremos de caprichar nos discursos e serão necessárias algumas poucas peças de campanha. Com quem acerto a vida como ela é?

— Acerta o quê? — ele não havia entendido e franziu a testa ao me questionar.

Respondi fazendo o sinal típico de dinheiro, raspando os dedos polegar e indicador da mão direita.

— A vida como ela é?! — asseverei.

— Ah! Um pessoal de Minas Gerais vem aí à tarde. Vão encontrar com você lá no meu gabinete pessoal. É uma turma de uma agência de publicidade mineira, amigo do Delúbio — explicou João Paulo.

Delúbio Soares, a quem eu conhecia, era o carrancudo tesoureiro do PT, homem de confiança integral da cúpula partidária.

Fui almoçar com Duncan numa churrascaria nas proximidades do Congresso Nacional e regressei para encontrar o tal publicitário mineiro no gabinete de João Paulo no prédio do Anexo 4. Apresentei-me à secretária, Silvana Japiassu, e ela me informou que o enviado de Delúbio estava a caminho.

Chegou logo; fazia-se acompanhar de um outro homem. Baixinho, bronzeado, careca, sorridente, carregando uma pasta 007 na mão esquerda e uma mochila de atleta nos ombros. Estancou no portal do gabinete do Anexo 4 e me estendeu a mão direita.

— Luís Carlos da Costa Pinto, vulgo Lula Pereira! Prazer! Sou Marcos Valério, das agências SMP&B e DNA, e vou resolver todos os seus problemas.

Sorri. Estava um pouco nervoso, quase irritado.

— Bom, Lula Pereira era jogador de futebol. Não tenho "Carlos" no nome. É só Luís Costa Pinto, ou Lula, ou Lula Costa Pinto.

— Não importa — brincou. — O que importa é que faremos uma campanha de gente grande. O PT mandou colocar à disposição de vocês tudo o que for necessário. Temos uma equipe de criação aqui, capacidade para fazer peças gráficas, roteiros e gravações de vídeos, além da estrutura operacional para rodar o país — deixou claro Marcos Valério.

Eu não conhecia as agências SMP&B e DNA.

— Desculpa, meu amigo. Mas, assim como você não tinha ouvido falar de mim, eu também nunca ouvi falar da SMPB e da DNA.

— S, M, P, & B — corrigiu-me ele, soletrando tudo. — É a mais premiada agência de Minas Gerais. Temos contas na Esplanada. Estamos no Banco do Brasil, já. E a DNA é a maior agência mineira.

Dei de ombros para meu falante interlocutor. Aquele não era exatamente o meu mundo, ou meu meio.

— João Paulo quer cair na estrada segunda-feira. Precisamos de *banners* com a imagem dele e *backdrop* para dar entrevistas. Também é bom ter algo impresso como uma espécie de programa.

— Vamos atrasar essa agenda em dois dias. A partir de quarta--feira vocês terão tudo isso. Antes, não dá. Quais as propostas dele? Qual o roteiro das viagens? Dormirão em que cidades? — ponderou Marcos Valério.

Aquiesci. Fosse em redações, fosse em campanhas, fosse na publicidade, o planejamento devia ocupar 70% do tempo. O resto seria *fill in the blanks*. Tudo se ajustaria. Sílvio Pereira, secretário--geral do PT, uniu-se a nós no gabinete. Um dos cardeais do partido àquela altura, Silvinho, como era conhecido em razão de sua estatura e do jeito dócil, conhecia como poucos políticos as relações entre os deputados dos diversos partidos em cada estado da federação. Revelou-se um craque para traçar as estratégias dos encontros. João Paulo jogava em dueto com Sílvio Pereira e com o chefe da Casa Civil, José Dirceu, que tinha ascendência sobre ambos. Organizaram a agenda de viagens e pusemos o pé na estrada nas asas de um jatinho Citation alugado pelo Partido dos Trabalhadores.

A jornada de viagens teria de estar encerrada em três semanas. No dia 28 de janeiro, a fim de receber pessoalmente cada um dos parlamentares que chegaria à capital para tomar posse de seus mandatos e eleger o presidente da Casa em seguida, João Paulo precisava estar de volta à cidade. Nos 21 dias seguintes mergulhei numa verdadeira pesquisa de campo para um MBA em política. *Realpolitik*.

A primeira escala da caravana foi em Goiânia, a menos de 25 minutos de voo de Brasília. Numa união improvável, os deputados Rubens Ottoni, do PT, e Ronaldo Caiado, do PFL, esmeraram-se na organização de um jantar no hotel Castro's, o mais sofisticado da capital goiana. Os ex-governadores Iris Resende e Marconi Perillo, adversários de ambos e inimigos entre si, estavam presentes. Também deputado, o empresário Sandro Mabel, dono de uma fábrica de massas e biscoitos que levava seu nome, seria o trem pagador da maior parte das contas daquela noite. Filiado ao PP, Mabel tentava uma aproximação com o Palácio do Planalto e com a nova configuração dos donos dos espaços políticos.

Havíamos preparado um discurso amplo para aquela noite inaugural. Afinal, era necessário fazer João Paulo dialogar com capatazes do agronegócio e com um dos líderes do setor, Caiado, que fora presidente da União Democrática Ruralista (UDR) durante a Assembleia Nacional Constituinte de 1987/88. A UDR foi o maior e mais eficaz *lobby* conservador do país naqueles anos cruciais da restauração democrática depois da ditadura militar. Também era necessário reafirmar compromissos com a esquerda, sobretudo com o PT, que emergia como força política em Goiás depois de eleger na capital os prefeitos Darci Accorsi, em 1992, e Pedro Wilson, em 2000. Entre os dois extremos, precisávamos dos votos dos deputados do PMDB de Iris Resende e do PSDB de Marconi Perillo. Com muita habilidade e paciência, o candidato à presidência da Câmara recebia, um a um, os eleitores da bancada goiana. Uma suíte havia sido reservada no primeiro andar do hotel só para essas conversas pessoais.

— Ronaldo Caiado, o Rei do Gado — acenou João Paulo, levantando da poltrona em que estava para receber à porta o deputado pefelista. — Do que você precisa?

— Preciso que compromissos sejam cumpridos — disse Caiado na lata, sem desvios. — Se tudo der certo, eu vou ser o líder do PFL. Nós fomos jogados na oposição pelo resultado das urnas, isso é do jogo. Mas vocês não podem cortar os espaços do PFL na Mesa Diretora, nas comissões, e devem deixar algumas relatorias de projetos com a gente.

O deputado petista jamais havia conversado mais longamente com Caiado e se surpreendeu com o pragmatismo do pedido direto.

— Mas é claro! Nunca me passou pela cabeça tirar espaço das oposições. Quero ser o presidente do diálogo. Não vou cortar nada de ninguém — respondeu.

Satisfeito, o líder ruralista saiu e abriu a porta para o amigo Sandro Mabel. Carismático e com um jeitão meio malandro, o deputado e empresário entrou com alguns saquinhos de rosquinhas de coco e de chocolate saídas de sua fábrica.

— Tome, João Paulo. É para levar nos voos. Um lanchinho sempre cai bem.

Rimos todos.

— Diga, Sandro. E você, o que espera de mim na Mesa da Câmara? — quis saber o petista em busca de consolidar mais um voto.

— Quero que você marque uma agenda minha com o José Dirceu e vá junto comigo. Dirceu é hoje o mandachuva do Palácio do Planalto. É o homem que tem acesso ao mapa de cargos. João, você me ajuda?

Depois de ouvir um "claro" e um "óbvio", e de reafirmar seu apoio, Sandro Mabel, o dono da fábrica de rosquinhas, abriu a porta para um deputado radialista, Sandes Júnior, que havia feito fama como locutor de rodeio, e graças à cacofonia de seu nome com a dupla de irmãos cantores Sandy e Júnior.

— Saaandess Júuúnior! — gritou João Paulo como se estivesse em pleno rodeio anunciando algum competidor prestes a laçar um boi. — O que manda, meu amigo? Já foi a Brasília? Já escolheu seu apartamento funcional?

— Não, João. Não escolhi ainda e quero este favor: deixe-me ficar com algo bom. Vou morar na cidade. Não quero nada detonado. E quero sua amizade também. Só isso me basta. Mas, se você me garantir que não vai deixar as rádios de meus amigos de fora da programação de publicidade do governo, ganha um irmão em Goiás.

João Paulo Cunha prometia tudo a todos, com habilidade para não se comprometer com ninguém. Sentado num sofá, eu só observava e registrava. Foi uma noite divertida. A caravana seguiu no dia seguinte para Belo Horizonte. De lá, para a região Norte.

Desembarcamos em Manaus no meio de uma tarde chuvosa de janeiro. Do aeroporto, dirigimo-nos para o Palácio Rio Negro, sede do governo amazonense. Recém-empossado, o governador Eduardo

Braga era filiado ao PPS e havia apoiado Ciro Gomes na disputa presidencial. Eu mesmo estivera com ele e com Ciro durante viagens de campanha. Havia uma ordem na portaria do prédio para que nós não esperássemos em antessala alguma. Era para entrar direto em audiência com Braga. O governador nos recebeu com o braço coberto por uma tala que o imobilizava parcialmente.

— Acidente de percurso — apressou-se em justificar. — Mas isso não atrasará nosso jantar com a bancada, logo mais, no Hotel Tropical. Nem me levará a faltar ao compromisso, meu presidente.

João Paulo Cunha sorriu, agradeceu, e perguntou o que ele esperava de sua passagem pela presidência da Câmara.

— Espero que a Zona Franca de Manaus siga sendo um projeto prioritário para os planos de governo e de implantação de um amplo programa nacional de descentralização do desenvolvimento.

— Haverá uma reforma tributária, certamente será um foro para debatermos a Zona Franca — adiantou-se João Paulo.

— Mas é isso o que estou falando: não se deve deixar que apenas a Receita Federal seja ouvida no caso da Zona Franca. Ela é estratégica demais para a região Norte, para a Amazônia, e não pode ser vista apenas como um programa tributário.

O candidato a presidente da Câmara fez um gesto de que compreendera e pediu a um dos deputados do PT que o acompanhavam na viagem, Virgílio Guimarães, professor de Economia da Universidade Federal de Minas Gerais, para que anotasse a demanda. Conversa encerrada, fomos para o hotel — um antigo cinco estrelas amazônico, outrora o melhor hotel de selva do país — a tempo de descansar um pouco antes do jantar.

Às oito da noite o quórum estava completo, com todos os deputados da bancada amazonense e os três senadores, além do governador, de seu vice e de alguns empresários da região Norte. Alguns parlamentares discursaram, João Paulo falou, encerrando a parte oficial do encontro. Contabilizamos 100% dos votos amazonenses para ele. Formou-se, então, depois do jantar, uma ampla roda de conversa. Todos sentados, muitos comendo bombons de cupuaçu e chocolate, outros fumando charutos e tomando vinho do porto. Por volta de meia-noite, um dos empresários presentes levantou, anunciou que ia embora, e levantou um pouco o tom, lançando um olhar em 360° para todo o grupo.

— Senhores, preciso ir. Mas pedi para deixarem uma lembrança da hospitalidade do Amazonas nos apartamentos de cada um de vocês da comitiva. Espero que gostem — sorriu e deu-nos as costas.

Como era um dos raros não fumantes de charutos, e considerava ter bebido além da média autoimposta para quem precisava levantar cedo a fim de decolar às oito horas da manhã rumo ao Nordeste, esperei menos de meia hora e, depois da partida do empresário, decidi ir para meu quarto. No corredor de acesso aos apartamentos, deparei-me com sete jovens mulheres sendo conduzidas por uma senhora. O ambiente estava a meia-luz. Demorei um pouco a perceber que se dirigiam às portas de nossa pequena comitiva.

— Quem são? — interpelei com alguma rusticidade e certa surpresa a mulher mais velha. — Um amigo meu está nesse quarto e o meu é ao lado.

As garotas, nenhuma com mais de vinte anos, viraram ao mesmo tempo em minha direção. Umas sorriam. Outras estavam neutras.

— Pediram para trazer esses presentes para vocês — respondeu a guia do grupo, mais velha e vestida de forma austera, evidentemente para não ser confundida com as demais.

Estaquei estupefato, entre o susto e a repulsa. Ouvira falar das excursões sexuais a destinos como Manaus, onde noitadas de sexo, jogo e bebedeiras rolavam em barcos que singravam os rios Amazonas e Negro. O mesmo acontecia no rio Araguaia, no Tocantins, e no Pantanal mato-grossense. Menos exótica e mais *heavy metal*, prática semelhante começava a se instalar no Lago Paranoá, em Brasília. Iates de luxo convertidos em bordéis exclusivos passavam a ser usados por empresários e lobistas como ferramenta de convencimento de políticos e servidores públicos na hora de executar grandes negócios. Estavam ali os sete "mimos" ofertados pelo empresário apressadinho para que não esquecêssemos a hospitalidade manauara.

— Quem é você? O que é isso? — insisti na interpelação, dirigindo-me com o olhar para a mais velha. Era a cafetina.

Eu acreditava ser uma armação. Com o olhar, procurei câmeras ou fotógrafos nos corredores transversais. Nada se mexia.

— É presente de um amigo, uma pessoa importante de Manaus. Um empresário aí... — respondeu a mulher, encarando-me. Estava surpresa com a minha reação.

— Fora. Não queremos. Fora. Quantos anos essas meninas têm? Fora. Estão loucos — eu estava descontrolado.

A cafetina apressou-se em puxar as garotas. Ainda escutei uma delas dizer que tinha "dezesseis", respondendo à minha pergunta.

Senti a adrenalina secar a minha boca e injetar os olhos. O ódio que se apossava de mim era indisfarçável. Corri em direção à recepção. A mulher mais velha pegou-me pelo braço e apelou para que não fizesse confusão alguma. Prometeu que todas se retirariam. Lembrou que um escândalo estouraria do lado mais fraco: o das garotas, e o dela.

— Por favor, jure que não fará nada. Vamos embora. As meninas estão pagas.

— Ok. Fora. Já. Todas.

— Moço, está certo. Mas não faça reclamação... a gente que sofre aqui — pediu uma das jovens, quase aos prantos.

— Não farei, claro.

Cheguei à recepção e pedi a relação de quartos de nossa comitiva. Todos os parlamentares seguiam fumando charutos no bar e não presenciaram a cena. Disse ao mensageiro da noite que precisava checar algo em cada um de nossos apartamentos e pedi que me acompanhasse. Estavam todos vazios. Retornei ao *lobby* do Hotel Tropical de Manaus e confirmei a partida da van com as garotas. Chamei a um canto um dos coordenadores da comitiva. Era deputado. Contei o ocorrido.

— Mande todas embora, contorne isso.

— Mandei.

— Aja sem escândalo. Mas com firmeza. Certifique-se de que já foram embora e me avise aqui. Só aí vamos para os quartos. Não fale nada para os outros.

Segui as instruções, limpei a área mais uma vez e só então pudemos dormir uma noite de cinco horas até decolar para Fortaleza. De lá, voamos para o Recife.

Dois anos depois daquele episódio escandaloso, uma Comissão Parlamentar Mista de Inquérito investigou, radiografou, expôs e pediu a punição de diversos grupos que exploravam adolescentes e jovens em todo o país. Os casos mais chocantes de exploração foram relatados em Porto Ferreiro, São Paulo, e Manaus, Amazonas. O empresário que tentou promover aquela ignomínia na capital amazonense viu-se entre os investigados e indiciados pela CPI. Da forma que pude, ajudei a fazer com que as denúncias chegassem à Comissão de Inquérito instalada no Congresso Nacional. Depois, com a ajuda de alguns parlamentares da região Norte, ele se safou.

* * *

Na capital pernambucana a agenda era pesada de compromissos e agradável do ponto de vista dos interlocutores. Como a minha família estava em temporada de veraneio na casa de praia em Tamandaré, litoral sul do estado, pude focar com tranquilidade nos encontros. À tarde, o deputado Maurício Rands, que se elegera para um primeiro mandato pelo PT, convidou-nos para um drinque em sua casa. Advogado bem-sucedido, Rands tinha um apartamento no bairro do Espinheiro, na Zona Oeste do Recife, com vista panorâmica para as longínquas praias de Olinda, para o Porto do Recife e até as praias do Pina e de Boa Viagem.

— Esta vista não combina com um parlamentar do PT — brinquei com ele.

— Estamos inaugurando um novo tempo no partido — devolveu. — Não há porque se torturar e viver à margem das coisas boas da vida.

Aquela seria uma reunião apenas entre petistas. Bebemos um pouco além do recomendável para uma *happy hour*. O compromisso seguinte era um jantar com toda a bancada pernambucana na casa do deputado Luiz Piauhylino Monteiro, do PSB. Amigo de juventude do filho dele, e padrinho do neto de Piauhylino, eu me sentiria como se estivesse em casa.

Não demorou para que se formasse uma longa mesa de comensais que iam contando histórias de campanhas passadas. Os deputados José Múcio Monteiro, do PTB, e Eduardo Campos, do PSB, exímios contadores de anedotas, disputavam as atenções de todos. Até que Pedro Correa Neto, eleito para o sétimo mandato federal consecutivo, presidente nacional do PP, sigla que nascera de uma costela da Arena — a Aliança Renovadora Nacional, braço civil da ditadura militar —, pediu a palavra.

— João Paulo Cunha — gritou Correa. Tinha um copo de uísque numa das mãos, uma empada na outra. Pousou a dose na mesa, comeu a empada com uma hábil mordida única, puxou uma cadeira e sentou ao lado do candidato à presidência da Câmara. Falava alto, como se fizesse questão de ser ouvido por todos. — Repare bem: todo o nosso partido deve votar em você. Nosso amigo aqui, o Severino Cavalcanti... — apontou para um dos mais velhos representantes de Pernambuco no Parlamento, um deputado do interior do estado. E prosseguiu: — ... será candidato a uma das vice-presidências. Vamos fechar com você. Mas eu tenho uma demanda. E é coletiva.

— Qual, Pedrão? Fala que eu te escuto — pediu um sorridente Cunha.

— Fale bem da nossa gente para o seu povo que está chegando naquele Palácio do Planalto agora. João Paulo, aquilo não é fácil e nós conhecemos muito bem tudo ali dentro. Podemos ajudar muito vocês, sem esse negócio de ideologia.

Não houve quem não parasse para escutar o mais pragmático pedido de atenção que recebíamos em todo o périplo nacional atrás de votos para eleger o presidente da Câmara do PT.

— Meu amigo João Paulo, o PP quer colaborar com vocês. Ajude-nos a ajudá-los. Leve-me a José Dirceu, abra as portas para mim lá dentro — pediu o experiente deputado pernambucano.

E preparou um *grand finale*, repousando a mão direita no ombro esquerdo de João Paulo Cunha e encarando-o pelo lado dos olhos:

— Olhe só, há três coisas na vida que só ficam bem nos outros, e eu não quero nenhuma delas para mim: óculos *Ray Ban*... Óculos *Ray Ban* são bonitos nos outros, em mim ficam uma desgraça; sapato branco... sou médico, mas detesto sapato branco. Quando uso, parece que estou fantasiado; e ser de oposição... esse negócio de oposição é bom para os outros. Para nós mesmos, nunca.

A mesa inteira caiu na gargalhada. Eduardo Campos pediu a palavra.

— João Paulo, atenda o Pedrinho. Depois dessa, ninguém aqui merece mais do que ele. Cobre os votos na frente, porque conhecemos bem o PP, mas atenda-o.

Do Recife, voamos para Porto Alegre. Fruto de um acordo celebrado ainda durante o governo de Olívio Dutra (PT) no Rio Grande do Sul, que foi encerrado em 31 de dezembro de 2002, a capital gaúcha sediava naquele janeiro de 2003 o Fórum Social Mundial. Criado para se contrapor ao Fórum Econômico Mundial, que reunia banqueiros, grandes investidores e a nata do capital financeiro em Davos, na Suíça, o antípoda sediado nos pampas daria vez e voz a Organizações Não Governamentais e a movimentos sociais de todo o mundo. Havíamos conseguido uma brecha para pronunciamento de João Paulo no Fórum e agendamos um encontro com a bancada gaúcha durante um café da manhã no Hotel San Raphael.

Ao desembarcarmos, por volta da hora do almoço, fomos direto ao Palácio Piratini, sede do governo. Germano Rigotto, um deputado federal de pouca expressão, do PMDB, fora eleito governador em outubro de 2002, derrotando o candidato do PT. Bem relacionado no Congresso, ele e João Paulo se conheciam, e o peemedebista fez questão de ir receber o candidato a presidente da Câmara nos portões palacianos. Fez-se escoltar por seu secretário de Comunicação Social: Ibsen Pinheiro, ex-deputado e presidente da Câmara, cassado injustamente em 1994 em decorrência de desdobramentos da CPI dos Anões do Orçamento (no volume 2 de *Trapaça* essa história está contada em detalhes). Pacientemente, lentamente, Ibsen retomava sua vida política depois de ser inocentado em todas as instâncias jurídicas e administrativas das acusações às quais não conseguiu responder no curso da CPI. Para mim, pessoalmente, foi uma surpresa reencontrar o ex-deputado, uma fonte caudalosa de meus tempos da revista *Veja*.

— Ibsen?! Você aqui? — corri para cumprimentá-lo ao divisá-lo na fila de saudações.

— Lula! Que prazer em te ver. Sim, eu mesmo, renascendo, porque os inimigos me derrotaram numa batalha, mas não venceram a guerra.

— Que bom. Você está no governo? — perguntei.

Quem se apressou em responder foi o próprio Germano Rigotto:

— Tenho a honra de tê-lo como secretário de Comunicação. Ibsen tem muito a dar ao Rio Grande.

Apresentei o ex-presidente da Câmara ao futuro ocupante da cadeira de onde Ibsen comandara a sessão de aprovação do *impeachment* de Fernando Collor. Depois, generoso, o secretário me convidou para visitar o gabinete dele. Ficava dentro do próprio Palácio Piratini. Contudo, tomamos uma escada de acesso aos porões palacianos, passamos por uns corredores sinuosos. Achei estranho o caminho. Cri que a demonstração de prestígio de Rigotto era só proforma. Sorridente e orgulhoso, Ibsen abriu a porta da pequena sala que ocupava, mobiliada com móveis típicos dos anos 1960. A cadeira na qual sentava era simples. O telefone, antigo — daqueles modelos pretos, de baquelite, com discos e dedais no lugar de teclas. Havia charme ali. Espartano e charmoso o local.

— Eis meu novo lugar. Eis onde me reencontrei na política. Sabes quem sentou nesta cadeira? — testou-me.

— Não. Nunca vim a esse Palácio.

— Daqui, Lula, Leonel Brizola comandou a Cadeia da Legalidade. Daquele microfone... — apontou um artefato antigo, igual àqueles da Era do Rádio, um microfone de *crooner* semelhante aos usados por Frank Sinatra em seus shows dos anos 1960. E completou: — ... Brizola fez o discurso de resistência à tentativa de golpe em 1961, porque seria um 1964 antecipado. Foi daqui, também, que ele saiu para o exílio no Uruguai, quando enfim os militares desmontaram a democracia.

Havia brilho nos olhos de Ibsen Pinheiro, e aquilo me alegrou. Ele recuperara o projeto de vida. Reencontrara-se na política.

— Posso te pediu um favor? — indagou-me.

— Claro.

— Pretendo escrever um livro sobre a minha via-crúcis na vida pública, sobre todo aquele processo que levou à minha cassação, e gostaria que você me ajudasse com um capítulo: justo da cassação, da CPI. Você pode escrever em detalhes todo aquele processo da publicação da capa da *Veja* com o erro em relação a mim? Como a notícia chegou até você, como depois ela se espalhou por toda a imprensa?

— Posso, é óbvio.

— Vai ser muito importante para mim. Escreva em formato de carta. Vou incluir na minha biografia.

Senti-me honrado com o pedido. Eu havia sido parte do erro jornalístico, conforme publicado no volume 2 de *Trapaça*. Embora a *Veja* tenha se corrigido na semana seguinte — tendo sido a única publicação a fazê-lo em relação ao ex-deputado —, ficou marcada como responsável pela incorreção trágica. Reafirmei que mandaria em breve o texto e seguimos com a agenda. Não houve maiores intercorrências na agenda política no Rio Grande do Sul e a campanha de João Paulo seguiu como programado.

Quatro dias antes da eleição, estávamos de volta a Brasília em definitivo. A estratégia de visitar cada uma das 26 capitais estaduais e pedir um a um os votos de todos os deputados eleitos parecia amplamente vitoriosa. Tão logo chegamos, fomos avisados que o deputado Geddel Vieira Lima, do PMDB baiano, queria uma conversa a sós. João Paulo foi ao encontro dele. Segui junto. Conhecia Vieira Lima de longa data. Achei que poderia ajudar na costura. Antes de se fecharem numa sala reservada, interceptei o representante da Bahia.

— Grande Geddel! Disseram-me que você é candidato contra a gente.

— Sou, sim, por enquanto. Se escutar uma proposta melhor, posso deixar de ser.

— Você não acha, sinceramente, que é hora de dar uma rodada no poder? Você pode ser o líder do PMDB, Geddel. Já é um bom posto — tentei argumentar.

— Lula, meu amigo, quando alguém bate na sua porta, você pergunta como? Diz aí? — contestou ele, começando a usar uma metáfora floreada.

— Como assim?

— Se alguém bate na sua porta, você pergunta o que à pessoa?

— Quem é?

— Sim. Você pergunta quem é. Nunca "quem foi". Brasília é cruel demais. Eu não vou ser líder desse partido. Não ganho na bancada. Mas posso ser candidato a presidente e fazer um inferno na vida de vocês. Talvez não ganhe, mas obrigo o preço dos acertos a aumentar muito para o João Paulo. Só que depois disso eu terei sido algo; não estarei sendo nada. Meu preço vai lá para baixo. Deixe eu entrar aqui e sair bem negociado. Tudo tem jeito se a conversa é boa.

O papo durou pouco mais de uma hora. Geddel Vieira Lima saiu da sala reservada acertado com João Paulo Cunha e seria candidato a primeiro-secretário da Mesa da Câmara. O PT e todos os demais partidos de esquerda votariam nele. O cargo é uma espécie de prefeitura da Câmara dos Deputados e confere enorme poder interno a quem o ocupa. Ele só pediu para que nós não vazássemos o acerto antes de ele tirar todos os dividendos políticos da possibilidade de ser candidato — ou seja, queria vender caro, para os outros, o recuo que já estava definido. A articulação se encerrava com chave de ouro. João Paulo obteve 434 votos para a presidência da Câmara dos Deputados — quase 90% dos votos possíveis.

* * *

Na esteira da acachapante vitória para a presidência da Câmara, segui tendo lições de política na vida real. Estava determinado a não aceitar quaisquer ofertas para seguir em cargo de assessoria

— converter-me em assessor, e a oferta seria feita, significaria abrir mão da liberdade de ter outros clientes e colar a minha vida profissional no projeto político do assessorado. Aconselhado por Mário Rosa, para quem o ideal era transformar a boa relação com o presidente da Câmara numa espécie de diferencial competitivo no mundo das consultorias, tive de dizer um duro e indignado "não" no primeiro dia útil após a eleição. João Paulo disse que queria a minha permanência ao lado dele. Respondi que a Câmara não me remuneraria à altura das expectativas que tinha. Ele designou um funcionário de carreira da Casa para que tentasse me mostrar as alternativas. Fui conduzido a uma sala reservada.

— Nosso maior salário, para quem não é concursado, é R$ 18 mil mensais — disse-me o funcionário. — É o CNE mais alto.

— O que é CNE?

— Cargo de natureza especial.

— É bom. Só que não atende às minhas expectativas. Estou montando um negócio novo, uma consultoria, e preciso fazer face a outras despesas — respondi.

— Mas podemos mais do que dobrar esse valor. Esse é o CNE 7, o maior. Você pode indicar duas pessoas de sua inteira confiança, por exemplo, sua mãe e sua sogra... daí elas passam a receber um CNE 5, que é de uns R$ 10 mil cada um, e transferem para você o valor líquido. Nem precisam vir à Câmara...

Demorei alguns segundos até compreender o que me estava sendo proposto. Quando caiu a ficha, fui direto.

— Você está doido? Isso é corrupção, é uma esculhambação nojenta!

— Calma, rapaz! Todo mundo faz assim — redarguiu o funcionário, com naturalidade. — Inclusive, sei que você mora de aluguel num apartamento na SQN 202... A Câmara tem apartamentos lá. Alguns estão vazios. Você pode ocupar um apartamento desses e ainda economiza o aluguel, aumentando o seu líquido.

— Vamos parar a conversa por aqui? Ou vocês têm como me pagar uma consultoria, privada, sem que eu vire funcionário da Câmara, ou adeus... terá sido bom enquanto durou.

— Não quer mesmo isso? Alguns assessores do Aécio Neves fizeram assim — ainda insistiu ele, recorrendo ao anti exemplo do antecessor de João Paulo Cunha na presidência da Mesa. Aécio se elegera governador de Minas Gerais pelo PSDB.

— Aécio Neves e os assessores dele não são exemplo para mim, são?

— Ok. Talvez tenhamos um jeito, mas é por meio da agência de publicidade que está contratada aqui.

— Qual é?

— Denison Brasil. O publicitário é um tal de Sérgio Amado. Você conhece?

— De nome, sim. Pessoalmente, não. Mas posso procurá-lo.

— Então procure. Se ele quiser contratá-lo como consultor, ok para a Câmara. Mas saiba que terá de passar por um processo de concorrência interna. A agência não pode escolhê-lo, terá de criar um processo seletivo, e há alguma burocracia nisso.

— Eu me submeto.

Saí dali e fui tentar estabelecer uma ponte com o publicitário Sérgio Amado. Papa da consultoria, Mário Rosa me ajudou também naquela empreitada. No dia seguinte apresentava-me, numa reunião em Brasília, para Amado. Dono da Denison, uma empresa pequena na qual concentrava clientes pessoais, ele era o principal executivo do grupo Ogilvy&Mather no Brasil. O conglomerado publicitário sempre foi um dos maiores do mundo no mercado. Acertei os ponteiros com o baiano, ganhei a confiança dele, passei pela seleção interna com a melhor proposta financeira e fechei a consultoria com a Denison Brasil para atender à Câmara dos Deputados sem me submeter às maluquices que me haviam sido sugeridas.

— Só quero estar no jogo — pediu-me Sérgio Amado quando me apresentei a ele. — Cheguei naquela conta na gestão do Aécio Neves, meu amigo. Vou tentar ganhar contas na Esplanada. Não me deixe virar uma laranja chupada com seus amigos do PT.

— Não sou do PT. Também não gosto do Aécio — respondi.

— Mas pode deixar: estarei atento e vou te avisando.

* * *

Enquanto estabelecia contato com o dono da Denison Brasil para tornar viável meu futuro na área de consultoria, recebi uma sondagem de Eduardo Oinegue, àquela altura redator-chefe da *Veja*, para voltar às redações. O convite era para ser editor especial da revista baseado em Brasília e cuidando de minhas próprias pautas e reportagens. Ponderei com Oinegue, a quem havia sucedido na chefia da sucursal (*Trapaça*, volume 2, conta em detalhes esse período), que André Petry, o jornalista que comandava o escritório brasiliense, em que pesasse ser um amigo comum nosso, poderia se sentir melindrado com a minha presença. Fui conversar com Petry num fim de tarde no bar Carpe Diem, na entrequadra comercial da SQS 104.

— Eduardo me falou da conversa de vocês — começou ele, logo depois de nos cumprimentarmos. — Acho ótimo, você agrega em qualquer time.

Era um início promissor de conversa e fomos caminhando por ali, falando do que nos unia e de como tínhamos feito boas coisas juntos. Até que eu perguntei a ele se tinha ficado claro que o fato de eu estar sediado em Brasília era apenas uma formalidade, que eu teria controle absoluto sobre a minha produção para a revista.

— Opa, isso o Eduardo não falou. O que é produzido em minha jurisdição, na sucursal que eu chefio, passa por mim — sacramentou ele.

— André, na boa: não vou submeter meus textos a você — protestei.

— Lula, não há a menor possibilidade de algo sair de minha sucursal sem passar por mim.

— Então, não vou para a *Veja*. Vivemos outros tempos, e não aquele período em que eu começava na profissão — respondi.

— Então não temos um acordo. Uma pena. Quem liga para o Eduardo e diz a ele que não temos um acordo? — decretou André, dando logo um nó tático em mim.

— Você liga. Trabalha com ele. Eu falo depois.

Levantei, despedi-me, e quando telefonei para Oinegue, ele já sabia da versão de André Petry. Dei a minha versão do porquê não voltaria à *Veja* e fui construir outro caminho.

* * *

Um presidente da Câmara dos Deputados alinhado com o primeiro presidente operário da história do Brasil, ambos metalúrgicos, era mais que coincidência. Sem medo de errar, pode-se dizer que ocorreu uma feliz conspiração de componentes políticos até aquele momento — além do que, houve rara compreensão do momento político brasileiro tanto por parte de João Paulo Cunha quanto de Lula. Os dois puseram de lado diferenças ideológicas com a oposição que emergira das urnas e cuidaram de costurar uma pauta legislativa que assegurasse uma travessia tranquila de um governo do PSDB para a gestão liderada pelo PT. Não à toa, escrevendo um roteiro de lua de mel com empresários, entidades corporativas, executivos de grandes empresas e o mercado financeiro, o Palácio do Planalto enviou à Câmara duas propostas de reformas constitucionais — uma, da Previdência Social; a outra, do Capítulo Tributário — e pediu a João Paulo que as aprovasse até o recesso parlamentar do mês de julho.

A Reforma da Previdência estabelecia a extinção das aposentadorias e pensões especiais de militares e um teto nacional de aposentadoria para os Três Poderes, além de cobrar a contribuição de 11% de trabalhadores já aposentados nas carreiras públicas e a instituição de um sistema de cálculo das aposentadorias privadas a partir da soma dos anos de contribuição de cada cidadão para a Previdência Social. As duas últimas medidas foram aprovadas. Sob intenso tiroteio e resistência do Poder Judiciário e das Forças Armadas, as duas primeiras não passaram. Exultante com a primeira entrega que fizera de seus compromissos prometidos ao presidente da República, João Paulo convidou o ministro da Casa Civil, José Dirceu, um dos mais hábeis estrategistas do Partido dos Trabalhadores na caminhada até a vitória nas eleições presidenciais de 2002, para almoçar em seu gabinete. Convidou alguns líderes da base governista e me chamou para a conversa.

Ainda assim, tendo tramitado em tempo recorde, a mudanças previdenciárias formuladas pela equipe do presidente Lula e negociadas por João Paulo Cunha no Congresso impactaram positivamente o caixa do Instituto Nacional de Seguridade Social. Durante a Reforma da Previdência, um grupo de deputados do PT se rebelou contra a proposta, sobretudo, em razão da forma célere como João Paulo conduziu a tramitação do texto. Em protesto, deixaram a legenda e fundaram o PSOL — Partido Socialismo e Liberdade. Tendo virado poder, precisando demonstrar rigidez na condução dos gastos e responsabilidade fiscal para não assustar investidores externos, os petistas seguraram a ousadia nos primeiros atos de governo.

A empreitada seguinte era a Reforma Tributária. Virgílio Guimarães, deputado mineiro, do PT, que havia singrado os céus do Brasil, no jatinho pago pela direção partidária, durante a campanha de João Paulo à presidência da Câmara, foi indicado relator. Professor de Economia, tendo se dedicado ao tema por dois mandatos legislativos, criou uma linha direta com o ministro da Fazenda, Antônio Palocci. Sempre direto, Virgílio pediu a Palocci que dissesse o que era mera expectativa e quais os limites pragmáticos da realidade na ambiciosa emenda de Reforma Tributária apresentada pelo governo ao Congresso.

— O ideal é acabar com a guerra fiscal entre os estados, concentrando na União todo o poder de fazer política tributária — disse o ministro da Fazenda. — Entretanto, sabemos que será impossível votar algo assim no Congresso sem que seja em outra Assembleia Constituinte. Devíamos unificar vários tributos e ter, no máximo, três ou quatro impostos. Também não acho que chegaremos a tanto.

— Então, vou me concentrar na prorrogação da CPMF e da DRU até 2007, quando teremos um presidente eleito ou o Lula reeleito, forte para negociar de novo — acatou Guimarães.

Referia-se à Contribuição Provisória sobre a Movimentação Financeira (CPMF) e à Desvinculação das Receitas da União (DRU), criadas ainda no período de Itamar Franco, com outra nomenclatura, e essenciais ao desenvolvimento do Plano Real.

— Vou mexer na indústria de bebidas, eles não pagam impostos e a sonegação desorganizou o mercado. Os grandes fabricantes de bebidas querem a implantação do medidor de vazão dentro das fábricas. Vou adotar — anunciou ainda o relator da Reforma Tributária. — E vou aumentar a cobrança de imposto sobre papel. A importação de papel de imprensa não paga nada. Isso não se justifica.

Antônio Palocci topou na hora a implantação de medidores de vazão nas fábricas de cervejas, refrigerantes e água mineral. O sistema determinava que a cobrança de impostos se daria a partir do volume de líquido envasado. Até ali, o aparato de tributação das fábricas de bebidas era arcaico e estimulava a sonegação. O ministro, porém, quis impedir a cobrança de imposto de importação sobre o papel usado para impressão de jornais e revistas.

— Não mexe com isso, Virgílio — aconselhou.

— Vou mexer. Nunca achei justo.

À saída daquela conversa, a qual presenciei por uma deferência de Virgílio Guimarães, o deputado mineiro me pediu para indicar uma assessoria de imprensa que pudesse segui-lo. Designei a jornalista Mariana Monteiro, minha amiga, que também tinha trabalhado na campanha de João Paulo. Ele aceitou. Pus meu preço:

— Com uma condição, Virgílio: você vai me falando, na frente de todo mundo, para onde caminha o seu relatório. Esse é o tipo de informação que tem valor no mercado, com poucas horas de diferença entre quem sabe primeiro e quem publica depois.

— Combinado. E tenha juízo.

O relatório da Reforma Tributária de Virgílio Guimarães foi aprovado com 442 votos a favor. Teve uma receptividade maior do que o nome de João Paulo como primeiro petista a ocupar a presidência da Câmara. O único grande embate se deu, justamente, na imposição de uma alíquota diferente de zero para incidir sobre o Imposto de Importação de papel de imprensa. Na madrugada anterior à votação da Reforma, a secretária de Roberto Civita, dono da Editora Abril a quem eu não encontrava desde 1996, quando deixei *Veja*, alcançou-me no celular. Disse que "doutor Roberto" queria falar. Eu estava diante de Virgílio Guimarães e de João Paulo Cunha, num lanche fora de hora, às duas horas da manhã, no reservado da presidência da Câmara.

— Lula Costa Pinto, há quanto tempo! A Ângela Rehem me disse que você é próximo do deputado Virgílio Guimarães? É verdade? — saudou-me e já se adiantou no pedido o presidente da Abril. Para ele passar por cima da principal executiva de seu grupo em Brasília, a quem eu conhecera ainda como secretária do antecessor no cargo, é porque um certo desespero corporativo tomara conta de Civita.

— Doutor Roberto, há quanto tempo! Saudades suas. É verdade e estou ao lado dele aqui.

— Você me colocaria para falar com ele? Ficaria muito grato.

Tampei o microfone do celular com o polegar da mão direita e disse ao relator da Reforma Tributária quem era.

— Falo com ele, mas negarei o pedido. Já sei o que ele quer.

Passei o telefone. Virgílio Guimarães ouviu com atenção as saudações de praxe e, depois, o pedido para manter zerada a alíquota do Imposto de Importação sobre papel de imprensa.

— Doutor Roberto, não considero justo o pleito e não farei. Meu relatório está fechado. Se a divergência a mim pensar como o senhor, que aprove um substitutivo. Jogo jogado. Acataremos a maioria. Reforma Tributária é para corrigir distorções, e imprensa não pagar imposto é uma distorção.

Recebi o telefone de volta.

— Lula, vocês vão se arrepender disso. Quando chegar no Senado, o presidente Sarney corrige isso no relatório de lá. Contudo, para mim, e para sempre, vocês é que não quiseram mudar isso — disse-me de volta Roberto Civita. Ex-presidente da República, José Sarney presidia o Senado e conservava uma amizade fidalga com os donos dos principais veículos de comunicação.

— Doutor Roberto, desculpe... — tentei consertar.

— Vá dormir, ou vão votar. Obrigado. Não deveria ter ligado.

Desliguei e avisei a Virgílio, a João Paulo Cunha e ao vice-líder do governo, Professor Luizinho, que se juntara a nós na sala reservada:

— Vocês compraram um inimigo. E pagaram barato.

Deram de ombros, foram à votação e venceram. No Senado, sob a liderança de Sarney, foi por terra o aumento do Imposto de Importação sobre papel para impressão de jornais e revistas. Em um mês, Sarney foi capa da *Veja*, com elogios, e ainda ganhou da mídia tradicional a alcunha de "apaziguador da República".

* * *

No início do segundo semestre de 2003 teria um reencontro surpreendente com um fantasma das redações por onde havia passado.

José Antônio do Nascimento Brito, um dos herdeiros do *Jornal do Brasil*, aproveitou uma viagem a Brasília e me chamou para jantar. Anos antes, quando ainda morava no Recife e trabalhava em *Veja*, eu tinha sido apresentado a ele pelo então governador cearense Tasso Jereissati. Josa, apelido pelo qual o herdeiro do *JB* era conhecido, cultivara longa amizade com Tasso. O jornal estava falido e a família Nascimento Brito vendera o controle da empresa jornalística para o investidor baiano Nelson Tanure.

A primeira fase do *Jornal do Brasil* de Tanure fora gloriosa: o jornalista Mário Sérgio Conti dirigia a redação com rumo e ambição de reconstruir a fama da publicação, até que um dia Mário e Tanure se desentenderam, e o projeto editorial voltou a fazer água. O investidor baiano aproximou-se, então, de um Augusto Nunes cuja decadência profissional era impossível de esconder. Sob o comando de Nunes, a chama do *JB* acelerou o processo de esfriamento rumo à ruína total. Ainda minoritário no Conselho de Acionistas, Josa pretendia dar uma última cartada para revigorar o jornal familiar.

— Aceita o desafio de dirigir o *Jornal do Brasil*? — perguntou durante um jantar frugal no restaurante Piantella.

— Claro — respondi sem piscar. — Vocês pagam o mesmo salário que pagavam ao Mário Sérgio?

Josa riu. Falava-se nas coxias das redações brasileiras que o distrato intempestivo entre Tanure e Conti obrigara o empresário a pagar uma indenização de alguns poucos milhões de dólares ao jornalista. Contudo, falava-se em "milhões de dólares" no plural. Sem confirmar ou desmentir valores, depois de deixar a direção do *JB*, Mário Sérgio morou por alguns anos em Paris.

— Não os mesmos valores, mas, se você cativar o Nelson Tanure, pode ter a mesma liberdade. Você é capaz de elaborar um projeto para o jornal e mudar para o Rio?

— Sem dúvida. Quanto tempo tenho para fazer o projeto?

— Duas semanas. Vou marcar um jantar em minha casa, no Rio, somente nós três, e você nos apresenta o que poderia fazer com o jornal.

— Em duas semanas será um esboço, claro. Mas o desafio está aceito.

Duas semanas depois desembarquei na capital fluminense para o jantar, marcado para as oito da noite. Conforme combinado com José Antônio Nascimento Brito, cheguei uma hora antes à casa dele no Jardim Pernambuco, enclave de clássicas e sofisticadas mansões no Leblon, para expor antes as minhas ideias ao crivo dele. Uma mesa retangular do terraço que dava de frente para a piscina tinha apenas três lugares postos.

— Ele não atrasa. Logo chega — informou Josa, antes de pedir ajustes no que eu levara. — Tanure sabe que ouvirá uma proposta.

Às oito em ponto, o investidor baiano tocou a campainha da mansão dos Nascimento Brito. Tinha uma companhia a tiracolo: Augusto Nunes, que sorria maliciosamente em minha direção.

— Lula! Há quanto tempo! Tenho certeza que não me esperava aqui — provocou Nunes, vitorioso.

Ante a minha mudez, Josa tomou a frente e respondeu:

— De fato, não esperávamos. Mas onde comem três comem quatro, claro. Vou mandar pôr mais um lugar à mesa.

Cumprimentei Nelson Tanure, que foi objetivo.

— Estamos aqui para ouvi-lo. Sem compromisso algum, lógico.

Tudo havia se tornado absolutamente constrangedor. O anfitrião quebrou o gelo contando histórias do pai e reminiscências de redações. Augusto se conservou olimpicamente calado — cria exercer a alteridade magnânima dos vencedores. Sequer terminamos a única garrafa de vinho aberta quando Tanure decretou encerrado o jantar.

— O *JB* seguirá na linha atual — disse. Em seguida, ofereceu-me carona até o hotel em que eu estava. Aceitei. No carro, foi mais claro e ainda mais objetivo.

— Augusto Nunes seguirá na direção. Agradeço sua vinda ao Rio.

Saltei algumas quadras antes de meu hotel, na rua Rainha Guilhermina, e pedi um uísque na recepção antes de subir. Reconhecia a nova derrota para um velho antagonista. Restava-me manter a concentração na rotina de consultor, que ainda construía.

* * *

Em que pese terem sido observados alguns avanços na percepção positiva da forma como João Paulo Cunha conduzia a Câmara nos primeiros meses de gestão, a presidência da Mesa Diretora decidiu não renovar o contrato com a Denison Brasil. Abriu-se uma licitação para contratação de outra agência de publicidade. Quando informado da decisão, disse que era indiferente para mim a empresa que estivesse à frente do contrato. "O importante é alinhar o que se quer como resultado na ponta, qual a imagem projetada na ponta", ponderei. O contrato com a Denison poderia ser prorrogado por mais dois anos ainda. O mesmo funcionário que me ofertara possibilidades de remuneração inapropriada, e as quais recusei, perguntou-me se eu aceitava integrar a comissão de licitação como consultor externo de notório saber. Recusei. Não seria apropriado. De resto, comecei a sentir que havia algo no ar. O pedido de Sérgio Amado — "não me deixe virar uma laranja chupada" — ecoava na cabeça.

Diversos executivos, ou mesmo donos, de agências de publicidade de todo o país passaram a pedir audiência com o presidente da Câmara ou com Geddel Vieira Lima, a quem caberia a gestão do contrato. Era atribuição do Primeiro Secretário assinar o contrato com fornecedores externos do Parlamento. Nesse rol de visitas constantes do mundo da propaganda ao mundo da política estavam, claro, os sócios da SMP&B e da DNA, agências que executaram a campanha de João Paulo. Marcos Valério Fernandes de Souza, a quem conhecera primeiro, levou os parceiros Ramon Hollerbach Cardoso e Cristiano Paz para que também travassem alguma familiaridade naquele ambiente de deputados, senadores e ministros de governo, além de assessores partidários, em que parecia muito à vontade.

— O que vocês estão fazendo aqui? — perguntei a Marcos Valério, puxando-o a um canto mais vazio do gabinete da presidência da Câmara, quando vi o trio aguardando para entrar na sala reservada.

— Vamos disputar a licitação, ora essa. Não tem sentido a gente ter feito a campanha e não levar essa conta — respondeu-me ele.

— Sou contra. Justamente porque fizeram a campanha, têm de estar fora da Câmara, confunde tudo — aleguei. — João Paulo pode ajudá-los de outras formas...

— Meu caro — disse Marcos Valério postando a mão em meu ombro esquerdo e chamando-me com gestos para uma conversa ainda mais reservada. Reclinou a cabeça careca na direção de meu ouvido e apertou minha clavícula. Compreendi que estava levemente exasperado. — Essa sua teoria não existe na vida real. Queremos a ajuda de João Paulo Cunha em vários outros lugares. Mas, aqui, também. A conta da Câmara é até pequena, uns R$ 20 milhões. Ela, entretanto, conecta a gente com lideranças políticas em todo o Brasil. E é isso o que nos interessa, é isso o que queremos ter.

Recebi dois tapinhas nas costas e um sorriso. Acenei para Ramon e Cristiano, do outro lado da sala: preferia dialogar com eles. Conheci-os depois, mas eram mais razoáveis. Não fui na direção deles — entrei direto no gabinete reservado do presidente da Câmara e disse a João Paulo o que achava da participação das agências mineiras na licitação. Ouvi de volta que ele não podia impedi-los, e que a licitação seria ampla e transparente.

— Só não vou ficar com uma agência de propaganda que foi contratada pelo Aécio Neves. Com ela, não há alinhamento — deixou claro.

— Posso dizer a Sérgio Amado que ele estará fora?

— Pode.

Saí de lá e liguei para o publicitário baiano. Soube que saíra de uma internação em São Paulo, em razão de uma dolorosa hérnia de disco na coluna vertebral. Queria ter aquela conversa pessoalmente e propus-me ir à casa dele na capital paulista. Não se opôs. No dia seguinte peguei um avião logo cedo e corri para lá. Reuni-me com ele ainda deitado na cama. Não conseguia sequer sentar.

— Sérgio, aprendi desde muito cedo, com Ricardo Fiúza, numa das primeiras conversas profissionais que tive em Brasília, que a moeda mais valiosa no Congresso é a lealdade — introduzi.

— Mesmo que não sejamos políticos, venho por lealdade: nem participe. Não sei quem vai ganhar, mas você vai perder.

— Eu sei — respondeu-me o publicitário, CEO da Ogilvy no Brasil. — Quem vai ganhar é o Marcos Valério. Vocês pensam que são espertos, só que vão quebrar a cara: aquele carequinha mineiro é tudo, menos publicitário. João Paulo vai se foder com ele. Valério é um homem de negócios, não de publicidade.

— Não sei quem vai ganhar. A licitação nem recolheu as propostas ainda.

— Vou participar, porque não posso simplesmente entregar a conta para o mercado. Tenho dignidade profissional. Agora, saiba uma coisa: vocês vão se arrepender com Marcos Valério.

Terminei de beber um copo de água com gás, apertei a mão de Amado e fui embora. O comportamento do sócio da SMP&B e DNA não me inspirava confiança. Porém, não levei a sério as ameaças veladas do baiano. O carequinha mineiro falava demais, contava vantagem demais, e me parecia um grande 171 — pouco diferente de muitos com os quais cruzara caminhos em Brasília. Sempre usando ternos bem cortados com camisas esportivas por baixo, amante dos pratos e vinhos mais caros dos cardápios de restaurantes e disposto a exibir a todo momento as amizades com detentores momentâneos do poder transitório brasiliense, Marcos Valério estava longe de ser uma conversa agradável. Afastei-me do processo licitatório, estabeleci que ergueria pontes que me conduzissem a manter o contrato com a empresa que vencesse o certame e torci para que não fossem os mineiros. Em vão: eles venceram.

Cumpridos os trâmites legais, a SMP&B assinou o contrato com a Câmara dos Deputados.

Descortinou-se então, para mim, o tal horizonte para a vida de consultor.

Viria a ser infernal. Não havia *glamour* por dentro do poder.

Foi-me imposto um novo processo seletivo interno, com a agência que assumia o contrato com a Câmara, para que eu pudesse refazer o contrato de assessoria. Vencida essa etapa, Marcos Valério procurou-me para dizer que o vice-líder do governo, um deputado do ABC Paulista chamado Professor Luizinho, líder sindical entre trabalhadores do ensino médio, precisava de uma estrutura de assessoria e que eu deveria montá-la. Convidei o jornalista Ugo Braga, editor de economia que acabara de sair do jornal *Estado de Minas* e retornara a Brasília. Expus ao deputado o perfil do indicado, assegurei-lhe que trabalharia em sintonia comigo e ele topou. Antes de ser apresentado ao futuro assessorado, Ugo foi acometido de uma paúra ideológica.

— Lulinha, tu avisaste ao Professor Luizinho que eu sou um direitista convicto? Que eu acredito no livre mercado? — perguntou-me o jornalista, usando a forma característica dos pernambucanos: declinar o verbo na segunda pessoa.

— Como que é, Ugo? — espantei-me.

— Você sabe que eu sou de direita. Você sabe que eu sou defensor do livre mercado. Esse é um governo do PT, de esquerda. Em algum momento vai dar um conflito, ou não?

— Quem te disse que esse governo é de esquerda? É governo, Ugo! Governos governam... simples assim. Ninguém vai te pedir atestado ideológico.

— Tens certeza?

— Absoluta.

— Está bem, mas eu avisei. Não venha depois me cobrar coerência e alinhamento.

Seguimos para a conversa — e Ugo terminou por assessorar Luizinho por todo o período em que ele foi vice-líder e depois líder do governo Lula na Câmara dos Deputados, quando sucedeu ao Aldo Rebelo na função.

À medida que a relação com os publicitários e empresários mineiros ia se desenvolvendo e progredindo, meu portfólio de clientes de consultoria crescia. E não só na área política. Atendendo a um pedido de Marcos Valério, marquei uma conversa com os herdeiros da Cimento Tupi, empresa do Rio de Janeiro detentora de cerca de 5% do mercado cimenteiro brasileiro. A família Korany Ribeiro desejava vender o controle acionário da companhia para uma multinacional. Contudo, enfrentava um contencioso jurídico grande no Conselho Administrativo de Direito Econômico (CADE). Eram acusados de formação de cartel num processo em que figuravam como corréus com o Grupo Votorantim — líder disparado no setor. Precisavam medir a temperatura das acusações que pesavam contra a Tupi no CADE, o impacto midiático delas e organizar uma linha de defesa junto a veículos de comunicação para que eventual revelação das investigações não atrapalhasse a venda da empresa. Mais do que interessante, achei a missão desafiadora. Só não sabia por onde começar o atendimento a eles. Decidi procurar meu consultor pessoal para consultorias: Mário Rosa, o decano da atividade e espécie de desbravador do terreno em Brasília.

Mais do que dar luzes sobre o que precisava ser feito e por onde começar a desenvolver um plano de trabalho — levantar todas as acusações formuladas, esquadrinhar os processos e verificar falhas procedimentais, organizar uma pesquisa de mídia de oito anos para trás e analisar o viés dos textos etc. —, Rosa me concedeu uma lição sobre como cobrar pelos serviços profissionais. O advogado Márcio Thomaz Bastos, àquela altura ministro da Justiça, para quem Mário Rosa havia trabalhado dividindo clientes entre a área jurídica e a mídia, fora um grande professor dele. Quando o cliente, em geral grandes empresários, dizia em meio a almoços e jantares a frase mágica e pronunciada quase da mesma forma por todos — "Doutor

Márcio, não sei como lhe agradecer pelos conselhos, pelo esforço, não sei sequer como poderei pagar por isso" —, Thomaz Bastos mandava a conta na lata: "não se preocupe, essa questão foi resolvida pelos fenícios, quando eles inventaram a moeda como forma de valorar bens e serviços". O meu consultor pessoal aprendera muito com aquele advogado espetacular, de conversa mansa e maravilhosa.

Marquei um almoço com o presidente da Cimento Tupi no restaurante Parigi, em São Paulo, e chamei Mário para ir comigo. Já estava decidido que faríamos o atendimento em conjunto. Como em geral os clientes sabem pedir e exigir eficiência no serviço prestado, mas são um pouco ranhetas para pagar, num dado momento do almoço a conversa parecia ter saído de um almanaque. A corporação tinha pressa em se livrar do contencioso para vender o grupo cimenteiro a uma multinacional. Dispunha de seis meses para que fizéssemos todo o trabalho. Veio então a pergunta, em forma de afirmação, na linha do "não sabemos como pagar por isso". Mário recorreu aos fenícios de Márcio Thomas Bastos e mandou o preço:

— É um trabalho sofisticado. Serão 600 mil reais. Claro que com notas fiscais emitidas pelas nossas empresas...

Falou aquilo, olhou para o nosso interlocutor à mesa e depois olhou para mim.

— Ok. Só me deem alguns dias para pagar a primeira parcela — disse ele sem pestanejar.

Nem eu, nem Rosa esperávamos um aceite tão rápido. Meu amigo foi em frente.

— Em duas parcelas. Metade ao assinar ao contrato, a outra metade ao entregar o trabalho.

— Feito — estendeu-nos a mão o empresário. — Vou mandar os dados para emissão da nota fiscal e fico no aguardo das chamadas de vocês para as nossas reuniões.

Concluímos o café com *petit fours* e nosso interlocutor partiu em direção ao aeroporto de Congonhas, onde pegaria o jatinho particular para o Rio de Janeiro. Quando saiu, Mário Rosa pediu um charuto, acendeu, soltou a primeira baforada e decretou:

— Pedi errado. Sou um merda.

Fiz uma cara de espanto, pois acreditava ter fechado o primeiro excelente contrato de consultoria da nova encarnação profissional que abraçara.

— Ele respondeu muito rápido — prosseguiu Mário. — Se aceitou muito rápido, é porque achou barato o nosso preço. Quando falei que eram apenas duas parcelas, depois de ele ter aceitado o valor, tinha de ter dito: "600 mil reais para cada um".

Rimos, encerramos o licor e passamos a traçar a estratégia de ação a favor do cliente comum. Em particular, celebrava o acerto pessoal de não ter fechado com a *Veja* o retorno às redações.

O relacionamento com as agências SMP&B e DNA crescia em escala exponencial.

Numa terça-feira determinada, Marcos Valério pediu que eu fosse a São Paulo e chegasse cedo o suficiente para participar de um café da manhã com o empresário colombiano naturalizado brasileiro Germán Efromovich.

Dono de plataformas de petróleo e da companhia aérea Avianca, entre outros negócios, Efromovich cercava o governo de todas as formas para obter facilidades em negócios na Petrobras, no Ministério da Fazenda, na Infraero — a agência que àquele momento cuidava dos aeroportos nacionais — e no Ministério da Indústria e Comércio.

O ponto marcado era numa ala reservada do salão de café da manhã de um hotel Grand Mercure na avenida 23 de Maio. Bem próximo do aeroporto de Congonhas, preferi pegar o primeiro voo de Brasília para a capital paulista, às cinco e meia da manhã, e esperar a dupla.

Quando cheguei ao hotel, antes das oito horas da manhã, o publicitário mineiro e o empresário colombiano já estavam à mesa. Fui até eles. Apresentei-me para Efromovich e depois me virei para Valério, espantando-me em seguida: era impossível não notar uma estrela vermelha na lapela do terno dele, grande, toda de rubis incrustados em base de ouro.

— Marcos, que diabos é isto na sua lapela? — perguntei, sinceramente espantado.

— A estrela do PT, ora... toda em rubi — respondeu-me ele, expondo a vasta dentadura alvi-azulada típica de quem fizera clareamento dias antes. — Não reconhece a estrela do nosso partido?

— Eu não sou filiado ao PT, Marcos. Nem você, aliás! — retruquei.

Germán Efromovich parecia não ter se dado conta da mancha vermelha que o amigo empresário usava na lapela.

— Seremos todos, Lulinha. Seremos todos. Estou concluindo aqui a minha conversa com nosso amigo, e depois gostaria que você fizesse para ele uma exposição do cenário político para as eleições municipais de 2004. O Efromovich tem muito interesse em algumas cidades, e poderemos conversar sobre isso.

Sentei e passei a escutá-los. O colombiano não era exatamente uma pessoa agradável. Comecei a sentir uma certa náusea por estar ali. Atento, Valério percebeu que eu não estava à vontade. Ao fim de minha explanação, pediu dois minutos a sós com o dono da Avianca e, quando se viu liberado, procurou-me.

— Vamos a BH? — propôs.

— Vamos, claro. Mas preciso pegar o último voo para Brasília. Entramos num jatinho que o dono da SMP&B alugara e voamos para a capital mineira. No trajeto, ele me expôs a ideia de criarmos uma empresa de execução de campanhas políticas que teria como sócios o trio das agências mineiras, o cientista político Marcos Coimbra, do Vox Populi, outro publicitário mineiro e Paulo Vasconcelos, muito ligado a Aécio Neves. Ele me propôs entrar como sócio. Segundo disse, o PT, o PP e o PTB nos contratariam para fazer campanhas municipais em cerca de sessenta cidades. Algumas eram capitais, como Belo Horizonte, Goiânia, Cuiabá. Outras, grandes cidades interioranas ou periféricas de metrópoles como Osasco, Guarulhos, Campinas e Juiz de Fora. Assustei-me com a quantidade.

— Quantas têm coleta de lixo e linha de ônibus? — indaguei.

— O quê?

— Um amigo meu, Antônio Martins, veterano de campanhas políticas, craque de campanha em rádio, sempre me disse que campanha municipal só vale a pena em cidades que têm coleta de lixo regular e linha de ônibus. Não que isso defina o tamanho delas, mas porque dá uma ideia de quem teria interesse em pagar pelas campanhas. Quantas dessas cidades têm coleta de lixo e linha de ônibus? — reforcei a pergunta.

— Todas — disse ele com segurança. — Vamos receber por todas. É garantido. O carequinha aqui parece um mineirinho saído da bodega, mas sou esperto... Todo mundo sabe que sei fazer negócios em Brasília.

Passei o resto do voo estudando Marcos Valério a distância.

Definitivamente, não era uma pessoa confiável. Falastrão, arrogante e perigosamente desprevenido para os riscos naturais que se interpõem no caminho de quem emerge de repente como um facilitador no mundo da política, era melhor construir um muro de contenção. Diversas vezes, ele tentou me contar versões grandiloquentes de como era poderoso nos bastidores de Brasília. Adorava descrever contas pessoais que pagara para ministros ou funcionários de escalões superiores do governo. Assegurara-me que resolvera o pagamento de dívidas de campanha do presidente Lula com o publicitário Duda Mendonça e de Ciro Gomes com Einhart Jácome. Sabia que eu conhecia os dois, e sugeria-se melhor que ambos.

Raras vezes acreditei nele. Defini-o como mitômano.

Certa vez, pediu que eu fosse encontrá-lo num boteco de Brasília para um chope com um diretor do Banco Central. Fui. De fato, um diretor de carreira do BC estava com ele. O tema da conversa: a liquidação extrajudicial do Banco Econômico, promovida ainda durante o governo de Fernando Henrique Cardoso. Segundo cálculos enviesados que me mostraram à mesa, a liquidação do Econômico poderia ser levantada, e o antigo controlador da instituição, Ângelo Calmon de Sá, receberia de volta R$ 1 bilhão. Na mesma conversa, apresentou-me a Sérgio Monteiro, neto de Armando Monteiro Filho, controlador do Banco Mercantil de Pernambuco, que fora liquidado junto com o Econômico, e cujos controladores receberiam, pela mesma lógica de cálculo, R$ 350 milhões. Queria me dar a missão de mudar a imagem de Calmon de Sá e dos Monteiro no panorama da imprensa nacional.

— Impossível — decretei. — Não gosto de Ângelo Calmon de Sá, a quem não conheço. Mas conheço seu avô e adoro — respondi, voltando-me para o garoto, pouco mais de 25 anos. — Também conheço seu tio José Múcio, e adoro. Não há como os bancos terem as liquidações levantadas, vocês saírem com dinheiro e ninguém falar mal.

Marcos Valério não gostou de minha sinceridade.

— Um percentual dessa grana que será liberada vai viabilizar nossos negócios — apelou.

Não me mexi. Esqueci o episódio, não sem antes telefonar para meu amigo Felipe Patury, àquela altura colunista da revista *Veja*. Em 1995, conforme narrado no volume 2 de *Trapaça — Saga Política no Universo Paralelo Brasileiro*, foi Patury quem terminou por selar a bancarrota da instituição de Calmon de Sá.

— Felipe, fica de olho no Banco Central em relação ao Econômico — sugeri a ele, que quis saber o porquê.

— Porque estão querendo levantar a liquidação e ainda pagar um rachuncho extra de R$ 1 bilhão para o Ângelo. E fazer o mesmo com o Mercantil de Pernambuco... vê lá... — expliquei, omitindo a existência de Marcos Valério Fernandes de Souza naquela química que era confusão pura.

A sensação de desconforto e insegurança voltara durante o pouso na capital mineira.

Fomos direto para a sede da SMP&B, na rua Pernambuco, centro executivo de Belo Horizonte. Coimbra e Vasconcelos eram esperados para uma reunião — o tema era a tal *holding* de campanhas. Valério pediu para mexer na minuta de contrato social da empresa para incluir meu nome. Enquanto ele se perdia na área administrativa da agência, chamei Ramon Hollerbach e Cristiano Paz para uma conversa reservada.

— Vocês repararam na lapela do blazer do Marcos? — provoquei.

Nenhum dos dois havia visto nada digno de nota. Segui:

— Ele mandou fazer uma estrela do PT em rubi, incrustada numa base de ouro, e está dizendo por aí que é petista.

Paz, que era o lado criativo da sociedade, um publicitário premia-díssimo no mercado e egresso de família que detinha concessão de lavra de mineração, pareceu próximo de um enfarte. Enrubesceu do pescoço à ponta das orelhas, mirou Ramon e explodiu.

— Marcooos! Porraaa!

Saiu da sala aos gritos e catou o sócio pelo colarinho na sede da agência.

— Que merda é esta aqui? — indagou enquanto arrancava a estrela de rubi.

— Dá isso aqui. É meu! — reagiu Valério, pegando de volta a joia inusitada. — É a estrela do PT. Qual o problema? Vocês não adoram dizer que são tucanos? Que são Aécio? Que são bem-nascidos? Quem paga as contas dessa porra dessa agência aqui é o governo do PT. Quem rala naquela merda de cidade que é Brasília sou eu, abrindo as portas para vocês posarem de bonzinhos. Eu soube ganhar dinheiro e fazer negócios com o Aécio, com o Clésio Andrade (*vice-governador mineiro à época*), aqui em Minas, e estou sabendo fazer lá em Brasília. Dá aqui! — repôs a estrela de rubi na lapela enquanto falava.

"Vai dar merda", pensei em silêncio. Ramon me levou a uma sala a fim de me explicar o que ocorria.

— O Marcos é assim, não ligue. Daqui a pouco esquece esse brinquedinho... é novo rico...

Dei graças a Deus quando Marcos Coimbra e Paulo Vasconcelos entraram juntos na agência. Trocamos algumas palavras amenas e fomos para uma sala de reuniões. Seria uma reunião tensa. A minuta com a inclusão de meu nome como sócio na empreitada chegou quando sentávamos à mesa. Vasconcelos pediu a palavra.

— Meus amigos, todos nos conhecemos muito bem aqui, exceto o Lula, que não é de Minas, mas de quem já ouvi falar muito bem — craque em simpatia, Paulinho, como o chamávamos, preparava o rol de más notícias: — E é porque todos nós nos conhecemos bem que sabemos ser impossível essa sociedade. Vim conversando com Marcos Coimbra no caminho e ele pensa igual. Estamos falando de muitas campanhas, de tamanhos diferentes, de modelos operacionais diversos, e não tem por que a gente criar uma empresa para fazer isso. O Vox Populi faz pesquisa e a gente contrata as pesquisas deles. Eu faço campanha para um lado, para uma turma política, e vocês fazem para outro lado. Quem controla os custos? Quem vai saber exatamente o que se está gastando na ponta? Vamos terminar brigando, todos. É melhor que cada um fique no seu quadrado, e um contrata o outro como custo em suas campanhas.

Marcos Valério estava roxo, superando a vermelhidão de Cristiano Paz na discussão pela estrela de rubi.

— Paulinho Vasconcelos, você nunca foi confiável. Quer tudo para você. Não quer se misturar com a gente. Tem preconceito...

— Que é isso, Marcos? Está louco? — interrompeu Vasconcelos.

— Eu concordo com o Paulinho — Marcos Coimbra posicionava-se pedindo a palavra. — Não dará certo. Estou fora.

Interceptei a minuta com meu nome e peguei todas as cópias. Guardei numa pasta que tinha em mãos.

— Encerrada a reunião. Obrigado por virem até aqui — decretou Marcos Valério, levantando e saindo.

Ramon e Cristiano pediram desculpas, como coanfitriões, e Paulo Vasconcelos me ofereceu carona.

— Vou para o aeroporto. Confins. Você leva?

— Levo. E no caminho a gente vai conversando.

Na viagem de mais de uma hora entre a rua Pernambuco e o aeroporto belo-horizontino tive uma aula sobre as relações do poder local com o a publicidade mineira. Ao me deixar no portão de embarque, Paulinho sintetizou a tarde que havíamos protagonizado.

— Lula, lembre-se que mineiro falante nunca é confiável. Marcos Valério fala demais, vende uma alma em cada esquina e já tinha feito negócio com o diabo lá atrás. Foi melhor assim.

— Não tenho dúvidas, camarada.

Meu voo para Brasília era o último decolando de BH. Deitei o encosto no limite dos 23º de reclinação da poltrona e fechei os olhos para organizar as ideias.

* * *

Na sexta-feira 13 de fevereiro de 2004 eclodiu o primeiro grande escândalo político da Era Lula na Presidência da República.

Estilhaços de uma bomba que seria detonada pela circulação anteci-pada da revista *Época* começaram a chegar ao gabinete de João Paulo Cunha, na Câmara dos Deputados, no começo do dia. Antes das oito horas manhã fui chamado para uma reunião de emergência na residência oficial dele.

— Luís Costa Pinto — pronunciou João Paulo, recebendo-me na porta da casa projetada por Oscar Niemeyer na QL 12 do Lago Sul, apelidada de Península dos Ministros porque durante a ditadura militar e no governo José Sarney era ali que moravam, em mansões estatais, os ministros de Estado. Escutar o presidente da Câmara me chamar pelo nome completo era prenúncio de uma crise mais grave que o habitual. — Você ainda se dá bem com o povo da *Época*? — quis saber.

— Sim, nenhum problema — respondi. — Que houve?

Ouvi então o relato de que a revista circularia mais cedo, ainda naquela tarde, a tempo de ser citada no *Jornal Nacional*, com uma reportagem em que se revelava a gravação de uma conversa ocorrida durante a campanha de 2002 do subsecretário de Assuntos Parlamentares da Casa Civil, Waldomiro Diniz, com um bicheiro de Goiás, Carlos Augusto Ramos. No diálogo, que fora exposto na noite anterior para o Palácio do Planalto em busca de alguma manifestação de urgência (que não foi dada), o subsecretário da Casa Civil, que obviamente não tinha aquela função pública no momento da gravação, pois o PT não estava no governo ainda, pedia doações de campanha por fora da contabilidade oficial ao bicheiro. O dinheiro seria destinado às campanhas estaduais de 2002 de Geraldo Magela (PT, Distrito Federal), Benedita da Silva, também do PT, e Rosinha Garotinho, do PDT, no Rio de Janeiro.

Desde a CPI do PC, em 1992, Waldomiro Diniz era um assessor muito próximo de José Dirceu. Egresso do Sindicato dos Bancários, foi um dos principais técnicos a auxiliar a garimpagem e o cruzamento de informações colhidas a partir das quebras de sigilos bancários promovidas pela comissão. Em 1993, a pedido de Dirceu, o bancário Diniz também colaborou com a CPI dos Anões do Orçamento. Tendo se convertido numa das melhores fontes dos jornalistas que cobriam o Congresso Nacional, foi o autor de um dos erros mais trágicos daquele período: foi Diniz quem me procurou numa sexta-feira, havia mais de uma década, ostentando dados incorretos da quebra de sigilo bancário de Ibsen Pinheiro, o deputado que presidiu a Câmara durante o processo de cassação de Fernando Collor e depois foi cassado por seus pares no embalo do escândalo do orçamento da União (no volume 2 de *Trapaça* há um capítulo dedicado ao tema).

— Você sabe que Waldomiro Diniz não merece a menor confiança, não sabe? — interrompi João Paulo durante a narração do ocorrido.

— Sei do problema entre vocês, mas não se trata disso: trata-se de José Dirceu. Essa reportagem vai pressionar o Zé. Você acha que tem alguma chance de ainda conversarmos com *Época* e eles segurarem a reportagem?

— Nenhuma. Se eles anteciparam a edição, estão na gráfica. E, hipoteticamente, se a gente convencesse *Época* a não dar a reportagem, os jornalistas a publicariam em outro canto. Qual foi a resposta do Palácio?

— Nenhuma. Estão trabalhando uma resposta para o *Jornal Nacional.*

— João Paulo, entreguem o Waldomiro. Se a gravação é da campanha, não tem nada a ver com o governo. A não ser que esse bicheiro tenha algo com o governo.

O presidente da Câmara explicou, então, que Carlos Augusto Ramos, conhecido como "Carlinhos Cachoeira", tentava migrar da área de jogo do bicho — uma contravenção legal que dava algum dinheiro — e da operação de máquinas caça-níqueis em bares e boates — uma febre em todo o território nacional, ilegalidade permitida pela complacência das polícias militares; os policiais eram remunerados para fazer vista grossa ao jogo ilegal — para a de loterias estaduais e casas de bingo. Conduzido por Diniz, o bicheiro estivera inclusive numa reunião oficial com representantes do governo e da Caixa Econômica Federal para discutir a licitação por meio da qual se privatizaria a operação lotérica nacional executada pela Caixa. Era um negócio de R$ 130 milhões anuais. Pedi um tempo para mergulhar no tema e saber até onde ia o texto da revista das Organizações Globo.

Voltei a encontrar João Paulo na presidência da Câmara. Passava um pouco das dez horas da manhã e ele estava acompanhado do novo líder do governo, o Professor Luizinho, recém-nomeado para o cargo, do deputado Virgílio Guimarães e de Sigmaringa Seixas, também deputado pelo PT do Distrito Federal.

— A revista tem o vídeo do encontro entre Cachoeira e Waldomiro — disse-lhes, pontuando que aquilo era grave. — O vídeo vai rodar no *JN*, e a Globo vai pressionar pela demissão de Zé Dirceu.

Era o ministro da Casa Civil quem coordenava politicamente, para fora, e operacionalmente, para dentro, todo o governo do presidente Lula. Dono de uma personalidade política marcante e decidido a levar o PT a uma gestão mais ideológica do que o próprio Lula, Dirceu compunha a trinca de almas petistas no Palácio do Planalto. Os outros dois eram Luiz Gushiken, secretário de Comunicação, e Antônio Palocci, ministro da Fazenda.

Quando o *Jornal Nacional* anunciou as manchetes de sua edição naquela sexta-feira 13, Waldomiro Diniz já não era mais subsecretário de José Dirceu. O ministro da Casa Civil reuniu forças para fazer contra-ataques pontuais naquele caso e lambeu as feridas políticas, mas sobreviveu no cargo. Uma semana depois da denúncia da revista *Época*, o Governo Federal tornou ilegais as casas de exploração dos jogos de bingo em todo o país e encerrou quaisquer negociações para legalizar cassinos em território nacional. O tema era especialmente caro a dois partidos aliados do governo egressos da geleia ideológica que tritura a natureza filosófica das siglas em Brasília: o PDT e o PP. Os pedetistas tinham um núcleo sindical muito próximo de diversos exploradores de casas de bingo; os pepistas eram os maiores lobistas em defesa do regresso dos cassinos à cena brasileira — eles haviam sido proibidos pelo presidente Eurico Dutra, em 1946.

Alquebrado em sua força política, José Dirceu cedeu a um rearranjo promovido na base de apoio do Palácio do Planalto no

Congresso. Duas semanas antes de eclodir o escândalo Cachoeira-Waldomiro, o presidente Lula decidira abrir o ministério para três políticos icônicos de siglas que estavam fora da Esplanada. Assim, o então deputado Eunício Oliveira deixou a liderança do PMDB na Câmara para assumir o Ministério das Comunicações; Eduardo Campos, neto de Miguel Arraes, deputado pelo PSB de Pernambuco, virou ministro da Ciência e Tecnologia; Aldo Rebelo, do PCdoB, líder do governo na Câmara, tornara-se ministro-chefe da Articulação Política.

No plano estritamente pessoal, a ascensão daquela trinca ao ministério me colocava numa situação privilegiada em relação à vida que passava a ter. Eunício é meu concunhado, casado com a irmã da minha mulher; Eduardo era amigo dos tempos de juventude, no Recife, de quem eu fora próximo nos idos de 1986 a 1990, mais ou menos, tendo-o reencontrado em Brasília para boas conversas; Aldo era ótima fonte. No plano de operação de poder, passado o primeiro ano de governo, a fatura política da base governista passava a ser cobrada caso a caso — e Dirceu passava a ter em Eunício, Eduardo e Aldo escudeiros que ajudavam bastante a operação política efetuada na Câmara por João Paulo Cunha.

*   *   *

No dia 25 de fevereiro de 2004, João Paulo Cunha comunicou-me que assumiria a Presidência da República interinamente por cerca de trinta horas, no dia seguinte, e pediu um plano de ações de comunicação que marcassem a data. O presidente Lula viajaria a Caracas, na Venezuela, e o vice-presidente José Alencar convalescia de uma das cirurgias que foi obrigado a fazer em sua saga de combate ao câncer. Decidimos, junto com assessores do gabinete dele, que a passagem pelo cargo devia ser discreta. Do ponto de vista político, ele pediria para o subsecretário da Casa Civil José Antônio Dias Toffoli que separasse alguma lei ou decreto relevante para sanção com sua assinatura. João Paulo pediu que eu fosse com ele à Base Aérea de Brasília na manhã seguinte, antes das sete horas, para assistir à passagem simbólica de comando. Assim o fiz.

Chegamos pouco antes do comboio presidencial. Lula desceu de seu carro sem pressa, cumprimentou a todos, puxou o presidente da Câmara para uma breve conversa reservada numa sala de despachos à disposição dos presidentes na Base Aérea. Depois, chamou-nos para um café conjunto. Despediu-se de João Paulo Cunha com uma brincadeira — "Cuide bem da casa, ela será sua só por um tempo" — e seguiu sorrindo para o avião presidencial. Entramos no automóvel da Câmara e tomamos o caminho de volta para a residência oficial de João Paulo. Estávamos em silêncio quando, pouco antes de chegarmos no balão da rotatória do aeroporto de Brasília, o presidente da Câmara quebra o silêncio dentro do carro.

— Luís Costa Pinto — iniciou ele. Eu sabia que viria algum tema difícil sobre o qual ele não tinha certeza da decisão já tomada. Só me chamava pelo nome de guerra das redações naquelas situações. — Sou o primeiro brasileiro nascido em Osasco que assume a Presidência da República, mesmo que por algumas horas. Sou filho de uma ex-empregada doméstica, com muito orgulho, e quero homenagear essa minha origem. Uns amigos meus, lá de Osasco, prepararam uma festa num clube da cidade, um churrasco, esta noite, e eu gostaria de ir. O que você acha?

Encarei-o com o cenho franzido dos incrédulos e um sorriso amarelo no rosto.

— João Paulo, esta noite, tecnicamente, você é o presidente da República. Se for a Osasco, terá de ir no avião presidencial e, lá, deslocar-se com todo o comboio de segurança da Presidência.

— Sim, mas isso já está pensado. O avião presidencial pousa em Congonhas. De lá, pego o helicóptero presidencial e desço no estádio municipal de Osasco. O clube onde haverá o churrasco é perto, dois minutos de deslocamento...

— João Paulo, para agora. Por favor. Não tem sentido isso. Diga que você não vai a esse churrasco. Deixe seus amigos celebrarem, telefona para eles ao vivo, mas não vá. É mico, e isso vai marcar sua passagem pelo cargo de presidente como algo pequeno.

— Mas...

O carro prosseguia o caminho para a casa dele. Eu o interrompi com um argumento que se revelaria decisivo.

— João Paulo, olha só, se você mantiver essa decisão, eu rompo o contrato de consultoria que temos com a SMP&B agora de manhã. E serei obrigado a tornar isso público. E sabe por quê? Porque sou genro de uma pessoa correta, o Paes de Andrade, um político que foi empobrecendo ao longo da vida pública, contra quem jamais se falou nada em relação a corrupção. Mas, em 1989, quando o Paes estava na mesma cadeira em que você está, e eu sequer era da família dele ainda, nem mesmo sonhava em conhecer a Patrícia, filha dele, e casar com ela, o Paes assumiu a Presidência numa viagem do então presidente Sarney à França.

— Conheço a história — reagiu ele.

— Conhece, mas não sabe que não foi nada do que passou à história. Paes tinha de entregar o protocolo para início das obras do Castanhão, o maior açude da região do Sertão Central do Ceará, onde fica Mombaça, a cidade dele. Paes foi com o Boeing presidencial até Fortaleza. De lá, seguiu num turbo-hélice para Mombaça. A comitiva dele foi de ônibus. De ônibus! Mas os jornais registraram errado que Paes de Andrade tinha descido com o avião presidencial em Mombaça, uma mentira evidente, porque até hoje o aeroporto local não comporta aeronaves daquele porte. A versão marcou a biografia dele, o fato jamais ocorreu. E, agora, quinze anos depois, quando eu sou genro do Paes, você quer repetir o caso de Mombaça em Osasco. É claro que a mídia vai dizer que eu sou o culpado: sou genro do Paes — nem conhecia a Patrícia naquela época! — e dou consultoria para você. Não vão fazer a separação dos dois fatos. Vão é dizer que eu inventei as duas viagens. Logo, cancele minha consultoria e torne pública a minha divergência.

Ficamos em silêncio até chegarmos ao portão da residência oficial da Câmara. Lá, enquanto o segurança levantava a cancela, João Paulo anunciou a decisão:

— Não vou. Você tem razão. Não pelos seus motivos, claro — disse aquilo e sorriu. — Mas pelos meus. Seria muita exposição. Você está certo. Vem jantar aqui hoje, com o presidente da República.

— Virei, claro. E obrigado.

* * *

Outra sexta-feira 13, dessa vez em agosto de 2004, trouxe-me um inferno pessoal. No início daquela noite, quando chegava atrasado à solenidade de colação de grau de uma sobrinha no curso de Direito, tão logo sentei no auditório, senti o celular vibrar no bolso do blazer. Era Eduardo Oinegue. Ele assumira havia pouco tempo a direção de redação da revista *Exame*, da Editora Abril, depois de perder uma disputa interna em *Veja*. Eurípedes Alcântara, um repórter menos preparado do que Eduardo, foi um editor de razoável sucesso naquilo a que chamávamos de "miolo" da *Veja* nos tempos áureos da revista — a parte dedicada a saúde, ciência, temas ambientais e esportes. Depois, foi despachado para ser correspondente em Nova York. De lá, voltou ao Brasil como redator-chefe. Jamais havia interferido ou mergulhado nas coberturas de economia e política, até o momento em que driblou Oinegue no certame interno. Alçado à condição de diretor de redação, inseguro, trabalhou para que Roberto Civita deslocasse o antagonista para a publicação dedicada à cobertura de economia e negócios.

— Você escreveu algum texto para a *IstoÉ*? — indagou.

— Não — respondi. Por quê?

— Nenhum texto sobre Ibsen Pinheiro, fazendo referência àquela capa "Até tu, Ibsen?", que publicamos em *Veja*, em 1993?

— Não.

— A *IstoÉ* está saindo com uma capa esculhambando a *Veja*. Eles têm uma carta assinada por você, endereçada ao Ibsen, dizendo que foi tudo invenção da gente. O Eurípedes e o Tales estão convencidos que é uma operação sua, junto com o PT, para forçar a criação do Conselho Federal de Jornalismo, para impor censura à mídia.

Tales Alvarenga, que sucedera a Mario Sergio Conti como diretor de redação da Veja, *teve breve passagem no cargo e logo se tornou uma espécie de consultor editorial da Editora Abril com influência sobre todas as publicações. Em 1990, foi ele quem me contratou para chefiar a sucursal da revista no Recife, como narrado no volume 1 de* Trapaça. *"Conselho Federal de Jornalismo", ou "Conselho Nacional de Comunicação Social", era como a mídia tradicional brasileira se referia ao Conselho Federal de Jornalistas.*

Projeto acalentado pela Federação Nacional de Jornalistas (Fenaj) desde os anos 1980, o CFJ seria um órgão de classe dirigido por jornalistas com curadoria pública. Seu desenho era muito semelhante ao dos conselhos federais de Medicina, Farmácia, Engenharia e Arquitetura, Odontologia e de advogados. A expressão "Conselho Federal de Jornalismo" era hipotética e tal órgão jamais teve sua criação debatida internamente no governo Lula.

Contra a ideia do CFJ, insurgiram-se as grandes empresas da mídia convencional. Temiam que o objetivo da proposta, em sua origem, fosse evitar o controle cruzado de meios diversos de comunicação e a consolidação de hegemonias empresariais no setor. Havia, sim, intenção de parte dos integrantes do governo Lula de atacar esses temas. Mas não por meio do CFJ. Grupos empresariais dominantes, como Organizações Globo, Editora Abril, Folha de S. Paulo, O Estado de S. Paulo e Zero Hora/RBS, *foram as primeiras e mais firmes vozes a se levantarem contra o tal Conselho. Começaram a espalhar falsas análises em torno de criação de uma central de censura à imprensa. Naquela espiral de mentiras, o comando da Editora Abril acreditou que houvesse um conluio entre sua concorrente Editora Três, que publicava* IstoÉ, *e o governo, a fim de usarem a minha carta enviada quase um ano antes a Ibsen Pinheiro, atendendo a um pedido dele e tendo por destino a autobiografia que o político gaúcho pretendia escrever.*

— Ficaram doidos, Eduardo? Eu jamais fiz isso. Carta escrita para *IstoÉ*? — protestei sem sequer lembrar mais do escrevera para Ibsen Pinheiro. Eu enviara meu texto para ele havia alguns meses e esquecera o tema. Lembrei na sequência do diálogo: — Ah, você fala de um texto que enviei para o Ibsen, a pedido dele, para um livro que ele está escrevendo?

— Não sei — respondeu o diretor de redação da *Exame*. — O que sei: procure conversar com Eurípedes. Explique o que está acontecendo.

Havia pouco tempo que Eurípedes Alcântara assumira a direção de redação da revista. No cargo, revelava-se um personagem inseguro. Além de afastar Oinegue, que lhe fazia sombra e tinha evidentemente maior competência para a função, passou a criar pequenos testes de lealdade a si e os executava como uma gincana sádica na redação. A equipe de profissionais de *Veja* começou a ser dividida em "igrejinhas" na cabeça daquele que devia liderá-la a partir da competência.

Eurípedes não atendeu aos apelos que fiz para que me ouvisse. Mandou um recado desaforado e ameaçador por meio de um editor. A edição de *IstoÉ* já estava na Internet naquela noite, com a carta que eu escrevera para Ibsen e que o repórter Weiller Diniz interceptara e publicara sem me consultar, sem perguntar ao autor se podia fazê-lo e sem contextualizar corretamente o que estava dito ali. Profissional de escasso brilho e muitas limitações, Diniz tinha falhas comportamentais conhecidas por todos que haviam trabalhado com ele. Contra mim, cometia naquele momento mais um erro técnico que me custaria tempo para reverter — e cuja explicação me cobraria alto preço em reputação. Eis os principais trechos da carta que tinha enviado a Ibsen Pinheiro por *e-mail* com a observação "use como quiser, no todo ou em parte". Acreditei que estava implícito que o uso se daria na autobiografia que o político escrevia ou pretendia escrever, pois nela traçaria um contexto de tudo. Não imaginei que a missiva cairia nas mãos manipuladoras de Weiller Diniz:

Em 1992, quando o governo Collor perdeu as condições de sustentação política no Congresso e definhava à mercê da Comissão Parlamentar de Inquérito que lhe expunha as entranhas, o deputado Ibsen Pinheiro tornou-se um aliado seguro e secreto da corrente suprapartidária que pediria a cassação do presidente da República. 'O que o povo quer, esta Casa termina querendo', vaticinou o ex-presidente da Câmara dos Deputados ao receber, na primeira semana de setembro daquele ano, a formalização do pedido de impeachment *presidencial no Salão Verde do Congresso.*

A retórica começava a aprontar uma cilada para ele: o povo, representado em protestos nas ruas pela sociedade civil organizada, de fato queria o impeachment. *O Parlamento, em sua maioria, ainda não. Existia certa margem de negociação capaz de evitar a perda de mandato de Collor, mas Ibsen foi peça-chave na articulação que estreitou o raio de ação dos estrategistas palacianos. Escreviam-se, naquela ação surda do presidente da Câmara, as primeiras linhas do epílogo de sua vida parlamentar em Brasília — a cassação, em 18 de maio de 1994, por alegada colaboração com a "Máfia dos Anões do Orçamento".*

[...]

Cerca de dois meses depois de iniciadas as investigações parlamentares acerca dos desmandos e da cobrança de propinas na Comissão de Orçamento do Congresso Nacional, o nome de Ibsen Pinheiro emergiu associado à Máfia de Anões que corrompia o erário. O primeiro documento revelado para incriminá-lo era um cheque do ex-deputado Genebaldo Correia (que renunciou ao mandato na esteira das investigações) depositado em sua conta bancária. Horas depois de divulgada a informação dando conta da existência desse cheque, a assessoria de Ibsen Pinheiro passou a afirmar que o cheque era referente a uma transação financeira com uma camionete. O valor do documento bancário era compatível com essa transação e o carro, de fato, fora transferido de um para outro — mas a obviedade do álibi não aplacou a ânsia de apuração jornalística sobre o fato. O segundo documento divulgado para estabelecer um elo entre o ex-presidente da Câmara e a Máfia dos Anões do Orçamento era uma fotografia tirada durante um jantar em uma ilha grega — mostrava Ibsen cercado por cinco dos sete anões do Orçamento.

[...]

O cheque de Genebaldo Correia e a foto da Grécia sustentaram uma semana de acusações nos jornais contra o ex-presidente da Câmara dos Deputados. Mesmo desarticulados, mas fiando-se na ausência de outras provas que maculassem ainda mais a biografia de alguém que fora interlocutor privilegiado da República por dois anos, os amigos de Ibsen conquistavam terreno na árdua tarefa de desmentir as acusações. No intestino da CPI do Orçamento, que caminhava para um desfecho melancólico, pois só ia cassar deputados do chamado "baixo clero" parlamentar, buscava-se uma revelação de impacto. Foi nesse ambiente que se perpetrou um dos grandes erros jornalísticos contemporâneos.

Às 20h de uma sexta-feira de novembro de 1993 telefonou-me o assessor parlamentar Waldomiro Diniz, lotado na Subcomissão de Investigação Bancária da CPI do Orçamento.

[...]

Hábil, esperto e articulado, forjara-se desde a CPI do Caso PC como uma das boas fontes do submundo político brasiliense. "Tenho uma bomba para você", disse-me Waldomiro. "Estou indo para a sua redação. "Minutos depois, Waldomiro Diniz entrou na sucursal brasiliense de Veja, *onde os trabalhos de encerramento da edição estavam avançados e trabalhávamos em um texto de capa sem maiores novidades ou revelações sobre os trabalhos da CPI. Dali a duas horas, no máximo três horas, a edição de* Veja *teria de baixar para a gráfica da Editora Abril, em São Paulo.*

Waldomiro exibia um sorriso triunfal. "Pegamos Ibsen", disse-me. Em seguida, exibiu sete boletos de depósitos *bancários, já dolarizados por ele, e que, segundo me dizia, provavam a transferência de US$ 1 milhão de uma conta bancária de Ibsen Pinheiro de uma agência da Caixa Econômica para uma agência do Banrisul. "Ele não tem salário para ter tanto dinheiro. Isso é a prova da corrupção", asseverou Waldomiro. Irresponsável, mas maravilhado com a possibilidade de cravar um furo na edição de Veja do fim de semana seguinte, embarquei na versão e na dolarização. Não chequei as informações. Comuniquei aos editores em São Paulo que estava mudando o tom da reportagem que concluía e passava a ser mais afirmativo contra Ibsen. Liguei para o ex-presidente da Câmara — afinal, ouvir o outro lado é praxe muitas vezes cumprida com burocracia. Ele me negou a história, negou-me os depósitos e os valores, mas eu preferi acreditar nos documentos que tinha em mãos — afinal, registrar o outro lado burocraticamente também é praxe no jornalismo. A nova informação autorizou uma chamada de capa mais enfática contra o ex-deputado — "Até tu, Ibsen?". A principal revista semanal de informação do país, que ia ficar exposta nas bancas por uma semana, era um libelo acusatório contra o presidente da Câmara dos Deputados que liderara a votação do impeachment ao ex-presidente Fernando Collor de Mello um ano antes.*

Escrevi o texto e enviei os documentos bancários por fax para São Paulo. Com a reportagem lida, modifica-da e aprovada pelos diversos escalões editoriais de Veja, cheguei à minha casa por volta das 2h da madrugada do sábado. Pouco antes das 8h fui acordado por toques insistentes da campainha do apartamento onde morava. Era Silvânia Dal Bosco, colega na redação de Veja. "O Paulo Moreira quer falar com você. Deu um problema grave lá em São Paulo... na edição da matéria do Ibsen", disse-me Silvânia. "Ele está tentando ligar para cá, para a sua casa, mas só dá ocupado."

[...]

Liguei para Paulo Moreira, então editor-executivo de Veja. *Tenso, Paulo disse-me que Adam Sun, chinês implacável que por muitos anos zelou pela qualidade das informações publicadas em* Veja *na condição de chefe da equipe de checagem da revista, descobrira que a dolarização estava errada. "Lula, essa soma não dá US$ 1 milhão. Dá US$ 1 mil", gritou-me Adam do outro lado da linha. Eu gelei. "Paulo, tem jeito?", perguntei. "Não", cravou-me ele, friamente. "Já rodamos 1 milhão e 200 mil capas. E jogar fora 1 milhão e 200 mil capas é um prejuízo impagável (hoje cerca de R$ 100 mil). Podemos, ainda, mexer no texto dentro da revista — mas isso vai atrasar a remessa para o Rio de Janeiro e para o interior de São Paulo", advertiu-me ele. "Vê se consegue, em dez minutos, alguém para sustentar em on essa dolarização de US$ 1 milhão", sugeriu.*

Não pensei em Ibsen Pinheiro ou na injustiça a que estava ajudando a dar curso com aquela reportagem calçada em uma falsa prova. Pensei em mim, no meu emprego, em como salvar uma reportagem fadada a produzir uma tragédia. Telefonei para o presidente da CPI do PC, o então deputado Benito Gama, e consegui pegá-lo acordado àquela hora. Narrei o ocorrido. Ele tinha conhecimento da versão acerca dos tais depósitos de US$ 1 milhão. "Não há chance de isso estar errado. É US$ 1 milhão e Ibsen terá de responder por isso", asseverou Benito. "Deputado, isso é on (ou seja, no jargão jornalístico, eu perguntava se a informação podia ser publicada assinalando-se a sua origem)? Olhe que a reportagem de Veja, *que está errada, vai se escudar nesse on seu", perguntei mais uma vez. "É on. Agora, deixe-me fazer o meu* cooper*", tranquilizou-me Benito. Passei a frase por telefone a Paulo Moreira, que mexeu na edição da revista, e a* Veja *circulou com o libelo acusatório contra Ibsen.*

Foi uma tragédia pessoal para Ibsen Pinheiro. Ele não me procurou nos dias seguintes. "Não tinha coragem de *querer saber o porquê de terem dado curso àquela mentira. E logo um repórter com o qual eu tinha excelente relação", disse-me anos depois. Eu sabia que a reportagem estava errada, a CPI também. Por ter detectado o erro e por ter trabalhado para corrigi-lo no texto interno da revista, a despeito de não ter salvado a capa, já impressa, o checador Adam Sun ganhou um prêmio de US$ 1 mil conferido pelo diretor de redação de* Veja, *Mario Sérgio Conti. Prêmios como aquele, obtidos mesmo sem concursos ou disputas, só eram dados depois que conseguíamos bons furos de reportagem. Fora a primeira vez que um prêmio como aquele acabara nas mãos de um checador. O texto de* Veja *repercutiu nos jornais por dois dias, a dolarização incorreta foi protocolarmente corrigida pela CPI na semana seguinte, mas Ibsen fora arrastado definitivamente para o centro das investigações. Seus advogados de defesa contrataram uma auditoria da Trevisan & Associados para esquadrinhar todos os ingressos e todas as saídas de suas contas bancárias no período de cinco anos. Nenhuma movimentação financeira anormal foi detectada, mas a CPI desconheceu tal auditoria argumentando que não a pedira nem a fiscalizara.*

— Houve um momento, no meio de todo aquele furacão, em que eu tomei uma decisão: convenci-me que a melhor coisa que podia fazer por mim seria não morrer. Eu não poderia simplesmente ter um enfarte e morrer; dar um tiro na cabeça ou sucumbir a um câncer, se ele fosse diagnosticado em meu corpo. Tomei a decisão política de não morrer para ver até onde iria tudo aquilo, até onde eu resistiria e como seria o meu restabelecimento pessoal e público.

[...]

A confissão desse processo de regresso a um estado de paz interior consigo mesmo foi feita por Ibsen em uma conversa que tivemos, na sala de seu apartamento em

Porto Alegre, no ano de 2000. Estávamos ali eu, ele e sua mulher, Laila, companheira dos melhores dias e dos mais torturantes momentos. Olhei em volta, mirei alguns pratos de louça dourada sobre uma cômoda, uma almofada de crochê sobre uma cadeira de balanço, três ou quatro bibelôs dentro de uma cristaleira espartanamente arrumada. "Meu Deus", pensei em silêncio. "Este apartamento está decorado à semelhança da casa de meus avós, de meus pais. Um dia eu fui capaz de escrever que esse homem, que essa mulher, tinham se tornado milionários — e olha aqui: são plácidos avós, marcados pela vida, mas ainda sólidos." Não revelei, na hora, aquela sensação que me provocava desconforto, mas passei a me perguntar como poderia fazer um gesto que tentasse reparar as injustiças que, involuntariamente, mas cúmplice, ajudei a perpetrar. Meu maior patrimônio é a credibilidade de que gozo como jornalista profissional e, de alguns anos para cá, como consultor de comunicação. Escrever este relato, absolutamente fiel a tudo o que vivi, foi a melhor maneira que encontrei de repor a verdade — a verdade que testemunhei."

De forma involuntária, surpreso e sem rede de proteção, em razão de uma irresponsabilidade perpetrada por um repórter que, por razões que eu desconhecia, desenvolvera algum tipo de antagonismo tóxico a mim, estava sendo usado como bucha de canhão na troca de tiros entre dois dos maiores títulos de revistas do país. Em sua defesa, naquele mesmo fim de semana, e sem ter me procurado formalmente para que explicasse a carta a Ibsen, *Veja* escreveu sob as ordens de Eurípedes Alcântara e a coordenação de Tales Alvarenga:

"Uma farsa chamada IstoÉ

A mentira de IstoÉ sobre o que seria um erro proposital de Veja *seria apenas isso, uma mentira. Mas ela aparece revestida de malícia. O dado publicado por* Veja *(e também por* IstoÉ*) — o de que Ibsen movimentara US$ 1 milhão em sua conta bancária sem que tivesse rendimento ou patrimônio compatíveis com essa quantia — foi um erro da CPI que investigava o episódio. Como mostram os recortes de jornais de 13 de novembro de 1993, sábado, no mesmo dia em que* Veja *foi para as bancas, a quantia de US$ 1 milhão também foi noticiada pelos jornais.*

Na Folha de S. Paulo, *a manchete dizia "Depósitos de Ibsen superam US$ 1 milhão".* O Estado de S. Paulo, *na mesma data, trouxe com destaque a reportagem intitulada "Ibsen movimentou US$ 1 milhão desde 1989 em conta do Banrisul". Assim como* Veja, IstoÉ *reproduziria o dado em sua edição do fim de semana — e esqueceria o assunto.* Veja, *ao contrário, voltou a tratar dele na* **semana seguinte** *para corrigir os valores que haviam sido calculados erroneamente pela CPI.*

Não estivesse tão ocupada com os aspectos pecuniários da operação, a revista IstoÉ *poderia ter, pelo menos, consultado seus arquivos com o objetivo de verificar o que ela própria escreveu sobre o assunto em pauta. Por alguma estranha ramificação mental, a falta de ética costuma ocorrer paralelamente à falta de memória. Pois, se tivessem consultado seus arquivos, os funcionários de* IstoÉ *teriam encontrado na edição de 17/11/93 uma reportagem de três páginas com o imaginoso título "Até Tu, Ibsen".*

A reportagem traz uma enorme foto do então deputado Ibsen Pinheiro com a seguinte legenda: "Ibsen movimentou em suas contas pelo menos US$ 1 milhão desde 1990". Pois bem, a revista IstoÉ *trouxe naquele número uma reportagem com o mesmo título e a mesma informação publicada por* Veja. *Os funcionários de* IstoÉ *esqueceram-se da sua própria reportagem e, aproveitando uma carta escrita pelo marqueteiro, consultor do PT e ex-jornalista de* Veja *Luiz Costa Pinto, acusaram* Veja *de ter cometido* *um erro proposital e, com isso, destruído a carreira do político Ibsen Pinheiro.*

Veja *comete erros, mas não erros propositais como o de IstoÉ. Na semana seguinte, em uma reportagem de uma página (imagem ao lado) com o título "Um milhão de dificuldades" e o subtítulo "CPI erra na conta de Ibsen Pinheiro, mas ainda existem 230 000 dólares inexplicados",* Veja *informou a seus leitores que o erro nas contas era da CPI.*

IstoÉ *sonegou esta informação. Especula-se qual a motivação de Costa Pinto, assessor do presidente petista da Câmara dos Deputados.*

Sabe-se que Costa Pinto trabalhou em um livro de Ibsen Pinheiro. Sabe-se também que a acusação à Veja *surgiu no momento em que o governo se empenha em criar um conselho que terá poderes para vigiar e controlar o trabalho da imprensa.*

(...)

Parece ser mais do que uma simples coincidência o fato de a IstoÉ *ter dado uma capa em que procura desacreditar o bom jornalismo de* Veja *na mesma semana em que* Veja *atacou a tentativa do governo de amordaçar a imprensa por meio da criação de um Conselho Federal de Jornalismo.*

Como mostram inquietantes evidências recentes, jornalismo não parece ser mais o foco de IstoÉ. *Como escreveu o jornalista* **Milton Coelho da Graça** *em sua coluna no site Comunique-se com o título "*IstoÉ *um triste drama da nossa imprensa":*

"...direção de IstoÉ *já tinha cometido um pecado que nenhuma revista séria ousa cometer: vendera a capa para uma 'marreta' de 21 páginas corridas, em que o desenvolvimento do Estado do Rio de Janeiro é louvado em 11 matérias, não assinadas mas evidentemente muito bem pagas com dinheiro público e privado.*

A 'marreta' em momento nenhum esclarece ao leitor que se trata de publicidade. Apenas um antetítulo geral — 'Rio - Especial Desenvolvimento' — e a mesma linha de diagramação sugerem que as 11 matérias se referem ao mesmo tema.

Afora essas 22 páginas (incluindo a capa), a revista tem mais 22 1/3 páginas de anúncios comerciais e três ou quatro de permutas. O que levanta uma primeira questão: IstoÉ, *que tem uma equipe de jornalistas de primeira linha, precisa fazer essa baixaria? E há também uma segunda pergunta: como uma revista pode ter credibilidade em suas reportagens investigativas enfiando no meio delas matérias pagas desse tipo?*

Há uma pessoa que circula em Brasília, Rio, São Paulo e outras capitais exibindo um cartão de visitas apresentando-se como "Diretor de Desenvolvimento" de IstoÉ. *É um personagem conhecido desde os tempos da ditadura, quando circulava por gabinetes, dizendo-se ligado ao Serviço Nacional de Informações e pedindo anúncios para a fase final e melancólica da revista* Cruzeiro *(Cláudio Humberto, na época Secretário de Comunicação do governo alagoano, expulsou-o da sala).*

(...)

A direção da revista poderia esclarecer: existe ou não um 'Diretor de Desenvolvimento', encarregado de 'desenvolver' qualquer coisa, inclusive capas?"

*A suspeita de Milton Coelho da Graça, reverberada por outros órgãos de imprensa, teve sua mais clara versão na coluna de **Monica Bergamo** no jornal* Folha de S. Paulo. *A coluna, publicada no dia 02/08/2004, reproduzida no site do* Observatório da Imprensa *com o título "*IstoÉ *vende capa", dizia o seguinte:*

"A reportagem de capa da IstoÉ *de 28 de julho, que tem o Rio de Janeiro como tema, foi bancada pelo Sesi fluminense. Eduardo Gouveia Vieira, presidente da Firjan*

(e do Sesi), disputará a quarta eleição seguida e teria financiado a publicação.

Nessa edição saíram duas páginas de anúncio do sistema Sesi/Firjan. Outros viriam por aí."

Outra história que chocou os jornalistas sérios dá conta de que a capa suspeita de IstoÉ *foi feita como informe publicitário por um reputado jornalista. Ele trabalha na* IstoÉ Dinheiro *e foi contratado por* IstoÉ *para fazer um "informe publicitário", pelo qual recebeu remuneração à parte. Quando viu seu "informe publicitário" na capa de* IstoÉ *ele chegou a pedir demissão e devolveu o dinheiro pago pelo trabalho.*

Ao me descrever como "ex-jornalista", "marqueteiro", "assessor do PT" e dar vezo explícito à fantasia de que a minha carta a Ibsen era um movimento a favor do "Conselho Federal de Jornalismo', ou "Conselho Nacional de Comunicação Social", algo que nem sequer existia, a revista da Editora Abril começava a revelar a dimensão e o enrosco dos delírios que terminaram por destruí-la. Em nenhuma das linhas negava os procedimentos adotados para mascarar o erro que publicáramos e que eu assumira. Tales Alvarenga e Eurípedes Alcântara revelavam, no episódio, ter profundos defeitos de caráter. A Abril terminou vendida, anos depois, exaurida pela inépcia e incompetência do diretor de redação de seu carro-chefe, *Veja*, para um executivo hábil em recuperações judiciais.

O tiroteio entre as publicações se intensificou. Alberto Dines, nome legendário do jornalismo, que mantinha um *Observatório da Imprensa* na Internet e um programa de mesmo nome na TV Nacional, abriu uma trincheira para que eu me abrigasse dos franco-atiradores que assassinavam reputações a esmo e concedeu espaços para a minha defesa pessoal. Passei dias a fio gerenciando minha própria crise de imagem. Trancado no pequeno escritório profissional que sempre mantive em casa, antes mesmo da popularização dos *home offices*, escrutinava todas as publicações sobre o caso e respondia uma a uma. Atendia, naquele momento, a oito clientes privados e dava consultoria à Câmara dos Deputados.

Fiei-me na postura de Ibsen — recusar-se a morrer, mesmo que, no caso, a morte fosse uma metáfora desenhada para abrigar a insegurança profissional — e freei a escalada de um processo depressivo. Dei um passo à frente, fui à luta: precisava restaurar meu nome, a verdade dos fatos e o equilíbrio para administrar crises de clientes. Na esteira daquele processo extremamente desgastante, eu fazia aniversário.

Logo cedo, na manhã em que completava 36 anos, um mensageiro bateu à porta de minha casa com uma caixa embalada elegantemente para presente. Era pesada. Havia um cartão escrito à mão por uma letra que eu conhecia. *"Para restaurar as forças de um dos nossos comandantes e trazê-lo o mais rápido possível ao centro de operações. Parabéns e admiração, Marcos Valério, Ramon Hollerbach e Cristiano Paz e turma da SMP&B".* Imaginei o que fosse, corri para abrir a caixa. Sob o papel de presente roxo, uma caixa de madeira com vinte e quatro garrafas de vinhos de rótulos especiais — doze de uvas merlot e doze de uvas zinfandel "Coppola".

A trinca de publicitários mineiros que dentro em breve se tornaria conhecida pelo país inteiro mandara-me de presente, num gesto de algum respeito profissional e carinho pessoal, duas dúzias de garrafas da vinícola em que Francis Ford Coppola, o diretor de *O Poderoso Chefão*, os produzia na Califórnia. Registrei mentalmente o sinal e comprometi-me a abrir uma garrafa a cada vitória específica sobre meus detratores.

* * *

Em poucos meses consegui abrir o último vinho Coppola. A crise particular de imagem parecia ter ficado para trás. Propus a João Paulo Cunha que abrisse mão da consultoria que eu dava à agência de Marcos Valério, Ramon e Cristiano para atender à conta da Câmara.

— Jamais. A vida é uma gangorra, companheiro Lula. Acostume-se. Na vida a gente sai reescrevendo a própria história a todo momento — respondeu ele.

No futuro, ter recebido dos publicitários mineiros vinte e quatro garrafas do vinho produzido pelo melhor biógrafo cinematográfico da Máfia americana regaria momentos de autoironia.

Do outro lado do espectro político, o senador Tasso Jereissati, do Ceará, pediu que eu desenvolvesse o esboço de uma biografia dele. Contratou-me para um projeto com essa ambição por meio da Fundação Queiroz Jereissati — era o sobrenome dos filhos dele, carregado da simbologia de duas das mais bem-sucedidas famílias cearenses.

— Você me acha um coronel? — instigou-me.

— Claro que não. Você entrou na política para enterrar os coronéis do Ceará — respondi.

— Pois é, mas não é essa a impressão que meus próprios filhos têm. Quem não gosta de mim, sobretudo muita gente do PT, fica me chamando de coronel.

— Você é a antítese disso.

— Preciso que você escreva isso. Falando como é a minha atuação política. Vai ser bom para mim, e bom para você nesse momento em que precisa restaurar a própria imagem. Aceita?

Claro que aceitava. Firmei um plano de voo para dar curso àquele trabalho e fui deixando para trás a agenda negativa.

*   *   *

Havia tirado duas semanas de férias entre 2004 e 2005. Quando retornei ao Brasil no fim da primeira semana útil do ano que se iniciava, recebi um telefonema de João Paulo Cunha. Acompanhava a distância a disputa fratricida dentro da bancada do PT na Câmara pela sucessão dele. Os deputados Luiz Eduardo Greenhalgh, de

São Paulo, e Virgílio Guimarães, de Minas Gerais, estenderam até um rachado segundo turno a definição do nome oficial da sigla no pleito interno. Greenhalgh venceu, Virgílio não aceitou o resultado e se lançou de forma avulsa.

— Preciso de você para operar algum consenso nessa turma, botar juízo — pediu o presidente da Câmara cujo mandato se encerraria no fim do mês de janeiro.

— Você vai apoiar quem?

— O que vencer. Tenho obrigações com o Greenhalgh e ele venceu a disputa. Mas, como você sabe, minha amizade pessoal com Virgílio é maior. Os dois me pediram para te liberar para as campanhas deles. Gostaria que você fizesse a de Luiz Eduardo.

Conhecia Luiz Eduardo Greenhalgh havia bastante tempo. A irmão dele, Laura Greenhalgh, trabalhara comigo em *Veja* e *Época*. Amigo próximo de Sigmaringa Seixas, com quem eu também mantinha amizade fraterna, o deputado e advogado paulistano sempre fora fonte de reportagens na área de defesa dos direitos humanos e quando precisávamos adentrar os porões da ditadura militar. Fazer a campanha dele seria um prazer — mergulhei de cabeça. As fraturas no caso governista, entretanto, eram maiores do que eu pude perceber ao analisar a disputa com Virgílio Guimarães. O petista mineiro tinha a confiança de grande parte da base do governo Lula que se hospedava em partidos de centro e de direita, como PTB, parte do PP e PDT.

Ao perceber o flanco aberto para uma terceira via, um parlamentar quase folclórico de Pernambuco, Severino Cavalcanti, conhecido como "Rei do Baixo Clero", lançou-se candidato. "Baixo clero" foi a definição dada por Ulysses Guimarães aos deputados que viviam nas franjas das grandes articulações políticas, sem expressão nacional, e exercendo os mandatos como vereadores federais. Em torno de Ulysses estavam os cardeais. Fora do grupo restrito, o baixo clero.

Entrando em seu terceiro ano de mandato, o presidente Lula teria de gastar alguns cacifes à mesa do carteado parlamentar para descobrir se o jogo de seus aliados era blefe ou se tinham em mãos cartas de peso específico real. A divisão promovida por Virgílio na base foi a oportunidade de ouro encontrada pelos chantagistas do Parlamento para fomentarem a cizânia e apresentarem as pragmáticas contas de seus projetos políticos regionais ao Poder Executivo.

No primeiro turno da disputa pela presidência da Câmara, apresentaram-se cinco candidatos em 15 de fevereiro de 2005 — Luiz Eduardo Greenhalgh e Virgílio Guimarães, do PT; Severino Cavalcanti, do PP; e pelo PFL dois outros nomes, o baiano José Carlos Aleluia e um obscuro deputado, considerado um pária do Congresso, chamado Jair Bolsonaro. Para vencer, algum deles teria de obter 257 votos, o equivalente a 50% mais um dos votos possíveis no colégio eleitoral total de 513 deputados. Se isso não ocorresse, os dois mais votados disputariam o segundo turno.

Greenhalgh chegou a 207 votos, Severino a 124, Virgílio a 117; Aleluia obteve 53 votos e Bolsonaro, reles dois votos — o dele e o de um outro a quem conseguiu convencer com sua retórica radical de extrema direita saudosista da ditadura militar.

Conhecidos os números da primeira rodada, o relógio corria contra o candidato do Palácio do Planalto e do presidente Lula, Luiz Eduardo Greenhangh. Ele tinha apenas cerca de três horas para celebrar acordos políticos que tinham se revelado insuficientes. Enfraquecidos pelos números reveladores do primeiro turno, os governistas se revelaram impotentes ante o discurso monocórdio de Severino Cavalcanti. Dizia que se converteria no presidente do "Sindicato de Deputados" e que iria defender a todos contra o que chamava de rolo compressor do poder palaciano. As articulações entraram pela madrugada. Por volta de duas horas da manhã, João Paulo Cunha jogou a toalha.

— Vou abrir a votação do segundo turno. Não conseguimos oferecer o que essa turma está pedindo. Eles estão, praticamente, querendo sentar na cadeira do presidente Lula. Vamos perder, mas conservemos a dignidade.

Contados os votos do segundo turno, até a dignidade tinha saído vencida: Greenhalgh obtivera 195 votos — uma dúzia de deputados de nossa base inicial migrara para o outro lado. Severino, com 300 votos, sagrou-se presidente da Câmara. Sentou na cadeira de João Paulo Cunha pela primeira vez às seis e meia da manhã e, sabendo falar ao vivo para o telejornal *Bom Dia Brasil*, da TV Globo, tripudiou contra o governo e contra os petistas.

— Agora, quem manda aqui é o Sindicato dos Deputados — disse ao rol de políticos amarfanhados, insones e exultantes que o cercavam.

O PT do presidente Lula, ainda liderado em seu núcleo ideológico pelo ministro da Casa Civil José Dirceu, colhia bons resultados no plano da economia. A inflação estava em queda, o real seguia uma moeda forte e os investimentos estrangeiros no país se multiplicavam. Contudo, a derrota na eleição do Congresso abrira largas alamedas para acessos diversos aos porões da Esplanada dos Ministérios. Derrotada junto com os dois candidatos governistas, pois fizera as duas campanhas ao mesmo tempo, a SMP&B não pôde cumprir todas as promessas feitas a alguns parlamentares.

Conhecido falastrão, naquele momento com escassa tinta na caneta e pouco dinheiro no bolso para enrolar os credores políticos, Marcos Valério Fernandes de Souza assistiu a seu poder definhar. Gostava de dizer nos corredores do Congresso e dos ministérios que era empresário e, por isso, não tinha partido. Tinha, na verdade e na definição dele, lealdade à palavra empenhada. A estrela de rubi saíra da lapela e fora escondida na caixa de joias da mulher, em casa. Movido pelo senso de sobrevivência, tentou construir pontes com o novo poder emergente: os partidos do "Centrão" — notadamente, o PP de Severino e o PTB de um deputado chamado Roberto Jefferson, que fora o líder de Fernando Collor durante a CPI do PC (volume 1 de *Trapaça* conta bem essa história) e se tornara um capitão do exército de mercenários que defendia alguns projetos petistas a soldo.

* * *

Começo da tarde de um sábado qualquer de maio. Eu e Patrícia esperávamos o jornalista Gerson Camarotti, do jornal *O Globo*, para um almoço de amigos fraternos num restaurante do Setor de Clubes Sul. Conservando a pontualidade britânica que é marca dos pernambucanos, era estranho que estivesse atrasado. Quase duas e meia da tarde, de terno claro e camisa azul, Gerson entra bufando no salão do restaurante.

— Queridos, desculpem. Eu odeio atrasar. Mas foi o Delúbio — argumentou à medida em que ia sentando à mesa.

— O que Delúbio Soares fez com você, Gerson? — brinquei, com um tom fraternal.

— Vocês acreditam que eu tinha de conversar com ele, para uma reportagem que estou escrevendo, sobre um publicitário que está muito assanhado por aqui por Brasília, um tal de Marcos Valério, um carequinha...

— Quem, Gerson? — interrompi entre o surpreso e o assustado.

— Marcos Valério. Parece que um mineiro, todo careca. Um cara meio esquisito, que anda pelos bastidores daqui de Brasília pagando conta para todo mundo. Você o conhece, Lula? — indagou o meu amigo, ótimo repórter, a quem eu levara do Recife para Brasília tão logo concluiu o curso de jornalismo na Universidade Católica de Pernambuco, nos tempos em que chefiava a revista *Veja*.

— Não lembro de ter escutado esse nome... Mas o que liga ele a Delúbio e a seu atraso? — tentei desconversar, começando a ficar nervoso com a primeira referência direta que ouvia à forma sem cautela e desavergonhada com a qual Valério transitava na cidade.

— Dizem que Delúbio é muito ligado a ele. Você conhece Delúbio... difícil de falar as coisas... daí eu me submeti a ir conversar com ele num sábado de manhã. Ele está hospedado no Blue Tree — esmiuçou Gerson, contando a história e fazendo referência ao melhor hotel de Brasília à época, um prédio com a assinatura do arquiteto Ruy Ohtake, às margens do Lago Paranoá, com um *lobby* majestoso. — Delúbio está lá no hotel, me sai com uma garrafa de uísque Blue Label nas mãos, uma caixa de charuto Cohiba, senta naquela poltrona do *lobby* do Blue Tree e fica enxugando gelo. Muito estranho, e essa conta dessa vida de Delúbio não fecha. Só que eu não consegui saber quem é o carequinha.

— Nem eu — respondi cinicamente. — Agora, de fato, a conta não fecha. Estão deslumbrados. Bebi muita cerveja Brahma com

Delúbio em copo americano na Cantina do Mário, lá no centro de São Paulo, quando fazia reportagem com o PT. De lá para o Blue Tree com Blue Label e Cohiba num sábado de manhã é um salto muito grande para pouco tempo.

Mudamos de assunto e passamos a falar de cinema, para meu alívio pessoal. Estava, porém, inaugurada a temporada de caça.

* * *

CAPÍTULO 4

TEMPOS DE CAÇA

Era sábado. Onze de junho de 2005, véspera do Dia dos Namorados. Eu e Patrícia tínhamos ido passar o fim de semana em São Paulo. Na cidade onde havíamos morado por quase cinco anos, pretendíamos rever alguns amigos. Combinamos de ir a uma boate naquela noite com um grupo de casais que tinham morado ao mesmo tempo em Brasília e na capital paulista conosco. Marcamos de almoçar no Jóquei Clube, onde ocorria um grande bazar de brechós paulistanos. O relógio marcava por volta de uma da tarde. A música eletrônica chacoalhava os tímpanos e o cérebro. Havia uma espera longa para sentar numa das mesas do Charlô, bistrô do *chef* Charlô Whately. Conversava quase aos gritos com a minha mulher e com os jornalistas Daniela Mendes e Felipe Patury, que nos faziam companhia. Aguardávamos outro casal de jornalistas, Eliane Trindade e Guilherme Evelin. O telefone celular vibrou no bolso da minha camisa. Pedi licença, atendi com as mãos em forma de concha, à altura do microfone, para proteger um pouco o ouvinte do barulho ambiente. Refugiei-me embaixo de uma escadaria para tentar de alguma forma barrar o som.

— Lulinha! Tudo bem?! É o Fernando Rodrigues.

— Quem? — não conseguia escutar.

— Fer-nan-do Ro-dri-gues — repetiu sílaba a sílaba o repórter especial da *Folha de S. Paulo*. — Você está onde? Uma zoada danada...

— Oi, Fernando. Estou em São Paulo, no Jóquei. Numa feira *hippie*, dessas coisas meio antigas, meio "*falsiês*". Tudo bem?

— Tudo meu amigo... mas prepare-se: a República vai tremer. Daqui a pouco, quando a *Folha de S. Paulo* soltar o primeiro clichê do domingo, que sai já, já, o Brasil vai tremer — alertou ele.

Nas duas semanas anteriores um escândalo de razoáveis proporções começava a se formar no horizonte seco e turvo de Brasília. A turbidez não era decorrente da poeira vermelha, típica dos meses de seca no Planalto Central, e que dá à capital da República uma atmosfera de faroeste.

A revista Veja *publicara frames e diálogos de um vídeo em que um funcionário da Empresa Brasileira de Correios e Telégrafos, estatal da área postal, negociava propinas com executivos e empresários privados interessados em participar de licitações no governo. Indicado para ocupar o posto na administração pública pelo PTB, presidido àquela altura por Roberto Jefferson — José Carlos Martinez, deputado pelo Paraná, presidente da sigla, morrera num acidente aéreo —, o funcionário era chefe do Departamento de Contratação e Administração de material dos Correios. Chamava-se Maurício Marinho.*

À publicação da Editora Abril, Marinho contou que agia sob o comando de Jefferson. O vídeo fora cedido ao Jornal Nacional, *da TV Globo, e converteu-se no estopim de tudo o que viria a seguir. No curso dos dias seguintes, o presidente do PTB foi à tribuna da Câmara dizer que aquilo era uma cilada articulada pelo PT contra ele. Apontara o dedo diretamente para o gabinete da Casa Civil, comandada por José Dirceu. Jefferson e os petistas coabitavam sob o mesmo teto governista, mas nutriam desconfianças mútuas desde 1992, quando lideraram lados opostos no processo de cassação de Fernando Collor.*

Na segunda-feira 6 de junho a Folha de S. Paulo *circulava com uma primeira entrevista de Roberto Jefferson, na qual ele falava no pagamento de mesadas de R$ 30 mil a parlamentares da base governista abrigados em siglas* *conhecidas como fisiológicas — PP e PL. E dizia que o PT, por meio do tesoureiro da legenda, Delúbio Soares, tentara estruturar o mesmo esquema no PTB e no PMDB para comprar a fidelidade dos parlamentares aos projetos do governo. Era o que ele chamava de "mensalão". Jefferson, contudo, não apresentava provas do que dizia. Também se recusava a dar detalhes sobre o funcionamento daquele sistema de pagamento de mesadas a deputados.*

— Sério? Que houve? — embromei e tentei estimulá-lo a ir em frente.

— Você já ouviu falar de um empresário, um publicitário, um tal de Marcos Valério? Um carequinha mineiro? Falante?

Respirei fundo, fechei os olhos e senti um fio de suor escorrer em minha nunca. Também senti a boca secar de imediato, as palpitações cardíacas aumentarem. O ar expelido pelos pulmões saía quente das narinas. "É a adrenalina", identifiquei de imediato e em silêncio. Ansiosos incorrigíveis, como eu, sabem quando a descarga do hormônio desorganiza nossa paz interna. Não podia usar com Fernando Rodrigues a mesma desculpa esfarrapada e fugidia que usara com Gerson Camarotti, cerca de um mês antes. O contexto era outro, e, desde lá até aquele momento, o governo perdera a capacidade de dar respostas às acusações que ameaçavam engoli-lo. Repórter especial e colunista da *Folha de S. Paulo*, um dos melhores e mais ranhetas apuradores de notícia que conhecia, Fernando ligara para mim antes de a edição da *Folha* circular. Se havia feito aquilo, era porque havia algo bem mais concreto do que as suspeitas iniciais de Gerson.

— Já ouvi falar desse cara, sim. Já o vi, inclusive, circulando por Brasília — precavi-me, deixando de negar que o conhecia e que sabia quem era, mas criando um falso limite entre saber quem é e realmente conhecer a pessoa. — O que há com ele? Algum escândalo? — indaguei fingindo naturalidade.

— Cara, a Renata Lo Prete fez uma nova e devastadora entrevista com Roberto Jefferson. Ele entrega todo o esquema político, de corrupção, montado pelo governo e operado por este carequinha: Marcos Valério. É um escândalo, *my dear*. Vai chover pica na Esplanada.

— Cacete. O que ele conta desse tal de Marcos Valério?

Provavelmente, pelo som bate-estaca de fundo, Fernando Rodrigues não percebera que minha voz estava trêmula. Renata Lo Prete era a editora da coluna "Painel", a de maior prestígio na *Folha*. Quando eu trabalhei no jornal, ela era secretária-adjunta de redação. Havia sido, ainda, *ombudsman* da publicação. Ou seja, uma reportagem de denúncia chancelada pela grife que a repórter ostentava em sua biografia profissional era, desde a largada, algo para se levar bastante a sério.

Senti uma agonia sufocante. Tonto e nauseado, tentei desligar. "Que loucura. Então o Marcos não era só um falastrão, era um homem-bomba. Imbecil filho da puta", pensei em silêncio. Fernando seguiu, sem perceber meus titubeios. Os pensamentos estavam desarrumados em minha cabeça.

— Segundo Jefferson, o Delúbio arrecada uma grana com empresas privadas e com operadores de empresas públicas e é esse carequinha quem distribui o dinheiro em Brasília. Leva tudo em malas e bolsas, dá festas pantagruélicas. Vai ser um estouro! — contou e riu.

Até que ponto as maluquices e bazófias de Marcos Valério, um dos sócios da SMP&B e da DNA, agências às quais eu dava consultoria, eram verdade? O que poderia ser criação de Roberto Jefferson? Eu não tinha notícia da relação entre eles, por exemplo. Mas a descrição sucinta do publicitário mineiro dada por Fernando Rodrigues, que não o conhecia, batia com a realidade. E Valério dizia que fazia aquilo que o presidente do PTB estava dizendo que ele fazia. Todas as possibilidades surgiam em espiral na minha cabeça.

Desliguei depois de enrolar um pouco a conversa. Quando procurei Pat e meus amigos, já estavam todos sentados numa mesa. Meu olhar perdido, um certo ar apalermado e a respiração ofegante denotavam que algo não estava bem. Patury perguntou se eu estava passando mal. Respondi que sim, "um pouco". Pedi uma dose de uísque. Puxei ele e Guilherme Evelin num canto e contei do telefonema. Éramos todos jornalistas. Ambos trabalhavam em revistas, *Veja* e *Época*, respectivamente. Não podiam fazer nada com as edições de suas revistas a partir dali, só na semana seguinte.

Desconcentrado e desconcertado, arrastei o almoço até onde aguentei. Levantei e comuniquei que ia embora. Não havia dado ainda quatro horas da tarde. Estava hospedado em um hotel na rua Maranhão, em Higienópolis. Lá perto, na praça Vilaboim, localizava-se uma das bancas que recebia a primeira remessa da gráfica da *Folha*. Aos sábados, o jornal com data de domingo chegava até aquela banca por volta das sete e meia da noite. Pretendia refletir um pouco, colocar ideias no lugar e esperar aquela primeira remessa.

Li a reportagem, manchete do jornal, ainda nos bancos da Vilaboim. Dobrei o primeiro caderno, conservei-o comigo, e joguei o restante numa lixeira da praça. Ao caminhar pelos cinco quarteirões que me conduziriam de volta ao hotel, tentava refletir sobre o que fazer. Dividia minha angústia em duas partes — a pessoal e a política.

No âmbito pessoal, tirando a preguiça de enfrentar um novo ciclo de exposição pública como o que ocorrera no episódio de Ibsen Pinheiro, estava tranquilo. Os aspectos profissionais é que me preocupavam; havia chances reais de virar novamente bucha de canhão em guerras alheias. Procurava perscrutar e rememorar todas as parcerias e serviços prestados para as agências SMP&B e DNA e não via ilegalidade alguma nos trabalhos que executara. Ao contrário, sempre fiz questão de assinar contratos de prestação de serviços determinando escopo e duração das prestações de serviços, e todas as relações financeiras eram feitas pelas vias formais. Ou seja, pagamento de serviços depois da emissão de notas fiscais de minha empresa e liquidação por meio de depósitos em conta bancária empresarial com recolhimento de impostos.

Nos cinco meses decorridos entre a ascensão de Severino Cavalcanti na Câmara, e a consequente dispensa da consultoria que eu dava, e a eclosão das entrevistas de Roberto Jefferson, estava me dedicando ao esboço e rascunho da biografia de Tasso Jereissati para a Fundação da família dele e a dar consultorias para empresas privadas. Do quarto do hotel, telefonei para João Paulo Cunha.

— Já leu a *Folha* de amanhã? — perguntei sem dar boa noite.

— Não. Mas já me contaram. Você leu?

Respondi que sim e fiz um resumo para ele. Li detidamente alguns trechos e algumas frases de Jefferson. Analisamos juntos o cenário para os dias seguintes. Perguntei se àquela altura o governo e o PT não iriam montar uma Sala de Crise.

— É fundamental — adverti. — Não pode haver contradição entre os pronunciamentos de gente do Palácio e do partido.

— Não vi movimentação nesse sentido — desdenhou João Paulo. — Lula, sinceramente, você vê essa entrevista com grandes preocupações?

Aquela pergunta lançada pelo ex-presidente da Câmara dava a medida do atordoamento que tinha tomado conta deles, no PT.

— João Paulo, isso pode derrubar o governo. É claro que é grave. Um deputado escroto, canalha, bandido, com o qual vocês jamais podiam ter se aliado, torna-se o porta-voz de uma denúncia de compra de apoio político de partidos que a gente sabe que se vendem para qualquer um há muito tempo. É muito grave!

— Qual a credibilidade de Roberto Jefferson entre vocês?

— Nenhuma. E, ao mesmo tempo, toda — respondi. Ele estava me deixando impaciente com a incredulidade confortável. Expliquei: — Nenhuma, porque todo mundo sabe que ele é um escroque. Porém, dá o caminho das pedras para o sistema tirar o Lula e devolver o *impeachment* do Collor para a esquerda; ou, no limite, para quebrar as asas do Lula e derrotá-lo na reeleição. Eu não te contei uma história...

— Que história? — atalhou.

— Uma história que o Elio Gaspari me contou logo depois do Carnaval. Jantei com ele aqui em São Paulo.

— Você está em São Paulo?

— Estou, mas tenho uns compromissos pessoais. Só não tenho mais é cabeça para eles.

— O que o Elio te contou?

— Jantamos juntos. O Elio me falou deste termo que o Roberto Jefferson usou: "mensalão". Ele disse que havia isso. Eu duvidei.

Ele me disse que não duvidasse. E foi além. Argumentou que isso é típico de governos que se elegem com discurso de esquerda e operam o poder igual àqueles que derrotaram. Usou até um exemplo didático. Segundo ele, no primeiro ano de um governo, tudo é festa e os empresários apoiam a novidade e seus projetos; mesmo que não gostem. No segundo ano, de acordo com Elio, os empresários dão o que o governo lhes pede, mas anotam todos os pedidos num caderninho com o nome de quem pediu e de quem recebeu. No terceiro ano, entregam o caderninho para o Ministério Público e para a imprensa, não necessariamente nessa ordem. João Paulo, estamos no terceiro ano de governo Lula.

— Puta que o pariu. Você está muito pessimista, rapaz. Ânimo! Não há o que fazer hoje. Vamos seguir a vida e pensar no que fazer amanhã.

Desligamos.

Curtido no curso daquele telefonema desalentador, pois durante a conversa percebi que não havia um mínimo de racionalidade e estratégia nas ações que se sucederiam, vi a escala de meu pânico com os cenários subir para a intensidade "desespero aloprado".

Se Patrícia não estivesse tão empolgada com a programação que havíamos feito para a noite — uma boate, espécie de *rave*, com música eletrônica, para celebrar o Dia dos Namorados com amigos de juventude —, teria antecipado o voo de volta para meu refúgio brasiliense.

Não relaxei a noite toda. Bebi mais que a média. Senti náuseas porque era possível ver a praia seca à frente, a maré recuando, e aquilo era sinal evidente do tsunami que se formava.

Enquanto voava de volta a Brasília, na noite do domingo, repassei mentalmente alguns passos que dera tentando conectar os meus clientes SMP&B e DNA, agências de publicidade, com *players* da política. Eles tinham interesse em participar de licitações no mercado da propaganda estatal. Era uma atividade responsável por movimentar, à época, cerca de R$ 2 bilhões por ano. Aos políticos interessava o acesso às agências, aos seus executivos, às produtoras de

TV e rádio que seriam fundamentais em campanhas eleitorais e, nos anos ímpares, sem eleições, na execução dos programas partidários e da estratégia de comunicação dos mandatos. Claro que tudo isso no escopo das relações republicanas. Como jamais testemunhara qualquer conversa que tivesse ultrapassado a linha divisória entre legalidade e ilegalidade, conservei-me minimamente tranquilo.

Telefonei para José Genoíno, presidente do PT, e repeti o alerta que havia dado a João Paulo Cunha. Coloquei-me à disposição para quaisquer gestos que estivessem ao meu alcance a fim de ajudar a desenrolar o novelo criado por Jefferson. Não havia necessidade, diziam-me os petistas, para tanta preocupação. Estavam articulando o desmonte da bomba armada pelo presidente do PTB.

Fui chamado para uma reunião em que estariam os ministros Eunício Oliveira, das Comunicações (do PMDB); Eduardo Campos, da Ciência e Tecnologia (do PSB) e Aldo Rebelo, da Articulação Política (do PCdoB). Ciro Gomes, ministro da Integração Nacional, também fora chamado. Só chegaria mais tarde. Aquele grupo, que não continha nenhum petista e transitava em corredores e becos do Congresso e da Esplanada nos quais petistas dificilmente entravam, estava mais consciente dos riscos do que o próprio partido do governo. Liderados por Aldo Rebelo, o quarteto de ministros fez uma análise de conjuntura precisa.

— Virá uma CPI. É claro que Severino vai chancelar essa investigação e vai tentar crescer com a lista de demandas para cima da gente. Vai ficar caro — acreditava Eduardo Campos.

— A turma do PT não tem condições de conversar com esse povo. Nós temos de fazer isso. Eles não conseguem entrar em todos os gabinetes do Congresso — alertou Eunício.

Armou-se, ali, a troica de defesa avançada do governo Lula. O PT estava ausente, paralisado e catatônico. Aquele trio tinha articulação com alguns petistas. Entretanto, preferiram operar em linha direta com o próprio presidente Lula e em reuniões presenciais com o líder do PTB, José Múcio Monteiro. Apesar de integrar o partido de Jefferson, o pernambucano José Múcio tinha enorme reputação de lealdade no Palácio do Planalto. No momento em que se desenrolava a reunião em que estávamos, o líder petebista estava no apartamento de Roberto Jefferson tentando demovê-lo de seguir adiante com o enfrentamento ao PT e ao governo. Arisco, repulsivamente ameaçador, o presidente do PTB se negou a recuar.

— Múcio, meu amigo fraterno, meu irmão!... a linha foi ultrapassada há muito tempo. Quiseram me matar com essas denúncias. Eu atirei, tenho as armas e tenho as balas. Não recuo. Pode avisar ao presidente que eu não recuo.

Ao relatar ao ministro Mares Guia aquela frase que ouvira de Jefferson, o líder petebista foi convencido a repeti-la para o presidente Lula. Quando o fez, conquistou a amizade fraterna do petista em razão da lealdade revelada.

Dias depois, José Dirceu se viu obrigado a pedir demissão do Ministério da Casa Civil. Deixava, assim, o coração político do governo. Escreveu uma carta emocionada e pública ao presidente Lula, prometeu regressar à trincheira do Parlamento para a luta. Dilma Rousseff, ministra das Minas e Energia, assumiu a parte de coordenação de governo da Casa Civil. Toda a articulação política palaciana ficou nas mãos de Aldo Rebelo. Walfrido dos Mares Guia, ministro do Turismo e filiado ao PTB, mas distante de Jefferson e próximo de Múcio, passou a ter também um papel preponderante como um dos generais de campo da batalha política.

Quebrar o braço operacional do presidente da República, articulado pelo PT, era uma das metas de Roberto Jefferson, e ele fora bem-sucedido na empreitada. Celebrou a demissão de Dirceu. A cassação do mandato do ex-ministro da Casa Civil foi pedida e o início do processo foi aceito em tempo recorde pelo presidente da Câmara, Severino Cavalcanti. Na primeira sessão em que pôde se defender das acusações, José Dirceu foi confrontado por um Roberto Jefferson que sentara na primeira fila do plenário da Comissão de Ética.

— Vossa Excelência desperta em mim os instintos mais primitivos — disse desafiadoramente a Dirceu, olhando o antagonista nos olhos e fazendo questão de pronunciar a ameaça do microfone de apartes.

O Congresso e o país estavam incendiados. Severino Cavalcanti ordenara uma caça às bruxas dentro da Câmara dos Deputados. Mandou seus subordinados na área administrava da Casa passarem um pente-fino em todos os atos de João Paulo Cunha. Funcionários de carreira que trabalhavam juntos há anos, mas tinham divergências políticas, passaram a perseguir uns aos outros no Parlamento. Havia um evidente clima macarthista instalado dentro do Congresso Nacional. Em razão disso, pela segunda vez no prazo exíguo de um ano, eu me via naquela desconfortável posição que abominava: bucha de canhão no fogo cruzado entre entidades bem maiores do que eu.

Recebi uma intimação para depor num processo interno da corregedoria da Câmara dos Deputados com a chancela de um auditor do Tribunal de Contas da União. Não me preocupei muito, não havia irregularidade alguma na consultoria que prestara. Antes de marcar o depoimento recebi um telefonema de um funcionário de carreira do mais alto escalão do Congresso. Chamava-me para uma conversa pessoal e urgente. Fui.

— Camarada, há uma caça às bruxas na Câmara e muita gente com ódio ao PT e aos petistas — expôs o amigo que me chamara. — Severino mandou suspender o contrato com a SMP&B, porque era coisa do João Paulo. E ordenou que analisassem com lupa todos os processos. Tem uma pessoa lá, Ademir Malavazi, um puxa-saco incorrigível do Severino, do PP inteiro, que te odeia. Ele virou Secretário de Comunicação.

— Não conheço esse sujeito. Nunca ouvi falar dele.

— Ele te odeia. É jornalista também, mas é concursado. Reveja se você fez algum mal a ele no passado.

— Cara, não me lembro do nome do sujeito. Posso ter feito, sei lá... em minha encarnação de repórter, de jornalista em redações, fiz mal por atacado. Deve ter muita gente que não gosta de mim por isso. Mas, no varejo, não lembro desse nome.

— Pois guarde-o. Ademir Malavazi. Ele resolveu criar uma tese, aceita por esse corregedor da Câmara e por um auditor do TCU, dizendo que você recebia sem trabalhar. E que isso era benefício para João Paulo, porque deixava à disposição dele um profissional de marketing político.

— Isso é loucura total. Ia à Câmara praticamente todos os dias durante a gestão de João Paulo. Nunca fui funcionário, só que tinha rotina de funcionário, quase. Isso não vingará com a imprensa. Os jornalistas me conhecem, e sabem disso.

— Estão acusando você, João Paulo, o diretor-geral Sérgio Sampaio, o ex-secretário de Comunicação, Márcio Araújo, de conluio. E dizem que o contrato com a agência de publicidade era uma farsa.

— Uma farsa? A Câmara fez campanha na mídia, contra a minha vontade, mas fez. Eu disse que era desperdício de dinheiro, mas fizeram mídia em diversos veículos, inclusive nos jornais e revistas de grande circulação. Que maluquice.

— Prepare-se. Vai estourar. E João Paulo está na alça de mira deles.

Saí da conversa e fui até o gabinete de João Paulo Cunha. Ele estava sabendo o que se passava e complementou as minhas informações. Aparentava maior preocupação conjuntural do que a última conversa que tivéramos. Começara a funcionar a Comissão Parlamentar Mista dos Correios, destinada a investigar no âmbito político o escândalo iniciado com o vídeo divulgado por *Veja* e as acusações subsequentes de Roberto Jefferson feitas à *Folha de S. Paulo*.

— O Delcídio vai tocar fogo nessa CPI. Ele não é confiável. Tem alma de tucano. Era do PSDB até um dia desses — disse João Paulo, fazendo uma avaliação lúcida do caráter rasteiro do senador Delcídio do Amaral, do PT do Mato Grosso do Sul, presidente da CPI dos Correios. E revelou: — Eu tentei ser o presidente da CPI. Só que o PMDB não topou o acordo de inverter os cargos e dar a relatoria para um senador do partido. O Sarney poderia ser o relator e eu, o presidente. A gente segurava isso fácil.

— Mas, João Paulo, você não poderia sequer estar na CPI. Você teve uma relação muito próxima com Marcos Valério, com as agências dele — ponderei.

— E daí? Não tem nada a ver isso. Se a gente tivesse jogado direitinho na política, teríamos conseguido esse acordo. Delcídio é um traíra e queimou o acordo. O presidente Lula vai se arrepender por confiar no Delcídio.

— João Paulo, como presidente da CPI, se você estivesse lá, assim que a sua proximidade com Marcos Valério emergisse, seria uma bomba que atingiria a todos.

— Não fiz nada errado.

Calei-me. Dispus-me a ajudar no que pudesse. Já não trabalhávamos juntos; ficara a amizade. Decidi ir até o Senado, onde se desenrolavam as sessões da CPI dos Correios, na mesma sala que havia sediado, em 1992, a CPI do PC, que levara à cassação do ex-presidente Fernando Collor. Senti certa ansiedade nostálgica enquanto atravessava o Salão Azul do Senado, passava pelo Pavilhão das Bandeiras e entrava naquilo que chamávamos "túnel do tempo": uma passagem de concreto, toda fechada, na qual havia uma exposição em linha do tempo sobre a história do Senado brasileiro. No fim dessa passagem, ficavam as alas de gabinetes e os auditórios menores em que ocorriam as sessões das comissões permanentes e também das comissões especiais e CPIs mistas.

Antes de chegar ao meu destino, cruzei caminho com Rudolfo Lago, repórter veterano na cobertura política com quem eu trabalhara em *O Globo*, que fizera por *Zero Hora* a cobertura da morte de PC em 1996 e que eu levara de volta ao *Correio Braziliense* no último estágio de minha encarnação como um jornalista em redações. Ele estava apressado, com um ar levemente impressionado e ofegante. Acenei e Rudolfo veio em minha direção, já me indagando:

— Soube da novidade, Lulinha?

Não, eu não sabia. E disse que não sabia. Ele contou:

— A CPI acaba de descobrir que havia um esquema de pagamento dos apoios políticos por meio de dinheiro vivo que era disponibilizado por ordem de Delúbio Soares. Tudo devia ser sacado na agência do Banco Rural no Brasília Shopping.

— Como é, Rudolfo? O Banco Rural, que era um dos bancos centrais do esquema do Collor e do PC no caso do *impeachment* de 1992, era usado nesse esquema? — reagi incrédulo. — Nem sabia que o Banco Rural ainda tinha agência aqui. No Brasília Shopping? Nunca vi.

— Pois é, é uma loucura, parece a vida sendo vista pelo retrovisor — ponderou Rudolfo, explicando: — O Banco Rural tinha uma relação especial com o Marcos Valério e com a SMP&B, dizem lá na CPI. A agência deles fica numa das torres do shopping, e para ir a ela você tem de se identificar na recepção da Torre Norte. Por isso eles poderão saber todo mundo que frequenta o banco, e havia ordens de pagamento, de entrega de dinheiro, enviadas por Delúbio ou por Marcos Valério, para entregar a pessoas determinadas, ligadas aos políticos. Essas ordens foram guardadas, e por isso vão chegar a todo mundo que recebeu dinheiro dessa forma.

Mais uma vez, sentia meu sangue gelar e uma sensação de ter um fio frio e fino a descer pela coluna vertebral. Inspirei, tomei ar e pus as ideias no lugar.

— Rudolfo, como você sabe, eu presto serviços para essas agências. Eu nunca recebi em espécie — estava sendo instintivamente reativo. — Sempre recebi por transferência bancária, mediante emissão de nota.

Respondi e me explicava sem ter sido perguntado.

— Isso é para quem faz as coisas irregularmente, Lula. Não é o seu caso. Conheço você — tranquilizou-me ele, afastando liminarmente quaisquer possibilidades de desconfiança. Mas não me tranquilizou.

— Eu mesmo, por exemplo, vivo indo à Torre Norte do Brasília Shopping porque o Mário Rosa tem uma sala lá, e de vez em quando eu a uso para reuniões, para uma conversa mais reservada — segui em minha estratégia num quase desespero. Estava sinceramente preocupado com a coincidência.

— A identificação tinha de ser feita para a sala exata à qual você se dirigiria, disseram lá na Comissão — detalhou, dando-me um certo alívio.

Dei um cavalo de pau na intenção de ir até a sala da CPI dos Correios. Decidi voltar à minha base a fim de me preparar para futuras e grandes confusões que viriam rapidamente travestidas em questões acerca de quem frequentava, ou não, a agência do Banco Rural no Brasília Shopping, de cuja existência eu jamais ouvira falar.

A Torre Norte do centro comercial tem mais de vinte andares e é repleta de consultórios médicos, empresas, escritórios de profissionais liberais. Estava claro que haveria uma separação na planilha de divulgação e não seriam misturados os nomes de quem se dirigia ao banco com os nomes de quem ia a outros lugares dentro do mesmo shopping. Torci para que a triagem estivesse sendo feita de forma equilibrada e sem sensacionalismo — até porque, em que pese toda a crise de imagem que enfrentara em 1992, o banco sobrevivera e tinha clientes diversos.

Dois dias depois daquele diálogo com Rudolfo, o repórter Gerson Camarotti, de *O Globo*, ligou para mim. Eu estava em São Paulo, para onde havia ido a fim de realizar reuniões com clientes do setor privado.

— Lulinha, tudo bem? Veja se podes me ajudar — sim, apesar de nossa longa e antiga amizade, Gerson sempre conservou certa formalidade linguística dos pernambucanos que usam a segunda pessoa do singular ou do plural para flexionar os verbos. Seguiu:

— Eu estou com uma história muito grave em relação ao João Paulo Cunha. Sei que ele não é mais seu cliente, mas gostaria de sua ajuda para obter a versão dele de uma história que vou publicar.

— O que é? — perguntei, suspeitando se tratar da disputa interna do ex-presidente da Câmara com o já empossado presidente da CPI dos Correios, Delcídio do Amaral. Aquele não era um fato público. Eu mesmo só ficara sabendo dele na conversa mantida com João Paulo dois dias antes.

— Eu tive acesso a documentos que ainda não chegaram formalmente à CPI. Mas tenho certeza de que são verdadeiros — começou a descrever o arsenal que caíra nas mãos dele. — A Márcia Cunha, mulher do João Paulo, foi à agência do Banco Rural e sacou R$ 50 mil por ordem do Delúbio Soares. Você sabia disso?

— Não, Gerson. Não sabia e duvido que seja verdade. Não é possível. Não faz sentido. A Márcia não tem esse papel no mandato do João, ela não faria isso — respondi realçando minha indignação, afastando a possibilidade. Desconhecia o fato. — Estão querendo misturar as coisas para ferrar o João Paulo. Duvido que sua fonte esteja certa.

— Lulinha, olha só: eu tenho prova disso. Tenho o papel em que se lê a autorização para ela ir lá buscar esse dinheiro. Desde ontem estou atrás de João Paulo, ele sabe o que eu tenho e foge de mim. Vou terminar dando a matéria sem resposta dele, o que é muito ruim. Advirta-se: é ruim para ele, não para mim. Eu tenho certeza do que falo.

— Ele não te respondeu nada? — quis me certificar.

— Nada.

— Gerson, estou em São Paulo, mas posso voltar já para Brasília. Minhas reuniões aqui ocorreram na parte da manhã. Para quando é o teu texto?

— Para amanhã. *O Globo*, como você sabe, fecha mais tarde. Posso esperar a resposta dele até umas nove e meia da noite. Terá chamada na capa.

— Vou falar com ele e te dou retorno.

Desliguei e alcancei o ex-presidente da Câmara no gabinete que ele ocupava no Anexo 3 do Congresso. Indaguei por que deixara Gerson Camarotti sem resposta. Ouvi de volta que tudo era uma grande confusão e seria esclarecido. Alertei que a publicação sairia com ou sem a manifestação dele, e era melhor que fosse publicada com as explicações possíveis.

— E, de preferência, plausíveis — asseverei.

João Paulo Cunha pediu que eu fosse até lá. Respondi que podia estar lá às sete da noite se transferisse meu voo de imediato. Pedi que se antecipasse e falasse logo com Gerson. Prometeu que falaria. Relatei o acordo para o jornalista de *O Globo* e corri para o aeroporto.

Achei tudo muito estranho assim que entrei no amplo gabinete de ex-presidente destinado a João Paulo na Câmara dos Deputados.

Tendo deixado o cargo de "*primus inter pares*", ou primeiro entre iguais, numa alocução que Ibsen Pinheiro gostava de repetir, ele tinha direito a um gabinete duplo. Nos minifúndios dos escritórios parlamentares do Congresso Nacional, a deferência era sinal de prestígio e fazia enorme diferença. Contudo, o espaço estava de ponta-cabeça. Encontrei várias caixas de arquivos abertas sobre uma mesa de reuniões. Dois assessores se debruçavam sobre papeladas intermináveis. Silvana Japiassu, a secretária parlamentar que o acompanhava desde antes da presidência da Casa, parecia abalada. Ainda assim, ofereceu-me café. Eu recusei, dizendo que não bebia o café aguado da Câmara porque o pó era ruim, comprado em licitações anuais, então ficava com gosto de mofo e ainda era passado de forma desleixada: ficava aguado.

— Trago o pó de casa. Eu mesmo passo aqui no gabinete. É café mineiro, bem-feito. O pó vem lá de Patrocínio — esclareceu ela.

Silvana era uma pessoa simples, de alma maravilhosa, dava duro para criar a filha única sem ajuda alguma do pai da garota.

— Então aceito, claro. Como está nosso amigo, aí dentro?

A secretária desabou. Chorava convulsivamente. Dei um abraço nela, enxuguei as lágrimas. Entendi tudo. Pedi que levasse o café lá dentro porque eu estava entrando. João Paulo fitava um jardim árido que existia entre a vidraça e o *brise-soleil* do gabinete localizado no primeiro subsolo do Anexo 3 da Câmara.

— Ligou para o Gerson? — perguntei ao entrar.

— Não. Deixa ele publicar a matéria que quiser. A Márcia foi ao Banco Rural, sim, mas para pagar a nossa conta da TV a cabo que estava atrasada. Ela foi fazer isso na agência do Rural — respondeu-me, exibindo um álibi.

— João Paulo, tem certeza?

— Absoluta. Ele publica uma coisa, e logo depois eu dou resposta enfraquecendo a história dele.

— Se você estiver certo, maravilha. Mas você tem certeza? Gerson me garantiu que tinha papel, documento, dando autorização a Márcia para fazer saque lá, com ordem de Delúbio e dentro do montante separado por Marcos Valério.

— Márcia foi pagar uma conta de TV a cabo, que estava atrasada. Só isso — insistiu.

— João Paulo, olha só: vai haver muita confusão, ainda, nessa história do Banco Rural na Torre Norte do Brasília Shopping. Se essa versão está correta, belo ponto para você. Mas eu mesmo estou com medo que misturem as coisas. O Mário Rosa tem uma sala lá, na Torre Norte, que vez ou outra eu mesmo usava para reuniões, ou ia lá falar com Mário... e se resolverem colocar meu nome na relação da recepção dizendo que eu subia na Torre Norte sem especificar que eu não ia ao Rural? Estou fod... — contava minha ansiedade pessoal quando fui interrompido. Os olhos dele brilharam.

— Está aí uma saída! — pulou da cadeira, vindo em minha direção. — Vamos fazer um comunicado dizendo que muitas injustiças serão cometidas com a divulgação sem depuração dessa lista, que muitas pessoas passaram por aquela recepção e deixaram nome, identidade, sem que necessariamente se dirigissem para o Banco Rural. E posso dizer que um ex-consultor meu, na época da presidência da Mesa da Câmara, Luís Cos...

Era a minha vez de interrompê-lo, com um quê de indignação na voz.

— Epa! João Paulo, claro que não pode! Eu nunca fui ao Rural. Nem sabia da existência de uma agência do Banco Rural no Brasília Shopping. Eu ia à sala do Mário Rosa lá, e uma ou duas vezes fui a consultórios naquela Torre Norte. Ao Rural, jamais. Misturar meu nome com essa confusão toda vai me lançar para dentro de algo de que quero distância — protestei.

— Mas...

— Sem "mas", sem meio "mas"; eu quero ajudar, estou aqui para isso, e não posso ser alvejado por essa turma que está escondida nos corredores dessa merda de Congresso como atiradores de elite, por trás das pilastras, prontos para dar um tiro em quem aparecer com a cabeça de fora. Esqueça!

Depois de alguns minutos de tensão, voltamos ao leito comum da conversa com um objetivo único: analisar friamente o tamanho do dano que seria produzido com a reportagem de Camarotti no dia seguinte e especular caminhos possíveis para separar a amizade de João Paulo Cunha — e, por conseguinte, a minha — das relações incestuosas estabelecidas por Marcos Valério Fernandes de Souza, o publicitário carequinha mineiro cuja emersão do submundo brasiliense implodira a base de apoio do governo Lula.

Deixei o gabinete de João Paulo e fui à casa de Mário Rosa. Ele era amigo pessoal de Delcídio do Amaral, fizera as campanhas eleitorais para o senador que naquele momento presidia a CPI dos Correios e vinha obtendo informações de bastidores sobre o andamento das investigações e da pauta de depoimentos. Se informação é poder, como reza o aforismo de fácil voga em Brasília, Rosa tinha imenso poder específico naquela quadra. Ele também era muito amigo de Gerson Camarotti. Eu os aproximei quando trouxera Gerson do Recife para Brasília. Imaginando que levava uma informação nova, contei a Mário a via-crúcis de João Paulo. Com um gesto de mão, ele pediu que parasse de falar antes do fim da história.

— Tudo o que Camarotti publicar é verdade. Existe o documento. Eu vi. Eu aconselhei que dessem o furo a ele.

Tantas haviam sido as descargas descomunais de adrenalina em meu organismo naqueles últimos meses, desde o episódio de Ibsen Pinheiro, que rapidamente reconheci os sintomas de paralisia por ansiedade e raiva: boca seca, palpitações, hiperventilação dos pulmões, sensação de fervor do colo aos olhos, olhos injetados e raiva.

— Porra, Mário! — gritei. — Você, caralho? Por quê?

— Porque ia vazar de qualquer jeito e eu estava devendo um furo ao Camarotti. Será importante, para o Delcídio, ter um bom canal com ele ao longo da CPI — respondeu calmamente, sem se exaltar com meu grito. Entretanto, eu sabia que aquilo o irritava profundamente: ouvir contestações, sobretudo aos gritos. — Aprenda mais uma coisa comigo: na atividade de consultoria a gente só pode se considerar "pronto" quando sentirmos prazer em dar a um jornalista amigo um furo que vai fazê-lo feliz e até ganhar um prêmio. Temos de sentir, com isso, o mesmo prazer que sentíamos quando dávamos os nossos furos. E, fora isso, o João Paulo foi muito sem senso quando tentou passar a perna em Delcídio e ser ele o presidente da CPI. Agora, ele que se arranje.

— Você pensou que isso pode me expor também?

— Não. E por que exporia? Você tem rabo preso com o Marcos Valério, Lulinha?

— Rabo preso nenhum. Rabo preso é o caralho, Mário. Só que tem muita gente querendo me dar um tiro pelas costas, por mera inveja. Eu prestei serviços para as agências do Marcos Valério. Ainda presto, porque os contratos só serão encerrados mês que vem. É claro que vão me trucidar só por causa dessa relação.

— Paciência...

— Vou embora.

Despedi-me, fui para casa e sentei-me na varanda de luzes apagadas. Passava da meia-noite. Contemplar a piscina, o quintal de casa, à noite, me ajudaria a meditar e a encontrar saídas.

Por volta de duas da manhã, acendi as luzes internas da piscina, peguei uns óculos de mergulho e um *snorkel* e submergi para seguir meditando embaixo d'água. O reflexo azul da luz e a solidão criaram uma espécie de atmosfera intrauterina. Ou, ao menos, essa foi a sensação que senti. Foi útil. Não dormi aquela noite.

Ainda não era hábito de ninguém ler edições de jornais ou revistas por *tablets* ou computadores. Um *clipping* da mídia que eu recebia em casa, reproduzindo os textos de política das principais publicações do país, chegava em minha casa por volta das seis e meia da manhã, numa cópia xerografada. Esperei para ler já ali a reportagem de Gerson. Ao fim, conclui que João Paulo Cunha estava num beco, e não numa encruzilhada. Não tinha saída. Tomei banho e fui ao apartamento funcional dele na Superquadra 111 Sul. Cheguei lá antes das sete e meia, com pão francês fresco e metade de um queijo minas. Acordei-o para um café.

— João Paulo, renuncie. Renuncie ao mandato para se defender — propus. — A renúncia te dará dignidade e demonstrará sua revolta com as acusações, além de te tirar da linha de tiro. Além disso, você vai poder cuidar das questões de casa. Haverá cobranças gigantescas. Está pronto para isso?

Num primeiro momento, ele concordou com a renúncia. A pressão familiar interna era grande, de fato, porque se tratava de uma superexposição simultânea dele e da esposa, Márcia. Jornalista, ela atuava profissionalmente, naquele momento, junto ao Serviço Nacional da Indústria (Senai), órgão ligado à Confederação Nacional das Indústrias (CNI). O ex-presidente da Câmara pediu que eu redigisse o esboço de um discurso de renúncia. Sentei no computador da sala de trabalho dele, no apartamento funcional da Câmara, e comecei a trabalhar numa primeira versão do que ele poderia falar da tribuna naquela tarde mesmo. Depois de uma hora, mais ou menos, ao ler o texto, ele desistiu da hipotética renúncia.

— Não vou renunciar. Vou me defender até o fim. Não podem fazer isso comigo.

Um processo de cassação do mandato de João Paulo Cunha, a pedido de partidos de oposição ao PT, correu em paralelo à denúncia criminal da Ação Penal 470 que estava no Supremo Tribunal Federal. Em 5 de abril de 2006 a cassação do ex-presidente da Câmara foi levada a plenário e derrotada por 256 votos a 209. Era uma inegável prova da força política dele entre os parlamentares — fruto das relações que construíra e do bom mandato de presidente que desempenhara.

Naquele mesmo ano, 2006, ele se reelegeu deputado federal mais uma vez. Foi o mais votado do PT em São Paulo e o segundo mais votado do país. Em 2010, voltou a se reeleger. A Ação Penal 470, conhecida popularmente por "Mensalão", foi julgada no Supremo Tribunal Federal em 2011, ao longo de meses. João Paulo foi condenado por três imputações criminosas e absolvido por uma delas — justamente, no caso da absolvição, aquela urdida a partir de relatos casuísticos de fatos que diziam ser peculato a relação profissional que ele estabelecera com a minha empresa e com a SMP&B.

Silvana Japiassu, profissional exemplar da Câmara, entrou em processo depressivo como quem se afoga em espiral. Primeiro, viu a devastação à imagem do chefe a quem admirava com devoção. Depois, em razão de ter recebido de presente de aniversário de Marcos uma caneta da exclusiva marca Montblanc (o publicitário exercia, com ela, uma das regras basilares do lobby: *estar bem com quem abre e fecha as portas dos poderosos, com quem tem autoridade sobre a agenda deles), Silvana se viu alçada pelos algozes de Cunha à condição de "isca" para atraí-lo no processo de construção de denúncias. Ela sucumbiu à depressão. Morreu em 2011 num hospital de Brasília.*

* * *

No início da madrugada do dia 11 de agosto de 2005, o publicitário Duda Mendonça pediu que delegados e agentes da Polícia Federal e dois procuradores do Ministério Público Federal fizessem uma pausa no depoimento que concedia na sede regional da PF em Salvador, na Bahia. Ele era um dos investigados no âmbito do escândalo detonado com as denúncias de Roberto Jefferson porque, em buscas realizadas nas agências DNA e SMP&B, no escritório de contabilidade usado por Marcos Valério e na sede do Banco Rural em Belo Horizonte, haviam sido recolhidas evidências de transferências financeiras para o homem que, três anos antes, comandara a vitoriosa campanha presidencial de Lula.

Duda havia se convertido numa espécie de eminência parda do marketing político e das estratégias de comunicação pública da esquerda. Qual um mago, apagara naquela transição toda a influência que teve em campanhas da direita brasileira. Mesmo tendo passado o mata-borrão na biografia, contudo, conservou as pontes com o espectro conservador da política.

A pausa pedida por Duda era estratégica. Ele a usaria a fim de dar um telefonema devidamente autorizado pelas autoridades presentes à sala. O marqueteiro do presidente Lula ligou para a casa do senador Antônio Carlos Magalhães. Reeleito em 2002, ACM ocupava de novo a liderança do PFL no Senado. Duda Mendonça disse ao líder oposicionista que desejava depor no dia seguinte na CPI dos Correios. Zilmar Fernandes, a sócia dele cujo nome estava nos documentos e anotações apreendidos nas agências mineiras de propaganda e na sede do Rural, era quem estava convocada.

Em geral, por tradição nas CPIs do Congresso, um depoente não pede para depor ou surge quando quiser e quando está a fim de fazê-lo. Há ritos procedimentais — como algum dos integrantes da comissão de investigação requerer o depoimento e o plenário votá-la. Entretanto, da parte de todos os envolvidos, havia urgência no que desejavam fazer.

O depoimento de Duda era um ato forte e estudado que estava sendo roteirizado milimetricamente e ambiciosamente por todos. Tinha foco e propósito.

ACM quis saber o que Duda tinha em mente. Não era pouco. O senador foi informado que o ex-marqueteiro do PT diria ter sido pago no exterior pela campanha presidencial de 2002. Contratar e pagar quaisquer ações de campanha eleitoral em moeda estrangeira ou no exterior, usando sistema de pagamentos que não sejam os registrados no Brasil e sem comunicação legal e prestação de contas à Justiça Eleitoral, constitui aquilo que os juízes eleitorais chamam de conduta vedada. Ou seja, não pode ser feito e, caso ocorra, não tem conversa: a pena é a cassação do eleito.

Ardiloso, hostil a Lula, sabendo que na esteira daquele depoimento poderia vir a derrubada do presidente da República, Antônio Carlos Magalhães mandou Mendonça embarcar para Brasília tão logo terminasse de depor à Polícia Federal. Garantiu que ele deporia de qualquer jeito no dia seguinte e aconselhou que não falasse com mais ninguém sobre o que pretendia fazer na capital da República.

Às quatro horas da manhã do dia 11 de agosto, Duda encerrou seu expediente com delegados federais e procuradores e embarcou no seu jatinho particular rumo à capital. Naquele intervalo, ACM convocara à sua casa o presidente da CPI, Delcídio Amaral, e disse o que o publicitário faria no dia seguinte. Antônio Carlos impôs ao senador petista a aceitação do depoimento mesmo sem o cumprimento dos ritos processuais costumeiros. Em paralelo, combinara com seu neto, deputado e integrante da CPI, imporem as mesmas condições e extrairem o mesmo aceite do relator da Comissão, o deputado Osmar Serraglio, do PMDB do Paraná. O acordo com Serraglio foi até mais fácil, pois o peemedebista integrava um núcleo do PMDB intensa e historicamente adverso a alianças com o PT. Leal aos velhos amigos, independente das convicções ideológicas, ACM ligou para o ministro da Justiça, Márcio Thomaz Bastos, e o informou do que ocorreria na CPI naquele dia. Também alertou quais poderiam ser as consequências possíveis.

Por volta de nove e meia da manhã, quando Duda Mendonça saía do banho no *flat* em que se hospedara, no mesmo complexo de prédios no qual ficava o escritório de sua agência de publicidade, no Brasil 21, Setor Hoteleiro Sul, eram escassos os gabinetes de Brasília que ignoravam o que estava para acontecer.

Recebi telefonemas de dois parlamentares do PT, de um do PDT e de dois assessores de deputados do governo. Todos descreviam-me o teor do que Duda Mendonça diria à CPI e por que ele falaria no lugar de Zilmar. Aconselharam-me a assistir ao que viria. Tranquei-me em meu escritório doméstico, aumentei o som da TV e sintonizei o canal da TV Senado. Houve um bate-boca entre parlamentares em torno da possibilidade, ou não, de ocorrer aquele depoimento. Discorreram sobre a ilegalidade dos atos que não cumpriam rituais. Concluíram que Duda poderia depor junto com Zilmar. Os dois foram chamados a sentar na mesa principal da sala da CPI, à esquerda do presidente e do relator da Comissão. Diversos canais de TV aberta passaram a transmitir a sessão ao vivo. Antônio Carlos Magalhães, ele mesmo dono da repetidora da Rede Globo na Bahia, avisara aos donos de veículos o que ocorreria.

— Nesse momento, minha mulher, minha irmã, os meus sete filhos, estão assistindo a esse depoimento — disse Duda no início da peça trágica que ele mesmo quis protagonizar. Sugeria estar aos prantos por dentro, segurando as lágrimas. — E o meu compromisso com a verdade é muito mais do que meu. É de toda a minha família, é de todos os meus amigos.

Craque na roteirização dos filmes políticos concebidos para falar à alma dos eleitores e lhes despertar gatilhos emocionais, Duda lançava mão de todo o seu arsenal em proveito próprio. Enfim, era o seu momento de vida ou morte. Ele começou contando ter orçado em R$ 25 milhões os honorários aos quais faria jus pela campanha de 2002. Deixou claro que todo o acerto se dera com Delúbio Soares, o tesoureiro do PT. E disse que, encerrado o pleito, Lula eleito, havia um saldo de R$ 11,5 milhões a ser pago pelos petistas.

— Era Zilmar que conversava com Delúbio — delimitou o publicitário no seu depoimento. — Quero dizer aos senhores que tive oportunidade até de quase brigar com o senhor Delúbio. Dizia para ele: eu quero receber o meu dinheiro. Aí Delúbio me disse que ia falar com um amigo, que era empresário, e que ele iria encontrar uma solução. Eu queria a solução. E a solução foi o Marcos Valério. Ele era o tesoureiro do partido e trouxe o Marcos Valério. A Zilmar foi então falar com o Marcos Valério em Minas Gerais. Eu queria era receber meu dinheiro — asseverava Duda a todo momento, sabendo exatamente a gradação do tom por meio do qual controlaria a Comissão de investigação.

Sentada à mesa, também qualificada como depoente, Zilmar interveio.

— Fui encontrar o Marcos Valério na sede da SMP&B, por ordem de Delúbio — disse a sócia de Duda Mendonça. — E ele entrou na sala, trouxe um pacote de dinheiro e pôs em cima da mesa. E eu, eu assustei... de verdade. Eu disse depois a Duda: "Duda, eu pensei que eu fosse receber um cheque administrativo. Não, era dinheiro vivo."

Mas ainda não era tudo que haviam se comprometido a falar.

Zilmar contou a espectadores e telespectadores atônitos, na CPI e em todo o país, pois a audiência do duplo depoimento era elevadíssima, típica de *Jornal Nacional* em dia de grandes furos noturnos, ter sido orientada a abrir uma conta no exterior para receber o restante. Duda puxou para si o microfone de novo e causou espanto ao dizer que seguiu o conselho de Valério, procurou o Boston International Bank e abriu uma empresa *offshore* no paraíso fiscal das Bahamas. Dusseldorf era o nome da *offshore* por meio da qual o baiano passaria a receber as transferências bancárias ilegais repassadas pelo mineiro. No meio de toda a operação, Delúbio Soares seria o elo entre eles.

— Delúbio trouxe o formato de uma empresa para eu assinar como procurador, e era uma empresa nas Bahamas, e era a garantia de sigilo completo e pronto — declarou na CPI.

Responsável pela conversão da imagem outrora sisuda do sindicalista Luiz Inácio Lula da Silva, veterano de três campanhas presidenciais em que saíra derrotado como segundo colocado — 1989, contra Fernando Collor, e 1994 e 1998, contra Fernando Henrique Cardoso — em um vendedor de esperanças apelidado "Lulinha Paz e Amor", o publicitário afirmou que pela Dusseldorf havia passado um total superior a US$ 10 milhões, relativos a diversas campanhas políticas feitas por empreitada no Brasil, atendendo diligentemente às solicitações do tesoureiro petista.

— Vinha dinheiro de todo lugar. Do Banco Rural Europa recebemos US$ 25 mil dólares enviados para a nossa conta. BAC Florida Bank também — explicou ele. — Isso aqui eu tenho um fax da SMP&B... tenho vários do Trade Link Bank... tenho até um com um nome esquisito, de Israel, se não me engano.

Aquele depoimento, ligando a campanha de Lula em 2002 a depósitos no exterior, era suficiente para a abertura de um processo cujo desfecho previsível e possível seria a cassação da chapa do petista e do seu vice, o empresário José Alencar, do PL, no Tribunal Superior Eleitoral.

Caso o caminho dos fatos fosse seguir aquele leito natural, cassada a chapa vitoriosa dois anos e meio antes e transcorridos 60% do mandato presidencial, o presidente da Câmara dos Deputados, o já provecto Severino Cavalcanti, do PP de Pernambuco, líder do baixo clero e sindicalista daquilo a que já se chamava de "Centrão" no Congresso, assumiria a Presidência da República e convocaria uma eleição indireta — na qual só integrantes do Parlamento votariam — para escolher o nome de um presidente tampão.

Houve deputados petistas que assistiam atônitos ao depoimento de Duda Mendonça na sala da liderança do partido na Câmara e refugiaram-se entre as bancadas vazias do plenário da Casa para chorar em silêncio. Ao menos dois assessores de ministérios do governo, ambos do PT, ligaram-me aos prantos. Eu mesmo não consegui ficar sentado em minha escrivaninha de trabalho diante da TV — escutei o depoimento de Duda de pé, sentindo descargas intermitentes de adrenalina que secavam os lábios e confiscavam o ar de meus pulmões. Tinha um nó na garganta quando um advogado, professor de Direito Civil na USP, telefonou-me.

— Lula será cassado — decretou. — Ele não resiste a esse depoimento. Vai cair.

A sensação do meu amigo advogado e professor no Largo de São Francisco era a mesma que grassava em toda Brasília. Inclusive no Palácio do Planalto, onde o presidente da República começou a assistir ao depoimento sozinho. Logo depois, chamou o seu secretário particular na Presidência, Gilberto Carvalho.

Fundador do Partido dos Trabalhadores, ex-seminarista, egresso dos movimentos católicos de esquerda e de resistência à ditadura, homem de baixa estatura e com uma generosidade imensa nos gestos, sorriso largo e fácil, Carvalho entrou mordendo os lábios no gabinete presidencial.

— Gilbertinho, eu sei o que esses caras pretendem. Sei aonde querem chegar — disse o presidente, já levantando da cadeira presidencial. O tratamento carinhoso, no diminutivo, sempre fora usual entre os velhos companheiros. — Querem o *impeachment*. Mas não sou Collor. Não sou Collor! Vou para o Torto. Termino de assistir a isso lá.

Lula não estava usando a residência oficial dos presidentes, que é o Palácio da Alvorada, em razão de reformas que eram empreendidas lá. A Granja do Torto era uma moradia mais rústica e intimista, sem os vãos lindamente vazios projetados por Niemeyer.

Começava ali uma das quadras mais tensas e solitárias do primeiro período presidencial do petista. Intensos contatos políticos se seguiram à chegada de Lula ao Torto e entraram pela madrugada. Ele mesmo tratou de assistir à edição do depoimento de Duda Mendonça nos diversos canais de TVs abertas e a cabo. Dialogou com conselheiros políticos sobre o tom do noticiário.

Quando foi recolhida a bandeira com o brasão da República que fica hasteada em frente à Praça dos Três Poderes para indicar a presença do chefe do Executivo no Palácio de despachos presidenciais, cena em geral corriqueira em Brasília, poucos sabiam que naquele dia ela estava carregada de simbologia. Logo que subiram os créditos do *Jornal Nacional*, a portaria do Torto anunciou a chegada de alguns ministros e parlamentares do PT. O ambiente estava pesado.

— Assistiram ao que fizeram comigo hoje? — perguntava Lula em diversos momentos e a interlocutores diferentes. — O objetivo é me tirarem o mandato, fazer o *impeachment*. Não sou o Collor. O Collor não tinha os sindicatos, o MST, as ruas. Eu topo a parada. Topo a briga. Vamos para as ruas. O PSDB vai pedir o *impeachment* amanhã. Podem pedir, mas terá briga nas ruas. Vou para a luta com os sindicatos, com os movimentos sociais, com os sem-terra.

Ao menos um dos presentes às conversas na Granja do Torto mantinha pontes de pé com o PSDB, sobretudo com o senador Tasso Jereissati. O cearense recebeu relatos da reação de Lula depois de assistir aos telejornais.

O empresário João Roberto Marinho, vice-presidente das Organizações Globo e responsável editorial pela linha adotada nos veículos de imprensa do conglomerado familiar, estava em Brasília naquele dia em que Duda Mendonça depôs à CPI dos Correios. Ele encontrou o senador Tasso Jereissati, do PSDB do Ceará, no apartamento funcional do cearense na Superquadra 311 Sul. Cordiais amigos, sempre nutriram profunda e recíproca admiração.

Entre os oposicionistas, já estava acertado que no dia seguinte, 12 de agosto, Tasso seria o porta-voz do pedido de *impeachment* do presidente petista com base na violação de condutas vedadas pela Justiça Eleitoral durante a campanha de 2002. O depoimento de Duda Mendonça catalisara todas as acusações que eram feitas contra Lula, o PT e o governo.

Depois de ouvir ponderações do vice-presidente das Organizações Globo, o senador cearense achou por bem dividir as reflexões sobre os passos seguintes com o ex-presidente Fernando Henrique Cardoso, que estava em São Paulo. Após um breve relato telefônico, a dupla foi encontrar Fernando Henrique pessoalmente na casa dele, na capital paulista. Voaram em um jato particular. Ambos possuíam aviões próprios. Pousaram na capital paulista perto das onze da noite. Iam varar a madrugada num colóquio que dava a medida da tensão do momento. Os dois tucanos e o empresário debateram o tema "*impeachment* de Lula" e o aviso prudencial do então presidente da República até depois das quatro horas da manhã.

Quando a sexta-feira 12 de agosto amanhecia em Brasília, na agenda política do PSDB e também do PFL, a decisão das duas legendas, que haviam exercido o poder em consórcio entre 1995 e 2003 sob os mandatos de FHC e de seu vice, Marco Maciel, estava tomada: não haveria pedido de *impeachment*. Amedrontados com as consequências do que poderia significar o desabafo de Lula a seus ministros e colaboradores, relatado a Tasso — "eu não sou Collor; ele não tinha as ruas, eu tenho" —, o ex-presidente, o empresário e o senador desarmaram a bomba antigoverno e anti-Lula. Não tinham segurança do arsenal de que dispunham para ir às ruas e temiam a artilharia dos antagonistas.

Na conversa da madrugada, o ex-presidente Fernando Henrique lembrou os momentos seguintes ao suicídio de Getúlio Vargas, em 1954. O jornal *O Globo*, já liderado pelo pai de João Roberto, o empresário Roberto Marinho, foi uma das publicações mais ativas na propagação das denúncias contra o ex-ditador, que ocupava a Presidência democraticamente eleito naquele mandato conquistado nas urnas em 1950. Horas depois da veiculação da morte de Vargas, a gráfica de *O Globo* foi invadida, quebrada, empastelada. Houve grande comoção popular. De volta a Brasília, Tasso reuniu alguns senadores e deputados em seu gabinete no Anexo 1 do Senado, relatou as conversas mantidas desde a noite anterior e deu o tom do comportamento que as duas siglas adotariam a partir dali.

— Vamos apurar tudo na CPI, todo esse esquema do "mensalão". A denúncia tem de ser forte. Mas falta um ano para a eleição. Derrotaremos Lula e o PT nas urnas em 2006.

Na segunda-feira 15 de agosto, ao chegar ao Palácio do Planalto, Lula chamou o secretário Gilberto Carvalho.

— Três ministros foram ontem, domingo, lá na Granja do Torto. Disseram que tinham falado com o PSDB, com a turma que comanda o partido, e que o PSDB aceita desistir de vez da ideia do *impeachment* se eu fizer um acordo com eles e não me candidatar à reeleição no ano que vem — relatou o presidente ao velho amigo, companheiro de partido e secretário.

O presidente estava injuriado com o ativismo dos integrantes de seu próprio exército político. Ele seguiu:

— Eles foram procurar o PSDB. Imagina, não me conhecem: não sabem a relação que eu tenho com o povo na rua. Querem me tirar daqui? Então joguem o jogo da política. Não tem merda de acordo nenhum. Vamos medir forças. Se quiserem, venham para a luta — esbravejou, entrando em seguida no reservado do gabinete presidencial. Era um espaço que nos tempos de Fernando Collor abrigava uma suíte e que Itamar Franco cuidara de reformar e converter em escritório privativo dos presidentes.

Dois dos três ministros que fizeram a proposta da renúncia à reeleição de 2006, rechaçada de pronto por Lula, foram identificados no curso da edição deste livro: Márcio Thomaz Bastos, da Justiça, e Antônio Palocci, da Fazenda.

* * *

Ricardo Holanda sempre foi um jornalista medíocre. Trabalhou como produtor da TV Manchete durante a cobertura da CPI do PC. Filho e sobrinho de jornalistas cearenses que guardavam talento para a análise política, nunca se revelou capaz de alçar voos próprios na carreira. Depois de fazer um concurso para o Senado destinado a pessoas com nível médio de formação, foi lotado no departamento de segurança do Congresso — sub órgão depois convertido em "Polícia Legislativa".

O senador Amir Lando, de Rondônia, chamou Holanda para trabalhar em seu gabinete. Na esteira das denúncias iniciadas com Maurício Marinho, dos Correios, e das entrevistas de Roberto Jefferson, instalara-se a CPI dos Correios, sob controle da oposição, porque o senador Delcídio Amaral, do PT, que presidia a comissão, permitiu tal controle, vislumbrando a possibilidade de migrar para a oposição e ser candidato a governador do Mato Grosso do Sul ou mesmo a vice-presidente da República em 2006 com apoio dos oposicionistas. Contudo, também tinha sido criada a CPI do Mensalão propriamente dita, com controle governista. Lando era o relator da CPI do Mensalão. O jornalista medíocre foi junto. Jamais me ocorreu o motivo, mas Ricardo Holanda se considerava desafeto meu.

Na manhã de 19 de agosto de 2005, Marilu Távora, secretária do senador Tasso Jereissati ligou para meu celular e disse que o chefe dela queria falar.

— Você brigou com Amir Lando? — perguntou Tasso de chofre, sem fazer qualquer introdução.

— Claro que não. Por quê? — respondi sem disfarçar o espanto contido na voz.

— Ele apresentou um requerimento de relator, na CPI do Mensalão, quebrando o seu sigilo fiscal, bancário e telefônico nos últimos cinco anos. O argumento é que você prestou serviços para a SMP&B no âmbito do contrato com a Câmara.

— Senador, você é a primeira pessoa a me falar disso. Não tinha a menor ideia.

— Vou te passar o requerimento. Não tem o seu nome, diretamente. Só o CPF. O pessoal do meu gabinete é que descobriu que era você, ao checar o CPF.

— Muito estranho. Sou amigo do Amir Lando. Sempre nos demos muito bem. Ele foi grande fonte minha durante a CPI do PC, em 1992 (em *Trapaça*, volume 1, conto diversas passagens dessa relação). Vou falar com ele — comuniquei a Tasso.

— Fale. Mesmo assim, o Sérgio Guerra, que também é seu amigo, vai retirar esse requerimento de pauta — respondeu o senador cearense.

Sérgio Guerra era senador pelo PSDB de Pernambuco e presidente nacional do partido. Eu o conhecia desde os tempos de repórter no Recife, tínhamos excelente relacionamento.

Corri para o Senado. Amir Lando me recebeu sem que eu marcasse horário na agenda. Foi amistoso e até afetuoso na recepção. Disse-lhe sem rodeios o porquê de ter ido procurá-lo. Ele deu um salto para trás na cadeira da escrivaninha ao escutar a história de meu indiciamento e pediu à secretária que levasse até lá o rol de quebras de sigilo. Verificamos juntos que o meu CPF estava mesmo entre as solicitações feitas à comissão.

— Esse requerimento eu apresentei a pedido do Ricardo Holanda — disse o senador rondoniense.

— Que Ricardo Holanda? — quis saber eu, realmente desinformado. O paradeiro do jornalista da TV Manchete não me interessava, não sabia dele.

— Ricardo, filho do Haroldo Holanda... eu o trouxe para trabalhar aqui no gabinete. Ele enfiou esse pedido no meio dos pedidos que eu faria. E confiei que era uma boa apuração — narrou inocentemente o senador rondoniense.

Senti mais uma vez uma descarga de adrenalina secar minha boca, aumentar o ritmo cardíaco, injetar os olhos e esquentar o ar que saía de minhas narinas.

— Isso é alguma vingancinha de profissional filho de uma mãe. Não sei por que ele quer quebrar meus sigilos. Devo ter feito muito mal a ele no passado, em redações, sem sequer ter percebido. Senador, não tem cabimento isso — defendi-me.

— O Sérgio Guerra apresentou hoje de manhã um requerimento supressivo dessa quebra de sigilo. Não sabia que era sua. Vou aceitar. Esqueça isso. Está cancelado o requerimento.

Abracei-o com lágrimas nos olhos. Agradeci. E não esqueci, claro. Estava anotado no meu caderno de rancores eternos o que o jornalista Ricardo Holanda havia armado contra mim.

Caminhei pelos labirintos de alas dos anexos do Senado e subi até o gabinete de Jereissati para agradecer pessoalmente o aviso dado. Ao chegar lá, encontrei Sérgio Guerra. Eu estava cabisbaixo, sentia-me usado. Comuniquei-os do que ouvira de Lando.

— Ele acabou de me ligar para dizer isso — adiantou-se o senador pernambucano.

Com os olhos marejados, agradeci a ele também. E a Tasso.

— Fizeram isso, sobretudo, de graça. Registre-se o gesto. Obrigado — falei.

Jereissati não perdeu a oportunidade de fazer uma piada destinada a relaxar o ambiente, e tinha certeza de que não perderia o amigo.

— Claro que foi de graça. Se fôssemos cobrar algo, seríamos do PT! — fez o chiste.

Sorrimos todos. Saí dali mais leve, embora enfurecido. Num único gesto gratuito de vingança, Ricardo Holanda me convertera em devedor de três imensuráveis favores políticos. Mesmo qualificando o trio de senadores como amigos, nunca é razoável dever favores gratuitos na política ou no jornalismo.

No último domingo de agosto de 2005, eu acabara de almoçar na casa de minha sogra quando o celular tocou. O visor mostrava que a ligação vinha da central telefônica da sucursal de *O Estado de S. Paulo* em Brasília. Atendi. Era o jornalista João Domingos, um veterano da cobertura política. Estava de plantão naquele fim de semana. Éramos conhecidos havia muitos anos, nunca fôramos exatamente amigos.

— Vou direto ao assunto, se você me permite — disse João, sem querer dar espaço para quaisquer piadas. Achei estranho. E seguiu: — Lula, você recebe dinheiro da SMP&B?

— Claro — respondi, ampliando a retranca. — Sou contratado por eles para dar consultoria de comunicação a João Paulo Cunha na presidência da Câmara. A SMP&B do Marcos Valério venceu a licitação e tem o contrato de publicidade da Câmara dos Deputados. Por quê?

— Recebi um dossiê, passado por um assessor de um deputado da oposição, mostrando os valores mensais de depósito na conta de sua empresa. Também tem cópia das notas fiscais de sua empresa. Os valores não batem. São diferentes. O que há?

— João, antes de qualquer coisa: obrigado por me ligar. Muita gente publica qualquer coisa e não telefona. Obrigado.

Era preciso agradecer. A minha reputação estava sofrendo um ataque ainda maior do que o ocorrido um ano antes, no caso Ibsen Pinheiro, que dizia respeito à minha integridade profissional. Ao cabo de um ano, começava a superar o impacto daquele caso. A nova artilharia tentava destruir a imagem de integridade pessoal.

Respirei fundo e lembrei de uma conversa que tivera havia tempos com José Múcio Monteiro, quando ele sofreu intenso tiroteio ao pedir a seu velho partido, o PFL, para abandonar a CPI do PC porque se convencera da culpa do então presidente Fernando Collor em 1992. "Brasília é uma cidade na qual você precisa estabelecer um equilíbrio constante entre conceito e reputação para sobreviver muito tempo com valor de mercado no jogo político", disse Múcio, que depois viraria ministro da Articulação Política de Lula e ministro do Tribunal de Contas da União respeitado por todas as correntes políticas — sem exceção. "A reputação é construída ao longo da vida e tem a ver com os valores que lhe são mais caros. Não pode cair nunca, só subir e estabilizar com viés de alta. O conceito é variável, depende do grupo que detém o poder em determinado momento. E o poder, nas democracias, é fugaz. Se o seu conceito está em baixa porque deixou de ser poderoso, a reputação tem de impor-se perante os inimigos e intimidar os ataques."

A minha reputação estava sob ataque.

— Lula, por que os valores são diferentes? Não é uma diferença muito grande, mas há uma diferença entre o valor das notas, 21 mil reais todos os meses, e os depósitos em sua conta.

— João, perceba o seguinte: primeiro, eu recebo na conta bancária de minha empresa, certo? Na conta de minha pessoa jurídica. Não há nenhum relatório de pagamento em espécie, de saque em banco, nem mesmo de depósito na conta pessoa física, certo?

— Certo.

— Pois bem: não me confunda com gente que ia à boca do caixa pegar dinheiro.

— Não disse isso.

— Mas pode ter pensado. E sequer pense isso. Eu nunca soube da existência de uma porra de uma agência do Banco Rural no Brasília Shopping. Outra coisa: quando uma pessoa jurídica emite uma nota fiscal de serviços, e a minha empresa é a pessoa jurídica contratada para receber pelos serviços, ela recebe o valor da nota e a empresa pagadora retém os impostos que deve reter na fonte. No caso, a dedução equivale a 6,75% de 21 mil reais. E 6,75% é a soma da alíquota de 5% de ISS mais 1,75% de PIS e Cofins. O valor que é creditado em minha conta corrente de pessoa jurídica já tem os impostos deduzidos porque essa é a regra de quem preza pela formalidade.

Fez-se um breve silêncio do outro lado da linha. Depois de ouvir um "é verdade, os cálculos batem", ele voltou à carga:

— Mas um relatório de um auditor do TCU que trabalhou para uma sindicância interna da Câmara contratada pelo Severino Cavalcanti diz que você não presta efetivamente os serviços para os quais é contratado porque não há um relatório dizendo que você prestou serviços.

— João, quantas vezes você me vê na Câmara?

— Quase todos os dias.

— E, lá na Câmara dos Deputados, onde estou quase todos os dias?

— Na presidência, ou no plenário; ou falando conosco no Salão Verde.

— Sou sua fonte, às vezes, para algumas reportagens?

— É.

— Também sou de outros jornalistas. A Secretaria de Comunicação da Câmara me dispensou de fazer esse relatório porque meu trabalho sempre foi, obviamente, de conhecimento público. Tenho tanta visibilidade como consultor de comunicação da Câmara que a formalidade de fazer um relatório foi dispensada. Posso ser condenado por isso?

— Não. É verdade. Tem razão.

— Meu amigo, numa boa: você acha que tem alguma coisa contra mim?

— Não. Não tem matéria. Vou derrubar. Lula, relaxa. Vai descansar nesse resto de domingo.

— João, meu velho, muito obrigado. Muito obrigado! Ligue sempre que precisar. Tenho tudo aqui, em minhas mãos. Obrigado.

Desliguei num misto de alívio, felicidade pelo reconhecimento de João Domingos à minha reputação, e raiva por me ver uma vez mais na alça de mira de atiradores bandoleiros e como bucha de canhão de quem desejava atingir João Paulo Cunha.

No dia seguinte, nova tentativa dos *snipers*. Os assessores de Severino que enviavam aquele dossiê aos jornalistas eram assassinos de reputação sedentos de sangue. Do meu sangue. Por volta das duas da tarde, o jornalista Carlos de Lannoy, um dos repórteres do *Jornal Nacional* na cobertura do Congresso, ligou para meu celular. Tinha em mãos as mesmas notas fiscais e os mesmos depósitos passados para João Domingos.

— Lannoy, você está onde? — quis saber. A minha intenção era procurá-lo pessoalmente.

— No Congresso.

— Vou até aí — respondi. — Encontre-me no Comitê de Imprensa em meia hora.

Corri para a Câmara dos Deputados. Carlos de Lannoy já estava lá, com um produtor da Rede Globo ao seu lado. Ele me expôs a papelada que recebera de um assessor parlamentar da oposição ao governo Lula e disse que havia um espaço reservado no *JN* para aquele tema.

— *Jornal Nacional*?!? — havia gelo em minha voz.

O publicitário Nizan Guanaes, meses antes, havia traçado um parâmetro definidor para crises que atingem reputações: se está no *JN*, é crise. Se não está, não é.

— *Jornal Nacional*. Mas, se você me convencer de que não tem matéria, não tem matéria. O que está acontecendo?

Tive com Lannoy a mesma conversa aberta e transparente mantida com João Domingos, do *Estadão*. Depois de me ouvir, na minha frente ele rasgou o papelório que havia recebido.

— Esquece. Não tem matéria. Estão querendo te usar para chegar no João Paulo, e isso é uma sacanagem. Estou fora.

Novamente com lágrimas nos olhos — porque sabia dimensionar o risco reputacional que corria — abracei-o e agradeci.

— Toca a vida, Lula — despediu-se Lannoy.

Não tinha ainda saído do Congresso quando meu celular tocou. Era o advogado Marcos Joaquim Gonçalves Alves, um tributarista muito requisitado em Brasília. Eu o conhecera por intermédio de Luiz Eduardo Greenhalgh, quando fiz a campanha do deputado petista à presidência da Câmara. A campanha que Severino Cavalcanti vencera. Greenhalgh tinha sido professor de Marcos Joaquim. O tributarista nos ajudara a consolidar alguns compromissos do parlamentar escritos na plataforma de campanha.

— Pode vir a meu escritório? — quis saber ele. Eu podia. — É do seu interesse — completou.

Corri até o escritório de Marcos Joaquim no Setor de Autarquias Sul, próximo à Catedral de Brasília. Quando cheguei, ele me aguardava com um copo de Coca-Cola Zero e muito gelo. Serviu-me a dose de refrigerante.

— Acabei de ver as suas cinco últimas declarações de imposto de renda. Um repórter da *Folha de S. Paulo* as trouxe até mim. Não sei como, de alguma forma, quebraram o seu sigilo tributário.

— Caralho! — gritei. — Porra! O que esses merdas queriam?

— Queriam saber se havia alguma coisa errada na sua evolução patrimonial. Sobretudo, porque você comprou uma casa em 2003 e a registrou na declaração como tendo apenas 50% do imóvel.

— Os outros 50% da posse foram registrados na declaração da Patrícia, minha mulher, porque pertencem a ela.

— Está certo. Também vi a escritura do imóvel. E disse a eles que isso podia ocorrer. E, de resto, disse ao repórter que você é burro. Aliás, burro demais.

— Burro? Por quê?

— Porque declarou até o que não precisava, e paga mais impostos do que precisaria pagar. Podia ser mais esperto na declaração e reduzir a carga sobre sua própria renda de empreendedor.

— Porra, ainda bem, né? Melhor ser burro do que ladrão ou corrupto. Quem era o repórter?

— Não vou dizer. Aí, desculpa meu amigo: é meu direito. Mas ele não fará matéria alguma porque não há matéria alguma a ser feita. Sobre seu imposto de renda, não. Ele me disse, além disso, que uma repórter, a Marta Salomon, deve fazer um texto dizendo que você recebe da Câmara sem trabalhar. E ela tem o fluxo de recebimento.

— João Domingos, do *Estadão*, recebeu isso ontem. Mostrei para ele que era mentira. Carlos de Lannoy recebeu isso hoje. Saiu convencido que era uma pauta falsa. Vou esperar a Marta me ligar e explico a ela. Não tem sentido.

— Fique atento, meu amigo — aconselhou o advogado. — O alvo é João Paulo. Você é apenas o cano do revólver.

Marta Salomon só ligou no dia seguinte. A *Folha de S. Paulo* ia se prestar a cumprir o papel que *O Estado de S. Paulo* e a Rede Globo se negaram a cumprir. Avaliei mal a capacidade que ela teria para controlar os ímpetos da publicação na qual já era considerada veterana e se sentia pressionada pela produtividade de almanaque dos jovens repórteres. Éramos da mesma geração, confiei demais em meu taco de hábil expositor da própria inocência. Marta tinha em mãos os papéis descartados pelos concorrentes e a auditoria viciada — que mais à frente se revelaria imprestável e seria desconsiderada pela Justiça e pelo Tribunal de Contas da União —, dando conta de um "contrato de fachada" porque eu "não trabalharia" na Câmara dos Deputados.

— Martinha, quantas vezes você me ligou para saber detalhes de matérias em torno de temas legislativos? — provoquei-a.

— Algumas. Mas o relatório da auditoria diz...

— Marta, você me ligou e recebeu as respostas, certo?

Obviamente, a entonação mudara. O tom carinhoso de tratamento com uma velha amiga de redações desaparecera.

— Certo. Mas o que vale é a auditoria do TCU e a corregedoria da Câmara.

— Não, Marta! — cheguei a perder a paciência. — É um, um!, auditor do TCU e um, um!, corregedor da Câmara. Que, aliás, é antipetista confesso. Eles querem pegar o João Paulo Cunha e estão me usando para isso. Eu não sou do PT, nunca fui. Sou um profissional. Solicitei, por meio de um advogado, que a auditoria do TCU seja refeita.

— Vou dar a matéria, Lula. Vou registrar a sua posição.

— Marta, esse é um ataque injusto. Você sabe que eu dei consultoria para a Câmara.

— Mas a auditoria diz que não. Fique tranquilo. Vou registrar a sua posição.

Não consegui contornar o convencimento afoito e à guisa de provas ou de evidências sólidas firmado por Marta Salomon antes mesmo de ter me procurado. Ela estava evidentemente com o senso jornalístico obnubilado pela ânsia de publicar aquilo que estava consignado num papelório oficialesco — e não oficial. Uma segunda auditoria do Tribunal de Contas da União, refeita por três auditores, derrubou o relatório unilateral e me absolveu na Corte de contas públicas. Infelizmente, tudo ocorrera um ano depois da reportagem da Folha.

Citada no relatório do deputado Cézar Schirmer, do PMDB gaúcho, que pediu a cassação de João Paulo Cunha e foi derrotado pelo plenário da Câmara em 2006, o texto da jornalista da Folha de S. Paulo *ainda ensejou uma Ação Civil Pública aberta contra mim, e tendo por corréus João Paulo Cunha, o diretor-geral da Câmara e o secretário de Comunicação do Congresso, ambos funcionários de carreira. A Ação Civil demorou dez anos para ser julgada e me absolver de todas as acusações. O advogado Rodrigo Mudrovitsch, a quem conheci ainda como estagiário em Brasília, acompanhou a causa do começo ao fim e defendeu-me com afinco e galhardia por toda essa década: é dele a vitória jurídica.*

O texto de Marta Salomon ainda serviu de gancho para que o então ministro do Supremo Tribunal Federal Joaquim Barbosa, relator da Ação Penal 470 no STF (ação popularmente conhecida por "julgamento do mensalão"), fizesse uma das quatro imputações contra João Paulo Cunha, por peculato, devido ao contrato da SMP&B comigo. Aquela foi a única das quatro imputações feitas a João Paulo no STF das quais o ex-presidente da Câmara terminou absolvido na Corte. Tratava-se de uma invenção jornalística que dera vezo a uma armação de adversários políticos.

*   *   *

O sábado 10 de setembro de 2005 marcou o início de um *plot twist* no enredo do "Mensalão" e nas perseguições que o Partido dos Trabalhadores vinha sofrendo em razão das acusações de Roberto Jefferson, presidente do PTB. O termo *plot twist* é anglicismo muito usado por roteiristas e significa, literalmente e em português castiço, "reviravolta". É tão facilmente encontrado em conversas entre roteiristas como a expressão "narrativa" em rodas de jornalistas.

As revistas semanais de informação circulavam naquela manhã quente de mais um setembro brasiliense com nova denúncia inacreditável e inusitada. Entre 2002 e 2003, quando era primeiro-secretário da Câmara dos Deputados, Severino Cavalcanti cobrara 120 mil reais de propina do microempresário Sebastião Buani. O valor foi estabelecido pelo deputado ao tempo em que ocupava aquele posto, uma espécie de prefeito da Casa — em razão das atribuições do primeiro-secretário —, a fim de estender a vigência do contrato de exploração, pelo Fiorella, empreendimento de Buani, do restaurante do Anexo 4. É a ala do prédio do Congresso onde está localizada a maioria dos gabinetes parlamentares.

Originalmente instalada na Asa Sul de Brasília, a cantina de Buani vencera licitação para oferecer os serviços de bufê no restaurante frequentado por congressistas e seus principais assessores nos gabinetes. Já era inacreditável que o presidente da Câmara se visse enredado em esquema tão baixo. O inusitado de tudo foi o detalhe sórdido da trama: um garçom entregava mensalmente um envelope pardo com cédulas arrecadadas no caixa do Fiorella a uma secretária de Cavalcanti.

Imediatamente depois da divulgação do novo escândalo, o PT foi responsabilizado por expor o "esquema Severino". Aliados de Roberto Jefferson, no PTB, de Cavalcanti, em seu PP, e de outros partidos que integravam o "Centrão", bloco de siglas sem ideologia definida ou projeto para o país, que desde a Assembleia Constituinte de 1987/88 se pendurava nas franjas de qualquer governo, apontaram com facilidade e imediatismo o dedo para petistas com o objetivo de acusar a autoria das denúncias. Erro. Angustiado com dívidas contraídas no processo de expansão de um restaurante de entrequadra no Plano Piloto da cidade, para a aposta no bufê parlamentar, Buani abriu o coração a parceiros e colaboradores do próprio negócio. Ele percebia que as propinas mensais iam se tornando impagáveis, ao passo que as chantagens se ampliavam. O gerente do restaurante falou demais em conversa com assessores parlamentares, e o grupo de assessores procurou alguns jornalistas para contar tudo. Estava detonada a bomba.

Ao cabo de uma semana, Severino Cavalcanti, detentor de sete mandatos como deputado estadual na Assembleia Legislativa de Pernambuco e de três outros como deputado federal em Brasília, estava maduro para cair, a ponto de qualquer sopro ameaçar derrubá--lo. Desesperado em busca de apoio, soprou para dentro: numa entrevista confusa concedida no Salão Verde da Câmara, disse que os deputados que tinham se beneficiado daquilo que Jefferson batizara de "esquema do mensalão" deveriam ser perdoados pela Justiça e absolvidos de quaisquer processos na Câmara.

Foi um passo em falso em meio à própria crise. Muitas vezes, a política é cruel com quem erra ao falar sem medir a força das palavras. Ávida por fragilizar o presidente Lula, seu governo e os principais líderes do Partido dos Trabalhadores, a imprensa, que até ali tratava folcloricamente o "esquema Severino", não perdoou a piscadela do presidente da Câmara no sentido de absolver liminarmente os petistas. Em 48 horas, ecoando exigências de quebra de sigilos bancários do presidente da Câmara dos Deputados, de seus assessores, de Buani e dos principais auxiliares dele no Fiorella, formou-se a espiral que descontrolou a gestão de crise de Cavalcanti.

Na quarta-feira 21 de setembro, pronunciando um discurso sentado na cadeira de presidente da Câmara, Severino renunciou ao mandato. Tinha por objetivo estancar as investigações e processos contra si e conservar intactos seus direitos políticos: pretendia ser candidato a deputado federal novamente em 2006.

— Diante do que eu estou vivendo no momento, diante das circunstâncias que me cercam de ameaças, de escárnio, de contestação, de processos sem causa, eu me recordo de que o sertanejo é antes de tudo um forte — disse ele ao iniciar seu discurso.

E prosseguiu:

— Senhoras e senhores, diante de tantas falsas acusações, falo a verdade: Severino Cavalcanti empobreceu com a política! Executem a devassa. Revolvam minha vida. Exponham minha memória. Consultem minhas contas. Façam e refaçam os cálculos. E chegarão à mesma conclusão inevitável: Severino Cavalcanti empobreceu com a política. Esse, sim, é o verdadeiro empobrecimento ilícito!

Como nunca foi um exímio orador, e porque aquele discurso lido não parecia soar natural, era claramente uma peça encomendada a um marqueteiro ou gestor de crises que seguia o manual da retórica, a peça impôs raro silêncio ao plenário na Câmara. Alguns deputados, contudo, escondiam a boca com as mãos para não deixar claro que riam da situação. Seguia o espetáculo quase grotesco:

— Há oito meses, o coroamento de uma carreira política de mais de 40 anos consecutivos: o menino pobre de João Alfredo tornou-se o presidente da Câmara dos Deputados. Presidente depois de uma eleição disputadíssima, limpa, democrática. Presidente, com 300 votos. Presidente eleito para mudar uma Casa cheia de donos — os donos do Congresso, onde pontificava uma elite distanciada da maioria dos deputados, chamada desdenhosamente de baixo clero, e praticamente ignorada em todas as decisões importantes do Parlamento.

Ele tentava demarcar seu espaço político — o baixo clero, a zona definida pelo icônico deputado Ulysses Guimarães, morto em 1992 (em *Trapaça*, volume 2, é narrado o drama e a comoção da morte de Ulysses) como sendo o oposto do grupo de parlamentares que determinam os rumos do Congresso, ou seja, os cardeais. Seguiu o show particular:

— A elitizinha, essa que não quer jamais largar o osso, insuflou contra mim seus cães de guerra. Arregimentou forças na academia e na mídia e alimentou na opinião pública a versão caluniosa de um empresário, que precisava da mentira para encobrir as dívidas crescentes de seus restaurantes, que necessitava da extorsão para equilibrar a desastrosa administração de suas empresas — afirmou levantando a voz e preparando aquilo que o redator de seu discurso acreditava ser o grande final: — Voltarei. O povo pernambucano, mais uma vez, não me faltará. Minha querida João Alfredo e os outros municípios de minha base não me faltarão. Vou rebater as acusações. Vou provar que estou sendo condenado pelas palavras de um empresário desastrado, mentiroso e devedor dos cofres públicos. Voltarei! Já anunciava o profeta Jó: "O júbilo dos ímpios é breve, e a alegria dos hipócritas, apenas um momento". Todos seremos, muito breve, julgados pelo povo. Para quem dedicou sua vida à política, esse é o julgamento que conta, a sentença que importa. Voltarei. O povo me absolverá!

Severino Cavalcanti jamais voltou a ser deputado. Em 2006, um ano depois da renúncia, não conseguiu se eleger para o quarto mandato federal por Pernambuco. Em 2008, foi eleito pelo PP prefeito de sua cidade, João Alfredo, município do agreste pernambucano que contava à época com 30 mil habitantes. Obteve 52% dos votos. Tinha o apoio do PT e do PSB. Derrotou um candidato do PSDB. Fez uma administração desastrosa e foi impedido pelo Tribunal de Contas do Estado de disputar a reeleição em 2012. Deixou o caixa municipal assoberbado de dívidas. Severino Cavalcanti morreu dormindo, de causas naturais, em 15 de julho de 2020, aos 89 anos, recluso em seu apartamento no bairro de Boa Viagem, no Recife.

* * *

No plano estritamente pessoal, a tragédia de Severino Cavalcanti não arrefeceu a gana de parte da imprensa em me usar como trampolim para mergulhar no mundo particular de João Paulo Cunha, o antecessor do renunciante na presidência da Câmara. Usando a reportagem parcial e injusta de Marta Salomon na *Folha de S. Paulo* como capítulo inicial e mola propulsora para escrever o relatório com o qual pediria a cassação de João Paulo, o deputado Cezar Schirmer chamou-me para uma conversa particular em seu gabinete do Anexo 4. Pediu explicações sobre a forma como eram desempenhadas as atividades de consultoria de comunicação que eu empreendia. Gaúcho de Santa Maria e filiado histórico ao PMDB de Ibsen Pinheiro, não resistiu a me perguntar sobre o episódio do erro que eu admitira em *Veja* e que a *IstoÉ* distorcera apenas um ano antes daquela conversa.

— O curso da história às vezes é injusto conosco, não é, senhor Costa Pinto? — provocou Schirmer, fazendo questão de guardar distância entre mim e ele numa conversa a sós.

— Aonde você quer chegar, deputado?

— Uma reportagem sua destruiu a biografia de um homem como Ibsen, meu amigo.

— Esse caso foi distorcido por parte da imprensa, sobretudo pela *IstoÉ* e pela pena canalha de um repórter chamado Weiller Diniz. Se você é amigo de Ibsen, pergunte a ele a verdade. Seguimos nos falando ao longo daquele episódio. Fui usado ali.

Arrogante, ensimesmado, o deputado parecia ignorar o que eu falava. Ouvia apenas a si mesmo. Deixei claras a minha impaciência e decepção.

— Acho que é isso, deputado. Estou às ordens.

— Certo, se precisar, mando chamá-lo de novo — encerrou ele.

Nunca me chamaria novamente. Desde o primeiro momento em que pediu para relatar a cassação de João Paulo, de quem era desafeto político partidário, sabia como concluiria seu relatório: pediria a cassação. Quanto a mim, fui um bônus ofertado ao acaso ao peemedebista gaúcho.

Mesmo tendo seu relatório derrotado em plenário — Cunha não teve o mandato cassado —, Cezar Schirmer pautou o Ministério

Público Federal. Dois dias depois da apresentação do relatório dele à Mesa da Câmara, recebi um telefonema pouco usual.

— Luís Costa Pinto? — dizia uma voz masculina bastante assertiva do outro lado da linha.

— Sim. Quem fala? Não reconheci o número.

— Aqui é da Polícia Federal, edifício-sede. Estou ligando da parte do delegado Luiz Flávio Zampronha.

Não houve descarga de adrenalina. Nem a boca secou, nem um calor percorreu em frêmito a minha coluna vertebral. Ao contrário, senti um frio repentino. O sangue gelou. Respondi "pois não". A voz prosseguiu, certamente registrando a minha frieza como pontos a seu favor.

— Estamos fechando o inquérito do caso "Mensalão". Há um ofício destinado a você, porque precisamos de seu depoimento. Mas o delegado quer encerrar tudo em dois dias e enviar ao Ministério Público. O senhor está convocado a depor. Aceita essa intimação telefônica ou precisaremos oficiar?

— Bom, não vejo nenhum problema em depor. Porém, nunca ouvi falar em convocação por telefone. Nem sei mesmo se é da PF.

— Aqui é da Polícia Federal, sim. Vou lhe dar o número em que estou. Desligo, você liga e confere que é a Sede da Polícia Federal porque vai cair na central telefônica. Peça para transferir para o gabinete do delegado Zampronha.

Anotei o número que ele me deu e segui as instruções. De fato, atenderam como sendo a PF. Fiz algumas perguntas de confirmação. Transferiram para onde pedi. Voltei a falar com a mesma pessoa. Meu interlocutor passou um número de ofício, perguntou se eu poderia comparecer no dia seguinte de manhã e disse que era opcional apresentar-me com advogado.

— Irei com advogado — adverti-o.

— O senhor é quem sabe. Depoimento confirmado.

Telefonei em sequência para três advogados de quem sempre fui amigo — Antônio Carlos de Almeida Castro, José Roberto Santoro e Rodrigo Mudrovitsch, que trabalhava àquela época com Santoro — e perguntei se a heterodoxia que eu tinha protagonizado era normal. Todos me responderam que não era, mas, em razão de "o tal Mensalão" ser um ineditismo no rol de inquéritos federais, a Polícia Federal estava rompendo paradigmas para entregar o que o Ministério Público desejava. Designaram um jovem advogado criminalista para me acompanhar.

No dia seguinte, estava diante do delegado que comandava as investigações iniciadas com as denúncias de Roberto Jefferson. Havia mais um delegado e um agente da Polícia Federal na sala, além de um procurador. Depois das identificações de praxe em depoimentos policiais — nome completo, filiação, profissão, documentos, endereço —, estava apto à inquisição.

— Você é funcionário da Câmara dos Deputados? Concursado ou comissionado?

— Nunca fui funcionário da Câmara. Nem concursado, nem comissionado.

— Recebe salário da Câmara?

— Não.

— Recebe de quem?

— Tenho um contrato de consultoria com a SMP&B, e ela detém um contrato com a Câmara. No escopo de minha consultoria para eles, dou opiniões e desenvolvo ações para o cliente Câmara dos Deputados.

— Tem sala na Câmara? Trabalha em algum computador de lá?

— Nem tenho sala, nem trabalho em computadores da Câmara. Uso meus próprios computadores e telefone celular para realizar ações de trabalho. Jamais viajei com despesas pagas pela Câmara. Quando tinha de viajar com o deputado João Paulo, quando ele era presidente da Câmara, se não houvesse vaga em voos oficiais em que eu pudesse ir como convidado, eu pagava a minha passagem dentro do escopo financeiro de meu contrato.

— Por que, então, fizeram questão de chamá-lo?

— Não sei.

— Nem eu — disse o delegado. — Vamos encerrar logo isso aqui.

A agenda que me parecia ameaçadora e atordoou-me por alguns dias revelou-se lógica e leve. Ao deixar a sede da Polícia Federal em Brasília, acreditei que tudo estava voltando ao rumo. Contei o episódio para alguns amigos jornalistas e advogados e todos gostaram do desfecho. Menos de uma semana depois, porém, nossa percepção se revelaria equivocada.

— Lulaaa! Lulaaa! Que houve entre você e Noblat? — perguntou-me aos gritos, por telefone, uma amiga jornalista. Dividíamos aquela amizade com Ricardo Noblat, que fora diretor de redação do *Correio Braziliense* quando fui editor-executivo do jornal.

Defenestrado dos *Diários Associados* depois de levar o *Correio* à bancarrota com suas teimosias e perseguições políticas que extrapolavam as linhas de conduta do bom jornalismo (algo de que eu o advertira algumas vezes), Noblat mantinha naquele momento um blog personalizado dentro do site de notícias do jornal *O Globo*. Depois de Noblat ter ficado chateado comigo porque durante um debate público na Feira Literária do Recife, meses antes, eu definira "blogs de jornalistas" como algo que não era propriamente jornalismo, mas, sim, *egotrip* de velhos jornalistas, nós nos recompusemos como amigos e estávamos até num dos melhores momentos de nossa relação de amizade. Falávamo-nos pelo menos três vezes por semana.

— Não sei — respondi. — Que houve?

— O Noblat publicou agora, no blog dele, um texto dizendo que o relatório do Ministério Público Federal, entre outras acusações a João Paulo Cunha, vai pedir o indiciamento dele por crime de peculato em razão do seu contrato com a SMP&B. E que seu contrato seria uma forma de se fazer repasses indevidos a João Paulo para melhorar a imagem dele, por seu intermédio. O texto não diz que você dava dinheiro para João Paulo, mas também não diz o contrário.

A velha descarga de adrenalina não demorou a vir.

Com a boca seca, as ventas superaquecidas e os olhos injetados, digitei o endereço eletrônico do "Blog do Noblat" na página virtual de *O Globo*. Lá estava tudo o que a minha amiga me dissera. Era um ataque direto a mim. Qualquer pessoa que tivesse relevância em Brasília sabia da amizade que eu e Ricardo Noblat tínhamos. Nosso relacionamento profissional era conhecido na cidade, pelos jornalistas, pelos políticos que eram nossas fontes comuns. O fato de ele publicar tamanho ataque direto à minha honra pessoal e profissional, sem respostas ou ponderações de minha parte, conferia "ares de verdade" à ignomínia.

No ato, liguei para o celular de Ricardo Noblat. Ele atendeu no segundo toque.

— Noblat, seu filho de uma puta escroto — foi o que ouviu, tão logo cantou o seu "alô" displicente. — Cafajeste. Escroto. Ladrão, ladrão, você sabe quem é. A sua mulher, Rebeca Scatrut, de acordo com o que muita gente diz por aí, tem contratos cujos serviços não entrega. Ela, sim, faz contratos com esquemas na área de comunicação. Ladrão pode ser você, que usa os espaços de mídia que tem para ganhar dinheiro na empresa de Rebeca, como falam por aí.

Depois de ouvir a primeira rajada de acusações, ele se recompôs e também gritou do outro lado:

— Que é isso? Me respeite!

— Respeito porra nenhuma, Noblat. Que merda é essa que você publica? Relatório do Ministério Público? Sem me ouvir? Você?

— É a versão do Ministério Público. É o que eles dizem. Não tenho culpa...

— Tem culpa, sim, seu merda. Você vive me ligando para pedir coisas, para pedir artigos, para pedir que reescreva tal ou qual texto. Por que não me ligou para eu dar o meu lado? Porque tudo isso é mentira. Filho da puta! Nunca dei ouvidos às coisas que falam de vocês.

— Vou desligar, seu escroto — ameaçou ele.

— Desligue e fique com os roubos de sua famíl...

Ele desligou, interrompendo aquele diálogo excessivamente descortês.

Dezesseis anos depois de romper telefonicamente a amizade e qualquer relacionamento pessoal com Noblat, cuja presença ignorei (e a de Rebeca, mulher dele, também) em festas privadas ou nos salões de restaurantes de Brasília quando nos cruzamos bissextamente, tentei chamá-lo para um debate.

Ele não aceitou. Isso ocorreu em setembro de 2021, depois que a Justiça Federal arquivou, trancou ou extinguiu a 20ª ação judicial contra o ex-presidente Lula. Noblat escreveu em seu perfil no Twitter que "a imprensa precisa fazer um mea culpa" sobre a forma como procedeu no auge das acusações da Lava Jato e das condenações do ex-juiz Sérgio Moro contra Luiz Inácio Lula da Silva. O jornalista, que àquela altura transferira seu blog para o site Metrópoles, *depois de ter passado todo o tempo da Lava Jato ancorado na página da revista* Veja *ecoando as acusações distorcidas egressas do lavajatismo de Curitiba, onde Moro e seus procuradores amestrados pontificavam, não aceitou o debate.*

* * *

Sob ataque, mas, ainda assim, tendo de manter a fleuma e tocar a vida — sobretudo porque seguia atendendo a clientes em crise em suas empresas e não podia deixar ataques a mim prosperarem —, preservei a rotina de conversas com congressistas para determinar o rumo do processo político naquele ano de 2005 que caminhava em espiral. Quando atravessava o Salão Verde da Câmara dos Deputados numa tarde quente do fim de setembro de 2005, comecei a ser enquadrado por um cinegrafista da TV Globo. Com a câmera sobre o ombro, ele me filmava posicionado à minha frente, andando para trás à medida que eu avançava. Não entendi nada. Era um profissional com o qual eu já havia cruzado caminhos diversas vezes, em coberturas jornalísticas.

— Que merda é essa? — perguntei, espalmando a mão direita na lente.

— A Delis mandou te filmar. Não sei por que — respondeu o cinegrafista, fugindo da palma de minha mão e me colocando de novo no foco.

Enquanto ordenava, em vão, para que parasse, olhei ao redor e identifiquei a repórter Delis Ortiz rindo de mim. Divertia-se adoidado.

— Que merda é essa, Delis? — perguntei de novo. Agora, diretamente a ela.

— *JN*! — a repórter gritou de volta.

Desequilibrado pela possibilidade de ir para o *Jornal Nacional* com algo que nem sequer imaginava o que fosse, porque nenhuma pergunta me fora feita, apenas aquela gravação evidentemente desfavorável a mim, cancelei as conversas que teria e voltei ao meu escritório. Tomei um ansiolítico e dois cafés expressos e liguei para a redação da Rede Globo em Brasília. A diretora da sucursal era a jornalista Silvia Faria, com quem eu trabalhara em *O Globo* entre 1996 e 1997. Ela não pôde atender — estava em reunião de edição do *Jornal Nacional* daquela noite. Pelo horário — por volta das cinco horas da tarde —, era a reunião decisiva sobre o que iria ao ar e o que não iria.

Segurei o desespero, pois sabia o estrago à minha imagem que um ataque no *JN* poderia fazer, e pedi para falar com Ian Semple, o segundo na hierarquia do escritório da *TV Globo* em Brasília àquela altura. Ian me atendeu de pronto. Expliquei o ocorrido. Ele não sabia de nada, de pauta alguma. Pedi para que ele se certificasse de que não havia nada, mesmo. Pela segunda vez ele disse que não. Garantiu-me, ainda, que Sílvia Faria ligaria para mim tão logo terminasse a reunião.

Esperei. O fato inusitado de não ter sido ouvido era o que mais me desequilibrava. "Por quê?", perguntava-me. Consumia-me em ansiedade. Sílvia ligou às sete da noite.

— Lula, não tem nada com você, ou sobre você, no *JN*. Nunca teve — tranquilizou-me ela.

— Mas, Silvia, a Delis mandou que um cinegrafista me acompanhasse, filmasse minha passagem no Salão Verde, ela mesma...

— Era brincadeira da Delis. Só isso. Ela estava brincando com você.

— Sílvia, muito obrigado pelo retorno. Muito obrigado — agradeci duplamente. E registrei a minha indignação. — Sílvia, o que a Delis fez comigo foi uma desumanidade, uma loucura.

— Lula, não terá nada. Não tem nada — insistiu ela, deixando claro que era hora de desligar para que nenhum de nós ultrapasse o limite de adjetivar a postura antiética e desumana da repórter Delis Ortiz.

> *Depois daquele episódio, nunca mais voltei a cumprimentar a repórter da TV Globo. Até ali, podia-se dizer que fomos respeitosos colegas de profissão — sem maiores proximidades, sem nenhuma razão para inimizade. Só admitir que alguém possua uma perversidade intrínseca ao próprio caráter explicaria aquilo. Mau caráter, claro.*

* * *

O fogo aberto pelas denúncias do "mensalão" e as balas perdidas daquele tiroteio que pareciam ser direcionadas a mim custaram-me o contrato para biografar o perfil político de Tasso Jereissati. O senador pelo PSDB do Ceará havia se tornado uma das vozes mais duras a exigir investigações e a detratar o então presidente Lula e os integrantes do Partido dos Trabalhadores. Tasso avaliou ser paradoxal que alguém como eu, que havia dado consultoria para a SMP&B, o perfilasse sob encomenda da fundação de sua família. No início de novembro de 2005, ele cancelou o contrato que tínhamos. Depois de uma conversa transparente em que deixei claro o absurdo das ilações, disse que entendia o lado dele. Saí do gabinete de Tasso e relatei para Mário Rosa o desgaste que vinha sofrendo na tentativa de me constituir um consultor, como ele me sugerira anos antes.

— Vou te apresentar ao melhor lado dos Jereissati — disse-me Mário. — Você conhece o doutor Carlos?

— Qual Carlos? Carlos Jereissati?

— Sim. Ele é o melhor, mais rico, mais inteligente e mais político de todos os irmãos Jereissati. Às vezes está bem com o Tasso, às vezes não está.

— Só conheço a versão do Carlos Jereissati narrada pelo Tasso — respondi.

Três dias depois eu fechava com o empresário Carlos Jereissati um contrato de consultoria de comunicação e de análise de conjuntura que perdurou por uma década. De fato, ele se revelou uma das personalidades mais inteligentes, de conversa mais agradável e de visão mais multidisciplinar sobre a vida que conheci em minha trajetória profissional.

* * *

O recuo da oposição ao presidente Lula depois do aviso dado por ele ao PSDB, usando para isso o diálogo franco e aberto que o empresário João Roberto Marinho, das Organizações Globo, tinha com o Palácio do Planalto e com o ex-presidente Fernando Henrique Cardoso, fez com que o PSDB apostasse todas as fichas políticas na eleição de 2006. Os tucanos imaginavam que seria fácil derrotar o petista nas urnas, usando para tal o desgaste moral acumulado com o escândalo conhecido por "mensalão", e arquivou as articulações para um eventual *impeachment*.

Em dezembro de 2005 o ar de Brasília estava politicamente mais respirável do que nos meses anteriores. As tradicionais confraternizações de Natal tinham regressado ao calendário da capital da República. Na Câmara dos Deputados, Aldo Rebelo, do Partido Comunista do Brasil, tornara-se presidente da Casa para cumprir o resto de mandato de Severino Cavalcanti. O experiente parlamentar do PCdoB deixara o ministério da Articulação Política de Lula e contribuiu de forma efetiva com a renovação do clima político. Estimulado por aquele ambiente, retomei almoços e jantares com os interlocutores políticos tão necessários à rotina de consultor e de analista de cenários.

Numa noite indeterminada daquele dezembro úmido, fui ao Piantella jantar com alguns jornalistas e um diretor do Banco Central. Pouco depois de sentar à mesa, percebi que o ex-deputado Ibsen Pinheiro entrou no restaurante, seguido por um séquito de políticos gaúchos. Sentaram na mesa atrás daquela em que eu estava. Ibsen me reconheceu e fez menção de se levantar para me cumprimentar. Antes que executasse o gesto, levantei-me e fui até ele. Trocamos um abraço afetuoso. Ibsen passou a me apresentar, um a um, aos integrantes da mesa. Eu estendia a mão e cumprimentava a todos. O último era o deputado Cezar Schirmer.

— O Cezar você conhece? — perguntou-me o ex-presidente da Câmara.

Constrangido, o relator do pedido derrotado de cassação do deputado João Paulo Cunha, com quem eu trabalhara, não se levantou. Contudo, olhou-me da cadeira e me estendeu a mão. Ficou com ela no ar.

— Desculpe, presidente — disse a Ibsen. — Ele, não cumprimento. E ele sabe por quê.

Dei novo abraço no ex-deputado, cassado injustamente depois da CPI dos Anões do Orçamento, em 1993, girei o corpo e dei as costas a um incrédulo Cezar Schirmer.

> *Eleito prefeito de Santa Maria, no Rio Grande do Sul, em 2008, Schirmer foi reeleito em 2012. Em janeiro de 2013, ele era o chefe do Executivo municipal da cidade gaúcha quando ocorreu a tragédia da boate Kiss: 242 jovens morreram em decorrência de um incêndio na casa noturna, outros 630 ficaram feridos. Houve inépcia na fiscalização municipal, que permitiu o uso de fogos de artifício pela banda que tocava em recinto fechado e, também, incúria da Prefeitura no socorro às vítimas. Em razão do incêndio, Schirmer foi investigado por improbidade administrativa. O processo depois foi arquivado pelo Ministério Público Estadual. A mácula da boate Kiss e o peso da morte de tantos jovens jamais sairia da trajetória política de Cezar Schirmer, prefeito da cidade no curso da maior tragédia da história de Santa Maria.*

* * *

Em 2006, a legislação vigente ainda permitia o financiamento de empresas privadas a partidos e campanhas políticas. Era ano de eleição presidencial e eleições para governador em todos os estados e no Distrito Federal. Estruturar campanhas eleitorais constituía-se em atividade legítima e rentável em minha área de atuação profissional. Entretanto, os percalços e os ataques especulativos que eu sofri ao longo de 2004 e 2005 não recomendavam que trilhasse aquele caminho. Temia expor os clientes, evidentemente candidatos a algum mandato, em qualquer lugar. Candidatos têm a epiderme permeável a ataques. Quem trabalha no marketing político não pode ser fio condutor de problemas para dentro da campanha.

Renunciei a alguns convites naquele ano e, ao lado de três outros jornalistas que também estavam fora de redações, decidi montar um negócio transitório: um site fechado, exclusivo para assinantes corporativos, destinado a analisar a conjuntura política e o cenário das eleições no país, para presidente, e em todas as unidades da federação, nas disputas para governador e para o Senado. O empreendimento foi um sucesso de crítica. Nossa taxa de acertos superou a da mídia tradicional, aberta. As análises fugiam da pasteurização característica dos textos de analistas midiáticos. Também se revelou um acerto financeiro. As empresas Vale, Coca-Cola Brasil e Telemar/Oi compraram os pacotes de assinatura do serviço e conseguimos ter um resultado líquido semelhante àquele que teríamos se tivéssemos ido trabalhar em campanhas políticas. A desintoxicação do mundo da política fez-me enorme bem e consolidou posições para seguir atuando na área de consultorias.

*   *   *

Na última semana de janeiro de 2007, decidi superar um bloqueio que me impedia de procurar o presidente da República reeleito e reempossado, Lula, para uma conversa genérica sobre política. Apesar da relação entre fonte e repórter mantida no passado, e a despeito da porta que ele me abriu antes de envergar a faixa presidencial, em 2003, para procurá-lo quando precisasse, nunca havia precisado e nunca o fizera. Por razões pessoais nascidas e curtidas dentro de minha própria cabeça, achava que não devia fazê-lo depois das exposições públicas sofridas por mim em 2004 e em 2005, com os casos "Ibsen

Pinheiro" e "Mensalão", mesmo não tendo prosperado ações diretas contra mim, apenas ataques colaterais e covardes.

O início do novo mandato do petista marcava também uma espécie de reinício para as minhas atividades de consultoria, e achei que deveria ouvi-lo. Pedi ao assessor especial da Presidência, Marco Aurélio Garcia, uma das pessoas mais próximas de Lula no curso de seus dois mandatos, para tentar uma agenda. Em menos de dois dias veio a resposta: audiência marcada, sem assunto específico. No início da tarde de 25 de janeiro, com antecedência de mais de meia hora, estava na antessala do gabinete do terceiro andar do Palácio do Planalto. Anunciei-me para a secretária cujo nome não consigo recordar. Não era a secretária efetiva do presidente, e sim a auxiliar dela.

— Eu te conheço. Você é o Lula, que foi do *Correio Braziliense* na época do Noblat, não é? — indagou-me.

Sem disfarçar um certo estranhamento enquanto esquadrinhava as minhas memórias para saber de onde poderia ou deveria conhecê-la, admiti:

— Desculpe, não me lembro de você. Você trabalhou no *Correio* naquela época? Se trabalhou, deve ter sido em outro departamento que não tenha sido a redação, porque realmente não lembro.

— Trabalhei. Mas trabalhei na redação mesmo — devolveu ela, deliciando-se com a minha surpresa patente na face porque já preparava o golpe fatal: — Eu tinha medo de você. Eu trabalhava na editoria de Cidades, com a Ana Dubeux, que era a editora. Você me parecia uma pessoa muito brava, sempre enfurecido com os textos que recebia, sempre reclamando de alguém... daí eu me escondia na redação para não ser vista.

Todas as vezes que entro numa antessala de gabinete brasiliense estou preparado para escutar coisas inusitadas. Aquela, contudo, foi a mais surpreendente — e era contra mim, no gabinete do presidente da República. A secretária sentiu meu espanto e aliviou:

— Relaxa. Adoro você, achava até engraçado, lá no jornal. Mas confesso que tinha medo. Agora eu estou aqui, como secretária do presidente da República, e vou dizer a ele que você chegou. Sente lá no sofá que eu vou mandar te servir um cafezinho. Aqui eu não tenho medo de ninguém!

Ela disse aquilo já às gargalhadas e esperando a minha reação. Não desperdicei a viagem.

— Esse outro Lula aí, seu chefe, quando fica furioso, é inigualável. É um trator — testei, brincando. Jamais testemunhara a ira lulista.

— E é? Nunca vi — desconversou ela. — Com açúcar ou sem? Seu café?

— Sem — respondi rindo do truco tomado. — Não tenha medo de mim.

Esperei pouco mais de uma hora até ser atendido pelo presidente. O secretário particular da Presidência, Gilberto Carvalho, com quem eu mantinha excelente relação, buscou-me na sala de espera e entrou junto no gabinete presidencial. Cordial e sorridente como sempre, Lula avisou logo:

— Lulinha, não teremos muito tempo. Agora, é trabalho duro e cuidar de fazer as entregas. O que você manda? — falou, pondo a mão em minhas costas e apontando-me o sofá de couro vermelho característico da sala de despachos presidenciais.

— Nada em específico, uma visita de cortesia e um pedido de ajuda para olhar o horizonte.

— Então, fique certo de uma coisa: eu vou fazer um segundo mandato muito melhor do que o primeiro. Essa oposição quis me tirar daqui em 2005, no meio daquela história do mensalão, e não conseguiu. Eu disse que ia devolver a esperança ao povo brasileiro, e vou devolver a esperança a ele. O Sérgio Motta, que era ministro do Fernando Henrique Cardoso e mandava nas campanhas do PSDB até morrer, dizia que o projeto dos tucanos era ficar vinte anos no poder. Não ficaram porque governaram contra o povo. Eu vou eleger o meu sucessor.

A partir dali a conversa girou em torno das denúncias sepultadas com a legitimação das urnas ao segundo mandato dele, a ausência de um nome evidente à sucessão dele dentro dos quadros de governo — ninguém falava naquele momento em Dilma Rousseff, indicação urdida por Lula um ano depois.

Terminamos por nos alongar bem mais além do que a advertência original, algo próximo dos 45 minutos. Para quem estava de radar ligado para atividades de consultoria, como eu, a informação mais relevante — e era ainda mera especulação — foi a certeza que o então presidente me deu de que o Governo Federal ia se empenhar para organizar a Copa do Mundo de 2014 e os Jogos Olímpicos de 2016 no Brasil.

— Governo tem de levar felicidade ao povo, orgulho e esperança — encerrou Lula, sorrindo, levantando-se para deixar claro o fim de meu tempo em seu gabinete.

* * *

Na primeira semana útil de março, eu estava em São Paulo, atendendo a um convite articulado por Mário Rosa, que mantinha o contrato de consultoria para a Confederação Brasileira de Futebol (CBF), a fim de me reunir com um grupo de publicitários liderados pela produtora Bia Aydar na agência MPM para auxiliar a CBF a responder ao caderno de encargos da Federação Internacional de Futebol Associado (Fifa). A MPM era uma das agências que integrava o sistema solar do publicitário Nizan Guanaes.

Bia Aydar havia organizado a recepção à Seleção pentacampeã do mundo em 2002, no regresso ao país, com a taça nas mãos, de Cafu, Ronaldo, Rivaldo & Cia. O caderno de encargos era um extenso questionário de compromissos que as nações candidatas a sediar uma Copa do Mundo precisavam responder afirmativamente à Fifa. Na verdade, era a submissão do país-sede a todos os *lobbies* comerciais possíveis e imagináveis que existiam em torno do grande negócio planetário movimentado pelo futebol. Ao lê-lo, espantei-me.

— Não é para se espantar. É para dizer "sim" — resumiu, pragmático, o publicitário Rui Rodrigues, um dos principais auxiliares de Bia na MPM.

— Isso aqui é uma maratona de escândalos futuros — respondi, formulando uma profecia cuja realização não gostaria de ter visto.

Terminei contratado para dar um apoio lateral e tangencial à MPM, com a qual trabalhava no atendimento a outros clientes, no processo de resposta ao caderno de encargos da Copa. A agência fez um trabalho exemplar para o cliente CBF, e o Brasil apresentou à Federação Internacional de Futebol Associado o mais bem-feito *lobby* de defesa de candidatura de país-sede da história das Copas.

— Papel aceita tudo — lembro de ter dito a Mário Rosa quando ele me ligou falando do encerramento bem-sucedido da primeira etapa da maratona que era a disputa pela organização de uma Copa do Mundo.

— Vamos organizar uma Copa, e você vai trabalhar nessa organização — propôs ele, vislumbrando um futuro alvissareiro para quem gravitava em torno de consultorias.

*   *   *

O ar rarefeito dos escândalos brasilienses havia se dissipado naquele 2007. A perspectiva econômica para o Brasil apontava para crescimento e reconexão. Eu havia promovido reconexões na esfera política e no meio empresarial. Em silêncio, o Ministério Público Federal preparava denúncias contra os envolvidos nas acusações formuladas por Roberto Jefferson no auge do "escândalo do Mensalão". Tudo permanecia abaixo da linha d'água. Acima dela, tudo parecia normal. Convencido de que inaugurávamos um novo ciclo virtuoso para a política e o jornalismo, o diretor de redação dos jornais *Estado de Minas* e *Correio Braziliense*, Josemar Gimenez, um velho amigo dos tempos da revista *Veja* e do jornal *O Globo*, veículos nos quais trabalhamos juntos, chamou-me para que eu tentasse voltar às redações.

— Experimente — tentou ele. — Volte como repórter especial. Fique baseado em Brasília, vá para onde quiser, e te pagamos um bom salário.

Aceitei. A necessidade de trabalhar constantes reconexões e os riscos de correr e nadar nos corredores e porões de Brasília sem rede de proteção estavam me cansando. Voltar, mesmo que temporariamente, para uma redação podia renovar a aura de autoridade e de um certo temor que jornalistas impõem. Adverti-o, contudo, que faria um teste de algumas semanas para saber se me sentiria bem de novo naquele ecossistema em que mergulhara vertiginosamente, como poucos, desde os 17 anos. E que abandonara antes de completar 35 anos, tendo passado por quase todos os postos que almejei.

No curto espaço de cinco anos, em razão de mudanças tecnológicas e também em função da ascensão do PT ao poder, o ambiente dentro das redações havia mudado muito. Em algumas delas, o ar se tornara tóxico. Àquela altura, era o que ocorria na Editora Abril especificamente. Passei uma semana conversando com executivos e diretores dos Diários Associados, empresa que comandava o *Correio Braziliense* e o *Estado de Minas*. Também me dediquei a longas conversas com editores e colunistas dos dois veículos — conhecia bem quase todos eles. Testei duas semanas de volta à reportagem, com trabalhos de edição. Foi então que travei conhecimento com os meandros da burocracia corporativa da área de Recursos Humanos das empresas. Em pouco tempo, e muito em razão do enfraquecimento da atividade-fim dos jornais — dar notícias, brigar pela precedência do furo jornalístico —, percebi que a importância relativa da área de RH se agigantara dentro das empresas. No dia em que me pediram para fazer um cartão de ponto na sede do *Correio*, joguei a toalha.

— Josemar, meu amigo: não vai dar certo, não. Estou fora — comuniquei-o.

— Que houve? — espantou-se ele.

— Rapaz, sou de um tempo em que RH não tinha a menor importância dentro de jornal ou revista. Quem trazia notícia crescia dentro da empresa. Quem não trazia, ia ficando para trás. Já vi muito dono de empresa, como Roberto Civita, da Abril, descer à redação para perguntar o que deveria achar de determinados assuntos. Aqui, os repórteres parecem ter medo de dizer o que sabem aos diretores e executivos. E os repórteres sempre sabem mais do que eles. Não vamos brigar, não, vamos esquecer esse negócio de redação.

Abraçamo-nos e deletamos aquela possibilidade de volta. Retornei ao mundo das consultorias — e 2008 era ano eleitoral.

Restaurei alguns contratos interrompidos e pedi a Carlos Jereissati para coordenar a avaliação e o acompanhamento eleitoral que eles fariam para o grupo de telefonia Telemar/Oi, liderado por ele e pelos filhos. Ao fechar aquele contrato, garantia estar fora de mais uma eleição — no caso, municipal. As eleições municipais demandavam enorme atenção das empresas de telefonia. Cruzar as cidades com cabos, implantar postes e torres de transmissão e recepção e manter boas relações de serviços com prefeitos e vereadores sempre foi item essencial na convivência das corporações de telefonia com o poder público. Além disso, a família Jereissati liderava a administração de shopping centers em diversas cidades, capitais e interior dos estados. Retomei o projeto do site fechado com análises políticas — dessa vez exclusivo para Telemar/Oi e Coca-Cola — e garanti mais um ano no azul, com lucros.

Submeter-me aos projetos políticos dos controladores de veículos da mídia tradicional, calar ante fatos que precisavam ser divulgados, pôr os fatos em análise sob um prisma que não era necessariamente o meu e compactuar com assassinatos de reputação devido ao senso comum inferido por executivos alojados em andar superior ao meu nas escalas hierárquicas das corporações já não era uma opção de vida. Preferi dispensar as redes de proteção, cortar as amarras e traçar minha própria trajetória — daria mais trabalho, como imaginava e como confirmei ao longo dos anos. Contudo, preservei a dignidade em meio ao vendaval que iria varrer a cena política, as instituições, as relações privadas e familiares, o jornalismo brasileiro; enfim, o país.

*　*　*

CAPÍTULO 5

PÍNCAROS DA GLÓRIA

O alvorecer do dia 15 de setembro de 2008 será sempre lembrado como marco de uma das maiores crises financeiras da história. Para muitos economistas, e também para alguns intelectuais acadêmicos, é uma data tão relevante quanto o 9 de novembro de 1989, dia em que caiu o Muro de Berlim.

O evento berlinense acelerou o fim do socialismo como sistema econômico e do comunismo como regime em diversos Estados do leste da Europa. Também catalisou o processo de extinção da União das Repúblicas Socialistas Soviéticas. A partir dali, os Estados Unidos e seus entusiastas se declararam vencedores da Guerra Fria.

Em 2008, a decretação de falência do Lehman Brothers, uma das maiores instituições financeiras do mundo até então, maculou o capitalismo, revelou as mazelas decorrentes do enfraquecimento do poder regulatório e fiscalizador do Estado sobre bancos e mercado financeiros e impôs um risco sistêmico de quebra e falência de nações em todos os continentes.

Na esteira da crise, o governo dos Estados Unidos precisou cobrir um rombo de US$ 850 bilhões em instituições bancárias e empresas de seguros e estatizar duas gigantescas corporações de atuação nacional no mercado imobiliário — Fannie Mae e Freddie Mac. Juntas, reuniam hipotecas imobiliárias avaliadas em US$ 12 trilhões. Bancos europeus e asiáticos que haviam comprado dívidas lastreadas em ativos de segunda e terceira linha de devedores americanos sofreram calotes em efeito dominó. Também recorreram a programas de salvamento estatal promovidos às pressas por seus governos. Depois de algumas semanas, descobriu-se que diretores, executivos e conselheiros das instituições financeiras quebradas e das agências de risco que fizeram vista grossa à fragilidade do sistema — ou seja, que permitiram as transações responsáveis por criar o risco sistêmico global — receberam bonificações milionárias pelo trabalho que não realizaram e por alertas que não deram aos órgãos reguladores.

No Brasil, duas corporações gigantes na Bolsa de Valores, a Aracruz Papel e Celulose e a Sadia, líder na área de proteína animal e refeições prontas, perderam US$ 2,7 bilhões em operações lastreadas na cotação futura do dólar norte-americano. Era ano de eleições municipais no país. Em 4 de outubro, em São Bernardo do Campo, para onde viajara a fim de votar no dia seguinte em seu amigo Luiz Marinho, sindicalista que concorria à Prefeitura da cidade onde iniciara a vida sindical e política nos anos 1970, o presidente Lula provara ter mastigado a crise para soprar uma aposta profética mais à frente.

— Lá nos Estados Unidos essa crise é um tsunami. Aqui, se ela chegar, vai ser uma marolinha que nem vai dar para surfar.

Ao regressar para Brasília no dia seguinte, depois de votar no seu ex-ministro do Trabalho que venceria a eleição em segundo turno, Lula tinha um desenho exato do que fazer com a economia brasileira a fim de impulsionar a política e alavancar a campanha de quem poderia sucedê-lo. Foi então que anunciou a Programa de Aceleração do Crescimento (PAC), nada mais que a centralização da gestão das maiores obras em curso no país nas mãos de um único ministro — no caso, da ministra da Casa Civil, Dilma Rousseff — e a injeção de recursos orçamentários nessas obras.

A indústria brasileira da construção pesada, dona de inigualável potencial de geração de emprego e de mobilização de mão de obra na base da pirâmide social, ganhava a partir dali um casal de padrinhos: Lula e Dilma. Em paralelo, foram criados programas de desoneração fiscal para diversos setores econômicos, em especial o automobilístico. Naquele ano de 2008, o Brasil produziria o recorde de 3,22 milhões de automóveis zero quilômetro.

— Empresas como Sadia e Aracruz perderam o que perderam porque, no fundo, estavam especulando contra a moeda brasileira — disse Lula. E seguiu na peroração a favor do programa que passava a pincelar: — Portanto, elas não tiveram prejuízo. Elas praticaram, por conta própria, por ganância, esse prejuízo. Isso não é da crise: é da conta delas, que atuaram de forma pouco recomendável.

Regressando do ABC Paulista, estuário da indústria metalúrgica brasileira e onde se localizava aquela que era a maior fábrica da General Motors no país, o presidente reagiu duramente às especulações que davam conta do fechamento de linhas de produção da montadora americana em razão da crise nos Estados Unidos.

— Não tem razão para a GM fazer isso. Eles nunca produziram tanto como agora. O problema do setor automobilístico é de demanda, e não de falta de demanda. Não lançaremos um pacote econômico para reagir a essa crise que não será um tsunami no Brasil. Já disse isso. Teremos medidas pontuais. Tudo acontecerá no tempo certo e o Banco Central está no controle. A economia norte-americana tem um rombo de US$ 850 bilhões no sistema financeiro devido à agiotagem no cassino do mercado. O governo deles foi lá e cobriu. É preciso lembrar que, aqui no Brasil, em 1995, tivemos um risco de quebra de bancos e se fez o Proer, que injetou o equivalente a US$ 24 bilhões para salvar bancos. Era o Programa de Reestruturação do Sistema Financeiro. Vive-se, hoje, uma crise muito maior que as crises da Rússia, a da Ásia e a do México, nos anos 1990, e aquelas crises quebraram o Brasil naquele período. Agora, essa crise norte-americana ainda não chegou com força e não chegará.

Além de ter injetado US$ 700 bilhões para salvar bancos insolventes e outros US$ 184 bilhões para resgatar títulos da seguradora AIG, que faliu, o Federal Reserve, o BC americano, comprou US$ 4,5 trilhões em títulos de empresas americanas a fim de evitar falências em série. O tsunami de 2008, identificado pelo presidente petista ainda no recuo do mar e detonado com o *default* do Lehman

Brothers, provocou uma devastação maior do que a quebra da Bolsa de Valores de Nova York em 1929.

O Produto Interno Bruto norte-americano registrou uma retração de 2,5% em 2009 e o desemprego explodiu nos Estados Unidos. No Brasil da marolinha antevista por Lula, e em função da estratégia de expansão dos investimentos públicos em obras de infraestrutura e das desonerações fiscais ancoradas em compromissos de manutenção de investimentos e de empregos privados, a retração do PIB foi de 0,1% — a segunda menor do mundo, atrás apenas da China.

Em 2010, o Produto Interno Bruto brasileiro cresceu impressionantes 7,5%. Em 16 de dezembro daquele ano, ao fim de seu segundo mandato e tendo conseguido eleger Dilma para sucedê-lo, a popularidade de Lula registrava 87% de "ótimo e bom" segundo pesquisa do Ibope encomendada pela Confederação Nacional da Indústria. A aprovação pessoal do petista que deixava a Presidência era de 80%.

* * *

O sucesso político e econômico de Lula no ano de 2010 começou a ser construído na semana seguinte ao primeiro turno da eleição municipal de 2008. Ministro da Justiça, tendo assumido a presidência do Partido dos Trabalhadores em meio ao vendaval provocado pelas denúncias de Roberto Jeffferson apenas três anos antes, Tarso Genro traduziu numa entrevista despretensiosa, concedida em 9 de outubro de 2008, a definição de Lula para a própria sucessão.

— Eu percebo uma série de sinais de que o presidente já definiu o nome que deverá iniciar a caminhada para sucedê-lo. A escolha é visível, é a ministra Dilma — disse Tarso durante uma visita a Curitiba, no Paraná. — Acho que é uma escolha boa, que tem condições de ser acolhida no partido para fazer uma grande campanha. O PT está amadurecendo, não chegará absolutamente unificado a lugar algum, pois é um partido plural. Mas chegaremos suficientemente unidos ao pleito de 2010 e seremos capazes de liderar uma coalizão de centro-esquerda para dar continuidade ao trabalho do presidente Lula — ressalvou.

A bem-sucedida condução macroeconômica da economia brasileira na esteira da crise de 2008 provocou alvoroço no mercado interno. No plano pessoal, meu negócio artesanal e familiar de consultoria e análise de cenários terminou por surfar a mesma marolinha em que se convertera o vagalhão externo.

Entre 2009 e 2010, cinco grandes corporações privadas tornaram--se clientes e preencheram integralmente a minha capacidade de atendimento. Duas delas, contudo, exigiriam dedicação total e se veriam no centro de grandes escândalos: o Banco Cruzeiro do Sul, liquidado em 2012 pelo Banco Central, e a construtora Delta, que nesse mesmo ano pediu recuperação judicial e depois abriu um processo de falência.

* * *

Independente dos contratos de consultoria com corporações privadas que ia fechando, não conseguia largar de todo a vocação de contador de histórias. Abri o ano de 2009, depois do Carnaval, decidido a recontar as denúncias de Roberto Jefferson, ou o "Caso Mensalão", dando voz ao trio de publicitários sócios da SMP&B e DNA Propaganda, os mineiros Marcos Valério Fernandes de Souza, Ramon Hollerbach e Cristiano Paz. O Supremo Tribunal Federal ainda não tinha julgado a denúncia formulada pelo Ministério Público Federal. Acreditei ter na versão dos vencidos — os empresá-rios denunciados — um bom viés biográfico.

Procurei os três ex-sócios separadamente. O primeiro a me dar retorno foi Ramon. A mulher dele tentava convencê-lo a usar a cidadania espanhola para migrar em definitivo. Ele resistiu à ideia. Concentrava-se na estruturação da defesa jurídica que teria de apresentar ao STF e em conservar a família unida. As duas filhas estavam concluindo os cursos universitários; uma fazenda no interior de Minas Gerais garantia o sustento de todos. A primeira coisa que falei para ele ao encontrá-lo numa padaria sofisticada de Belo Horizonte, Café Bonomi, foi o irritante "Ramon, eu avisei a vocês que Marcos era louco".

— Não posso culpar só o Marcos por tudo isso que a gente está passando. Sim, o Marcos Valério era louco, mentiroso, açodado, até sem escrúpulo em muitos momentos. Mas escuta aqui: eu e o Cristiano não tínhamos o direito de deixá-lo usar as empresas como usou. A gente fechou os olhos às loucuras dele porque estava tudo ótimo quando estava dando lucro. Nem eu nem Cristiano gostamos de política como o Marcos gosta. Nem eu nem Cristiano achávamos correto o Marcos levar aquele tanto de político, de deputados, para dentro da empresa e fazer favor a eles para que nos proporcionassem mais contratos. Só que nem eu nem Cristiano tivemos força para mandar parar quando identificamos as primeiras grandes merdas. E isso ocorreu aqui em Minas, no governo do Aécio Neves, antes mesmo de as nossas agências virarem as queridinhas do PT.

Era uma confissão realista como raras vezes eu escutara de empresários enrolados com os quais me relacionara até ali.

— O que vocês vão fazer da vida? Vocês têm se visto? Têm se falado? — quis saber, até para compreender qual o melhor caminho para achar Marcos Valério. O ex-sócio carequinha continuava numa linha muito ousada de defesa: atacava os políticos, ameaçava-os.

— Com o Marcos só tenho falado via advogados, ou com advogados junto. Ele está meio pirado e não aceita cair sozinho. O Cristiano mergulhou na religião e se encontrou, de alguma forma, na fé religiosa. Eu tenho procurado ser o mais racional dos três, mas está difícil. Sei que iremos todos para a cadeia, e eu me preparo para a chegada do dia em que irei me despedir de minha mulher e das minhas filhas e ter de passar um tempo lá. É o que tenho feito.

Conversamos por um tempo sobre a estruturação da defesa, ele me pôs em contato com o criminalista Hermes Vilchez, que o atendia, e me deu as coordenadas para encontrar Marcos Valério. Para tanto, era essencial marcar uma conversa com outro advogado, Rogério Tolentino. Ex-juiz do Tribunal Regional Eleitoral de Minas Gerais no tempo das eleições ganhas por Aécio, já na época das operações das agências de publicidade com o PTB de Jefferson e com o PP de Pedro Correa Neto, o advogado Tolentino se convertera em fiel escudeiro do homem bomba do "Mensalão". Terminaria denunciado e depois condenado junto com eles.

Consegui marcar uma primeira conversa com Marcos Valério numa sala comercial localizada num prédio da rua Pernambuco, centro da capital mineira. Cheguei antes, como fazia de praxe, para estudar o local. Era um prédio simples destinado a escritórios de profissionais liberais. Pediam identificação com documentos e fotografavam os visitantes na recepção. Incomodei-me ao lembrar do episódio do Banco Rural no Brasília Shopping. "Se a denúncia ainda não fora julgada no Supremo Tribunal Federal, eu poderia ser incluído de alguma forma pelo simples ato de procurar um dos homens mais estigmatizados do país para conversas?", ocorreu-me pensar na hora. Relutante, entreguei minha carteira de identidade e deixei-me fotografar no credenciamento. Tive de esperar Marcos Valério e Rogério Tolentino no corredor do andar em que tinham a sala — sem secretárias ou *office boys*, tocavam sozinhos o pequeno negócio que Valério ainda mantinha.

Ao me ver quando a porta do elevador abriu, no momento em que enfim chegou, Marcos Valério parecia ser uma pessoa diversa daquele homem arrogante e determinado que eu conhecera em Brasília. Vestia o mesmo terno preto sem ombreiras e de tecido frio, com camisa esportiva preta por baixo e tênis também preto. No mais, era diferente em tudo. Não foi expansivo nos cumprimentos. Sorriu sem mostrar os dentes. Não pronunciou o meu nome. Indicou-me a porta de sua sala comercial com a mão direita, segurando-me pelo antebraço com a esquerda. Rogério sorriu brevemente e fechou o cenho, acompanhando o cliente no silêncio e nos gestos.

— Vamos falar sem falar. Podemos estar sendo gravados — sussurrou-me ao ouvido enquanto abria a porta do escritório.

O empresário pegou o controle do ar-condicionado quando entrou e ligou os aparelhos da recepção e de uma sala privada. Num frigobar, serviu-se de três garrafas d'água e levou para a mesa na qual, supus, conversaríamos. Certificou-se de que as cortinas estavam fechadas, olhou a rua por uma fresta que abriu brevemente e tomou o cuidado de fechar, vistoriou as esquinas da sala, confiscou meu telefone celular e colocou-o junto com o dele e o de Tolentino numa gaveta fora da sala de reuniões. Fez tudo aquilo sem pronunciar uma única palavra. Indicou o lugar em que eu sentaria; com um gesto, pediu a Rogério Tolentino que saísse da sala e sentou do lado contrário ao meu, numa mesa redonda de vidro. Por baixo dela, puxou para junto de si um triturador de papéis. Diante do lugar dele havia uma resma de papel ofício em branco, folhas soltas, e cerca de duas dezenas de lápis com as pontas afiadas. Todos grafites. Ele redigiu um texto breve e me mostrou:

"Não confio em ninguém. Nem em você. Posso estar sendo gravado, inclusive por escuta externa. Você me faz as perguntas que quiser, em poucas palavras. Eu respondo por escrito. Não vou falar." Era o que estava escrito.

— Por que o triturador de papéis? E por que usar lápis? Quem iria querer te gravar a uma altura dessas? — quis saber, ao ver que ele havia destruído a primeira folha que me passou, na qual estabeleceu as regras da conversa inusitada.

"A Polícia Federal pode querer que eu fale coisas para incriminar os outros. Não sou bandido. Escrevo em grafite porque não dá contraste e não pode ser lido à distância caso estejam me filmando. Trituro tudo e, no fim do dia, incinero esses papéis. Não confio em ninguém."

Sem dúvida, seria uma jornada difícil. Eu precisava tomar cuidado com a forma e com o conteúdo de tudo o que falasse. Se não agisse estudando cada gesto, cada palavra, podia detonar gatilhos da síndrome do pânico que já estava latente em meu interlocutor e viria a se manifestar meses depois, quando ele seria preso em decorrência de uma acusação diversa daquela do "Mensalão". Fazia as perguntas de forma concisa e em voz baixa, firmando o olhar no rosto de Marcos Valério para perscrutar todas as reações dele. Ele, por sua vez, escutava e escrevia as respostas. Por vezes, desistia de me mostrar a primeira opção de resposta e a reescrevia. Com isso, entrecortava o diálogo inusitado com longas e cansativas pausas.

— Quero escrever a história dessa denúncia pela ótica de vocês, da SMP&B e da DNA. Quero contar a construção desse elo de vocês com o mundo político. Aceita? — convidei-o.

"Posso derrubar o governo. Estive no Palácio da Alvorada. Ninguém sabe disso ainda. Se eu falar, o doutor Lula cai. Ainda cai. Você tem muitos amigos na política. Quer levar uns recados meus para Brasília?"

— Não vou levar recado, Marcos! Você esteve no Alvorada? Onde?

"Na guarita. Naquela guarita de entrada".

— Entrou? Você conversou com o presidente no Palácio da Alvorada?

"Não. Ele estava na Granja do Torto. Fui para lá. Estive lá. Ele estava com o José Dirceu. Ia resolver problemas do partido."

— Você foi recebido no Torto?

"Não. Mas estive lá. Tem foto da minha espera lá. No meu celular".

— Marcos, escuta bem: não quero dar curso a chantagens. Quero escrever uma história. Isso que você diz, agora, não é nada. Quer tentar me falar a verdade?

"Hoje não. Acabou a conversa. Vou pensar. Diga a seus amigos políticos que sei muita coisa, que não contei nada. Documentos foram destruídos. Tenho cópias."

— Acabou então. Vou embora, obrigado. Vamos nos falar mais à frente e marcar outra data, quando você se dispuser a contar uma história com começou, meio e fim.

Enquanto eu levantava e estendia a mão, ele terminou de triturar as duas últimas folhas de ofício. Ao descer, na calçada, sentei num café e anotei as frases trituradas. Tomei o ônibus executivo que me deixaria em Confins, uma viagem de uma hora, mais demorada que o voo de 45 minutos de regresso a Brasília, e fui matutando sobre o personagem.

Voltei a Belo Horizonte outras quatro vezes ao cabo de dois meses seguidos. Os diálogos não avançaram. Marcos Valério Fernandes de Souza não queria falar verdades, mesmo que fossem as verdades sob a ótica dele. Desejava, isto sim, seguir transformando em reféns de suas versões as lideranças políticas com as quais imaginou montar um sistema de poder alimentado pelos negócios que viabilizava. Cortei o canal de comunicação com ele.

*   *   *

Naqueles tempos, o presidente Lula não só havia superado o escândalo do mensalão, como se reelegera presidente em 2006 e liderava um programa econômico desenvolvimentista classificado como "keynesiano" por muitos observadores. A associação não era aleatória. Ela se deu porque o presidente brasileiro pôs em prática teses caras aos fundamentos teóricos do economista britânico John Maynard Keynes (1883-1946). Keynes revolucionou o olhar clássico sobre a economia, associou ciclos de crescimento ou retomada de economias nacionais à ampliação de investimentos públicos, sobretudo na infraestrutura, e influiu decisivamente no Newl Deal de Franklin Roosevelt, nos Estados Unidos dos anos 1930 e 1940, e na reconstrução europeia do pós-Segunda Guerra. A Crise do Petróleo do início dos anos 1970 ensejou a ascensão dos governos Ronald Reagan, nos Estados Unidos, e Margareth Thatcher, no Reino Unido, e o início da era neoliberal em todo o mundo, com o consequente declínio dos adeptos do keynesianismo.

Em 2009, o Brasil foi escolhido como a sede da Copa do Mundo de 2014 e o Rio de Janeiro foi a cidade designada a organizar as Olimpíadas de 2016. Os dois eventos exigiriam a ampliação e a sofisticação de obras de infraestrutura. Assim, consolidaram a aposta de Lula e de seu governo na doutrina de Lord Keynes. Quem desembarcava em Brasília, no centro do país, ou na avenida Faria Lima, para onde se transferira o coração financeiro brasileiro, ou mesmo frequentava as festas bombadas do circuito Leblon-Lagoa, no Rio, encontrava facilmente uma palavra para definir o estado de espírito em vigor no Brasil: euforia.

Parlamentar de primeiro mandato eleito pelo partido Democratas, de centro-direita, o carioca Antônio Pedro Índio da Costa havia se tornado meu cliente. Sem deter um conhecimento mais amplo de como as coisas funcionavam na capital da República, contratou-me por tempo determinado para dar-lhe uma consultoria e uma imersão total de "a vida como ela é" dentro do Congresso. Pensando diametralmente diferente do presidente petista, filho de um *designer* sofisticado da alta sociedade e da Academia fluminenses e sobrinho de um banqueiro, Luís Felippe Índio da Costa, controlador do Banco Cruzeiro do Sul, o deputado Índio da Costa admirava a conexão franca e imediata que Lula estabelecia com as pessoas mais humildes. Certo dia me abordou com uma ideia:

— Quero falar igual ao Lula. Quero ter a oratória dele. Você me ajuda?

— Como é que é, Índio? Como você quer ter a oratória do Lula?

— Sim: o jeito como ele fala com as pessoas, contando histórias, olhando no olho delas, sabendo o que elas sentem e desenvolvendo um tema, é algo que desejo saber fazer. Você me ajuda a aprender?

— Índio, você nasceu em Garanhuns e foi para São Paulo, com a mãe, fugindo da seca e da fome, procurar seu pai, num pau de arara, aos cinco anos de idade? — perguntei sem me preocupar em segurar a ironia.

— Não — respondeu ele, visivelmente irritado e dobrando a aposta para saber até onde eu iria.

— Você torce pelo Corinthians? Assistiu aos jogos do Corinthians, perdendo todos os campeonatos, no fim dos anos 1960 e começo dos anos 1970, num bar qualquer do ABC? Tomou pinga comendo sardinha com peão de metalúrgica em São Bernardo?

— Não...

— Cruzou o Brasil em não sei quantas caravanas, almoçando e jantando em restaurantes que às vezes não tinham nem talher? Conversou com as pessoas que moram nesses rincões do país?

— Não.

— Então esquece, Índio. Lula fez tudo isso. Lula é resultado da vida que ele viveu. Você é resultado da vida que você vive, e isso não te desmerece. Fernando Henrique Cardoso, por exemplo, que está muito mais para a sua vida do que a para de Lula, também sabia falar à alma das pessoas mesmo usando vocabulário e construções verbais mais sofisticadas. Em política, se o político é bem-intencionado, só consegue expressar aquilo que ele vê e sente. Esqueça esse projeto, vamos passar para outro.

A conversa seguiu por mais um tempo, até que ele disse ter decidido me apresentar ao primo Luís Octávio, também de sobrenome Índio da Costa, que tocava o banco da família. Perguntei o que ele precisava.

— Informação e análise de conjuntura. O Cruzeiro do Sul é muito focado em empréstimos consignados, está crescendo muito junto com a ascensão das classes B e C, e Luís Octávio precisa de alguém para explicar a política a ele.

Em menos de 48 horas estava em São Paulo celebrando um contrato com o Banco Cruzeiro do Sul. Luís Felippe, tio do deputado, e o primo dele, Luís Octávio, eram perfeitos representantes da aristocracia fluminense. Gentis, sofisticados e dispersos para entender a rápida mudança do mundo em torno deles, precisavam realmente de uma consultoria. O Cruzeiro do Sul estava fazendo 15 anos de fundação e tinha se preparado para organizar três shows exclusivos e imperdíveis em comemoração à data: Elton John, para uma plateia de mil pessoas na Sala São Paulo, ao lado da Estação da Luz; Ennio Morricone, para 2 mil pessoas no Hotel Transamérica; e Tony Bennet, para 500 pessoas, nos jardins da casa de Luiz Octávio na capital paulista.

— Se estamos virando um dos centros do mundo, onde tudo acontece, quero mostrar aos brasileiros, sobretudo a essa turma do PT que está virando minha amiga, como se curte a vida no centro real do mundo que é Nova York — tratou de me explicar Luís Octávio, no dia em que nos conhecemos, para justificar a agenda superavaliada de espetáculos que trazia para cá.

Criamos uma rotina de conversas quinzenais na sede do Cruzeiro do Sul em São Paulo. Em meio a elas, fui conhecendo melhor a família e os conflitos internos dela. Luís Felippe, o patriarca, preferia que o crescimento da instituição fosse menos acelerado. O filho, não: não soltava o pé do acelerador. Circulava numa Maserati pérola de interior de couro vermelho que, certa vez, me ofereceu para dirigir — e eu recusei. Sabia o custo de qualquer bobagem que fizesse ao volante de um bólido como aquele. Recém-divorciado, namorava modelos e atrizes do *jet set* paulistano. Em Brasília, virara interlocutor frequente do ministro da Fazenda, Guido Mantega, do presidente do Banco Central, Henrique Meirelles, e do próprio Lula. Ainda assim, conservava o açodamento na hora de escolher os companheiros de negócios.

— Lula, meu filho, preciso lhe pedir um favor antes de começar a reunião. O Luís Octávio está numa ligação com os Estados Unidos e temos alguns minutos — negociou cumplicidade comigo Luís Felippe, a quem nunca deixei de acrescentar o título respeitoso "doutor" antes do nome. A estirpe fidalga dele não nos deixava esquecer desse detalhe, nem ele deixaria de notar caso o fizéssemos. Prosseguiu: — O Luís Octávio, às vezes, é impetuoso demais nesse negócio de agregar amigos. Quem está lá na sala de espera, querendo falar de negócios comigo e com ele, é um tal de Lúcio Funaro. Você o conhece? Qual a fama dele em Brasília?

Fiquei gelado. Tinha de decidir em poucos segundos se falava tudo o que devia ou, por outra, se conservava a minha linha direta e franca com Luís Octávio e preservava algumas informações. Tentei ganhar tempo com perguntas retóricas.

— Lúcio Bolonha Funaro? O doleiro? Ele está aí? Vocês têm negócios?

— Sim, esse mesmo. Não temos negócios, mas o Luís Octávio quer desenvolver um projeto com ele — respondeu o presidente do banco, sinceramente admoestado pela situação.

— Doutor Luís Felippe, vocês sabem que esse cara... — havia decidido tomar o melhor caminho, o de contar tudo.

Naquele exato momento Luís Octávio Índio da Costa entrou na sala de reuniões em que estávamos.

— Que cara? Estão falando de quem? — quis saber, perguntando ao pai e olhando para mim.

— Seu amigo Lúcio Funaro. Perguntei ao Lula qual a fama dele em Brasília. Não gosto do sujeito, meu filho. Em definitivo, não gosto.

Esperei um pouco para ver se vinha alguma determinação para parar de falar o que eu havia começado, ou se devia continuar. Com os olhares, disseram-me que tinha de continuar. Assim o fiz.

— Lúcio Funaro é um pé de problemas. Aliás, uma floresta inteira. Ele se meteu no esquema do "Mensalão", lá atrás, em 2005. É homem de confiança do Valdemar Costa Neto, dono do PL, e montou uma lavanderia de dinheiro, segundo o Ministério Público, para lavar R$ 7 milhões que o Marcos Valério Fernandes de Souza, aquele publicitário da SMP&B, destinou ao PL. Isso, para falar o mínimo. E olha que conheço de perto parte dessa história. Esse Funaro não é confiável, tem fama de transformar amigos e parceiros de negócios em reféns: se você se aproxima uma vez, nunca mais consegue se desvencilhar dele. Fica fazendo chantagens. Eu, se estivesse no lugar de você, jamais me aproximaria do personagem. Vocês precisam disso?

Ouviram a tudo em respeitoso silêncio. Quando terminei de falar, percebi a contrariedade de Luís Octávio. Ele havia erguido uma parede invisível e intransponível entre nós. Pela primeira vez em meses, dirigiu-se a mim com frieza.

— Meu pai, tínhamos algum outro assunto a tratar com o Lula? — perguntou virando-se para doutor Luís Felippe.

— Não. A ideia era a gente conversar sobre a conjuntura mesmo — respondeu o patriarca.

— Lula, obrigado. Terminamos a reunião. Se quiser trabalhar daqui, use a outra sala de reuniões. Vou chamar o Lúcio agora. Nos vemos dentro de duas semanas. Você vem ao show do Elton John?

Não deixei dúvidas: havia entendido tudo.

— Obrigado, e virei ao show, claro.

Duas semanas depois, conforme o prometido, e sem que tivéssemos conversado após o episódio desagradável em torno do doleiro e especulador financeiro Lúcio Funaro, reencontrei Luís Octávio Índio da Costa na Sala São Paulo. Fui com Patrícia. Outros casais de amigos jornalistas estavam lá também, parte de nossa turma paulistana. José Serra, governador de São Paulo, e Gilberto Kassab, prefeito da capital, conversavam animadamente com Guido Mantega, ministro da Fazenda, e Henrique Meirelles, presidente do Banco Central. Para apagar em definitivo a má imagem que porventura tivesse deixado no dono da instituição que me contratava, pelo motivo nada irrelevante de ter falado a verdade sobre alguém a quem considerava mau caráter e ele considerava parceiro de negócios, puxei o secretário particular do presidente Lula, Gilberto Carvalho. Ele acabava de chegar e se dirigia ao grupo de autoridades que confraternizavam com o dono da festa.

— Gilberto! — saudei efusivamente. — Preciso te contar algo.

— Lulinha, você por aqui? — estranhou Carvalho.

Abracei-o e não interrompi a caminhada até a roda da diretoria que se formara em torno de um garçom a servir champanhe.

— Sonhei algo muito esquisito com você e com o governador Serra, dia desses — disse a Gilberto Carvalho numa altura que José Serra já podia me escutar. Claro que fiz aquilo para ser notado e cumprimentado por todos.

— Lula, boa noite. Você por aqui? Sonhou comigo? Devo ficar preocupado? — indagou-me Serra, com quem eu não falava pessoalmente desde a antessala do último debate da campanha presidencial de 2002. — Fomos muito próximos no passado. Eu fui uma grande fonte dele — antecipou-se o governador, explicando para o grupo de onde nos conhecíamos. — Depois ele passou a andar com um povo esquisito, meio amalucado, e a gente não se viu mais.

— Não diga isso do Ciro Gomes, governador. Fiquem com a inimizade de vocês, não transfira para mim os maus bofes do Ciro.

Riram e prossegui, tendo de contar o sonho.

— Estávamos na Marginal Tietê, dentro de um fusquinha, eu na direção. Você, Gilberto, do meu lado no banco do carona. Atrás, o Serra e a Patrícia...

— Patrícia sua mulher? — interrompeu Serra. — Mas ela me detesta!

— Não mais, senador, não mais. Aquilo era coisa dos tempos de repórter. Voltando ao sonho: passávamos ao lado do estádio da Portuguesa de Desportos e o Serra mandava eu largar a direção e entregar para o Gilberto. A Patrícia dizia que ele estava certo. Gilberto não queria dirigir. Eu perdia o volante, cruzávamos a Marginal e caíamos juntos no rio Tietê.

— E qual a leitura desse sonho? — perguntou Luís Octávio.

Pus uma mão no ombro de Serra, outra no ombro de Gilberto Carvalho e, me fazendo mais velho do que todos ali, fingi dar um conselho:

— Estejam juntos ou, ao menos, próximos. Senão, dará tudo errado.

Riram, mudaram de assunto e resolvi sair à francesa com a sensação de ter cumprido a missão particular à qual me determinei antes de viajar. O presidente-executivo do Banco Cruzeiro do Sul comprovara o diapasão de minhas amizades pessoais. Não à toa, o contrato de consultoria seria renovado por mais quatro anos. Só foi interrompido quando a instituição sofreu intervenção do BC por insolvência e acusações de fraudes, em 2011, e depois foi liquidada extrajudicialmente em 2012.

* * *

Por volta das cinco horas da tarde do dia 11 de fevereiro de 2010, a Corte Especial do Superior Tribunal de Justiça decretou a prisão preventiva do governador do Distrito Federal, José Roberto Arruda, do Democratas, e de mais cinco secretários e assessores dele. Todos eram acusados de tentar subornar um radialista brasiliense que tinha má fama de chantagista, Edson Sombra. O radialista submetera-se a uma ação monitorada da Polícia Federal e do Ministério Público da União a fim de produzir prova contra os acusados. Detonava-se, daquela forma, a Operação Caixa de Pandora. Pela primeira vez na história um governador era preso no exercício do mandato.

A Caixa de Pandora teve início quando um delegado aposentado da Polícia Civil, Durval Barbosa, que era secretário do ex-governador Joaquim Roriz e foi mantido no cargo por Arruda, resolveu divulgar um arsenal de imagens e áudios que gravara desde a campanha de 2006. Em áudio e vídeo, personalidades da política e do meio empresarial de Brasília apareciam dando e recebendo propinas e combinando facilidades e ilegalidades sempre cometidas por meio da autoridade pública.

José Roberto Arruda fora gravado por Barbosa desde antes mesmo de ser indicado candidato pelo partido dele. Pastores evangélicos, empreiteiros, líderes partidários e o presidente da Câmara Legislativa, o parlamento local do Distrito Federal, protagonizavam vídeos patéticos que sintetizavam a escrachada corrupção da baixa política local.

Achava que me manteria distante o suficiente daquela crise incipiente para apenas olhá-la ao longe, divertindo-me. José Roberto Arruda sempre foi uma espécie de metro pelo qual eu costumava medir a escalada de venalidade de alguns detentores de mandatos públicos. Quando cheguei para morar em Brasília, aluguei um apartamento na Área Octogonal 6, uma espécie de condomínio fechado na ponta da Asa Sul. Arruda morava lá. Ele era um aplicado engenheiro da Companhia Energética de Brasília, designado pelo então governador Joaquim Roriz para comandar as obras de construção do metrô da cidade. Eu fora transferido pela revista *Veja* do Recife para lá, como subeditor na sucursal brasiliense, e levara meu salário de chefe no escritório nordestino acrescido de mais 30% pela promoção — ou seja, ganhava o equivalente a mais de 40 salários mínimos, quase o dobro dos vencimentos de Arruda. Num intervalo de cinco anos, eu virara chefe da sucursal em Brasília, sempre recebendo acima da média do funcionalismo público, e conseguia levar uma vida de classe média. O engenheiro da CEB e chefe de obras do metrô, contudo, elegera-se deputado e depois senador. Virou líder do governo Fernando Henrique Cardoso. Recebia nesses cargos sempre menos do que eu. Contudo, ficou rico a olhos vistos e levava uma vida que seus proventos públicos não suportavam. Logo...

Meu celular tocou. Era um publicitário, amigo de longa data e de outros carnavais (da Bahia, claro, celeiro de quase todos eles), que ligava do escritório de um advogado criminalista. Pediu que eu fosse encontrá-lo na sede da banca jurídica, no Setor Comercial Norte de Brasília.

— Lulinha, você pode vir agora a um escritório agora? Vou te passar o endereço por torpedo (*"torpedo" era como chamávamos as mensagens de texto nos primórdios dos smartphones*). Tem uma pessoa aqui que precisa ouvir ponderações suas — foi dessa forma que o publicitário respondeu ao meu alô. Havia muita pressa e alguma tensão na voz dele.

— Posso, mas pode dizer o nome?

— Não. Venha o mais rápido que der.

Entre a minha casa no Lago Sul e o escritório cujo endereço me fora enviado por torpedo, levaria não mais do que vinte minutos de carro. Foi o tempo que levei para vencer a distância.

O empresário Paulo Octávio Pereira, vice-governador de Brasília àquela altura, encontrava-se sentado numa cadeira sem braços, lívido, ombros caídos, cabeça levemente inclinada para a frente e em mangas de camisa. Assistia ao noticiário de uma TV a cabo que mostrava repetidamente a sequência de imagens do governador Arruda saindo da Residência Oficial de Águas Claras e sendo conduzido para dentro de um camburão da Polícia Federal.

— Governador Paulo Octávio, folgo em vê-lo. Agora é governador, tecnicamente, não? — usei um despropositado ar brincalhão em meu cumprimento.

Recebi de volta um olhar tenso e frio. Nosso amigo comum, que aproveitava para apressar sua saída do escritório alheio, quebrou o gelo.

— Foi por isso que eu te chamei, Lula. O Paulo Octávio está relutante. Quero que você diga a ele o que pensa — pediu.

— Você teve relações com o Durval? — perguntei olhando direto para o centro da íris ocular do empresário e vice-governador. Ele baixou o olhar, o que não era bom sinal. — É fundamental saber isso. Teve?

Não ouvi resposta.

— Não existe esse negócio de fugir da parada. Se não assumir, vira investigado amanhã mesmo — argumentou o advogado.

— E se assumir também — respondi. É claro que ainda há vídeos não divulgados — contra-argumentei.

Paulo Octávio seguia em silêncio. Dublê de político e empresário, estava casado com Anna Christina Kubitscheck, neta do ex-presidente Juscelino Kubitscheck de Oliveira, fundador de Brasília. Os negócios do vice-governador giravam em torno de uma incorporadora imobiliária, uma *holding* empresarial com participação em shopping centers, condomínios residenciais e empresariais e uma construtora. Em 1992, foi exposto no rol de denúncias de Pedro Collor contra o irmão, Fernando Collor. O ex-presidente e Paulo Octávio eram amigos de adolescência. Se houvesse famílias herdeiras de títulos nobiliárquicos na capital da República, dir-se-ia que Paulo Octávio Pereira chefiava uma delas.

— Se você tiver juízo e amor à sua família, não assume — prossegui. — Eu, se fosse você, renunciaria.

— Tenho a alternativa de estar no exterior, não tenho? — perguntou o vice-governador, que titubeava.

Naquele momento, com Arruda preso, era o governador em exercício do Distrito Federal. Claramente, avaliava a possibilidade de viajar para o exterior durante o feriado de Carnaval que ocorreria dali a alguns dias.

— Não vejo isso como opção. É protelar. Vem o Carnaval aí. Renuncia, não tem investigação alguma contra você, pega a família e vai para Miami — opinei.

Fez-se um silêncio de pouco mais de um minuto na sala. Fitávamos o noticiário da TV que repassava em *loopings* sucessivos a prisão do governador José Roberto Arruda.

Enfim, decidiu que sentaria de vez na cadeira da qual o titular fora ejetado para se converter no primeiro chefe de Executivo brasileiro encarcerado durante o exercício do mandato. Depois, outros o seguiriam na triste trilha estatística.

— Sigo achando uma maluquice, porque evidentemente ele não tem segurança sobre ter sido gravado ou não pelo Durval — ponderei.

— Isso tudo é coisa de quem é chantagista — protestou Paulo Octávio entre os dentes cerrados. — Você me acompanha na entrevista?

— Desculpe, governador, mas não acompanho. Você tem assessoria. Eles podem fazer isso. E eu tenho certeza que irá se arrepender dessa decisão.

— Ok. Se pensa assim, até logo. Ao menos deseje-me boa sorte.

Da piada saíra ao menos um sorriso de simpatia. Despedi-me e retornei ao meu escritório em casa. Um dia depois, telefonei cedo para o governador a fim de desejar boa sorte a ele — descontadas, claro, as minhas recalcitrâncias. Paulo Octávio perguntou se eu ficaria em Brasília no Carnaval, cujo feriadão começaria no dia seguinte. Disse que não. Estava de viagem marcada para São Paulo.

Na Quarta-feira de Cinzas começaram a ganhar corpo as suspeitas de envolvimento do empresário e governador em exercício com o mesmo esquema que levara à prisão de José Roberto Arruda. Notas em colunas diversas de jornais e em sites da Internet especulavam a relação do governador interino com o delator e "cinegrafista amador" Durval Barbosa. A maioria daquelas notas não tinha base, eram meras plantações especulativas. Contudo, não receberam reação à altura das acusações.

Paulo Octávio sucumbiu. No dia 23 de fevereiro, menos de duas semanas depois de assumir o cargo para o qual tinha sido eleito junto com José Roberto Arruda, o vice-governador renunciou.

Formalizou o ato em carta escrita ao presidente da Câmara Legislativa do Distrito Federal:

> *Excelentíssimo Senhor*
> *Presidente da Câmara Legislativa do Distrito Federal*
> *Excelentíssimos senhoras e senhores deputados distritais,*
> *Ao longo de duas décadas fui distinguido por servir ao Distrito Federal e sua população. Durante esse período recebi apoio, consideração e a confiança dos eleitores dessa cidade que, em pleitos sucessivos, sufragou meu nome para Deputado Federal, Senador e Vice-Governador.*
> *Assumi, interinamente, o Governo do Distrito Federal com o propósito de colaborar para a superação da grave crise política que se abate sobre Brasília. Considerei desde o início que só poderia desempenhar essas funções se pudesse construir um possível consenso sobre a melhor maneira de vencer os atuais impasses.*

Dediquei-me, nos últimos dias, a realizar consultas junto a líderes partidários dos mais variados matizes. Busquei a interlocução com figuras representativas da sociedade. As negociações apenas tornaram mais claras para mim as dificuldades de garantir, neste momento, a tão necessária governabilidade para o Distrito Federal.

[...]

Assim, por intermédio deste documento, comunico ao Presidente da Câmara Legislativa minha renúncia ao cargo de Vice-Governador do Distrito Federal. Assumi o Governo do Distrito Federal, de maneira interina, em condições excepcionalmente difíceis. O titular está privado de sua liberdade, por decisão judicial. No entanto, continua a ser o governador da cidade.

Pode, portanto, em tese, retornar às suas funções a qualquer momento. Não há sentido em aprofundar uma gestão nessas circunstâncias. Existem diversas obras, por toda a cidade, em fase de execução. São trabalhos contratados que possuem prazo e projetos definidos. Não deverão ser afetados pela situação política. É o que espero.

Permanecer no cargo, nas circunstâncias que chamei de excepcionais, exigiria a criação de condições também excepcionais. Imprescindível contar com apoio político suprapartidário para que todas as forças vivas do DF, juntas, pudessem superar a perspectiva de intervenção federal. Além disso, seria imperioso construir uma agenda mínima de consenso com amplo respaldo na sociedade. Ainda mais fundamental seria estabelecer os interesses da cidade acima das ambições políticas em meio às paixões do ano eleitoral. E, não menos importante, teria que receber respaldo de meu partido.

[...]

Quero dizer que todos os esforços que realizei para garantir as condições mínimas de governabilidade tiveram como objetivo maior evitar que a autonomia política e administrativa do Distrito Federal venha a ser gravemente afetada por decisão judicial. Foi essa minha única motivação nos últimos dias.

Com minha renúncia, pretendo oferecer às forças políticas a oportunidade de restabelecer seu poder e, sobretudo, ao apaziguar os ânimos, garantir ao brasiliense a recuperação de sua autoestima. Quanto a mim, deixo o Governo, saio da cena política e me incorporo às fileiras da cidadania.

Que Deus ilumine nossas decisões e nossos atos.

Atenciosamente,

Paulo Octávio Alves Pereira"

Meses depois, fui a Miami a passeio com Patrícia. Vi Paulo Octávio e a mulher, Anna Christina, numa daquelas farmácias que fazem as vezes de pequeno mercado. Ele estava de boné e óculos escuros. Claramente, não queria ser visto. Como se dirigia ao caixa e eu estava entrando no estabelecimento, não fui ao encontro dele. Nós nos reencontramos cerca de dois anos e meio depois, já de volta a Brasília. Ao término de uma reunião com Carlos Jereissati no Shopping Iguatemi do Lago Norte, durante a qual faláramos sobre problemas para a empresa de telefonia Oi/Telemar, ainda controlada pelo empresário cearense, aceitei o convite para circular pelo centro comercial. Demos de cara com Paulo Octávio numa pausa para um café. Ele e Jereissati eram sócios naquele shopping — o ex-vice-governador detinha 30% do negócio. Trocamos um abraço cordial. Perguntei como estava e como iam as coisas.

— Vou bem, mas podia ir melhor: não devia ter renunciado. Foi uma precipitação. Teria sido reeleito governador — devolveu-me, com um olhar de cobrança evidente.

O tom das palavras usadas por ele denotava certo rancor por eu ter sido excessivamente enfático ao defender a renúncia.

— Defendi sua família. Ela teria sido exposta demais — respondi.

— Não vejo assim, Lula. E você ainda fez a campanha de Agnelo.

Aquelas últimas palavras ficaram no ar como um "até logo". Nunca mais voltamos a cruzar caminhos.

* * *

— Lula? Bom dia. Você não me conhece. Meu nome é Raimundo Júnior. Sou secretário-geral do PT do Distrito Federal. Tem um tempo para a gente conversar?

Havia atendido ao telefone celular de forma displicente. Não tinha qualquer relação com o diretório brasiliense do Partido dos Trabalhadores. Respondi que sim.

— Estou com a difícil missão de estruturar a campanha de Agnelo Queiroz a governador de Brasília. Como ele foi do PCdoB a vida inteira e se filiou ao PT para ser candidato, temos muitos problemas dentro da legenda. E, como agora ele é petista, temos dificuldades na cidade, e também fora dela. Você aceita nos ajudar a estruturar essa campanha e cuidar da parte de comunicação?

Não estava esperando a ligação. Sempre dizia que jamais faria uma campanha no Distrito Federal, pois reputo a política distrital como uma das mais vulneráveis ao assistencialismo clientelista que forjou Roriz e ao sindicalismo autocentrado das corporações de servidores públicos que, muitas vezes, buscam a manutenção de seus privilégios antes de olharem para o conjunto da sociedade.

— Acho que precisamos nos encontrar pessoalmente. E com o candidato também — respondi.

Era o caso, sim, de uma conversa pessoal.

— A que horas e onde?

— Hoje à tarde, em minha casa. Meu escritório é em casa, temos privacidade e uma sala de reuniões. Quem vem?

— Eu vou com Agnelo, e só.

Também já havia decidido que só pegaria a execução de uma campanha política naquele ano de 2010 se surgisse uma proposta irrecusável de trabalho e se aceitassem pagar os honorários que eu estabelecera como justa remuneração ao desgaste de uma empreitada como aquela: R$ 1 milhão, em contrato com o partido e pagos mediante emissão de nota fiscal de minha empresa de consultoria. Corria o mês de junho e nenhum convite ocorrera até ali.

O telefonema de Raimundo Júnior não me animava muito. Ele e Agnelo chegaram ao meu escritório na hora combinada, três e meia da tarde. A conversa durou três horas. Passamos todos os pontos frágeis da candidatura dele que eram conhecidos até aquele momento e flancos futuros que eles mesmos confessaram ter. Disseram-me, ainda, que a agência de publicidade Propeg, da Bahia, cuidaria de toda a parte operacional da campanha. Quis saber do que precisavam, então, porque eu conhecia o dono da Propeg, o publicitário Fernando Barros, e sabia da capacidade de atendimento integral da empresa.

— Precisamos de ideias novas, de alguém que nos ajude na interlocução com as redações de Brasília e que ponha um freio no marketing, quando necessário — disse Raimundo Júnior. Ele falava por Agnelo. — A gente sabe que nunca é bom deixar o comando nas mãos de publicitários. Eles às vezes viajam demais.

— Ok, topo fazer a campanha. Mas quero um contrato direto com o partido, e não com a Propeg. Gosto do Fernando, só que preciso ter independência em relação a ele. Não posso receber da agência, mas, sim, do PT.

— Feito e justo — sinalizou o secretário-geral do partido. — Quanto?

— Um milhão, em três parcelas. Tudo com notas fiscais emitidas para a campanha. Preciso receber 30% na frente para me sentir contratado e anunciar que farei a campanha. Ou seja, preciso disso de imediato. Outros 40% podem ser pagos até o fim de agosto, dia 30. E os 30% restantes, até dez dias antes do primeiro turno. Se vocês não pagarem esse saldo dez dias antes do primeiro turno, saio da campanha e não me comprometo com sigilo algum.

— É pesado... é um valor pesado. Tem certeza disso? — Mais uma vez, Raimundo Júnior falava pelo candidato, que seguia calado. — E se houver segundo turno? Vai aumentar ainda mais?

— Tenho certeza de que o valor é esse. Se houver segundo turno, dou minha mão de obra como bônus para vocês. Não quero receber nada pelo segundo turno. Eleição resolvida em um turno, bônus meu. Se houver dois turnos, meu ônus vira bônus de vocês.

Júnior e Agnelo levantaram a apertaram a minha mão. Disseram que iam criar as condições dentro do PT para me dizerem um "sim". Perguntaram se eu jantaria naquela noite mesmo com o publicitário Fernando Barros e o sócio dele, Alexandre Augusto. Marcamos o jantar na Trattoria da Rosario, um excelente italiano que ficava próximo à minha casa.

Quando cheguei ao restaurante, o dono da Propeg foi efusivo nos cumprimentos. Sempre fora um excelente papo, convivera intimamente com diversos governos e conhecia palácios como poucos profissionais de comunicação. Esteve na linha de frente da propaganda nos dois mandatos de Fernando Henrique Cardoso e conseguira converter sua agência na maior da Esplanada dos Ministérios no período do presidente Lula.

— Lula Costa Pinto, venha cá: você disse a Agnelo que não quer fazer campanha junto comigo? — perguntou-me Fernando no início de nossa conversa.

— Jamais. Eu disse a Agnelo e a Raimundo Júnior que quero fazer a campanha, que conheço a Propeg e confio muito em vocês, e que preciso ficar independente de vocês na campanha, até para criticar o que achar que está errado.

— Você pediu um milhão mesmo?

— Sim.

Alexandre Augusto, que me fora apresentado ali, começou a falar depois de engolir às pressas um naco de queijo parmesão:

— Você está louco? Esse valor é muito alto. Para assessoria?!?

— Rapaz, não sei quanto vocês pediram ou vão pedir. Para mim, esse é o valor justo. E por isso quero uma relação direta com o partido, diferente de vocês.

— Mas e se tiver segundo turno? Você vai aplicar quanto em cima disso?

— Nada. Se a gente resolver em um turno, meu bônus. Se tiver segundo turno, ônus meu e faço sem pedir nada a mais.

— Isso não existe, Lula. É no segundo turno que a gente faz o lucro da eleição — tentou me ensinar Alexandre Augusto.

A intromissão dele em meus métodos de tocar o próprio negócio irritou-me. Apesar daquilo, ficaríamos amigos a partir dali.

— Quero inovar. Vamos ver se aceitam — contra-argumentei.

Encerramos a parte financeira da conversa e abrimos o capítulo da campanha em si, as dificuldades e as fortalezas da candidatura de Agnelo ao governo do Distrito Federal.

— O Boneco de Olinda não tem a eleição ganha, não, meu amigo — Fernando Barros passava a conduzir a conversa apresentando como cartão de visitas uma de suas mais deliciosas manias, a de conceder apelidos engraçados aos personagens políticos com os quais interagia.

O hábito, descobriríamos depois, parece ser uma tradição em profissionais das mais diversas áreas na Bahia que gravitavam em torno da cena política.

— Boneco de Olinda? — estranhei.

Eu havia morado na cidade colonial pernambucana, colada a Recife, por toda a infância e adolescência.

— O Agnelo, porra! — explicou o publicitário. — Alto e magro, todo desengonçado, com aquela barba e cara de quem não está entendo nada do que a gente fala, é a cara do Homem da Meia-Noite descendo as ladeiras de sua cidade. Não é não? Diga aí.

Caímos na gargalha. Tinha razão.

O adversário do petista na disputa brasiliense seria o ex-governador Roriz. Joaquim Domingos Roriz tinha governado o Distrito Federal quatro vezes — uma delas como "governador biônico", indicado pelo então presidente José Sarney em 1985, e três outras vezes fora eleito: em 1990, 1998 e 2002. Eleito senador em outubro de 2006, renunciou ao mandato em 4 de julho de 2007 depois de ver seu nome envolvido nas denúncias da Operação Aquarela. Era um escândalo financeiro originado na mesma árvore de propinas que, alguns anos à frente, levaria o governador José Roberto Arruda para a cadeia depois da divulgação das gravações da videoteca do ex-policial Durval Barbosa. Roriz foi acusado de obter vantagens financeiras em operações do Banco Regional de Brasília (BRB), órgão estatal, no período em que governava o DF. Temendo o agravamento das acusações e sem dispor de respostas diretas a elas, renunciou com o objetivo de conservar os direitos políticos e disputar mais uma vez, em 2010, o governo da capital da República.

Populista de direita, capaz de se fingir de parvo e de radicalizar no sotaque do interior de Goiás para estabelecer empatia com os estratos mais humildes, Joaquim Roriz tinha um eleitorado cativo nas cidades-satélites de Brasília. Seria um adversário duríssimo, mesmo levando em conta o peso específico da excelente avaliação de desempenho do presidente Lula. Àquela altura, situada em torno de 70% de avaliações "ótimo ou bom", chegaria a 87% em dezembro, no fim do mandato.

— Só há uma chance para o Boneco de Olinda vencer: a Justiça barrar Roriz no meio da campanha, por causa da renúncia. É o que mostram nossas pesquisas internas — Fernando Barros pôs a carta na mesa.

Àquela altura, ninguém levava a sério o descarte do ex-governador. Seria uma campanha duríssima. Assegurei o cumprimento dos pré-requisitos que fiz para me sentir contratado e trabalhar na campanha, sobretudo receber 30% do contrato na frente, e começamos a formatar a campanha de Agnelo Queiroz e a treiná-lo para os debates e entrevistas.

O candidato petista era médico de formação e militara nos movimentos de sanitaristas que marcaram a Assembleia Nacional Constituinte de 1987/88. Dali, elegeu-se deputado distrital pelo PCdoB e trilhou uma carreira política interessante na área. Havia sido ministro dos Esportes do governo Lula e criara um programa de difusão e popularização de esportes amadores chamado "Segundo Tempo", que respondia por parte da popularidade da qual ele desfrutava. Além disso, as maiores reclamações dos eleitores do Distrito Federal diziam respeito ao mau atendimento nos hospitais públicos da capital. Centramos o discurso de campanha nessas duas áreas.

Uma das missões centrais que eu tinha na campanha era neutralizar a cobertura da imprensa local. Desde o "golpe de Estado" dado na redação do *Correio Braziliense*, com a derrubada de Ricardo Noblat do comando editorial do jornal, em 2003, a publicação dos Diários Associados perfilava com as falanges de Roriz e Arruda e era o mar no qual desaguavam os rios de investimentos públicos distritais em publicidade e patrocínios culturais. Em valores históricos, não atualizados, entre 2008 e 2010, o jornal recebera mais de R$ 450 milhões dos cofres do Governo do Distrito Federal e de suas estatais, como BRB, o banco regional, Caesb, a empresa de água e saneamento, e CEB, a companhia de distribuição de energia.

Com tiragem equivalente a 10% da do *Correio*, o *Jornal de Brasília* recebeu no período algo em torno de 30% daquele valor. A Rede Globo e a TV Record recebiam valores equivalentes aos dos jornais. Investigações decorrentes dos procedimentos realizados contra a administração de José Roberto Arruda começavam a expor valores como aqueles, e os veículos de comunicação temiam um freio no fluxo financeiro que irrigava seus caixas a partir dos cofres públicos. Em razão disso, ansiavam abertamente por um novo mandato de Joaquim Roriz, personagem com o qual sabiam lidar e cuja linguagem haviam aprendido a falar ao longo do tempo.

Josemar Gimenez, com quem seguia tendo excepcional relação pessoal, era o diretor de redação do *Correio*. Ele sabia que uma nova vitória do ex-governador Roriz ia obrigar o jornal sob seu comando a um reposicionamento de autoridade e o processo não se daria necessariamente a favor dele, nem da política editorial independente que tentava imprimir. Marquei uma conversa com ele a fim de falar sobre o futuro. Assegurei que nada mudaria na forma como o governo local investiria em publicidade.

— Você ficará no governo? — ele quis saber.

— Não. Jamais. Mas, se der Roriz, você será refém dessa turma de novo. Ao menos recicle suas amizades.

— Você vai fazer o pessoal da área se Agnelo for eleito?

— Será a Samanta. Ela saiu daqui, conhece a casa. Agnelo vai me chamar, e eu vou indicar a Samanta. Ela foi sua repórter — expliquei, abrindo o coração sobre como via a vida, como ela se daria a partir da vitória eleitoral do petista.

Falava da jornalista Samanta Sallum, que eu tirara da coluna de política local para fazer a campanha comigo. Josemar acalmou-se com a solução. Gostava da saída. Atravessei a Estrada Parque do Setor de Indústrias Gráficas e fui à redação do *Jornal de Brasília* encontrar o *publisher* Lourenço Peixoto. Alguns anos antes, tínhamos sido apresentados num jantar. Ele havia acabado de sair de um período na prisão, acusado de beneficiar-se do desvio de verbas destinadas a prefeituras municipais para a compra de ambulâncias. Depois, foi absolvido das imputações. Reconstruía a reputação a partir de seu pequeno jornal editado em formato "Berliner", ligeiramente maior que um tabloide. Com títulos criativos e cobertura policialesca, tinha inserção popular até maior que a publicação dos Diários Associados. Dava sinais de que, por pragmatismo, fecharia integralmente com nossos adversários.

— O que você quer que eu faça, meu caro Lula? O que o *Jornal de Brasília* pode fazer pelo Agnelo, do PT, que nunca nos ajudou?

— Jornalismo, Lourenço. Nada além disto: jornalismo. Ouçam-nos antes de divulgar uma notícia. Deem-nos espaço equivalente ao do Roriz. Cuidem para que os títulos e as legendas sejam isentos, nem precisa desse cuidado todo nos textos, porque seus leitores não leem textos. Só isso.

— Só isso e vocês não me enchem o saco?

— Só isso e não te encho o saco no primeiro turno. No segundo turno, se houver, eu te visito de novo.

Fechados os acordos com as publicações, fui avisado da escassez de recursos para fazer face à segunda parcela do que me era devido. Raimundo Júnior foi o portador da má notícia, mas, ao mesmo tempo, indicou-me um empresário local que podia dar uma contribuição relevante à campanha e ela seria revertida em pagamento para mim. Passou-me os contatos e o aviso: ele detestava conversar com petistas, por isso eu era o indicado a ir falar com ele, dado não ser da estrutura do partido e sequer filiado.

Oriundo dos ramos de prestação de serviços gerais e construção civil, o empresário candidato à benemerência financeira era um dos poucos da cidade que escapara às denúncias de Durval Barbosa no escândalo da Caixa de Pandora. Fui ao encontro dele num escritório da Asa Sul. A secretária já me esperava com instruções para recolher o celular e o blazer do terno. Colocado numa sala de reunião, esperei pouco mais de meia hora pelo interlocutor. Ele entrou sorridente.

— Sei tudo a seu respeito. Não me dou com o PT, mas terei de me dar. Esse Agnelo vai ganhar e eu quero continuar a investir na cidade. Tenho limite para doar por dentro, via partido. Entretanto, se for por fora, sem aparecer, contratando um serviço direto a você, posso dobrar esse limite e meu nome não fica exposto. O que você prefere?

— Por dentro — sequer titubeei para responder. O que entrar, virá para mim via partido.

— Por dentro tenho condições de doar R$ 300 mil. Por fora, o dobro. Não prefere por fora?

— Não. Por dentro.

Era lastimável que a conversa tivesse caminhado por ali. O dobro do valor era quase toda a quantia necessária para liquidar o saldo do que eu acertara. Conservei-me firme no propósito de não abrir a guarda. Ao perceber que também desconfiava dele — afinal, podia estar sendo gravado para uso na campanha, com o intuito de expor o candidato para quem eu trabalhava —, ele me provocou:

— Você não estranhou o fato de eu não surgir nas denúncias de Durval?

— Estranhei, claro.

— Sabe por que não fui filmado pelo Durval, que é uma criatura repulsiva?

— Não.

— Porque sabia que ele filmava todo mundo. Dei dinheiro a ele, mas não fui pego. Ele me detestava. Se pudesse ter me filmado, teria feito isso e entregue com prazer ao Ministério Público. Nas duas vezes em que dei dinheiro a ele, arrumei uma forma de plantar a quantia dentro do gabinete dele de manhã cedo. Depois, livre de ser flagrado pela câmera escondida que eu suspeitava existir ali, só apontei onde estava o dinheiro. Usando as minhas amizades com as empresas da cidade, pus o dinheiro dentro do saco do aspirador de pó que seria colocado às sete horas da manhã na sala dele. Ficou ali como se tivesse sido esquecido pelo pessoal da limpeza. Marquei as duas audiências para as oito e meia, logo cedo. Quando o abraçava, falava baixinho no ouvido dele o local em que estava a contribuição. Não fui pego!

Disse aquilo e caiu na gargalhada. Era um malandro divertido.

— Por que você me contou isso? — questionei.

— Porque você tomou a decisão certa. Doarei por dentro, não resolvo o seu problema imediato, mas, ao mesmo tempo, não criamos problemas novos. Tem o CNPJ da campanha aí?

— Tenho — passei para ele um cartão com as indicações de como fazer a doação legal.

— Pode cobrar amanhã à tarde a tesouraria da campanha. O dinheiro estará na conta.

O calendário da promessa foi cumprido à risca.

9 de setembro de 2010: por seis votos a um, o Tribunal Superior Eleitoral cassou a candidatura de Joaquim Roriz ao governo do Distrito Federal com base na Lei da Ficha Limpa, ou Lei n. 135/2010, instituída naquele mesmo ano. O ex-governador recorreu então ao Supremo Tribunal Federal argumentando que a nova norma legal, sancionada meses antes, não podia valer para aquela eleição — apenas a partir do pleito de 2012.

Caímos em campo para testar nomes que poderiam vencer Agnelo Queiroz mesmo sem Roriz na disputa. Jofran Frejat, médico como o nosso candidato, secretário de Saúde de Brasília por anos a fio, respeitado como personalidade sem máculas de corrupção em suas passagens por cargos públicos (também fora deputado), emergia como virtual eleito ainda no primeiro turno caso ocupasse a vaga do adversário do petista.

24 de setembro de 2010: depois de empatado por 5 a 5, e desfalcado de um integrante cuja vaga estava em aberto, o Supremo Tribunal Federal suspendeu o julgamento do recurso de Roriz à decisão do TSE. Presidente da Corte, o ministro Cezar Peluso esquivou-se de dar o voto de desempate — e ele seria favorável à cassação da candidatura, como antecipara em seu voto no plenário.

— Recebi um telefonema agora. Vamos celebrar! — gritou Agnelo à mesa de reunião da produtora onde gravávamos os programas. Estávamos tensos com o julgamento inconclusivo até ali. — O Toffoli avisou que o Peluso recebeu a indicação que o Roriz vai renunciar à candidatura ainda hoje.

Ouviram-se gritos na sala e abraços de celebração foram dados. Fernando Barros cortou o clima de festa.

— Só não me ponham o Doutor Jofran. Doutor Jofran é foda, seu Agnelo. Não tem aresta nem tempo ruim: o povo o ama. Ele é um risco para o nosso lado.

O publicitário falava com base no rol de pesquisas qualitativas e quantitativas analisadas por André Schaer, um jornalista baiano com rara perspicácia para efetuar a leitura de dados eleitorais.

Em menos de uma hora tudo se aclarava. Para evitar ficar com a candidatura *sub judice*, o ex-governador e ex-senador renunciou à disputa eleitoral. No site oficial de sua campanha, assinou o "Manifesto de Roriz ao Povo de Brasília". Nele, lia-se:

> *Não posso mais ser candidato. Mas a eleição correrá em meu nome e o povo de Brasília me honrará, elegendo Governadora minha amada esposa, companheira de meio século, dona Weslian Roriz, competente, honrada, humana e digna. Estarei com ela a cada minuto, da mesma forma que ela sempre esteve comigo, e foi a grande responsável pela alta dose de humanismo dos quatro períodos de governo que chefiei.*

O mistério estava aplacado e nossos adversários haviam cometido um erro fatal. Weslian Roriz, primeira dama do Distrito Federal nos quatro mandatos do marido, não tinha os traquejos necessários a uma candidata e jamais disputara o voto popular. Era uma mulher dedicada à família, às filhas e aos netos. Foi um desastre eleitoral para o campo político que parecia hegemônico na capital federal. Desorientada durante os debates, num deles confundiu-se e terminou por dizer que iria "defender toda aquela corrupção" referindo-se às acusações que recaíam sobre os mandatos do marido. Também perdeu a oportunidade de fazer perguntas aos adversários porque não conseguia achar a "cola" das sugestões de questões elaboradas pela assessoria entre os inúmeros papéis que levara para a bancada de debates. No segundo turno, Agnelo, do PT, foi eleito com 66% dos votos. Weslian Roriz, que tinha o temido Jofran Frejat como vice, obteve 34%.

* * *

Tentamos uma última cartada para vencer a eleição distrital ainda no primeiro turno. Criado por Agnelo no Ministério dos Esportes, o programa "Segundo Tempo" era um campo minado. Havia ótimos casos de núcleos de excelência criados a partir do projeto, que possibilitou a muitas crianças e adolescentes iniciarem trajetórias vitoriosas em diversas modalidades. Contudo, um cabo da Polícia Militar de Brasília, João Dias Ferreira, filiado ao PCdoB e aliado político do ex-ministro e candidato, era acusado de inúmeros desvios de verbas do programa. A soma total das verbas desviadas chegava a R$ 3,2 milhões. Dono de uma personalidade violenta e instrutor de jiu-jitsu, Dias respondia a um rol de ações na Justiça que ia de acusações de enriquecimento ilícito a chantagem. A campanha de Weslian Roriz usava as acusações para comprometer Agnelo.

Na véspera do último debate do primeiro turno, uma fonte do Ministério Público Federal enviou-me cópia da denúncia contra o cabo da PM, que corria em sigilo: o MP isentava Agnelo Queiroz de quaisquer responsabilidades no caso e jogava toda a responsabilidade sobre os ombros do policial. Não tínhamos dúvidas de que a divulgação do relatório sigiloso desmotivaria os adversários a atacarem o petista usando aquele flanco no debate da TV Globo.

Surgira então a oportunidade de cobrar a lealdade prometida de Lourenço, no *Jornal de Brasília*, tendo em vista a agenda pragmática que pretendia cultivar com o futuro governo do Distrito Federal. Fui ao encontro dele.

— Está de pé aquela oferta que você me fez olhando para o segundo turno? — quis saber quando ele enfim me atendeu, depois de um chá de cadeira de quarenta minutos.

— Desculpe a demora. Não esperava sua visita. Sim, claro, está de pé.

— Você sabe que se o favor for feito antes do segundo turno, sendo decisivo para evitá-lo e nos dar a vitória logo, seu cacife fica ainda maior no novo Palácio do Buriti, não sabe?

— Qual é a merda que você está armando, Lula?

— Lembra que eu te pedi para fazer "apenas jornalismo"?

— Lembro.

— Pois bem: aqui tem uma denúncia do Ministério Público sobre o programa Segundo Tempo. Ainda é inédita, está em sigilo, e vai ser protocolada daqui a uma semana. De acordo com os procuradores, todos os desvios são responsabilidade do cabo João Dias, e Agnelo não tem nada ver com isso. Entrego-a para você, se a gente garantir primeira página para isso e você puser a redação para fechar o foco no policial. Isso desmonta as pegadinhas que pretendem fazer contra Agnelo no debate de amanhã. Em resumo: tenho uma notícia nas mãos, é oficial e exclusiva. Entrego a você, que manda investigar e publica com destaque o que está aí. Temos um acordo?

— Temos um acordo, se você deixar claro para os petistas qual foi o tamanho de nosso papel nisso.

— Feito.

— Então temos um acordo.

No dia seguinte, o *Jornal de Brasília* escancarou a denúncia que isentava Agnelo Queiroz. Usamos a capa da publicação no último programa de rádio e TV — era uma resposta "independente" a todas as acusações feitas a nosso candidato pela campanha da adversária. No fim da manhã, enquanto realizávamos o último treinamento de mídia com o petista, recebi uma ligação de número não identificado em meu celular.

— Seu filho de uma puta, aqui é o João Dias. Seu escroto, eu sei onde você mora. Conheço sua rua, sua casa. Sei a hora que seus filhos saem para a escola. Você entregou aquela denúncia ao *Jornal de Brasília* para me foder e livrar o Agnelo. Vou dar notícias no seu endereço.

O cabo da PM estava transtornado e gritava ao telefone. Mas, ao me ameaçar, ele detonou uma centelha que, em geral, deixo adormecida.

— Bandido filho da puta. Quer me meter medo, vagabundo escroto? Não tenho medo de suas ameaças, seu merda. Tenho família de Exu, em Pernambuco, ao Crato, no Ceará. Você deve saber bem do que estou falando.

Desliguei o telefone e olhei lívido para o advogado Luiz Carlos Alcoforado, que trabalhava conosco na campanha.

— Era o João Dias. Ele me ameaçou. Alcoforado, sei que você tem contato com esse merda. Procura ele e diz que o relatório do Ministério Público vazou. Mas, se ele mexer comigo ou com a minha família, eu é que sei onde ele mora.

Não consegui seguir o treinamento para o debate. Fui ao encontro de parentes que eram donos de uma empresa de vigilância e solicitei uma guarda armada 24 horas por dia, durante ao menos dois meses, dentro de minha casa. Em menos de duas horas a segurança pessoal estava montada. Alcoforado me procurou no fim da tarde para dizer que tinha acalmado o cabo da PM. Agnelo foi bem no debate, mas não foi excelente. As denúncias em torno do "Segundo Tempo" não fizeram eco no programa. O candidato do PT totalizou 48,8% dos votos válidos no primeiro turno e por muito pouco teve de disputar o segundo turno para confirmar a vitória. Tinha de conceder a ele o meu "ônus de tempo" prometido no acerto pré-eleitoral.

* * *

Antes do fechamento das urnas do segundo turno e do resultado ser proclamado, por volta das duas da tarde do dia 31 de outubro, telefonei para o celular de Agnelo Queiroz. Ele estava recluso num *flat* às margens do Lago Paranoá. O apartamento pertencia ao candidato a vice-governador em sua chapa, Tadeu Filipelli, um experiente político que comandava o PMDB local e tinha sido casado com uma sobrinha de Roriz. Por anos a fio, Filipelli tentara ser herdeiro político do ex-governador. Ao perceber que não receberia a deferência, migrou para o campo adversário. Agnelo pediu que fosse ao encontro dele. Foi o que fiz.

Tenso, mas certo da eleição, pois nossas pesquisas indicavam a vitória folgada que iria ter, recebeu-me a sós na sala do apartamento que lhe fora emprestado.

— Agnelo, vim antes de as urnas fecharem porque o que preciso te dizer só posso dizer para quem ainda não é governador.

— Algo sério? Que houve? — olhou-me assustado e com os olhos esbugalhados. Era um Homem da Meia-Noite ainda mais perfeito.

— É o seguinte: você venceu essa eleição, derrotou a mulher do Roriz, mas não derrotou o rorizismo. O rorizismo é uma cultura do que há de pior aqui no Distrito Federal. São patrimonialistas, praticam a corrupção, não têm nenhum compromisso social verdadeiro. E o rorizismo está dentro de sua equipe de governo, de sua chapa, de nossa campanha. Você sabe disso. Acho que você tem de usar a primeira entrevista coletiva como governador eleito, logo mais, aqui embaixo no hotel, para dar os primeiros sinais de ruptura com o rorizismo e para tomar o controle do governo. Porque o governo é seu, e tem gente do passado que vai montar acampamento nele a partir de hoje à noite.

— E como eu faço isso, mestre? Cooptar parte do lado de lá foi fundamental para vencer — perguntou ele, balançando a cabeça para a frente e para trás. A mania de fazer aquele movimento rendera até outro apelido dado por Fernando Barros no curso da campanha: calango.

— Antes de mais nada, monte um gabinete só seu dentro do Palácio do Buriti. Leve gente de sua inteira confiança, porque a turma que venceu com você, o pessoal do PMDB que irá para o Buriti, já sabe onde ficam todos os arquivos mortos e os desvãos das escadas do prédio. E demarque seu terreno: na primeira coletiva, hoje, mude o projeto do Estádio Mané Garrincha. Aquilo é um antro de corrupção. Arruda inventou que Brasília pode abrir a Copa do Mundo de 2014 para justificar um estádio de 72 mil lugares. Não temos um único time de futebol baseado na cidade jogando sequer a Série C. Para que um estádio de 72 mil lugares em Brasília? Isso encareceu a obra em 50%. Corte o Mané Garrinha pela metade — 40 mil lugares — e vamos baratear essa obra em ao menos R$ 500 milhões.

Ele balançou a cabeça para um lado e para o outro, como um calango, e disse que eu podia ter razão. Mas que, por trás das obras do estádio, havia muitos acordos políticos.

— Eu não vou cuidar disso. Não vai ficar na minha esfera — alegou.

— Aí está seu maior erro. Diga hoje que você vai cuidar disso. E que vai cortar a obra pela metade. Por fim, ouça-me: não me convide para ser secretário. Não posso aceitar. Tenho meus motivos.

— Vou anunciar o corte da obra em 50%, hoje. Você está certo. Só que preciso que você seja meu secretário de Comunicação e Publicidade.

— Agnelo, esqueça. Não posso aceitar. E se você anunciar esse corte hoje, fico para a coletiva.

Esperei a entrevista coletiva, inclusive ajudei a organizá-la. Logo depois de ter sua eleição saudada, Agnelo Queiroz anunciou que faria um Estádio Mané Garrincha menor para a Copa do Mundo — de 36 a 40 mil lugares. Era o mínimo previsto pela Fifa e, daquele tamanho, Brasília perdia as credenciais para sediar semifinais e finais da competição que ocorreria em quatro anos. O governador eleito alegou zelo pelas verbas públicas e manteve a decisão.

A firmeza se esvaiu em uma semana. Assediado por empreiteiros, executivos de empreiteiras, financiadores de campanha e por parte do *trade* político que o elegeu, mudou de ideia e voltou ao projeto original de um Mané Garrincha para 72 mil torcedores. Brasília não abriu nem fechou a Copa do Mundo. O Estádio Nacional Mané Garrincha se notabilizou como o palco mais caro da competição — custou R$ 1,6 bilhão em valores da época, o equivalente a mais de US$ 650 milhões. Há 192 pilares de concreto na marquise da arena esportiva que não têm função estrutural alguma — são apenas justificativas de desperdício de dinheiro público.

Fui convidado três vezes para assumir a Secretaria de Imprensa e Publicidade do Governo do Distrito Federal na gestão dele. Recusei os três convites, pois sabia que, no ano seguinte, poderia passar por novo abalo público à minha credibilidade pessoal e não queria expor a administração dele. Sugeri o desmembramento da secretaria em duas pastas: uma, de Imprensa; a outra, de Publicidade Institucional. A sugestão foi aceita e os nomes que indiquei viraram secretários.

Deixamos o *flat* às pressas: o presidente do Tribunal Superior Eleitoral, ministro Ricardo Lewandowski, acabava de anunciar a eleição de Dilma Rousseff para a Presidência da República. Com 96% das urnas apuradas, a candidata do PT tinha 55,9% e não poderia mais ser alcançada pelo adversário José Serra, do PSDB. Um grande palanque tinha sido montado para a festa da vitória na Esplanada dos Ministérios. A ideia era Dilma e Agnelo celebrarem juntos as respectivas eleições. Cheguei junto com o governador eleito ao pé do palanque. Agnelo Queiroz ia cumprimentando populares enquanto caminhava para a escada que dava acesso à plataforma principal. Um grupo de seguranças me segurou.

— Você, quem é? — interpelou um deles. — É do governo ou do PT?

— Não.

— Então não sobe. Tem de ficar aqui embaixo. Ordens da segurança presidencial.

Dei meia-volta e me misturei à multidão no gramado. Localizei com dificuldade o motorista da agência Propeg e pedi uma carona até o hotel nas margens do Lago Paranoá, onde tinha deixado meu carro. Peguei o rumo de casa.

Havia, enfim, driblado qualquer possibilidade de participar da administração do DF e fui tentar uma aventura editorial tornando-me sócio de um jornal popular, *Aqui Ceará*, em Fortaleza. Tinha a pesada corporação dos Diários Associados como sócio, além do jornalista Donizete Arruda.

* * *

CAPÍTULO 6

AS CARTAS
DE UM GOLPE

Mário Rosa havia convencido três empresários, seus clientes e amigos, a fazerem doações para a campanha de Agnelo Queiroz que terminassem por viabilizar a quitação do valor combinado comigo. Carlos Jereissati, do Grupo Jereissati, e Henrique Constantino, da Gol Linhas Aéreas, eram dois deles. Eu não só já os conhecia, como seguia com a consultoria ativa para Jereissati. O terceiro foi Fernando Cavendish, dono da Construtora Delta, a sexta maior empreiteira do país.

Cavendish fecharia o ano de 2010 com um faturamento um pouco acima de R$ 1 bilhão e pretendia dar um salto em 2011: preparava-se para entrar no seleto grupo das cinco maiores empresas de construção pesada, disputando contratos na Petrobras e grandes obras de infraestrutura como hidrelétricas, concessões de aeroportos e arenas destinadas à Copa de 2014 e às Olimpíadas de 2016. Agressiva e multifacetada, constituía-se como uma gigante no Centro Oeste a partir de Goiás, apesar de a sede da corporação ser no Rio de Janeiro, e pretendia operar a coleta de lixo no Distrito Federal. Já tinham vencido, durante o governo-tampão de Rogério Rosso, que assumiu com a renúncia de Paulo Octávio e a prisão de José Roberto Arruda, uma licitação para operar um contrato emergencial de coleta de lixo sólido, operação da antiga usina de compostagem de Brasília e corte de grama e capim em toda a capital e cidades-satélites, além de varrição das ruas. A Delta fez a doação à campanha dentro dos conformes da legislação. No dia seguinte ao segundo turno, Cláudio Abreu, diretor da companhia em Goiânia e responsável também pelo escritório brasiliense, telefonou-me.

— Você é o Lulinha?

— Sim, pois não? — disse sem reconhecer o número de prefixo 062 como os telefones registrados em Goiás.

— Sou Cláudio Abreu, da Delta. Meu patrão, Fernando Cavendish, nosso amigo comum Mário Rosa e meu companheiro de trabalho Laécio mandaram que eu te conhecesse. Como sou bom cumpridor de ordens e estou em Brasília, quero conhecê-lo.

O cartão de visitas de Abreu era, em si, o cumprimento de todo um tutorial de *lobby*. Ligou no dia seguinte à eleição, quando a doação estava fresca na memória. Apelou para dois nomes que eu sabia que haviam falado da empresa e para um terceiro, cujos vínculos com a Delta até ali eu desconhecia.

— Laécio?

— Sim. Laécio Vieira de Melo Júnior, que foi seu cunhado. Ele diz que você o chama de Júnior, mas nós o chamamos de Laécio. Gente boa!

— Ah, claro. Júnior, irmão da Cristina?

— Sim, seu ex-cunhado, irmão de sua ex-mulher.

— Excelente pessoa. Ele trabalha com vocês?

— É o responsável por todo o atendimento a novos projetos. Podemos conversar?

Aceitei e marcamos um primeiro encontro no Churchill, o bar de um hotel localizado no Setor Hoteleiro Sul da cidade. Alourado, com uma calvície querendo se instalar, olhos azuis rápidos e espertos, conversa afiada e capaz de versar sobre qualquer tema, Cláudio Abreu devia ser uma espécie de funcionário exemplar. Já na primeira conversa, deixou claras as pretensões de ser o condutor da Delta na trajetória de crescimento que Fernando Cavendish havia traçado. Em seguida, quis saber se eu iria para o governo. Tendo ouvido uma resposta negativa, perguntou se eu aceitava ter uma reunião pragmática com Cavendish. Fui afirmativo. Em duas semanas estava no centro do Rio, na sede da Delta, fechando mais uma consultoria. Os dois meses seguintes foram dedicados a descanso e planejamento — tanto no âmbito dos clientes quanto no projeto do jornal *Aqui Ceará*. Depois do Carnaval de 2011, o ritmo acelerou.

— Tenho de apresentar você a uma pessoa em Goiânia. Podemos marcar? — perguntava Cláudio Abreu, insistentemente.

Ele não dizia a quem desejava me apresentar. Marquei num dia qualquer no fim de março e fui. O voo de Brasília à capital de Goiás dura dezoito minutos. Desembarquei em Goiânia e havia um carro à disposição para me levar ao encontro do diretor da empreiteira na Secretaria de Desenvolvimento Econômico do estado. Cláudio me esperava lá, junto com o jovem secretário, a quem me apresentou.

— Alexandre Baldy. Um dia vai governar Goiás, escreva isso — introduziu a conversa. — O governador Marconi Perillo põe muita fé nele, e o homem que você vai conhecer no almoço, também.

Assisti a uma explanação focada em todos os eixos de crescimento possíveis em Goiás. Da secretaria fomos ao escritório da Delta em Goiânia. Ocupava todo um andar no centro da cidade, com amplo espaço para reuniões noturnas num terraço coberto.

— Daqui a gente fica olhando o horizonte, de noite, e estudando as estratégias. Vamos ser a maior empreiteira em atividade no Centro Oeste — disse o diretor da empresa.

Depois de uma exposição sobre os projetos em Brasília, Goiás, Tocantins e Mato Grosso, fomos a um restaurante português. Logo na entrada a *hostess* cumprimentou Cláudio e nos conduziu à mesa aonde um homem de pouco mais de cinquenta anos, meio careca, rosto marcado por depressões deixadas por acnes, nariz adunco, esperava-nos. Trajava calça e camisa jeans. Bebia vinho. Havia um *decanter* sobre a mesa. Fez sinal para que nos sentássemos.

— Lula, esse é Carlinhos Cachoeira. O homem a quem quero te apresentar. Cachoeira, esse é o Lula, de quem te falei. Abre caminhos lá em Brasília.

Cláudio Abreu não economizava hipérboles para valorizar o passe dos amigos quando os apresentava uns aos outros.

Carlinhos Cachoeira... tinha diante de mim o bicheiro posto no epicentro do escândalo das loterias do estado do Rio de Janeiro, detonado no fim do ano de 2003 e que quase derrubara o então ministro da Casa Civil, José Dirceu. A pretensão de Cachoeira era ser o maior operador de máquinas caça-níqueis em todo o Brasil, além de ter um pé em casas de bingo. O bingo fora colocado na ilegalidade na esteira do escândalo que o envolvia.

— Carlinhos é a melhor cabeça para pensar negócios que conheço. Ele me dá grandes *insights* e sempre está certo — definitivamente, Abreu adorava o mentor dele.

Cachoeira agradeceu a apresentação com um sorriso e se dirigiu a mim.

— Conheço muito Mino Pedrosa, jornalista, que foi da *IstoÉ*, e Policarpo Júnior, da *Veja*. Os dois sempre me falavam de você — iniciou o bicheiro, perscrutando pontos de contato de nossos círculos de amizade a partir dos quais a conversa pudesse se desenvolver.

— Bem ou mal? — quis saber.

— Bem, sempre bem. Mino é um personagem controverso, você sabe...

— Muito. E não é jornalista. É fotógrafo e tem grande faro para notícia e confusão...

— Isso. E o Policarpo?

— Excelente repórter. Um dos melhores que já conheci — respondi.

— Concordo. E agora? Você está no mundo da consultoria? Como está esse governo do PT em Brasília?

— Não sei o que te falaram do que eu faço. Fiz a campanha. Estou longe do governo. Conheço o pessoal de lá. Acho que Agnelo vai meter os pés pelas mãos.

— Por que você acha isso? Tenho um grande amigo lá, Cláudio Monteiro. É o secretário de Governo... policial...

O bicheiro sabia o caminho das pedras. Não precisava de ninguém para ensiná-lo.

— Conheço pouco o Cláudio Monteiro. É o tipo que adora saber de tudo e se meter em todas as áreas — devolvi.

Não tinha nenhuma relação específica com Monteiro, ex-delegado de polícia civil como Durval Barbosa.

— Tem boas informações? O Monteiro?

— Acho que sim.

A partir daquele momento a conversa passou a ser estudada. Não houve uma confiança empática entre nós. Não me lembro de ter falado sobre futebol — e esse tema se revelaria intrigante a seguir. O encontro pareceu frustrante para Cláudio, que me pediu para avaliá-lo, enquanto me conduzia ao aeroporto Santa Genoveva. Apesar da proximidade entre as cidades, os voos de Brasília a Goiânia são escassos. Se você perde o do meio da tarde, só encontra novo horário tarde da noite. Contei estar surpreso com o fato de ele saber tanto dos negócios da Delta.

— Cavendish sabe que ele está tão presente no dia a dia da empresa aqui?

— Não exatamente de tudo. Sabe que sou muito amigo dele — respondeu Cláudio.

Desci na área de embarque e corri para o portão que daria acesso aos aviões. Uma voz gritou meu nome. Olhei para trás e um homem acenava para mim. Fui até ele.

— Costa Pinto?

— Sim.

— Carlinhos Cachoeira mandou esta camisa para você. Acha que é o seu número. Disse que o sonho dele é ver o Anapolina jogando com o Santa Cruz, de novo, um dia.

Peguei a camisa e fiquei sem entender. Tão logo passei no raio X, liguei para Cláudio Abreu.

— Cláudio, o Cachoeira mandou uma camisa do Anapolina para mim. O que é isso?

— É o time dele. De Anápolis. Ele sabe que você é fanático pelo Santa Cruz e quis te fazer um agrado. Ele me disse que nos próximos dias você vai entender o porquê de ter feito um aceno sobre futebol para você.

Voei para Brasília. Ao chegar, dei a camisa do Anapolina ao motorista que trabalhava comigo, Márcio, torcedor do Flamengo e jogador de peladas em Ceilândia. Perdi algum tempo especulando como e por que o bicheiro havia me estudado e me conectado ao futebol, tema sobre o qual não tínhamos falado.

Dois dias depois fui chamado à residência oficial do governador de Brasília, em Águas Claras, a casa de onde José Roberto Arruda havia saído algemado em fevereiro de 2010. Chefe de gabinete de Arruda, Fábio Simão, um advogado faz-tudo do Distrito Federal ligado a diversos políticos locais, a quem eu conhecera em festas e agendas da Confederação Brasileira de Futebol, também saíra preso de lá no mesmo dia. Simão era muito amigo de Mário Rosa e o apresentara a Ricardo Teixeira, da CBF.

Agnelo Queiroz me propôs algo absolutamente inesperado.

— Mestre, você me disse que não aceitaria ser secretário. Recusou todos os convites. Está certo, mas tem algo que desejo propor e não é secretaria. A rigor, não é governo. Só que eu, como governador, tenho força para fazer as coisas acontecerem. Você aceita assumir a Federação Brasiliense de Futebol?

Aquilo jamais me passara pela cabeça. Antes de mais nada, porque em Brasília o futebol é amador. Os principais clubes da cidade, Gama e Brasiliense, em geral oscilam estre as séries C e D do Campeonato Brasileiro. Ou seja, entre a terceira e a quarta divisões. Entretanto, dali a dois anos, a cidade seria uma das sedes da Copa das Confederações, torneio preparatório para a Copa do Mundo da Fifa em 2014. O Estádio Nacional Mané Garrincha estava em obras e, ao contrário do que eu propus na primeira entrevista coletiva de Agnelo depois de eleito, o projeto havia retornado à forma e ao custo original: erguia-se a arena para 72 mil torcedores que disputava a hipotética possibilidade de abrir o Mundial da Fifa.

— Ser presidente da Federação de Futebol? — repeti o convite, para confirmar se tinha ouvido direito.

— Sim. O governador não manda em nada lá. Mas a Federação será importante nos eventos que teremos. Os clubes votam e elegem o presidente. O Alcoforado, nosso advogado, é agora o presidente do Brasília Futebol Clube. O Paulo Tadeu, deputado e meu secretário, manda no Sobradinho (*outro clube)*. Também temos como acertar as coisas com o Ceilândia e o Gama (*times que representavam cidades-atélites do DF)*. Você só precisaria costurar um entendimento com Luiz Estevão, porque o Brasiliense é essencial nesse projeto e ele tem o controle da Federação hoje — detalhou o governador.

Luiz Estevão de Oliveira, senador cassado em 2001 por ter liderado um esquema de desvios de verbas públicas destinadas ao Tribunal Regional do Trabalho em São Paulo, era o cartola do Brasiliense e transformara o time no líder do ranking de desempenho do Distrito Federal. Assim como Paulo Octávio, o empresário que renunciara ao Governo do Distrito Federal, era amigo de infância do ex-presidente Fernando Collor e metera-se na política. Embora não tivesse relação específica alguma com Estevão, sabia que não seria uma conversa fácil.

Pedi a Agnelo que me explicasse o que pretendia transformando a Federação de Futebol num satélite do Palácio do Buriti. Ele deslindou por quase uma hora um ambicioso programa de estímulo à competitividade no esporte profissional e ao desenvolvimento do campeonato local com patrocínio privado como forma de ampliar investimentos na cidade. Achei que, em tese, poderia dar certo. Àquela altura, tinha por cliente de consultoria a Coca-Cola Brasil. A empresa patrocinava diversos campeonatos estaduais em todo o país. O vice-presidente de Relações Institucionais da fábrica de refrigerantes, Jack Correa, podia ser o parceiro ideal para um projeto como aquele.

— Governador, talvez eu tope isso, sim — respondi para ele, surpreendendo até a mim. — Só tem um detalhe: quero o Jack Correa, da Coca-Cola, como vice. Preciso saber se a Coca aceita que ele assuma o cargo. Jack estava na Fiat, em 1990, quando a Copa foi na Itália, e Gianni Agnelli, *capo* da Fiat, foi o verdadeiro organizador da competição. De lá para cá, na Fiat ou na Coca, Jack esteve em todas as Copas do Mundo e sabe tudo da área. Seria um grande vice — expliquei.

— O Alcoforado, que agora é um verdadeiro cartola, além de advogado, vai te ligar e esmiuçar melhor os detalhes para essa eleição — disse Agnelo, satisfeito por não ter ouvido uma resposta negativa.

A distância entre a Residência Oficial de Águas Claras e a minha casa no Lago Sul era grande, uns 40 quilômetros. Aproveitei a necessidade de manter a velocidade moderada em razão das obras viárias que preparavam a cidade para os eventos esportivos futuros e ganhei tempo para refletir sobre o convite. Era uma boa proposta. Era uma ideia razoável. No dia seguinte, fiz a consulta a Jack Correa e ele se entusiasmou. A Coca Cola o liberava, respondeu-me. Dois dias depois, Luiz Carlos Alcoforado telefonou e marcou um almoço no escritório dele no América Office Tower, Setor Comercial Norte da cidade.

Na hora marcada, estava na cobertura de três andares labirínticos e repletos de obras de arte que é o endereço da Advocacia Alcoforado & Associados. Ele encerrava uma conversa ao telefone e me pediram para aguardar. Ao desligar, levantou e me levou à sala de reuniões já prevenindo:

— Como é um assunto delicado, não te avisei antes... convidei outra pessoa para nosso almoço. Será alguém muito importante em todo esse processo.

Íamos falando e descendo as escadas da sala dele para outro andar em que se localizava a sala de reuniões. Quis saber de quem se tratava.

— Calma, você vai ver.

O advogado abriu a porta e me deu passagem. Ao constatar quem estava à mesa, já nos aguardando enquanto sorvia um suco de tomate, estanquei logo depois de cruzar o portal. O elemento me olhou, franziu a testa e lançou um sorriso cínico.

— O mundo é pequeno e redondo, Lula. E como a Terra gira, ela dá voltas e a gente sempre pode se reencontrar por aí — saudou-me o convidado de Alcoforado, repleto de ironia.

— Fábio Simão? — falei o nome dele e olhei para o advogado dono do escritório.

— Somos todos adultos, maduros e vacinados nesta sala. Fábio Simão era o presidente da Federação de Futebol até a intervenção do Ministério Público na entidade e ele tem ótima relação com Luiz Estevão, com Arruda, com o Tadeu Filipelli — justificou-se o Luiz Carlos Alcoforado.

— Fábio, nem sabia que você já estava solto — fiz questão de devolver a ironia com sarcasmo.

— Solto, positivo e operante — replicou.

— Este é o problema: operante — dobrei a aposta.

— Nosso amigo comum, o Mário Rosa, que entende tudo de CBF sem entender nada de futebol, tem uma tese. Uso-a a meu favor. Ele acha que dentro de alguns anos qualquer pessoa que tenha alguma relevância neste país, seja político ou empresário, vai passar uns tempos na cadeia. Mário acha que esse processo é inexorável — prosseguiu Simão, com ar professoral e arrogante.

— Mário me falou isso também. Disse a ele que dentre os organizadores da Copa, sim: teremos Copa em 2014. Mas, em 2015, todo mundo vai para a cadeia. Estão fazendo loucuras na construção dos estádios, começando aqui por Brasília — truquei.

Eram duas profecias que iriam se cumprir. Tanto a de Mario quanto a minha.

— Graças a Deus Agnelo não te ouviu e retornou o Estádio Nacional para 72 mil torcedores. A abertura da Copa pode ser aqui, como o governador Arruda negociava com a CBF — respondeu ele.

— Isso não existe...

Desenhando um gesto brusco com a mão e batendo-a sobre a mesa, Alcoforado pediu que parássemos com as farpas:

— Vamos ter uma conversa decente. Lula, o Fábio Simão pode te contar sobre como as coisas acontecem no mundo do futebol. E ele é essencial para que a gente obtenha o apoio de Luiz Estevão.

Calei-me e ouvi. Deixem que falassem. Fiz perguntas pontuais sobre a estrutura da Federação. Assim que surgiu uma oportunidade, aleguei outro compromisso e fui embora. Ao sair de lá, liguei para o chefe de gabinete do governador e solicitei uma audiência. Agnelo me atendeu no dia seguinte, no Palácio do Buriti.

— Pois não, mestre. Esteve com o Alcoforado e com o nosso outro amigo lá, não foi? E aí? Boa a conversa? — provocou-me, balançando a cabeça para a frente e para trás como a justificar o apelido "calango" dado por Fernando Barros.

— Seu amigo, Agnelo. Seu amigo. Conheço Fábio Simão o suficiente para não o chamar de "meu amigo". Governador, há quatro diretorias na Federação Brasiliense de Futebol. Aceito ser o presidente, e Jack Correa aceita ser o vice. Mas nomearemos quatro procuradores do Distrito Federal, escolhidos por nós, para essas diretorias. E não assinaremos nenhum processo, ato, licitação ou qualquer outra coisa sem o ok unânime desses quatro procuradores. Aceita esse formato?

Agnelo Queiroz ficou me fitando em silêncio, repetiu uma vez "quatro procuradores?" e juntou quatro dedos na mãos direita, mostrando-a para mim, como a asseverar a dúvida. Enfim, decidiu:

— Nesse formato não dá. Esse pessoal da Procuradoria, às vezes, atrapalha demais — argumentou.

— Então, estou fora. O limite de minha vontade em assumir a Federação, mesmo com o desafio da Copa das Confederações e da Copa do Mundo, é o cuidado que tenho com o meu CPF. Esse mundo do futebol, da cartolagem, é complicado demais.

— É uma pena. Você tem certeza? Não temos como compor, você desistindo dos procuradores? — ainda insistiu o governador do Distrito Federal.

— Não, governador. Não. É melhor deixar que eu siga fazendo o que eu sei.

Renovamos o café e fui embora. Nunca deixei de agradecer a graça alcançada ao pular tamanha fogueira.

* * *

O rádio-telefone da marca Nextel anunciou de forma estridente que alguém me chamava. Eu havia comprado aqueles aparelhos e formado um grupo familiar, entregando um aparelho a cada uma de minhas filhas, que tinham ido estudar no Canadá. Dei outros dois ao meu filho e à mãe dele, que moravam no Recife, um aos meus pais, outro para a minha mulher, mais dois para o nosso motorista e a diarista de nossa casa, além do meu. Era a forma mais barata de estar em contato constante com Bárbara e Júlia, ambas com

15 anos, que tinham ido morar numa república e cursar parte do ensino médio numa pequena cidade canadense.

Mas não era ninguém da família que me procurava. Em seguida ao som de "câmbio" dado pelo rádio, uma voz conhecida:

— Lulinha, na escuta? — era Cláudio Abreu, da Delta.

Estranhei a hora, quase dez da noite de 17 de junho de 2011. Havia tempo que não nos falávamos, não tínhamos demanda para reuniões, os projetos desenhados pela empresa pareciam estacionados no governo do Distrito Federal.

— Cláudio? Na escuta. Diga.

— Uma tragédia. Uma tragédia. O helicóptero com a mulher do Fernando caiu. Todo mundo morreu. Ela, o filho, a irmã...

Ouvi do meu lado o sinal característico de que ele soltara o botão de falar e estava à espera de minha reação.

— O quê? Como? Onde? E o Fernando, estava no helicóptero? Soltei o botão e fiquei na escuta.

— Fernando não estava no helicóptero. Iria na viagem seguinte. Uma tragédia. Foi na Bahia. Estou indo para lá agora.

Encerrei com Cláudio e liguei para Mário Rosa, que me havia apresentado a Fernando Cavendish, e para Laécio Júnior, meu ex-cunhado que era diretor da Delta em Brasília. Ouvi os primeiros relatos deles acerca da possibilidade de o governador do Rio de Janeiro, Sérgio Cabral, estar junto com o dono da Delta naquela viagem. E que ao menos seis pessoas tinham morrido. Desliguei perplexo. As emissoras de TV e os sites de notícias na Internet começavam a falar do acidente.

Em crise conjugal com sua segunda mulher, a advogada Adriana Ancelmo, o então governador do Rio, Sérgio Cabral, desfrutaria de um fim de semana no Jacumã Beach Resort, em Trancoso, litoral sul da Bahia, junto com Fernando Cavendish e parte da família dele. Cabral e Cavendish eram amigos de juventude e de muitas noites cariocas. O empreiteiro se consolidava como um dos principais fornecedores da administração estadual liderada pelo governador. A amizade estreita e íntima entre eles já era motivo de especulações entre empresários e políticos.

A presença constante e luminosa de Fernanda Kfuri, irmã de Jordana Cavendish e cunhada de Fernando, em eventos nos quais Sérgio Cabral participava, causava ciúmes enfurecidos na primeira-dama fluminense. O governador estava no resort quando o helicóptero caiu. Foram sete mortos, nenhum sobrevivente: Jordana, o filho dela do primeiro casamento, Luca Magalhães Lins; Fernanda e Gabriel Gouveia, filho dela também do primeiro casamento; a babá das crianças, Norma Assunção; Mariana Noleto, namorada de um dos filhos de Cabral; e o piloto da aeronave, Marcelo Almeida.

O corpo de Jordana foi o último a ser encontrado, quatro dias depois do acidente. Trasladado para o Rio de Janeiro e cremado no dia 22 de junho, convertera-se no ponto de convergência de críticas, protestos e denúncias contra o governador Sérgio Cabral Filho e o empreiteiro Fernando Cavendish. Fui ao Cemitério do Caju, no Rio, para a dolorosa cerimônia de cremação. Eu, Cláudio e Laécio compartilhamos a condução até o crematório São Francisco Xavier e mal trocamos palavras durante todo o trajeto. O silêncio era fruto de um fato do qual todos ali tinham ciência: além da bravura existencial para reagir à morte da mulher e criar as duas filhas ainda bebês, o dono da Delta, um amigo expansivo e solidário de todos nós, enfrentaria uma exposição inédita de seus negócios, de seus métodos e da forma de agir da empresa.

Fernando estava devastado quando o encontramos. Pouco falava. Sérgio Cabral chegou ao crematório de mãos dadas com Adriana Ancelmo. A primeira-dama encarava qualquer um que a olhasse por mais de três segundos. Da porta do cemitério, ouviam-se gritos de protesto ao governador e ao empreiteiro. Manifestantes criticavam a relação entre os dois. Na hora em que o caixão branco contendo os restos mortais da esposa seguiram na esteira do crematório em direção ao alto forno, ao som do hino religioso "Segura na mão de Deus e vai", Fernando desabou.

Não suportei também, e fui embora.

Antes de chegar ao aeroporto Santos Dumont, onde pretendia pegar o primeiro voo de volta a Brasília, recebi uma chamada de rádio de Cláudio.

— Fernando quer te ver na casa dele. Vai para lá.

Atendi ao chamado, desviei o caminho e fui para o prédio dele, na avenida Delfim Moreira, no Leblon.

— Amigo, obrigado por ter vindo — agradeceu-me com os olhos vermelhos e marejados. Repeti o abraço de solidariedade. Ele seguiu: — Depois te falo em detalhes o que pode vir contra mim, mas bote uma coisa na cabeça: o pai do Luca, o ex-marido da Jordana, nunca vai me perdoar por essa tragédia. José Luiz de Magalhães Lins, o filho... é o nome dele. Ele tem muita entrada, muita amizade, com o pessoal da imprensa. Sobretudo com a Globo. O pai dele era como um irmão do Roberto Marinho. Prepare-se, pois agora o seu contrato conosco vai valer muito.

— Ok, Fernando. Deixa essa preocupação comigo e se concentra aqui.

— Não vai dar. Você vai ver: vão querer me matar e matar a Delta.

Deixei-o com as filhas e a mãe. Retornei para o aeroporto, impactado com a situação pessoal de Fernando e preocupado por não vislumbrar sucesso na empreitada midiática. A Delta não estava preparada para aquela exposição. No programa *Fantástico* da TV Globo, no domingo seguinte à queda do helicóptero no sul da Bahia, começaram as reportagens explorando a proximidade imprópria da Construtora Delta com o governo do Rio de Janeiro.

A divulgação de uma série de fotografias tiradas num restaurante sofisticado em Paris, em 2009, durante a comemoração de aniversário de Adriana Ancelmo e da concessão do título da Legião de Honra ao marido dela, mudou de patamar o escândalo da exposição da amizade entre o empreiteiro e o governador do Rio. Nas fotos, Sérgio Cabral, os secretários da Saúde, Sérgio Côrtes, e de Governo, Wilson Carlos, Fernando Cavendish e outro empresário, especulador financeiro, Georges Sadala, apareciam dançando e jantando. A noitada foi toda registrada e, nas fotos de fim de festa, todos aparecem bêbados com guardanapos amarrados na cabeça. Anthony Garotinho, ex-governador fluminense e adversário de Cabral, recebeu-as e divulgou para a imprensa. Era uma sessão constrangedora para todos que apareciam ali e consolidava a percepção de relação imprópria entre gestores públicos e empresários que tinham contratos e interesses com o governo do estado. A série de imagens estava no *tablet* usado por Luca Magalhães Lins, o filho mais velho de Jordana que morrera no acidente aéreo junto com ela. Fernando tinha certeza de que o pai de Luca, ou alguém por ordem dele, havia entregue aquelas imagens a Garotinho por vingança política.

Depois das fotos da "Farra dos Guardanapos", como o subescândalo se tornou conhecido, começaram a vazar informações dando conta da contratação do ex-ministro José Dirceu, da Casa Civil, como consultor da empresa. O objetivo da contratação de Dirceu, segundo as denúncias, seria ganhar contratos na Petrobras. Sem elementos de prova das ilações que recheavam as acusações, aquela primeira onda de denúncias refluiu. O nome da Delta, entretanto, ficou guardado e vivo no arquivo de denúncias das redações. A empresa começou a fazer algumas alterações na rotina de segurança de suas informações. Cláudio Abreu aproveitou uma ida a Brasília e me levou o que dizia ser um presente. Entregou-me uma pequena caixa de papelão.

— Só use estes aparelhos Nextel agora — aconselhou-me, passando uma sacola com o conteúdo dentro.

— O que diabos é isso? Já tenho o meu Nextel, passei o prefixo para vocês. Quando quiserem falar comigo por rádio, usem o meu prefixo — aleguei ao recusar a oferta.

— Toma, pô. Esse aqui é irrastreável. Foi o Carlinhos Cachoeira quem deu para o nosso grupo. Foram todos habilitados nos Estados Unidos e não tem como rastrear as conversas no Brasil — insistiu Cláudio.

— Amigo, eu não tenho medo de rastreabilidade de conversa minha.

— Usa os dois — sugeriu.

— Cláudio, eu já acho um saco usar um celular e um Nextel. Só tenho esse rádio porque é muito mais barato usá-lo para falar com as minhas filhas no Canadá. Não vou nem ligar esse rádio aí. Se quiser deixar comigo, deixa. Mas não vou usar.

— Carlinhos disse que é melhor...

— Não trabalho para o Cachoeira, ô, Cláudio. Se quiser, deixa. Não vou usar.

Quando cheguei em meu escritório, guardei o aparelho de radiotelefonia da Delta numa gaveta. Ele ficaria esquecido ali por alguns meses. Acelerei a implantação do jornal popular no Ceará como sócio minoritário dos Diários Associados e, ante as espertezas e dribles dos principais executivos da corporação fundada por Assis Chateaubriand, comecei a perceber que entrara numa fria. O país vivia um clima de aceleração econômica e *boom* de investimentos. Aquilo refletia diretamente no meu micronegócio artesanal de consultoria de comunicação.

Assistia ao telejornal *Bom Dia, Brasil*, da TV Globo, enquanto corria na esteira ergométrica logo cedo, na manhã de 29 de fevereiro de 2012. Apertei o botão de parada imediata quando uma correspondente entrou ao vivo de Goiânia acompanhando diligências de busca, apreensão e prisão que policiais federais e procuradores da República executavam em um condomínio sofisticado na capital goiana. "São alvo dos mandados o bicheiro Carlos Augusto Ramos, o Carlinhos Cachoeira; o governador de Goiás, Marconi Perillo; secretários do estado e um executivo da Construtora Delta, Cláudio Abreu", anunciou a repórter na portaria do condomínio em que moravam Cachoeira, Perillo e Cláudio. E a "Operação Monte Carlo" estava nas ruas. A ação da polícia se destinava a prender operadores de máquinas caça-níqueis e quem facilitava suas operações. A sequência de fatos mostraria que aquilo seria apenas a ponta de um novelo complexo.

Carlinhos Cachoeira não media esforços para fazer favores a seus amigos instalados em diversas esferas de poder — em estados e em Brasília. Também surgia como salvador da pátria de empresários que o procuravam em situações de aperto — como Cavendish e Abreu, executivo da Delta, fizeram. Mas, conhecedor de como são as engrenagens que fazem o mundo girar, o bicheiro guardava elementos e recibos documentais das relações privilegiadas estabelecidas a fim de cobrar os devedores à frente. Os agentes da "Operação

Monte Carlo" tinham chegado ao manancial de indícios de provas que poderiam conectar Cachoeira a políticos e empresários.

O senador Demóstenes Torres, do Democratas de Goiás, foi uma das surpresas colhidas pelo arrastão de evidências coletadas nas residências de Cachoeira e de Cláudio Abreu. Tendo construído uma trajetória de vestal dentro do Congresso, deixou-se fisgar em diálogos impróprios com o bicheiro. Ao contrário do que Cachoeira dissera àqueles que negociavam com ele, tanto atores da política quanto do meio empresarial, os aparelhos de radiotelefonia Nextel habilitados por ele em Miami, com *chips* comprados nos Estados Unidos, eram monitorados pela Polícia Federal brasileira.

Os policiais chegaram até a uma relação de prefixos daqueles aparelhos, devidamente identificados com os nomes dos proprietários que os utilizavam. Cláudio Abreu e Fernando Cavendish estavam lá, além de secretários do governo de Goiás, bicheiros de menor estirpe do que Cachoeira, policiais civis e militares de Goiás e do Distrito Federal, e o senador Demóstenes. Era o chamado "Clube Nextel". Como eu jamais tirara da caixa o aparelho que Cláudio me dera, sequer para carregá-lo, fiquei fora da lista. A providência divina, atuando em consórcio com o aprendizado que já havia amealhado ao longo da vida, fizeram com que perseverasse na insistência em jamais ligar os rádios entregues pelo executivo da Delta no auge do deslumbramento dele. Desci da esteira ergométrica e fui monitorar os acontecimentos. Liguei para Laécio.

— E aí? Estás onde?

— No escritório da Delta. Os policiais vieram aqui também, seis horas da manhã. Fizeram busca e apreensão. Como não tinha ninguém para abrir, arrobaram a porta de vidro da recepção e as portas internas. Vem cá, estamos repondo as portas arrombadas.

Fui para lá, até para entender melhor o que se passara e quais as reais conexões de Cláudio Abreu e de Fernando Cavendish com Carlinhos Cachoeira. Levei a caixa com o Nextel do grupo deles comigo. Nunca o havia ligado. Parei o carro no meio do trajeto, desci na cabeceira da ponte JK, uma das três ligações do Lago

Sul com o Plano Piloto de Brasília, caminhei até o meio dela e lancei a caixa no Lago Paraná. Certifiquei-me de ter afundado e só então retomei o percurso.

Mantive longa e detalhada conversa com meu ex-cunhado, executivo da Delta. No fim, compreendi que o dono da empreiteira havia se encantado pelo poder de persuasão do bicheiro ao vender a perspectiva de poder que tinha nos estados e no Distrito Federal. Por meio das conexões que construíra com policiais militares e civis que estavam na estrutura de governos locais, Cachoeira havia acessado diretamente os próprios governadores e alguns de seus principais secretários. O objetivo inicial era a operação de cassinos eletrônicos e casas de bingo — mas negócios como aquele exigiam a legalização do dinheiro arrecadado. Ou seja, a lavagem. E, para lavar dinheiro, nada melhor que determinadas obras públicas como dragagem de rios, construção de rodovias e aeroportos e operação de contratos de coleta de lixo e varrição de ruas. O elo entre a construtora e o homem que vivia de contravenções penais formara-se à revelia de Cavendish.

Em meio a tudo aquilo, e como tinha acesso a muita informação de governos e de pequenos negócios locais, Carlinhos Cachoeira aproximava-se de jornalistas — alguns deles de veículos tradicionais, nacionais — e se vendia como fonte. Quem gostava de pegar dossiês e publicá-los como fruto de "jornalismo investigativo" adotava-o como tal. A proximidade com alguns jornalistas também era interessante para empresários que viviam de obras e de licitações públicas: plantar notícias contra concorrentes, para desqualificá-los em certames licitatórios, é parte do ofício de quem vive no setor. Depois de compreender a associação conexa das atividades e pretensões do bicheiro e das atividades e pretensões da Delta, liguei para a secretária do empreiteiro a fim de saber se ele podia me receber onde estivesse.

— Doutor Fernando está aqui no Rio, no escritório. Quer falar? — respondeu ela.

— Sim.

Fernando Cavendish atendeu com voz desconfiada.

— Amigo, estarei em Brasília amanhã. Conversaremos aí, na casa do nosso amigo comum, que nos apresentou. Não fale o nome dele aqui. Não sei se estão monitorando nossos telefones.

— Ok.

Cheguei à casa de Mário Rosa ao mesmo tempo que Cavendish. Ele desceu do carro e lançou um olhar em 360º para toda a rua. Estava se sentindo monitorado. Pediu que deixássemos paletós e celulares na cozinha. Encontramos Mário no terraço, numa área aberta.

— Mandei vistoriar a casa. Só se o vizinho tiver posto uma câmera sobre o muro — brincou o anfitrião.

Demos sorrisos forçados e sentamos. O dono da Delta fez um extenso relato de tudo o que tinham levado da empresa dele, do que os advogados contratados pela empresa tinham recomendado e dos desdobramentos possíveis das investigações.

— Eu não tenho nada a ver com jogo de bicho, bingo, cassino, caça-níqueis. Agora, estou virando sócio de bicheiro! Depois de tudo o que tenho enfrentado na minha vida, criar as duas meninas, sobreviver à exposição de minha amizade com o Serginho Cabral... Sócio de bicheiro? — lamentou-se indignado com a própria condição.

— Fernando, de onde vem sua relação com Cachoeira? Como é ela? Você sabia que o Cláudio estava tão próximo dele? — perguntei. Qualquer estratégia de comunicação só faria sentido e só teria eficácia se eu soubesse do enredo completo.

— O Cláudio me apresentou ao Carlinhos Cachoeira no meio de uma farra numa boate em Palmas, no Tocantins. Eu tinha ido para lá fechar um contrato nosso. Cachoeira estava lá, jantamos, depois fomos para essa boate... bebida, dança, mulheres; sabe como é, né, Lulinha? — respondeu Cavendish.

— Sim, mas vocês fecharam algum negócio, tinham algum contrato?

— Porra nenhuma. Contrato nenhum. Cachoeira é um cara esperto, boa conversa, gosta de farra. No dia seguinte ofereceu carona para voltarmos para Goiânia, ele estava de jatinho. Fui com ele e

Cláudio para Goiânia, nova farra lá. E Cachoeira tinha bons *insights* de negócios. Passei a estar com ele socialmente, nesses encontros.

— E você não percebeu que a amizade dele com o Cláudio ia além disso, não, caralho? — insisti.

— Como ia achar? Não. Não sou fiscal de amigos dos meus diretores — devolveu irritado.

— Fernando, fui duas vezes a Goiânia e senti que as diretrizes da Delta para o Centro Oeste eram muito fruto do que o Cachoeira pretendia, das relações que ele tinha — mantive a linha de inquérito.

— Não vi isso. Falhei, cacete. Não vi. Agora vou pagar esse preço, porque a minha empresa agora tem uma crise. A queda do helicóptero foi um drama trágico para mim, para minha vida pessoal, mas não atingiu a empresa. Isso vai atingir a empresa.

Fernando Cavendish estava certo. Na esteira da Operação Monte Carlo, foi criada uma Comissão Parlamentar Mista de Inquérito com a assinatura favorável de 372 deputados e 71 senadores. Todas as operações comerciais da Construtora Delta foram esquadrinhadas no curso da investigação. Os contratos com os diversos governos estaduais, com o governo do Distrito Federal e com órgãos do Governo Federal como Ministério dos Transportes e Petrobras ficaram expostos. O senador Demóstenes Torres, do DEM de Goiás, foi cassado em razão da profundidade com a qual se viu enredado nas tramas da rede de Cachoeira. Deixou o Congresso desmoralizado e jamais conseguiu recuperar o prestígio político amealhado como procurador de Justiça em seu estado. Em maio daquele ano, abalada pelo processo, a Delta anunciou que havia sido vendida para a *holding* J&F, controladora da JBS-Friboi, do empresário goiano radicado em São Paulo Joesley Batista. Parecia uma operação bastante razoável e destinada a preservar os contratos da construtora e os empregos gerados por ela. Porém, pressionado diretamente pela presidente Dilma Rousseff, que se via constrangida em aceitar a manutenção de obras públicas federais nas mãos da Delta, o Banco Nacional de Desenvolvimento Econômico e Social anunciou que cortaria linhas de investimento à J&F se ele comprasse a empresa de Cavendish. O negócio foi desfeito. Em junho de

2012, a Corregedoria Geral da União declarou a Construtora Delta inidônea, levando-a a ter de cancelar a participação em licitações públicas. Logo depois, a empresa entrou em recuperação judicial e não conseguiu retornar às atividades. O espólio da Delta foi vendido a uma empresa espanhola. Era o fim da aventura empresarial de Fernando Cavendish.

Em 30 de junho de 2016, a Polícia Federal voltou a bater à porta do apartamento do ex-dono da Delta. Já não era mais a cobertura na Delfim Moreira, no Leblon, mas, sim, um endereço em São Paulo, para onde ele havia mudado. Era a Operação Saqueador, que voltara a prender Carlos Augusto Ramos, o Carlinhos Cachoeira, e o produtor de eventos Adir Assad. Os três eram acusados de corrupção e lavagem de dinheiro no conjunto de ações abertas pela Operação Lava Jato contra o já ex-governador do Rio de Janeiro Sérgio Cabral, que estava preso. Na esteira das revelações da Operação Saqueador, a Polícia Federal e o Ministério Público tornaram pública a informação de que, em 2009, Fernando Cavendish havia presenteado a então primeira-dama do Rio, Adriana Ancelmo, com um anel de brilhantes avaliado em R$ 890 mil. A compra da joia tinha sido feita em Paris, numa joalheria da Place Vendôme, durante a mesma viagem que se tornara pública por causa das fotos da "Farra dos Guardanapos". Os policiais que efetuaram a busca e apreensão haviam recolhido a nota fiscal e os comprovantes de cartão de crédito da compra do anel. Iniciava-se, ali, uma nova quadra de escândalos e acusações contra Fernando Cavendish. Ele ficou preso por diversas semanas. A vida pessoal e familiar que vinha sendo reconstruída ficou obviamente destroçada de novo. Em 2017, antes que ele depusesse para o juiz Marcelo Bretas, que concentrava as ações da Lava Jato no Rio de Janeiro, reencontrei o ex-empreiteiro na casa *de Mário Rosa. Era um homem diferente. Não resisti a perguntar a ele a história do anel.*

— Fernando, que diabos de anel era aquele? Um anel de presente? Mais de 800 mil reais? Pagos no cartão American Express? Propina, no cartão de crédito? E como alguém consegue comprar algo de R$ 800 mil no cartão de crédito? — quis saber, perguntando com jeito para não despertar outras iras que estavam inflamadas.

— A dinheiro de hoje, uns R$ 850 mil. Fui chantageado, né? Claro. Sei lá, empresário que se mete com governo vai perdendo a noção. Perdi a noção, e Cabral também — respondeu, sem levantar a voz. Contudo, as mãos traçavam gestos rápidos e desconexos.

— Como foi a chantagem?

— No café da manhã, eu o encontrei. Ele estava sozinho. Aí entabulamos a conversa que eu queria: a ampliação da participação da Delta nas obras do Maracanã para a Copa do Mundo. Eu havia feito o Engenhão, para o Panamericano de 2007, e queria entrar no consórcio do Maracanã. A Odebrecht e a Andrade Gutierrez não deixavam. O governador disse que ia resolver. Terminou o café da manhã e me chamou para dar uma volta, porque ele teria de comprar um presente de aniversário para a Adriana. Fomos andando até a Place Vendôme e entramos numa daquelas joalherias espetaculares que tem lá. Você já foi lá?

— À praça, sim. Adoro-a. O obelisco que tem lá é um espetáculo. Mas nunca entrei nas joalherias da Place Vendôme — respondi rindo. — Não dou valor a joias. Nunca dei.

— Então, nem eu. Mas Cabral ficou olhando uma série de joias, gostou daquele anel, reservou, viu mais coisas. Depois, pediu à vendedora para voltar a ver o anel. Perguntou o que eu achava. Disse que achava lindo. Daí ele disse: é o seu passaporte para entrar na obra do Maracanã. Pague esse anel, que eu vou dar de presente a

Adriana esta noite, e eu obrigo as outras empreiteiras a aceitarem a Delta.

— O quê? — não economizei perplexidade em minha reação.

— Foi como reagi. Perguntei a ele: "Governador, você quer que eu pague esse anel que você vai dar à sua mulher hoje à noite?". E ele respondeu "sim", calmamente. Perguntei o preço... e quase caí para trás. Não tinha como fabricar aquele dinheiro, naquela hora, no exterior.

— E aí?

— E aí, Lulinha, fiquei mais de três horas na joalheria, conversando com a minha secretária, conversando com a American Express, aumentando o limite de meu cartão, pedindo permissão para fazer aquela compra específica naquele valor. Ele foi embora para o hotel, tocar a agenda, e me deixou lá. No fim da tarde entreguei a ele o anel e, no jantar, ele o repassou para a primeira-dama como sendo presente de aniversário. É a vida, é a vida. E agora estamos os dois na mesma merda, e Adriana também está presa.

Foi a última conversa que tive com Fernando Cavendish, que cumpriu pena por todas as acusações e tenta retomar a vida como pequeno empresário em setores diversos de negócios.

* * *

O jornal *Aqui Ceará*, um tabloide popular, começava a fazer sucesso editorial. Entretanto, não traduzia boas tiragens e edições saborosas em lucros. Costumava ir para Fortaleza às terças-feiras e retornar a Brasília às quintas. Ter feito um investimento como aquele sem mergulhar na gestão da redação, entregue ao jornalista Donizete Arruda, ou na gestão, a cargo dos Diários Associados, sócios majoritários, revelara-se um erro. Seis meses depois do lançamento, já buscava formas de passar à frente a minha participação na empresa e não deixava de ouvir o eco do chiste de Tasso Jereissati quando fui oferecer a ele o *Correio Braziliense* em 2002:

"Sou empresário e gosto de ganhar dinheiro. Se quisesse perder, comprava um jornal".

Na tarde de 2 de agosto de 2012, entrei no voo que me levaria da capital cearense de volta para casa com aquele turbilhão de tormentos. Em Brasília, os onze ministros do Supremo Tribunal Federal reuniam-se na primeira sessão de julgamento da Ação Penal 470, popularizada como "Mensalão". Pretendia acompanhar o palio entre o PT, a parte udenista da sociedade e as certezas líquidas do ministro Joaquim Barbosa, relator da ação no STF, com o interesse natural a todos os que seguem a dinâmica da política. Sabia que em algum momento o meu nome seria citado no curso das sessões, que seriam muitas. Eu não era réu, obviamente. Entretanto, ao imputar contra João Paulo Cunha uma das quatro acusações que fazia a ele — corrupção, lavagem de dinheiro e peculato (duas vezes) —, Barbosa alegara que o ex-presidente da Câmara deveria ser condenado por ter supostamente se beneficiado da minha contratação pela SMP&B, uma vez que "desfrutara" de uma consultoria de comunicação personalizada paga no âmbito de um contrato coletivo da Câmara dos Deputados.

A acusação era um despautério e uma estultice. Porém, a estupidez da reportagem da jornalista Marta Salomon publicada na *Folha de S. Paulo* em 2005, dando ouvidos a um relatório parcial assinado por um único auditor do Tribunal de Contas da União, criara as condições para aquela situação e legitimara aquele trecho do relatório do ministro do Supremo. Preparara-me para enfrentar um novo ciclo de ataques públicos, mas acreditava que seria algo controlado. Uma das razões pelas quais insistira em recusar cargos públicos no início da gestão de Agnelo Queiroz no Distrito Federal era a certeza de que meu nome emergiria no transcurso do julgamento. Não deixaria que me usassem uma vez mais como bucha de canhão para bater em clientes. Certo de que o ex-presidente da Câmara era personagem lateral na Ação Penal 470, embarquei sem maiores preocupações no início do julgamento.

Ao pousar em Brasília havia mais de uma centena de ligações, de origens diversas, para meu celular. Alguns tinham tentado falar comigo mais de seis ou oito vezes. O advogado Otávio Luiz Rodrigues Jr., meu amigo, que havia sido consultor jurídico do Ministério das Comunicações, fora o mais insistente e tentara falar comigo mais de uma dezena de vezes. Havia muitos recados na caixa de voz. Àquela época pré-aplicativos como Whatsapp e Telegram, recados de voz eram ainda muito usados.

A primeira gravação que ouvi era justamente de Otávio, e me bastou.

— Amigo, ninguém sabia que o julgamento começaria por ali. Fica com um abraço forte. A Justiça prevalecerá — dizia ele.

Não escutei os demais. Abri os sites de notícias e todos só davam manchetes e submanchetes com o Mensalão. Meu nome constava em alguns textos: Joaquim Barbosa invertera a ordem de apresentação das denúncias e, para dar maior lógica aos pedidos de condenação que faria, abrira com o capítulo dos políticos e da Câmara dos Deputados. Nele, puxara para o início da denúncia, em específico, o caso da minha contratação pela SMP&B e como aquilo representava, no entender dele, relator da Ação Penal 470, uma síntese da forma como políticos se beneficiavam de favores empresariais.

Deixei a área de desembarque doméstico do aeroporto Juscelino Kubitscheck com os sinais de descargas de adrenalina invadindo todo o corpo. A boca seca, as palpitações, os calafrios e uma ira profunda me obrigaram a sentar num café da saída da estação de passageiros e ler avidamente tudo o que se referia a mim. Era inacreditável, pensava, passar por um novo drama que abalaria a minha credibilidade profissional. Rascunhei tópicos para respostas que daria se alguém me procurasse a fim de publicar qualquer "outro lado" de reportagem, pedi uma cerveja, bebi-a de uma só vez, e concentrei-me em dar retorno às ligações dali mesmo. Agradeci as preocupações de quem me ligara como devoção a uma amizade sincera, driblei a insensatez covarde dos que usavam aquele momento para consumar vinganças pessoais e desabafei com Patrícia.

— Você assistiu ao início do julgamento do Mensalão? — perguntei a ela.

— Não — respondeu. — Mas a Eliane e a Mônica Bergamo ligaram para me falar e perguntar como você estava. Disse que você estava viajando e, provavelmente, nem vira. Como você está? Onde você está?

— Desembarquei, vi tudo agora. É uma loucura. Estou indo para casa. Falamos aí. Beijos, beijos, é preciso ser forte de novo...

Ao chegar em casa, tranquei-me no escritório e reli tudo o que havia sido dito na sessão. Se a tentativa de condenar João Paulo Cunha pelo contrato da agência de publicidade que servia à Câmara era uma loucura em si, usar-me para tal era implicância infundada.

Telefonei para Rodrigo Mudrovitsch, o jovem advogado que conduzia de forma exemplar a minha defesa numa Ação Civil movida pelo Ministério Público com base nas mesmas acusações reproduzidas por Joaquim Barbosa. Ele me tranquilizou.

— Se eu puder apostar que há uma das imputações nas quais João Paulo não será condenado, será essa — disse convicto. — Não tem base alguma, a auditoria preliminar do Tribunal de Contas caiu por um acórdão unânime do TCU mostrando que você cumpriu o contrato e trabalhava para a SMP&B no contrato com a Câmara. É chato ficar exposto? É. Tem de aguentar? Tem. É duro ouvir as acusações, mas, ali, o ministro Joaquim está lendo as imputações. Nem todo mundo será condenado.

Sempre era tranquilizador escutar Mudrovitsch, exatamente porque ele não tem uma personalidade tranquila. Sendo o tipo de advogado que prefere antever os percalços processuais e as atitudes da acusação ou do juízo, só se revelava otimista quando havia motivos para otimismo.

No jantar, na copa de casa, eu e Patrícia tomamos uma garrafa de vinho especulando o futuro. Estava amargurado — e o dia seguinte traria, possivelmente, novas amarguras, posto que o julgamento ia continuar.

Foram 69 sessões e um ano e meio até que o Supremo Tribunal Federal concluísse todo o julgamento da Ação Penal 470. Assistir às sessões era revisitar um imenso drama político em parte superado com a reeleição de Lula à Presidência em 2006. Entretanto, havia dramas pessoais ali que não sanavam. Os próprios julgadores ressaltavam a lisura e a solidez moral do ex-deputado José Genoíno Neto, por exemplo, mesmo condenando-o, porque diziam que os fatos deviam ser vistos friamente. Na verdade, viam-nos sob o véu da política partidária e dos recalques. Muitas vezes, aquele confronto entre a frieza da Justiça e as contingências da vida nacional se converteu em verdadeiras sessões de justiçamento.

Meu drama pessoal foi encerrado às sete e meia da noite do dia 29 de agosto de 2012, quando o ministro Celso de Mello, decano (o mais antigo no tribunal) do STF, proferiu o voto derradeiro em relação às imputações contra João Paulo Cunha.

O ex-presidente da Câmara terminou condenado por corrupção, lavagem de dinheiro (sentença revista depois, quando ele foi absolvido) e um dos peculatos. Em relação à acusação contra João Paulo que dizia respeito à improvável e absurda "locupletação" dele em razão de a agência de Marcos Valério Fernandes de Souza ter me contratado para prestar serviços à Câmara e, assim, potencializar os benefícios ao parlamentar, a maioria dos ministros decidiu pela absolvição.

Com os votos de Ricardo Lewandowski, que foi decisivo e cirúrgico ao demonstrar com precisão em seu voto revisor que não tinha sentido aquela acusação, Dias Toffoli, Rosa Weber, Cezar Peluso, Gilmar Mendes e Celso de Mello, o ex-presidente da Câmara foi absolvido por 6 a 5 da única imputação que lhe caía sob os ombros — exatamente como previra Rodrigo Mudrovitsch. Ao escutar a sentença do decano do Supremo, gritei a plenos pulmões um grito de desabafo. Desci do escritório, fui à adega, peguei a garrafa de champanhe que tinha comprado para a ocasião, abri-a e bebi com Patrícia enquanto ligava para os amigos e atendia a ligações de pessoas que também celebravam. Dei um longo, especial e agradecido telefonema a meu advogado.

— Rodrigo, obrigado. Vencemos! E você acertou tudo, do *timing* à absolvição. Passando pelo placar.

Ele sorriu e ressalvou:

— Foi muito bom e justo. Agora, tem a Ação Civil...

— Mas isso não muda tudo lá? — quis saber em minha ignorância jurídica.

— Influi, mas mudar, não muda. E lá ainda leva tempo. Alguns anos.

No dia 7 de junho de 2016, exatamente dez anos depois de iniciada a Ação Civil Pública 2006.34.00.032580-0, recebi a sentença definitiva do juiz Renato C. Borelli, da 20ª Vara Federal do Distrito Federal, absolvendo-me e à minha empresa, Ideias Fatos e Texto, que emitia as notas fiscais da consultoria para a SMP&B. Enfim convicto da minha inocência e da improcedência das ações, o Ministério Público não recorreu. Aquela página dolorosa e excruciante de minha vida estava virada em definitivo. Depois de receber cópia da sentença das mãos de Rodrigo Mudrovitsch, presenteei-o com os dois melhores vinhos que já havia comprado na vida e recomendei, leve e sorrindo agradecido: beba em casa, com a sua mulher. Vale a celebração!

* * *

Atravessada a agonia do julgamento da Ação Penal 470, que mexeu profundamente com a minha vida sem, contudo, ter dito respeito diretamente a mim, decidi sair da sociedade do jornal no Ceará. Precisava encontrar uma solução financeira para o enrosco em que me meti. Se ficasse, ia me endividar. Não tinha esperança de resgatar o investimento feito, algo em torno de R$ 400 mil, mas não queria seguir torrando dinheiro em um projeto fadado ao fracasso com sócios nos quais não confiava integralmente.

Numa noite de outubro de 2012, no meio da semana, fui jantar com Josemar Gimenez, diretor de redação do *Correio Braziliense* e de *O Estado de Minas*, além de condômino do grupo Associados. Como sempre, o local escolhido foi a Trattoria da Rosario, o melhor italiano de Brasília. Encontramos o publicitário Fernando Barros numa das mesas, celebrando o andamento da licitação do Governo do Distrito Federal para a contratação das três agências de propaganda que o atenderiam. A Propeg sempre ambicionara a conta, àquela época de R$ 190 milhões anuais.

Sempre um bom papo, Fernando se integrou com facilidade à nossa conversa e me viu chorar pitangas com Josemar sobre as agruras da sociedade com o condomínio dos Diários Associados. Quando o diretor de redação dos principais jornais de Brasília e de Belo Horizonte foi embora, o baiano fez a corte.

— Vou reestruturar a agência e recriar uma vice-presidência de Relações Institucionais para a Propeg. Quer? Se confirmar a conta do Governo do Distrito Federal fica tudo mais fácil — propôs.

Estudei-o com o olhar para ganhar tempo. Era interessante o projeto. Porém, eu nunca havia tocado uma agência e não entendia da dinâmica dos contratos públicos.

— Gosto da ideia, entendo de comunicação, só não sei nem para onde vai o rumo de uma agência — respondi.

— A Propeg está em voo de cruzeiro, anda só. Preciso ter uma pessoa como você que nos forneça informação, massa crítica, tenha relacionamento com políticos e com a imprensa. E que ajude nessa selva brasiliense, porque aquilo lá é um furdúncio da porra. Além do que, meu amigo, ouvi a sua conversa com o Josemar, e o tempo de sua relação com o pessoal dos Diários Associados acabou. Vá por mim, esqueça o que perdeu e feche o bolso para não perder mais. Aquela turma rasga dinheiro desde o tempo em que Assis Chateaubriand era vivo.

Pedi um tempo e ficamos de conversar no prazo máximo de uma semana.

Acertei com Fernando Barros que não abriria mão de quatro contratos de consultoria que tocava, nem os levaria para dentro da Propeg. Vendi por R$ 1, ou seja, valor simbólico, minha participação acionária no *Aqui Ceará* e esqueci o prejuízo. Se tudo desse certo na agência de publicidade, em menos de um ano recuperaria aquela perda financeira. Combinei que não faria gestão alguma para acelerar a assinatura do contrato entre o governo de Agnelo

Queiroz e as agências que tinham vencido a concorrência pública — além da Propeg, a paulista Agnelo Propaganda e a baiana Tempo. Estabelecemos que começaria a trabalhar com ele na primeira segunda-feira de 2013. Nas festas de confraternização de fim de ano de sua empresa, em Salvador e em Brasília, Fernando Barros anunciou a minha chegada.

— Há uma regra básica da arte de estar nesse meio, que é novidade para você, e quero te ensinar — disse ele, paternalmente, em nossa primeira reunião de trabalho.

— Qual meio é novo para mim? O da política? Não... o de Brasília? — estranhei com arrogância antecipada.

— Não, escute... para você o mundo de estar numa agência de governo. Escute quem está nessa há muitos e muitos anos, e que transitou de Antônio Carlos Magalhães para Dilma Rousseff tendo atendido Fernando Henrique Cardoso e Lula — atalhou ele, pacientemente. — Se fiz esse caminho, acho que conheço um pouco da coisa. A nossa arte reside na capacidade de enxergar uma piscina de merda à nossa frente quando o cliente acha que só tem água cristalina ali. Você diz que é merda. O cliente insiste em pular porque acha que não vai se sujar. Aí você veste uma capa de teflon, se protege todo, mergulha na merda com ele, porque ele quis e ele é o cliente. Toma banho com se estivesse no mar da Bahia e, numa hora determinada, sai de lá. Não pode perder o *timing*, o tempo certo, senão a merda entra pelos seus poros, fica entranhada nas unhas. Se preciso for, solta a mão do cliente, tira a capa de teflon e vai beber com os amigos cheirosinho e penteado porque não se contaminou. Entendeu?

Ri a valer, concluí que poderia se tornar uma jornada extremamente divertida. Contudo, temi que durasse pouco. Tinha estabelecido com ele um contrato de três anos, incialmente.

Deliberadamente, porque seria um primeiro teste de habilidade ao qual estava submetido, Fernando deixou de negociar os termos de minha entrada na agência com alguns diretores que estavam lá havia anos. Eles tinham territórios estabelecidos. Nos primeiros meses, enquanto lutava para conhecer a cultura da empresa e os métodos de trabalho do mercado, enfrentava pequenas guerras territoriais internas. Evitei criar conflitos e fui deixando que tudo se acomodasse.

Rapidamente, percebi que havia como construir caminhos e um projeto de comunicação com o governo federal — a Propeg almejava ambiciosamente ser a maior agência do setor público federal sob o governo Dilma Rousseff — e me via espantosamente preocupado com os métodos e as velhacarias que descobria a cada reunião mantida no Palácio do Buriti, sede do Governo do Distrito Federal, e na Residência Oficial de Águas Claras, para onde um deslumbrado Agnelo Queiroz se mudara.

— Fernando, esse governo Agnelo vai dar muito errado — decretei ao fim do quarto mês lá dentro. — Tenho paciência para isto não.

— Os barbudinhos estão te dando trabalho, né? — ironizou ele.

"Barbudinhos" era como chamava qualquer petista. Era sua forma de tratamento genérica para integrantes do PT, no baianês de quem nascera politicamente do outro lado do muro.

— Em Brasília, ou o governador é burro, ou é ladrão — teorizei para iniciar a conversa. — Roriz nunca foi burro. É tão inteligente que se fingia de burro e ganhou quatro eleições assim. Cristovam Buarque jamais foi ladrão. Pode-se dizer qualquer coisa dele, mas nunca roubou nada. Arruda dá nó em fumaça e foi o mais inteligente e ambicioso que passou pelo Buriti. Só que terminou onde terminou. Rogério Rosso, o governador tampão, casou com uma herdeira linda e esfuziante de um império de borracharias, foi passageiro demais, curtia a vida adoidado enquanto estava no governo, tinha banda de rock... então não é burro. Só que o governo dele nós sabemos como foi, um desastre. Agnelo é o primeiro que a gente tem certeza que não age com inteligência, erra em todas as decisões, distribuiu inimigos pelo Palácio. Eu mesmo, vou te contar, não ponho a mão no fogo por nenhum ato dele.

— Boa essa. Gostei da dicotomia do burro contra o ladrão — divertia-se Fernando, ouvindo a minha classificação.

— Sim, e agora, com Agnelo, temos o fenômeno inédito de alguém que tem déficit de inteligência e comanda um governo que desmoraliza a moralidade. Com dois anos e meio de mandato já consumados, tenha certeza: não tem chance de dar certo.

* * *

Dono de um radar sofisticado e, em geral, certeiro para perscrutar as perspectivas de poder, Fernando Barros estabelecera para mim uma ambiciosa meta profissional: reconectá-lo com o governador de Pernambuco, Eduardo Campos, que fazia e refazia os cálculos políticos a fim e abraçar uma candidatura presidencial depois que deixasse o segundo mandato no Palácio do Campos das Princesas.

Na juventude, mantive uma amizade distante com Campos. Tornamo-nos mais próximos em 1986, durante a campanha eleitoral do avô dele, Miguel Arraes, que conquistaria ali o terceiro mandato de governador do estado. Em 1992, convidado a coordenar a área de comunicação da campanha dele à Prefeitura do Recife, pleito em que amargou um quinto lugar com magérrimos 7,5% dos votos, recusei no ato. Estava com 23 anos, conhecia uma glória esfuziante no início de minha carreira profissional em razão do processo de *impeachment* do presidente Fernando Collor ter sido iniciado a partir da entrevista que fiz com o irmão dele, Pedro Collor (no volume 1 de *Trapaça — Saga Política no Universo Paralelo Brasileiro* essa história está contada em detalhes), e fui direto e arrogante ao recusar a proposta de me ligar àquela campanha. "Eduardo vai perder e não tem condições de pagar o salário que ganho na *Veja*. Nunca quis ser assessor de político", respondi ao então deputado Luiz Piauhylino, do PSB, amigo comum de minha família e dos Arraes, a quem coube a formulação do convite.

Depois daquilo, nunca nos afastamos demais — mas, também, nunca fôramos próximos a ponto de um poder chamar o outro de amigo fraterno. Estivemos juntos em algumas trincheiras políticas brasilienses, sobretudo no período em que Eduardo foi ministro da Ciência e Tecnologia e, depois, marechal de campo na luta contra a tentativa de *impeachment* do presidente Lula esgrimida no processo do "Mensalão". Vez ou outra, jantávamos juntos no Recife ou em Brasília.

Eduardo pediu ao secretário de imprensa Evaldo Costa que agendasse uma reunião comigo e com o publicitário baiano na sede provisória do Governo de Pernambuco, no Centro de Convenções de Olinda numa sexta-feira pré-carnavalesca de 2013. Fernando Barros tinha receio do reencontro, pois, quase vinte anos antes, a Propeg saíra ruidosamente do Recife no curso de uma crise entre a empresa e o governo pernambucano. Eduardo Campos era secretário da Fazenda do avô e estava citado nos processos judiciais decorrentes do distrato. Contudo, tanto Fernando quanto eu farejávamos a imensa janela de oportunidade que se abria para o neto de Miguel Arraes se eleger presidente no ano seguinte. Viajei de Brasília à capital pernambucana escutando os temores do empresário baiano, que temia uma vingança do governador.

Não foi o que aconteceu.

Esperto e focado como poucos, Eduardo Campos sabia que o dono da Propeg podia dar à campanha dele um sopro nacional e uma estrutura que ela não tinha ainda. Só não iria dizer aquilo diretamente. Colocou o sociólogo argentino Diego Brandy na antessala e fabricou um encontro ocasional dele conosco. A primeira conversa durou uma hora, tempo suficiente para que nos tornássemos grandes amigos. Quando nos chamou à mesa de reuniões, ela estava posta para um lauto jantar com o melhor da culinária regional e um excelente vinho produzido em Petrolina.

— Eduardo, o Fernando Barros tinha imenso receio de vir para este encontro. Aguentei um rosário de inseguranças no voo até aqui. Ele acha que você vai cobrá-lo, ainda, do processo de saída da Propeg daqui do Recife, em 1989...

— Está doido, Fernando? Que processo? Nem lembro — respondeu o governador com a habilidade usual.

— Não foi culpa minha, o senhor não tinha nem de estar arrolado...

— Fernando, esqueça isso — determinou Eduardo. E seguiu, sarcástico. — Se alguém me deve explicações sobre o passado, aqui, é Lula. Este Lula aí, que está sentado ao seu lado.

Foi um espanto geral. Demorei alguns segundos até captar a blague. Eduardo Campos seguiu:

— Em 1992, eu sonhava ser prefeito do Recife. Lula Costa Pinto estava todo famoso lá na *Veja*... pedi ao Piauhylino para convidá-lo para vir fazer a minha campanha e ele mandou uma banana como resposta. Foi ou não foi? — Campos riu e olhou para mim.

— Foi — admiti. — Mas...

— Sem mas. Foi — seguiu o governador, brincando de falar. Entretanto, falando sério. — Agora, sei que vocês vieram aqui para, de alguma forma, dizer-me que podem fazer a minha campanha. Tem uma fila de gente querendo o mesmo, porque chegou a hora de virar a chave do PT em Brasília. Só que, Lula, política tem fila... quer pegar a senha e passar para o fim da fila? — devolveu ele, rindo abertamente e se divertindo com o meu desconserto.

Rimos todos. O jantar entrou pelo início da madrugada. Ao cabo do convescote, eu me comprometera a montar uma estrutura enxuta para Diego Brandy e alguns poucos assessores dele em Brasília, uma sala de reuniões e um *hub* operacional de trabalho.

— Fernando, deixe o Lula ficar junto da gente. Lá na frente a gente vê como essas coisas se formalizam — pediu o governador pernambucano ao se despedir.

Passamos a falar com frequência. Diego se tornou um bom amigo. O argentino terminou por se aproximar de meu filho mais velho, Rodolfo, que se graduara em Ciências Políticas e estava fazendo um curso em Barcelona. Depois de ler o trabalho de conclusão de curso de Rodolfo, sobre a dinâmica do custo do voto parlamentar, Diego entregou cópia da tese a Eduardo, que a leu com dedicação. No trágico 13 de agosto de 2014, quando morreu num acidente aéreo em Santos (SP) no curso de uma agenda da campanha presidencial, Eduardo Campos tinha reunião marcada à tarde com Diego e com Rodolfo na produtora de vídeos que fazia os filmes para o PSB. As salas que a Propeg estruturou em Brasília para uso do *staff* do candidato socialista jamais foram inauguradas.

* * *

Sob o olhar catatônico de Agnelo Queiroz e em consórcio com o projeto ambicioso de Tadeu Filipelli, que nunca escondeu de ninguém a ideia de ser o sucessor político de Roriz e do rorizismo, a administração petista no Distrito Federal era um desastre. Os indicadores socioeconômicos se revelavam desastrosos, não havia gestor presente no Palácio do Buriti, as empresas estatais foram loteadas entre políticos com extensos prontuários à guisa de biografias. Não passava um único mês sem que eclodissem novos escândalos de corrupção. A comunicação palaciana não conseguia responder às demandas por explicações críveis e razoáveis.

Em meio àquela bagunça, Agnelo tirou a estrutura de comunicação das mãos do partido e resolveu entregá-la ao jornalista Carlos Henrique de Souza. Conhecido pelo apelido de "Peninha", ele havia sido secretário de Comunicação do Rio de Janeiro nas administrações de Anthony Garotinho e Rosinha Garotinho. Também tinha assessorado o deputado Eduardo Cunha no início dos mandatos federais dele. Havia um sem-número de denúncias contra Peninha. Eu sabia de várias delas. Jamais cuidei de verificar se tinham procedência ou não. Entretanto, eram ruins e desabonadoras. Conhecia parlamentares aliados de Cunha que me confessavam receber mesadas para permanecerem fiéis à agenda destrutiva do homem que ascendera à presidência da Câmara. Muitos deles davam a entender que Peninha seria uma espécie de fio condutor àqueles métodos heterodoxos de fidelização congressual. Colocar o jornalista carioca no comando do caixa de publicidade do Governo do Distrito Federal era temerário e poderia comprometer a Propeg, caso a empresa fosse obrigada a executar ações semelhantes às que eram atribuídas ao casal Garotinho durante o período de reinado deles no Rio.

Quem me telefonou dando a notícia da ascensão de Peninha ao caixa publicitário do Palácio do Buriti foi Donizete Arruda, do Ceará. Ele vivia voando circularmente em torno de verbas publicitárias públicas como se fosse uma mosca sobre um pão doce de padaria. Donizete celebrava o posto do amigo dele.

— Vou impedir essa nomeação — comuniquei-o.

— Como assim? O Peninha sabe como a banda toca e vai ajudar todo mundo — protestou o jornalista cearense.

— Meu velho, não vou deixar que o meu CPF, ou que o CNPJ da Propeg, sirvam para bandalheira. Se ele sentar naquela cadeira, vai todo mundo em cana em seis meses.

Saí da conversa, tranquei-me com Fernando Barros na sala dele na sede da agência em Brasília e tracei o cenário futuro caso a nomeação de Carlos Henrique de Souza fosse confirmada. Decidimos falar com o governador naquela noite mesmo. Íamos encontrá-lo numa produtora de vídeo, onde ele assistiria a uma apresentação de toda a nova comunicação institucional de seu governo. Encerrada a reunião, pedi ao governador que ficasse numa ilha de edição de imagens porque falaria coisas insustentáveis — me beneficiaria do isolamento acústico —, e puxei Fernando para ouvir. Por cerca de vinte minutos deslindei, carregando nos adjetivos e nos substantivos, todas as denúncias que recaíam sobre Peninha. Deixei bastante claro o que sabia dos métodos de atuação do jornalista. Agnelo me ouvia em silêncio, balançando a cabeça para a frente e para trás. Justificava, uma vez mais, o apelido de "calango".

— Governador, se você puser esse cara dentro de seu governo, como secretário, serei obrigado a sair da Propeg. E não sairei calado. Não tenho nada o que falar da agência. Terei muito o que falar de seu governo. Você fez suas escolhas. Não nos obrigue a mergulhar juntos no precipício.

— O que é isso, Lula? Assim também não! — intercedeu o dono da Propeg. — É preciso respeitar a posição do governador.

— Fernando, lembra a história que você me contou quando entrei na agência? Da arte de pular numa piscina de merda com uma capa de teflon e sair dela limpinho? Pois bem, isso não ocorrerá nem com você, nem comigo se aquele cara tiver a caneta da publicidade oficial nas mãos.

— Mestre, não vou nomear o Peninha. Esqueça isso. Você venceu — disse Agnelo Queiroz, evidentemente constrangido. — Mas só aviso uma coisa: nunca mais tenha a ousadia de me dizer quem deve entrar ou sair de meu governo.

Fernando Barros passou alguns dias sem me dirigir a palavra. Era patente que eu cruzara uma fronteira perigosa naquele diálogo com o governador do Distrito Federal.

Uma semana depois de desfazer a nomeação de Carlos Henrique Souza, fui chamado para uma reunião a sós com Agnelo no gabinete dele no Palácio do Buriti. Toda uma tralha de apresentação de filmes publicitários e *spots* de rádio estava montada lá. Estranhei o fato de a Propeg não ter sido chamada junto comigo — diretores de criação, de arte, de atendimento.

— Senta aí, Lula — falou ele, fazendo força para demonstrar autoridade. Ainda havia mágoa.

Atendi à determinação. Uma porta lateral se abriu e surgiu de lá o jornalista Welington Moraes, secretário de Comunicação de todos os governos de Joaquim Roriz e também de José Roberto Arruda. O ex-governador havia saído preso da Residência Oficial de Águas Claras. Moraes tinha sido delatado pelo radialista Edson Sombra como um dos interlocutores-ponte dele com Arruda, que lhe oferecia propina. De acordo com Sombra, o então secretário de Comunicação viabilizaria, com verbas da publicidade oficial, as ações do radialista para auxiliar os projetos políticos de Arruda. Essa acusação jamais foi provada. Welington caminhou lentamente até onde eu estava. Tinha no rosto um sorriso largo e vitorioso. Estendeu-me as mãos. Respondi ao gesto e o cumprimentei.

— Welington será o novo homem que comandará a Comunicação do meu governo. Ele não vai ser o secretário, porque tem uns problemas legais aí. Mas indicou o André Duda e terá o comando de tudo por trás.

O jornalista paranaense André Duda havia feito carreira no Distrito Federal como apresentador dos telejornais locais da Rede Globo.

— Agnelo, o Welington é um profissional valoroso. Só que ele é a cara, literalmente, de tudo o que você se orgulhava de ter vencido nas urnas em 2010. Ele é a cara do Roriz e do Arruda. O PT aceita isso?

— Dane-se o PT. E dane-se quem não quiser aceitar. Assista à nova comunicação de meu governo. Ele já preparou tudo. Aquilo que a Propeg fez vai para o lixo.

Por dez minutos assisti a filmes montados às pressas. A estrutura dos roteiros e a estética dos programas eram os mesmos dos tempos dos ex-governadores derrotados pelo petista nas urnas.

— O que achou? — perguntou o governador ao final. — Sempre deu certo com meus adversários, deve dar certo para me reeleger.

— Vou ser bem sincero e direto: não gostei. Não acho que vá funcionar. Mas vai dar dinheiro a dar com o pau para os veículos, porque o investimento projetado para ter filmes de um minuto do governo, todos os dias, no horário nobre de todos os canais, é uma farra. Agora, Agnelo, isso não é mais problema meu: você não irá fazer uma nova licitação para a publicidade porque não há tempo para isso. Tem de seguir contratando mídia por meio da agência. Welington cria, André Duda manda a Propeg executar, a agência executa. Eu saio integralmente do processo de comunicação do Distrito Federal.

Cumprimentamo-nos e deixei o gabinete. Foi a última vez que estive ali naquele governo.

Deu tudo errado para o governador de Brasília. Agnelo Queiroz rompeu com todos os aliados, inclusive com diversas correntes do Partido dos Trabalhadores. Em março de 2014, tendo promovido uma traição ao contrato de execução de serviços da Propeg, declarei para ele que deixaria de atender à conta do governo distrital dentro da agência. Outra pessoa da estrutura da empresa seguiu com o atendimento. Candidato à reeleição em 2014, o governador do Distrito Federal nem sequer foi ao segundo turno. Obteve apenas 20% dos votos e viu os adversários Rodrigo Rollemberg, do PSB, e Jofran Frejat, do PR, disputarem a reta final da eleição. Rollemberg foi eleito com 55% dos votos.

Em 23 de maio de 2017, em meio a denúncias acessórias decorrentes da Operação Lava Jato, Agnelo Queiroz e o vice dele, Tadeu Filipelli, do PMDB, chegaram a ser presos por uma semana. Eram acusados de participar de irregularidades nas obras de construção do Estádio Nacional Mané Garrincha. Responderam a algumas ações decorrentes dessas acusações e foram inocentados na maioria

*delas. Outras ações foram oferecidas pelo Ministério Público
contra a dupla, em apurações de denúncias por desvios no
curso dos mandatos de ambos.*

* * *

Ainda em 2014, mediante acerto com Fernando Barros, afastei-me do dia a dia da Propeg entre agosto e outubro e mergulhei na coordenação de suas campanhas eleitorais. Uma, do senador Eunício Oliveira, meu cunhado, que concorria ao governo do Ceará pelo PMDB. A outra, do então deputado Ronaldo Caiado, do DEM, que disputava o Senado em Goiás. Acompanhei de longe a cena eleitoral nacional naquele ano. Em Fortaleza, precisava ajudar o marqueteiro Paulo Alves a conduzir uma campanha na qual o PT estava em outro palanque, mas, no nosso, era proibido atacar o PT nacional, a presidente Dilma Rousseff, candidata à reeleição e, sobretudo, o legado das administrações nacionais de Lula. Ampliando o grau de dificuldade do desafio, Tasso Jereissati, do PSDB, era o candidato a senador na chapa de Eunício. Como tinha uma relação antiga e franca com o político e empresário tucano, não perdi a chance de saudá-lo com ironia quando o encontrei pela primeira vez no *set* de filmagem. Ele e o peemedebista haviam passado mais tempo como adversários do que como aliados na política cearense.

— Tasso, folgo em vê-lo desse lado da canoa! — falei e abri os braços para abraçá-lo. Ele nunca gostou de ser visto como alguém volúvel.

— Estou com um pé nessa canoa. A outra, pronta para correr se vocês puserem PT demais nessa campanha — demarcou o território, rindo.

— Eu disse ao Eunício que o primeiro desafio era fazê-lo pedir votos para ele. Depois, para Dilma. Afinal, em 2002 você não fez campanha para o Serra, mesmo estando no PSDB.

— Agora não é 2002 e Aécio é muito melhor candidato do que o Serra foi — devolveu ele, já sério.

O senador Aécio Neves, de Minas Gerais, travava uma disputa renhida com Marina Silva, do PSB, e estava em terceiro lugar nas pesquisas de intenções de voto. Marina herdara a vaga de Eduardo Campos, vítima de uma tragédia aérea dias antes daquele meu reencontro com Tasso.

— Aécio perderia para Eduardo — pontuei. Tinha convicção daquilo. Ele acenou positivamente com a cabeça. — Marina, não sei. Eduardo iria para o segundo turno...

— ... e venceria. Há uma fadiga de PT muito grande.

— Venceria Dilma. Eduardo venceria Dilma. Marina, não sei. Aécio, tenho certeza de que não vence. O PSDB sempre apresenta o candidato errado na hora errada — disse.

— Lula, cuide para que essa campanha deixe o palanque nacional bem longe do Ceará. Eu não vou subir em palanque com a Dilma.

— Tasso, fique tranquilo. O Paulo Alves é tucano! — terceirizei a responsabilidade para o publicitário que saíra da Bahia, mais um baiano especializado em marketing político. Encerramos a conversa porque dera a hora da gravação dele.

Sem conseguir explicar como estava ao lado de Tasso Jereissati e, ainda assim, apoiava Dilma Rousseff, a campanha de Eunício sucumbiu à polarização cearense estabelecida pelo PT local. Camilo Santana, que era deputado estadual e fora secretário de Cid Gomes, elegeu-se governador. Na campanha seguinte, reelegeu-se com o apoio de Eunício, que se distanciara de Tasso mais uma vez. Em Goiás, Caiado venceu para o Senado com razoável facilidade. Retornei a Brasília para votar em Dilma no segundo turno, divertir-me com a decepção do PSDB em razão da eleição quase ganha, preocupar-me ao assistir perplexo à reação de Aécio Neves, que não aceitou o resultado das urnas, e reassumir a posição na Propeg.

* * *

Terça-feira, 8 de outubro de 2014, 19h30. Aeroporto Internacional Juscelino Kubitscheck, setor de hangares e aviação comercial: um jatinho que partira do aeroporto da Pampulha, em Belo Horizonte, pousou em Brasília sob a escolta de um carro da Polícia Federal. Agentes acompanharam os últimos quinhentos metros percorridos pela aeronave até a parada total. A escada levadiça desceu. Ao sopé dela, policiais federais. Era uma das ações de busca e apreensão da Operação Acrônimo, um conjunto de denúncias formuladas contra o ex-ministro do Desenvolvimento, Indústria e Comércio Fernando Pimentel, do PT, eleito governador de Minas Gerais no primeiro turno.

Pimentel era a personalidade política petista mais próxima de Dilma. Os dois atuaram na mesma célula clandestina de resistência à ditadura militar nos anos 1970. No avião estavam o empresário Benedito Rodrigues, dono de gráficas e estruturador da campanha do PT em Minas, Marcier Trombiere, funcionário público licenciado do Ministério das Cidades que atuara com Benedito em Belo Horizonte, e o consultor Mário Rosa, que auxiliara o marketing político da campanha do petista mineiro. Além deles, uma mala com R$ 116 mil em espécie que o empresário do ramo de gráficas disse ser dele. Trombiere tinha outros R$ 4 mil numa pasta. Os três passageiros e os tripulantes do jatinho foram detidos para prestar depoimentos. A apreensão ganhou os sites de notícia como flagrante contra o governador eleito de Minas Gerais e seus "principais assessores", como a PF qualificou o trio apreendido.

A partir dali, e por causa daquela ação, no transcurso de todo o mandato de Fernando Pimentel foram feitas diversas operações de busca e apreensão contra ele e sua mulher. Benedito Rodrigues chegou a ser preso e todas as empresas dele foram reviradas. Mário Rosa sofreu busca e apreensão da Polícia Federal mais de uma vez em sua residência e em outros endereços ligados a ele. Todos os clientes que Rosa mantinha na atividade de consultor — entre eles a Confederação Brasileira de Futebol, o

Carrefour, o frigorífico Marfrig, a Gol Linhas Aéreas e até o espólio da Construtora Delta — receberam visitas de agentes da PF revirando contratos e relações com Rosa capazes de ligá-lo a Fernando Pimentel.

O passivo de imagem derrubou os negócios de todos eles, e marcou o desempenho do governador de Minas, impedindo-o de disputar competitivamente a reeleição em 2018. Em 29 de julho de 2020, o juiz da 12ª Vara Federal de Brasília arquivou todos os inquéritos relativos à Operação Acrônimo e inocentou os acusados de todos os crimes que lhes eram imputados. Contudo, entre a noite da apreensão de R$ 116 mil no jatinho que saíra de Belo Horizonte para Brasília e o arquivamento, amizades foram desfeitas no grupo de acusados e Fernando Pimentel, um hábil articulador político, deixou de usar suas credenciais como governador de Minas Gerais para negociar saídas à crise que se iniciava em razão de o PSDB não ter aceito o veredito das urnas presidenciais de 2018.

* * *

Encerrada a eleição, elaborei para a Propeg uma análise do resultado das urnas e o risco que representava o acirramento do discurso da oposição. Na noite de 26 de outubro, o senador Aécio Neves, do PSDB de Minas Gerais, admitira a derrota falando com a língua entre os dentes trincados. Em seguida, disse que não se considerava derrotado. Por fim, antes mesmo de reassumir o mandato no Senado, especulou a possibilidade de pedir recontagem de votos — o que efetivamente fez. A recontagem, meses depois, confirmou a reeleição de Dilma Rousseff, do PT.

O *board* da agência estava dividido. Alguns dos executivos preferiam que a Era PT tivesse sido encerrada no segundo turno de 26 de outubro. Outros, como eu, fincavam pé na possibilidade de trabalhar uma correção de rumos por dentro do governo. Estávamos, àquela altura, na confortável situação de maior contratadora de propaganda pública federal junto a veículos de comunicação. Depois do debate em torno dos resultados eleitorais, voei para o Rio de Janeiro. No dia seguinte, no voo de volta, encontrei o ministro da Secretaria Nacional de Aviação Civil, Moreira Franco, no aeroporto Santos Dumont. Retornamos juntos para Brasília. Moreira era sempre uma conversa necessária em política. Eu o conhecia desde o tempo do governo Fernando Henrique Cardoso, quando desempenhou papéis de segundo plano no Palácio do Planalto e era um dos mais próximos amigos do então presidente da Câmara dos Deputados, Luís Eduardo Magalhães.

— Dias difíceis virão, meu jovem. Escreva isso em seu bloco de anotações memoráveis. A sua presidenta não sabe fazer política e pode errar muito — disse-me, querendo se fazer de enigmático.

— Você que é o ministro aqui. Sou apenas prestador de serviços ao governo. Vocês são nossos clientes, na agência.

— Por enquanto. Sou ministro por enquanto. Ela pediu a minha cabeça ao Michel.

— Sério? E Temer, vai entregar? — perguntei sorrindo, porque achei que a resposta seria "não, óbvio". Ele e Michel Temer, o vice-presidente reeleito, eram melhores amigos.

— Claro que sim. Você já viu o Michel dizer não? Vai entregar a minha cabeça numa bandeja e indicará o sucessor. Não tem problema. Ela saberá que eu fiquei livre para articular politicamente contra ela.

— Calma, Moreira, vocês reconstroem essa estrada. O PT não vai prescindir do PMDB na aliança de governo...

— Mas o PMDB pode prescindir do PT, não pode?

Sorri e devolvi:

— Pode. Só que o PMDB não é governo.

— Por enquanto. O PMDB não é governo por enquanto. O Eduardo vem aí — blefou ele, esperando a minha reação. Ela veio logo.

— O Paes? Eduardo Paes? Vem cá, qual o projeto do Eduardo Paes, depois da Prefeitura do Rio? É virar presidente, não é?

— Eduardo Paes? Presidente do Brasil? — perguntou Moreira Franco, com ar de quem estava espantado e indignado com a pergunta. Ar irônico, claro.

— Sim.

— Não! Eduardo Paes é candidato a presidente, sim. Mas, com a empáfia dele, só serve se for à Presidência dos Estados Unidos. Eu falava de outro Eduardo: o Cunha. Esse, sim, é candidato a presidente do Brasil.

— Estás maluco, Moreira?

Ele riu e se deleitou com o que lhe pareceu grande ingenuidade.

— Eduardo Cunha será o presidente da Câmara dos Deputados. O PT vai cometer o erro de enfrentá-lo. Deixaram que o personagem se criasse lá dentro. Nos tempos do Fernando Henrique, gente como o Eduardo Cunha já existia e fazíamos um acordo com eles: "estejam conosco, participem da política, joguem o jogo. Mas não queiram ser líderes, ou ministros, ou ditarem as regras. As regras são nossas". O PT não fez assim, misturaram as cartas, agora ninguém sabe quem é papa, quem é cardeal, quem é bispo, quem é padre e quem é coroinha. Aí, tem coroinha saindo do baixo clero para virar cardeal, padre querendo virar papa... uma zona. Vai dar errado — era uma aula sintética de "Brasil, Como Funciona". Eu escutava com atenção. Ele seguiu: — E a Tia ainda acha que pode abrir mão de mim... que abra, mas libere-me. Sei ser o anjo mau.

"Tia" era como se referia à presidente Dilma Rousseff.

Ele riu abertamente. Eu sorri nervosamente. Recostamo-nos e tiramos um cochilo no voo. Dali a duas semanas seria anunciada a demissão de Moreira Franco da Secretaria de Aviação Civil. Eliseu Padilha, que presidia a Fundação Ulysses Guimarães, braço operacional do PMDB que dispunha de um orçamento anual de R$ 10 milhões para financiar propagandas partidárias e treinamento de lideranças, assumiria o lugar de Moreira. Os dois fariam um roque: o ex-secretário ia para a Fundação. Padilha também desfrutava da amizade dileta do vice-presidente.

* * *

Acompanhei a distância, mas não de longe, a agonia e a exposição de Mário Rosa com a Operação Acrônimo. Ele me dera o caminho para migrar das redações e mergulhar no *hardcore* da consultoria de imagem e de comunicação. Em alguns momentos, dividi clientes com ele. Em outros, compartilhei agonias. Em várias passagens, Rosa me indicou clientes. Uns, aceitei. Outros, recusei. Tínhamos uma espécie de acordo operacional não explícito nem sacramentado. As ações judiciais decorrentes da Operação Acrônimo não só expuseram a clientela do jornalista convertido em consultor de crises, que em parte se afastou dele, como catalisou o esgarçamento de seu casamento.

Um ano antes, eu havia tentado credenciar-me para fazer a campanha de Fernando Pimentel ao governo mineiro. Fernando Barros estava junto comigo nessas tratativas. Quando fomos apresentados ao empresário Benedito Rodrigues, esfriamos nossos ímpetos de marqueteiros. Parecendo-me ao mesmo tempo enrolão e enrolado, declinei de seguir adiante caso tivesse de ter 'Bené", como o empresário gráfico era conhecido em Brasília, como companhia de jornada eleitoral. Nem Pimentel, nem Mário, aceitaram muito bem nosso afastamento. As relações pessoais congelaram. A fim de prestar solidariedade, retomei o contato. Em novembro de 2015, o governador de Minas Gerais mandou que a sua mulher, Carolina Oliveira, jornalista a quem eu conhecia desde os tempos em que ela fora assessora de imprensa, telefonasse para mim e marcasse uma reunião. Antes de casar com Pimentel, Carol trabalhara com Mário no desenvolvimento de algumas consultorias dadas por ele.

Marcamos um almoço no Palácio das Mangabeiras, residência oficial dos governadores mineiros. Cheguei pouco antes de Pimentel. Carol me recebeu sorridente e angustiada.

— Tens visto o Mário? Essa situação absolutamente maluca nos afasta de todos. Não podemos procurar os amigos, enfrentei toda a minha gravidez sob tensão — queixou-se ela, que havia engravidado logo depois da eleição de 2014.

— Carol, vejo o Mário muito pouco. Ele ficou bem abalado com a Operação. Fechou-se mais.

— Ele será chamado para depor. Espero que vá depor e que seja o melhor Mário Rosa em ação. O Mário que desafia as provocações e conta a verdade. Esse enredo que fizeram contra nós não se sustenta.

— Disso não resta dúvida: ele irá depor, tenho certeza. E será uma catarse. É típico dele. Mário cresce na adversidade.

— Se puder, diga a ele que gostaria muito que ele depusesse. Que ele não fugisse do depoimento como outras pessoas. Esse recado é essencial.

— Será dado.

O governador Fernando Pimentel chegou logo em seguida. Tirou o paletó e beijou a esposa com uma bicotinha. O Palácio das Mangabeiras é um projeto magnífico de Oscar Niemeyer, encomendado por Juscelino Kubitscheck. Fica na Serra do Curral, uma das montanhas que delineiam a capital mineira, e foi inaugurado em 1955 como residência dos governadores do estado. A sala é um vão vazio ornado com mobília desenhada pelo próprio arquiteto e lembra a impessoalidade dos palácios brasilienses. Entretanto, ao chegar do expediente matinal, despir-se do blazer jogando-o sobre uma poltrona namoradeira de palhinha, beijar a esposa, perguntar a ela como havia sido o dia, só então me cumprimentar e abrir uma garrafa de cachaça de Salinas cortando finas fatias de queijo curado e me oferecendo à guisa de tira-gosto, Pimentel dava ares de casa e de rotina àquele monumento. Fiquei bastante à vontade com a singeleza do gesto. Sentamos os três para falar de conjuntura. O governador pediu que eu desse a minha opinião, sem filtros, sobre o avanço da Lava Jato, que completara quatro meses em ritmo acelerado de execução de prisões, conduções coercitivas, buscas e apreensões em empresas.

A escalada do antagonismo entre o governo e parte do PT no Congresso e o presidente da Câmara dos Deputados não permitia preconizar cenários alvissareiros para a presidente Dilma Rousseff. A presidente da República, o governo dela e o partido deles apanhavam com método e afinco no noticiário dos principais veículos de imprensa da mídia tradicional. Expus o que pensávamos. Estávamos numa sala com seis poltronas individuais e um sofá de quatro lugares.

— Essa mulher parece ter ficado maluca — disse Pimentel, interrompendo-me. Referia-se à amiga e presidente como "essa mulher". — Eu falei para ela: "Dilma, faça um acordo. Chame Emílio Odebrecht, Sérgio Andrade (*da empreiteira Andrade Gutierrez*),

João Roberto Marinho (*da Rede Globo*), Luiz Frias (*da Folha de S. Paulo*), Roberto Setúbal (*do Itaú*), Luiz Trabucco (*do Bradesco*), o Lula, o Fernando Henrique e o Nelson Jobim (*ex-ministro da Justiça de FHC, ex-ministro do Supremo Tribunal Federal, ex-ministro da Defesa de Lula e da própria Dilma*), e proponha um pacto". Ela podia juntar esse povo todo aqui nessa sala que sobrava lugar — fez com que o próprio olhar viajasse em torno da sala de estar em que nos encontrávamos para contar os lugares disponíveis. — Ou você faz isso ou o Brasil vai explodir! A explosão do país não interessa a ninguém, só a esse facínora do Eduardo Cunha.

— Concordo plenamente, governador. E Nelson Jobim nesse meio, por quê? — atrevi-me a perguntar, porque achei interessante a composição do grupo, e porque Jobim seria um grande artesão para costurar aqueles contrários e antagonistas.

— Porque Jobim fala com conhecimento jurídico, com autoridade política e tem o respeito de todos. Ou ela faz isso, ou será cassada.

Foi uma conversa de alto impacto. Quando a encerramos, o governador mineiro pediu a uma dupla de seguranças do comboio que o acompanhava para me darem carona até o aeroporto de Confins. Enquanto me conduzia até o carro, reforçou o pedido feito pela primeira-dama, Carol.

— Diga a Mário Rosa que vá depor. É muito importante. Ele não tem motivos para não o fazer. Nesse clima de perseguição e gravações, não tenho como pegar o telefone e pedir isso a ele.

— Direi, fique tranquilo.

Abracei-o e segui viagem para retornar a Brasília.

No dia seguinte, à tarde, fui até a casa de Mário Rosa. Ele não estava. Deixei recado para que me procurasse. Ao cair da noite, ele foi até o meu escritório doméstico. Estava em ritmo acelerado. Aquilo não era bom, conhecia-o. Dava todos os sinais de que vinha usando medicamentos. "Pondera" era o nome do principal deles, e faz com que se torne desnecessário descrever os efeitos esperados daquela droga.

— Fui a Belo Horizonte ontem — disse introduzindo o assunto. Não houve reação. Apenas me olhou. Continuei: — Encontrei a Carol e o Pimentel. Almocei com eles, na verdade.

No Palácio das Mangabeiras... só tinha ido lá uma vez, quando Itamar Franco era governador. Mas agora mora uma família ali. Itamar era muito solitário.

— E aí? Como está a Carol? E o governador? Simpático? — cortou-me.

— Estão ótimos. Muito amorosos um com o outro.

— É um casal interessante. Eles se gostam de verdade.

— Mário, você já foi chamado a depor no processo da Acrônimo?

— Fui, por quê?

— Porque eu acho que deve ir depor. Parece que tem gente que não está indo, e isso está dificultando a situação para eles...

— O que você tem a ver com isso? Não decidi se vou depor ou não. Acho que vou, não devo nada ali.

— Eles me pediram que você fosse. Só isso. Mais nada. Pediram que atendesse ao chamado do Ministério e da Justiça.

A conversa mudou de tom e Mário crispou o rosto. As sobrancelhas arquearam para dentro de sua face, desenhando duas vírgulas espelhadas.

— Que porra você tem a ver com isso? Nem eles! Trabalhar para o Pimentel, ter a Carol trabalhando para mim, só me trouxe problemas. Você virou moleque de recados deles?!

— Mário, vá se foder. Vá tomar no cu. Quem você pensa que é? Está aqui, na minha casa, eu estou te fazendo um favor...

— Favor a mim? Você está fazendo favor a eles, trazendo um pedido...

— Cala a boca! Porra! — gritei forte e alto, como jamais fizera com ele.

Ele se espantou, recuou, e atendeu à determinação. Ainda tentou protestar, mas falando baixo.

— Ninguém gritou assim comigo. Nem meu pai, que já morreu... Você...

— Isto mesmo: cala a boca. Porra! Você quer bancar o sábio invulnerável o tempo inteiro. Fui a Belo Horizonte como um favor a você. Vai embora, vai. Faz o que quiser da vida.

Abri a porta e indiquei para ele o caminho de saída.

Só voltei a falar com Mário Rosa em 2020, quando enfim a Operação Acrônimo foi desmontada pela Justiça e todos os acusados se viram absolvidos do insidioso processo judicial. Liguei para dar-lhe os parabéns. Precisei pegar o telefone dele com um amigo comum — eu o apagara dos meus contatos do celular.

* * *

Numa quarta-feira de abril de 2015, a revista *IstoÉ* antecipara na Internet sua edição da Semana Santa. Na capa, chamada para uma reportagem em que a dona de uma agência de publicidade digital chamada Pepper dizia ter negociado uma delação premiada com a Polícia Federal. Nessa delação, a Propeg surgia como um dos trens pagadores de propina a serviço do Palácio do Planalto. A história não se sustentava. A delação jamais foi homologada. Pepper e Propeg tinham relações comerciais normais. A agência não tinha sido procurada pela revista para, ao menos, tentar dirimir dúvidas da apuração.

— Lula, que maluquice sem pé nem cabeça é essa? — indagou-me Fernando Barros por telefone. — Tomamos um tiro de bazuca e nem estávamos de capacete.

Apressei-me em apurar na redação da revista o que ocorrera. "Coisa do Mino", indicou-me Mario Simas Filho, redator-chefe de *IstoÉ*.

— Mino, que merda é essa? Você pôs essa escrotidão na revista? — perguntei ao ex-fotógrafo, sem dizer alô.

— Quer reclamar? Vai a São Paulo falar com o Caco — respondeu ele.

Marquei uma reunião em São Paulo com Caco Alzugaray, *publisher* da revista, na segunda-feira depois do feriado. Fernando Barros foi comigo. Foi uma reunião dura. Mino Pedrosa e Simas participaram dela. O mentor intelectual da marreta — sim, tentavam tirar da Propeg algum valor em troca da negação do texto — fora claramente indicado: Donizete Arruda. Corretamente, Fernando se recusou a aceitar a chantagem. Regressamos a Brasília e pedi a Donizete que me encontrasse no dia seguinte. A reunião foi em minha casa.

— Donizete, qualquer outra pessoa podia ter me esfaqueado pelas costas, menos você — disse ao abrir a conversa. — Quantas vezes você estava na lama, morrendo afogado, eu te resgatei? Eunício Oliveira abriu uma dezena de processos contra você e eu o convenci a desistir de todos. Você foi trabalhar com ele. Eu criei possibilidades de faturamento para você, em consultoria. Eu entrei naquela fria do jornal no Ceará e perdi uma grana lá. O que você quer?

— Cem mil reais todo mês nas contas de minhas rádios. Tudo legal, em publicidade. A Propeg tem as contas do Governo Federal, do Governo do Ceará e da Prefeitura de Fortaleza e não anuncia em minhas rádios. Por quê?

— Porque as tuas rádios devem impostos. Já te expliquei isso. Atender a contas públicas não é zona. Tem de ter critério. Só sai dinheiro para quem está em dia com a Receita, o INSS, o FGTS. Porra!

— Esses critérios vocês driblam quando querem. Por que não driblam para mim?

— Porque não é assim que nós trabalhamos.

— Então. aguentem as consequências. Em horas como essa, macho, lá no Ceará, a gente costuma dizer para o outro: trinca os dentes e tranca o cu. A partir de agora a minha missão é enfiar a faca por trás, rodar ela direitinho lá dentro e sair rasgando vocês até a goela. A Propeg vai sofrer comigo.

— Sai daqui. Acabou. Isso é chantagem. Não lido com chantagista. Era seu amigo, mas nunca fui doido. Vocês são doidos.

Donizete saiu de minha casa sem dizer até logo. Nunca mais voltamos a nos falar. A chantagem comercial e a deslealdade pessoal transtornaram-me. Fernando quis ceder a ela. Eu não deixei.

* * *

Tudo era incomum e estranho naquele 17 de dezembro de 2015. Havia duas semanas, o presidente da Câmara dos Deputados, Eduardo Cunha, do PMDB do Rio de Janeiro, decidira dar andamento a um dos processos de *impeachment* contra a presidente Dilma

Rousseff. Era uma chantagem política em curso — Cunha havia sido enredado nas investigações da Lava Jato. Para se defender, afirmou que não tinha contas no exterior. Foram descobertas contas em bancos suíços em nome dele. Ele as negou. Um procedimento burocrático abriu investigação contra ele no Conselho de Ética. O PT não o defendeu. Injuriado e exigindo cumplicidade do Palácio do Planalto em sua defesa, o presidente da Câmara esgrimiu o pedido de *impeachment* contra a presidente. Como o presidente da Câmara era do PMDB, partido do vice-presidente Michel Temer, a associação criminosa destinada à consumação de um golpe de Estado foi imediata. Ainda assim, naquelas vésperas de Natal e Réveillon, esperava-se que a fogueira do processo político fosse apagada em meio às festas de fim de ano. Despojado de cargos no governo, dedicando-se exclusivamente às articulações contra o governo e às fofocas palacianas, Moreira Franco foi visitar a Propeg para um almoço de confraternização comigo e com Fernando Barros. Chegou excitado com o avanço do clima político nas ruas em apoio ao *impeachment*. Começou a falar abertamente que o PMDB estava encontrando formas de dar sustentação financeira a um tal de "Movimento Brasil Livre", MBL, liderado por um polemista que nem sequer saíra da Faculdade de Direito, Kim Kataguiri.

— Estamos ajudando essa turma. Eles sabem como mobilizar as pessoas — declarou exultante antes que o prato de salada chegasse à mesa.

— Como é, Moreira? Vocês estão dando dinheiro do partido para esses caras? — interpelei com indignação.

— Do partido, não. Da Fundação Ulysses Guimarães. A Fundação tem formas legais de fazer isso.

— Porra, Moreira! Isso é ilegal.

— Não é.

— É imoral! Doutor Ulysses está revirando na tumba. Ele era contra o *impeachment* do Collor, em 1992, porque dizia que o processo democrático deveria seguir seu curso.

— Lula, essa mulher terá tudo o que merece.

— Isso é golpe, Moreira. Golpe. Golpe de Estado. Vocês estão financiando um golpe e um bandido, que é o Eduardo Cunha, é o marechal de Exército de vocês.

— Que golpe?! Está me chamando de golpista?

— Estou. E tudo por mera vaidade, no seu caso, porque foi demitido da Secretaria de Aviação Civil e não voltou para a Caixa Econômica.

— Moleque. Que golpe? Para se dar um golpe, é necessário Exército nas ruas, força, deposição de presidente. Estamos usando a Constituição.

— Golpista! Golpista. Esse Kim é um imbecil, escroto, sem nenhuma formação.

— Não sou golpista. É a Constituição. Tenha respeito por mim. Fernando...

O dono da agência, amigo de longa data de Moreira Franco, assistia a tudo perplexo. Ele conhecia a minha impetuosidade a favor dos interesses da Propeg. Contra os amigos dele, jamais a tinha visto. Seguiu em silêncio. Eu encerrei a conversa.

— Fernando, não vou almoçar. Almocem vocês dois. Moreira é golpista. O PMDB virou golpista. Isso vai dar muito errado. Democracia não tem atalho.

— Que atalho? O Michel é o vice.

— Temer é um atalho. E é um atalho para o abismo.

Saí da sala de almoço.

Durante toda a tramitação do *impeachment*, nos cinco meses seguintes, até que a Câmara dos Deputados aceitasse abrir o procedimento e afastasse temporariamente a presidente Dilma Rousseff, não falei mais com Moreira Franco.

Consumado o golpe, ele voltou a ocupar Ministérios no período em que o país esteve entregue à cleptocracia comandada por Michel Temer. Nos primeiros seis meses de Temer, ainda estive na Propeg, como vice-presidente de Relações Institucionais. Mas o cargo era incompatível com as minhas convicções e pactuei a saída com Fernando Barros. Tive de me reunir institucionalmente com Moreira

Franco umas três vezes sob o período Temer. Numa delas, ele tentou reunir o MBL no Palácio do Planalto, sob a liderança de Kim Kataguiri, para que as agências de publicidade que atendiam o Governo Federal tivessem aulas com o grupo sobre estratégias focadas para propagar informações nas redes sociais. Ao tomar conhecimento do tema da reunião, vazei-a para alguns colunistas da Internet. O evento foi cancelado.

A pedido de Fernando Barros, estruturei a campanha vitoriosa de Rodrigo Maia à presidência da Câmara, em 2016, quando ele assumiu para um mandato-tampão em razão da prisão e posterior cassação de Eduardo Cunha. O "Marechal do Golpe" tinha ido parar na cadeia. Moreira era considerado por Maia como uma espécie de "sogro torto", pois casara com a mãe de Patrícia, mulher de Rodrigo Maia. O secretário-geral de Temer frequentava muito a residência oficial do presidente da Câmara para conversas sobre conjuntura. Quando Moreira estava lá, eu não ia. Certa vez, contudo, ele surgiu de repente numa tarde de domingo. Estávamos numa roda de conversa numa das salas de estar. Eu havia sentado numa poltrona de costas para a porta de entrada. Justo quando falava mal de Moreira Franco e de alguma má condução dele de projeto do governo, escutei a porta se abrir. Segui minha avaliação. Rodrigo Maia arregalou os olhos e, quando pôde, interrompeu-me:

— Se quiser falar mal de Moreira, aproveite a oportunidade e fale de frente para ele. Ele chegou e ficou nas suas costas escutando tudo.

Levantei-me e me virei a fim de cumprimentá-lo com um menear de cabeça.

— Comunista, petista — disse ele se dirigindo a mim. — É tudo mentira.

— Maoísta. Maoísta arrependido — devolvi as imprecações.

Moreira Franco, na juventude, tinha militado numa corrente do PCdoB que seguia o líder chinês Mao Tsé Tung e admirava a famigerada "Revolução Cultural" imposta pelo Maoísmo.

— Chega. Vou entrar — decretou o homem que dias antes se tornara ministro das Minas e Energia.

— Eu disse que daria errado — ainda cobrei, enquanto ele me dava as costas e se recolhia ao interior da residência oficial da Câmara dos Deputados.

No dia 21 de março de 2019, apenas dois meses e meio depois de deixarem o Palácio do Planalto, onde ocupavam com regozijo cargos para os quais eram considerados ilegítimos, Michel Temer e Welington Moreira Franco foram presos pela Polícia Federal. Os policiais cumpriam ordem expedida pelo juiz Marcelo Bretas, encarregado de ações da Operação Lava Jato no Rio de Janeiro. Moreira Franco foi preso numa alça de acesso ao Aeroporto Internacional do Galeão, no Rio. O carro em que estava foi abordado pela PF e ele saiu de lá num camburão sob a acusação de estruturar desvios de empresas que beneficiariam Temer. O homem que se beneficiou do impeachment *sem crime de responsabilidade perpetrado em 2016, num processo de usurpação do poder conduzido por Eduardo Cunha, foi preso quando saía do apartamento dele em Alto de Pinheiros, São Paulo. A prisão de ambos era uma violência judicial. As alegações de Bretas eram descabidas e as acusações, frágeis. Contudo, assistir pela TV as cenas dos dois grandes artífices da deposição de Dilma Roussef e corresponsáveis pela tragédia que o Brasil começara a viver a partir do golpe de 2016, e que se agravara com o resultado da eleição de 2018, levou-me a abrir uma garrafa de champanhe naquela noite. Humanamente, saudava a vingança e reconhecia que fazê-lo era um defeito. Mas um defeito plenamente aceitável.*

* * *

Gostou do livro que
terminou de ler?
Aponte a câmera de seu
celular parao QR Code
e descubra um mundo
para explorar.

INFORMAÇÕES SOBRE A
GERAÇÃO EDITORIAL

Para saber mais sobre os títulos e autores
da **GERAÇÃO EDITORIAL**,
visite o *site* www.geracaoeditorial.com.br
e curta as nossas redes sociais.

Além de informações sobre os próximos lançamentos,
você terá acesso a conteúdos exclusivos
e poderá participar de promoções e sorteios.

🏠 geracaoeditorial.com.br

f /geracaoeditorial

🐦 @geracaobooks

📷 @geracaoeditorial

Se quiser receber informações por *e-mail*,
basta se cadastrar diretamente no nosso *site*
ou enviar uma mensagem para
imprensa@geracaoeditorial.com.br

GERAÇÃO EDITORIAL

Rua João Pereira, 81 – Lapa
CEP: 05074-070 – São Paulo – SP
Telefone: (+ 55 11) 3256-4444
E-mail: geracaoeditorial@geracaoeditorial.com.br

Impressão e Acabamento | Gráfica Viena
Todo papel desta obra possui certificação FSC® do fabricante.
Produzido conforme melhores práticas de gestão ambiental (ISO 14001)
www.graficaviena.com.br